U0523018

西神鸿爪

近代无锡旅游文化史料选辑

刘焕明 冯闻文 刘耀 编著

九州出版社
JIUZHOUPRESS
全国百佳图书出版单位

图书在版编目（CIP）数据

西神鸿爪：近代无锡旅游文化史料选辑 / 刘焕明，冯闻文，刘耀编著. -- 北京：九州出版社，2023.1
ISBN 978-7-5225-1638-7

Ⅰ．①西… Ⅱ．①刘… ②冯… ③刘… Ⅲ．①旅游文化－文化史－无锡－近代 Ⅳ．①F592.753.3

中国国家版本馆CIP数据核字(2023)第025575号

西神鸿爪——近代无锡旅游文化史料选辑

作　　者	刘焕明　冯闻文　刘耀　编著
责任编辑	肖润楷
出版发行	九州出版社
地　　址	北京市西城区阜外大街甲35号（100037）
发行电话	(010)68992190/3/5/6
网　　址	www.jiuzhoupress.com
印　　刷	北京盛通印刷股份有限公司
开　　本	880毫米×1230毫米　32开
印　　张	15.875　彩插16P
字　　数	320千字
版　　次	2023年7月第1版
印　　次	2023年7月第1次印刷
书　　号	ISBN 978-7-5225-1638-7
定　　价	98.00元

★版权所有　侵权必究★

本书为无锡史、江南文化与大运河文化研究项目"唐君远与新中国民族工商业资料整理与研究"（JUSRP122081）阶段性成果。

本书为江南大学青年基金"近代无锡旅游文化研究"（JUSRP122074）阶段性成果。

卷之三

蹟賸

坊表之誤　學田考　入泮額誤　歲貢例　選舉表
道誤　著述補　人物傳私論　兵燹寇盜　祥異補
蹟甄悟　古蹟補遺　補山四巖　補水　橋梁之誤

荊蠻　春申故封　梁溪・迴溪・税務前　妙光塔
留耕橋　帶鈎橋　道堂巷　茹家巷　魚腥巷　鐵
柱岸　一人泉　綸泉　南津塔　嵩山　惠山廢迹
書院講堂　惠山題名碑　棟城　漆塘　四亭　將塋
街　二泉上小洞　唐平寺　尚書第　眾香堂　茞
備堂　翠深堂　阜橋衖　聯山河　梁鴻井　尤圖

張義士祠　大學士橋　太湖冰山　嚴家
池　許氏草樓　繹芝堂　鬲山菜福庵　路歌山
水月庵　華藏寺石人　鬲山　清涼庵
庵石池　赤石磎洞山殿　神藏石船　眞武殿　雪渡
檜烈帝廟　忠安社　長泰寺仙人井　香山寺
音庵　斗山關帝殿　繡座廟　晏公廟　新安社
藝九塞　陽山三㠘　楊山三朋　楊梅塢　九圓觀
法紀坊　異女塔　李經塋墓　張儒王塋　馬墳
白雲洞　明暘觀　芙蓉尖　石門　張仙殿
運蓉橋　八兒巷　清明山　白樂天墓　龍塘岸
京道人墓　四保橋　張中丞廟　鄂城　李公橋　玉
　　　　小岳腸樓　萬山石異　孝子田　清水

（清）黃卬《錫金識小錄》（台灣成文出版社 1983 年版）
卷三所列無錫舊迹

錫金郷土歷史　卷上

第二十六課　名勝

無錫風景以惠山為最佳九龍起伏二泉陶勝名聞花
石敗塔雲霞皆足以游目騁懷勁我思慕也太湖則煙
波萬頃羣山環抱尤為江蘇全省之勝梁鴻稼仙鑿之
漁舟往來風景絕佳其他錫園之遵惠山之栗溪河之
菱石塘之孤皆景物之最著者至黃埠墩砥柱中流有
小金山之名為芙蓉湖遺址北塘燈火帆檣林立又為
吾郷商務關係之區也

第二十七課　公園

乙巳年秋間由邑中士大夫特別集欵劃觀前街三游
殿後曠地為公園植竹籬栽花木暨事點綴緣邑人游
息之所再午春開拓園右隙地道崇安寺萬松院之前
街闢深池補草地擴張公園之界從申補綴之功芽亭
淺草關步逍遙邑人之得以享受此清福者其事諸公
之造福甚大也

侯鴻鑒：《錫金郷土歷史》（清光緒三十二年無錫藝文齋活字本）提及無錫名勝和公園

时调《无锡景》中描述的无锡景包括梅园、鼋头渚

清代黄易《访古记游图册》所绘惠山寺银杏树

元代王蒙《惠麓小隐图》

明代文徵明《惠山茶会图》

明代文嘉《惠山图》

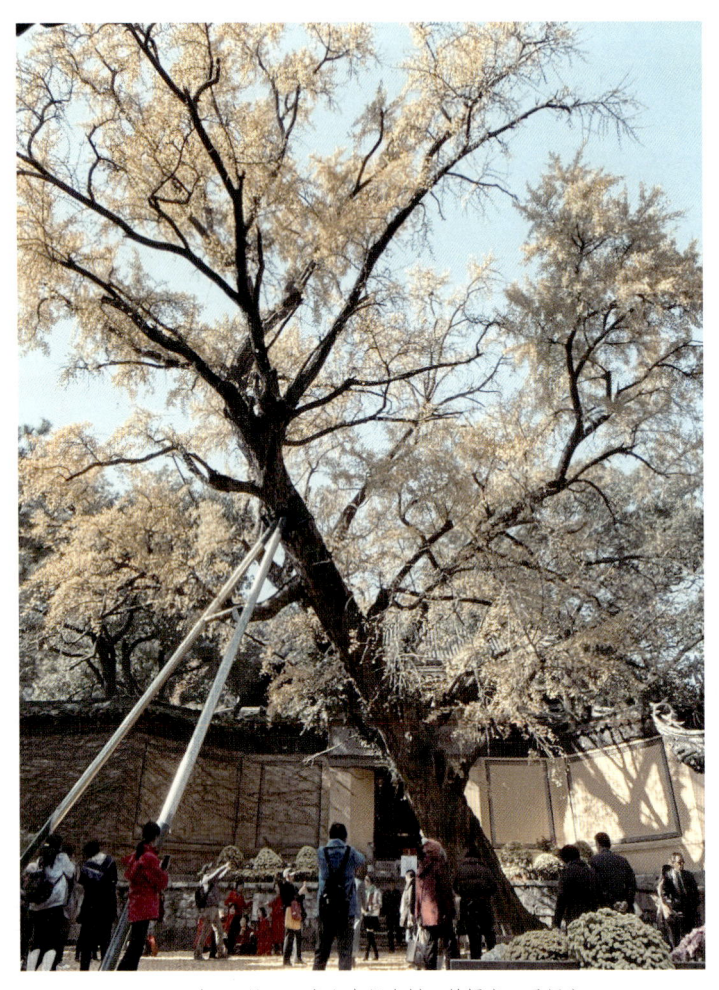

2021年12月2日惠山寺银杏树,拍摄者:冯闻文

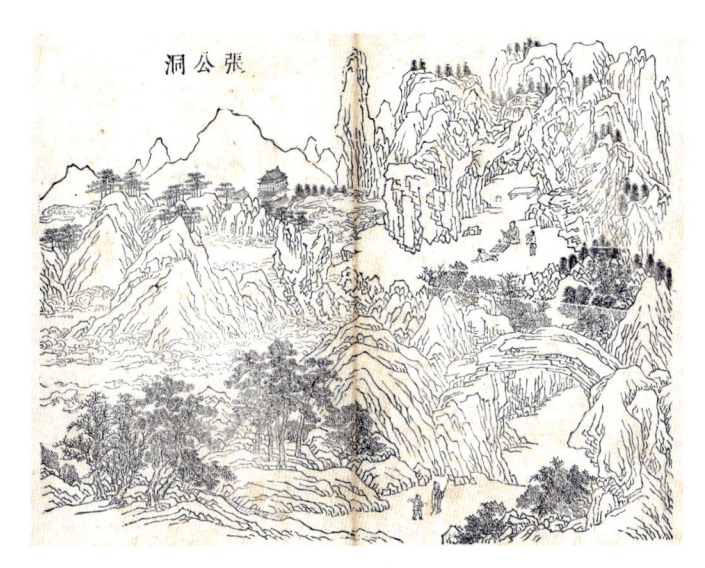

宜兴张公洞,(清)《天下名山图》

宜兴善卷洞,(清)《天下名山图》

顾了然绘《太湖之滨》,《美术生活》1934年第9期

鼋头渚，良友全国摄影旅行团摄《中国之天然美及艺术美》，良友图书印刷公司1933年版

翰娱画《江苏无锡之黄婆墩》，《大共和星期画报》1913年第10期

大运河风景之无锡吴桥，张其昀编《本国地理》，商务印书馆 1932 年版

江苏无锡新建之蠡桥横跨溪河阔三十余丈

无锡梅园缙记照相

江苏无锡蠡桥，《新嘉坡画报》1931 年第 133 期

最近完成，贯通无锡各名胜之宝界桥远望之雄姿。

A distant view of the Po-tai Bridge which links the scenic spots of Wu-sih.

江苏无锡宝界桥，《良友》1934 年第 99 期

无锡风景天下第二泉,《礼拜六》1915 年第 57 期

无锡公园全景,《铁路公报沪宁沪杭甬线》1924 年第 122 期

吴观岱绘《虞美人崖》,《大中华》1916年第2卷第8期

无锡县立图书馆 1915 年 1 月 1 日开馆,《无锡县政公报》1929 年第 7 期

无锡探梅,《美术生活》1935年第13期

□無錫導遊錄出版□

本局編印之沿綫導遊叢書,前巳出版南京,杭州,松江,崑山,海寧五種。茲復有無錫一編,亦印竣出版。內容除縷述無錫城廂內外名勝,交通,物產,及旅館,菜館等外,兼及宜興善卷庚桑兩洞,附有勝跡照片多幀,調查圖表若干幅。定價銀二角。本路各營業所,各鐵路旅館,及各大站均有出售。圖書室亦備有多冊,供同人瀏覽。

无锡导游录出版,《京沪沪杭甬铁路日刊》1935年5月10日,第1275期

旅行通告

第一組無錫探梅

日期　三月八日上午八時滬京特快車往、當日下午八時廿分專車返。

費用　會員每人三元貳角、兒童貳元半、非會員四元貳角。

供應　往返火車汽船晚膳由會供應、午餐因節省時間計、歸各人自備。

定額　五十名、五日晚截止報名、額滿提前截止。

聚集　七日上午七時三刻前、在北站前門大廳、憑旅行證向本會幹事領票登車、過時不候。

遊程　上午八時開車、十點十七分抵無錫、卽乘本會定備汽輪出五里湖、小磯山、黿頭渚、梅園、蠡園、寶界橋、寄暢園等處。

精武体育会组织的无锡探梅，《旅行通告：第一组无锡探梅》，《精武丛报》1936年第2卷第3期

民国时期无锡工商企业商标中的锡山和惠山
左为裕昌缫丝厂锡山牌商标，右为丽新纺织印染厂惠泉山商标

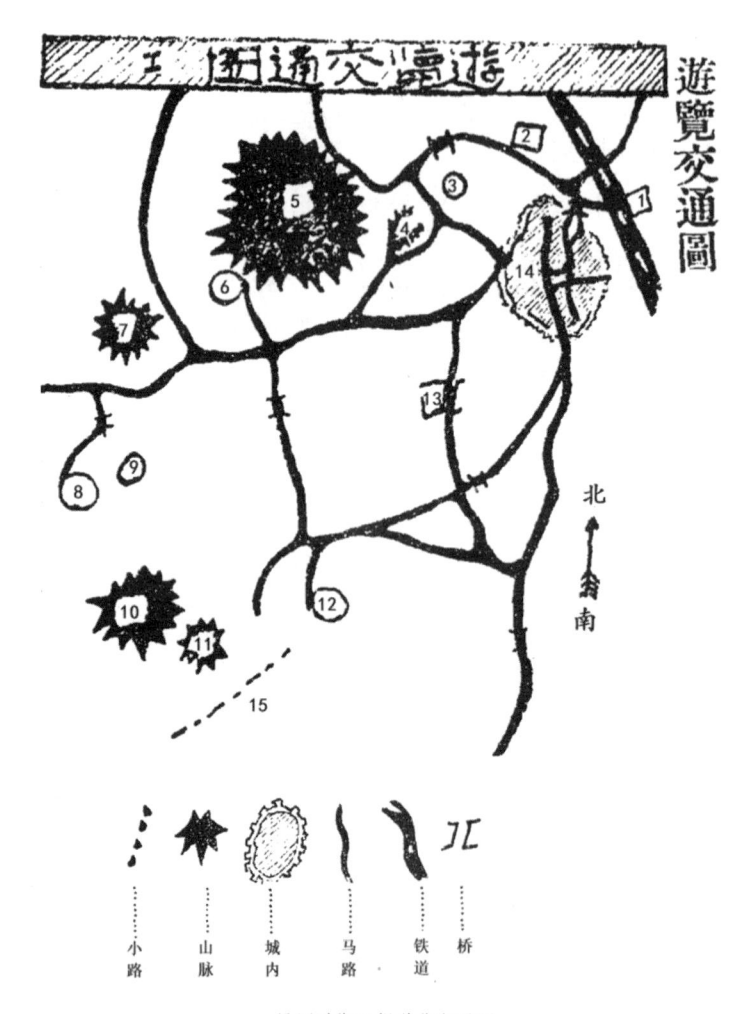

民国时期无锡游览交通图

1. 火车站 2. 江苏省立教育学院 3. 黄埠墩 4. 锡山 5. 惠山 6. 东大池 7. 梅园 8. 锦园
9. 万顷堂 10. 鼋头渚 11. 太湖别墅 12. 蠡园 13. 蠡桥 14. 城内 15. 宝界桥

中国教育电影协会印行《无锡游览须知》1936年版

导　言

"西神"为无锡之别称,《老子枕中记》:"华山者,无锡西神山是也。"无锡一地,山水佳秀。明人描述无锡景色:"登慧山之顶,望太湖之波,远则东胶山相对西胶山,华藏湾,石皮岭,安锡峰,仙女墩,诸山如虎踞;近则南禅寺相对北禅寺,洞虚宫,妙阁观,钟鼓楼,尊经阁,万屋似蚶齐。正是天开图尽江山丽,地萃膏腴花草香。"① 清代孙嘉淦的《南游记》:"自丹阳西见山绵亘百余里,至无锡曰九龙山,其南峰曰惠山。惠山之东曰锡山,峰峦皆秀丽。登惠山饮石泉,清冽而甘且厚。下视无锡群山拱峙,众水环流,名酒嘉鱼菱藕之薮,乐土也,昔泰伯择居于此。惠山之南曰夫椒,夫差败越之所也。夫椒之南曰阳山,越败夫差之地也。"② 而近代以来,随着工商业经济的发展,无锡更成为江南地区重要的旅游目的地。

旅游实践是指旅游主体借助旅游介体,针对旅游客体开展旅游

---

① 龙山樵客:《惠山景白》,《绣谷春容》,明金陵世德堂刊,第十一卷,第48a页,《古本小说集成》第一辑第144册,上海古籍出版社1991年影印版,第1083页。
② (清)孙嘉淦:《南游记》,山西省文献委员会编《山右丛书初编》,第5b—6a页。

活动的实践。旅游主体是旅游活动的实施者，旅游客体是游览对象，旅游介体是介于二者之间的中介者。旅游文化包含了主体文化、介体文化、客体文化。① 因而，旅游文化史料并不限于旅游主体记述的游记日记，还包括旅游介体为服务游客而编写的旅行指南，旅游客体的市政与景观建设计划文献等丰富的内容。因而，近代无锡旅游文化史料对于认识这一历史阶段当地的风土人情、社会面貌提供了生动的细节。

民国时期各类旅行指南大行其道。人们认为拥有旅行指南十分重要："苟非于旅行之前，先将各省之风俗、人情、里程、食宿等一切了然于胸中，则出门惘惘，必有一步不可行之患。"② 这一时期，出版了大量具有实用价值的旅行指南、旅行手册。而这些旅行指南既有全国性的，也有地域性的、地方性的，而因现代交通的发展，也有线路性的，如公路指南、铁路指南。专门以无锡为主题的旅行指南则有《无锡指南》《无锡湖山导游》《无锡导游》及京沪沪杭甬铁路管理局编写的《无锡》等，而涉及无锡的旅行指南更为丰富，如《全国都会商埠旅行指南》《京镇苏锡游览指南》《太湖风景线》《中国公路旅行指南》《京沪路旅行指南》《沪宁沪杭甬铁路第二期旅行指南》等。无锡市史志办组织编写了《梁溪屐痕：无锡近代风土游览著作辑录》一书所收录的旅行指南仅限于无锡一地的旅行指南，③ 而对涉及无锡的铁路、公路、商埠及地区性指南未做收录，本书力求弥补这一不足。

---

① 刘敦荣等著：《旅游商品学概论》第 2 版，首都经济贸易大学出版社 2018 年版，第 51—52 页。

② 《国民修养全书》，大陆图书公司 1923 年版，第十编人事须知，第 22 页。

③ 无锡市史志办公室，无锡市档案局，无锡市政协文史委员会编：《梁溪屐痕：无锡近代风土游览著作辑录》，方志出版社 2006 年版。

旅行指南的内容主要是对旅游目的地名胜、食宿和旅游线路的介绍。以 1935 年出版的《无锡导游录》为例，其内容"除述无锡城厢内外名胜，交通，物产，及旅馆，菜馆等外，兼及宜兴善卷庚桑两洞，附有胜迹照片多帧，调查图表若干幅"。① 章镇静的《无锡湖山导游》则"专载名胜、交通、食宿、娱乐、杂项一切指摘甚晰"。② 旅游指南对于游客而言，确能发挥其宣传、介绍、指引的功用。如钟敬文《太湖游记》就提到："我只默默地翻阅着我手上的《无锡游览大全》。那些记载是充满着宣传性质的，看了自然要叫人多少有些神往；尤其是附录的那些名人的诗，在素有韵文癖的我，讽诵着，却不免暂时陷于一种'没入'的状态中了。"③ 白浪的《无锡山川纪游》提及自己游无锡时购买芮麟的《无锡导游》。程小青在无锡的游览也以游锡指南为其依凭。舒新城的《漫游日记》则记录购买了《阳羡奇观》一书，而且还特别提出了对旅行社的建议："能于出发前略查各种游记或志书等，将所欲游之地之记载，不论是属于风土或人情者摘录油印；社员读之，必极感兴趣，于该社事业之进展固有益处。"④ 而从旅行指南到游记，以旅游者为中介，也微妙地进行了文本的"旅行"。

至于游记，也是旅游文化史料的一项重要内容。游记"以轻快的笔调，生动的描写，记述旅途中的见闻，某地的政治生活、社会生活、风土人情和山川景物、名胜古迹等，并表达作者的思想感

---

① 《无锡导游录》，《京沪沪杭甬铁路日刊》1935 年 5 月 10 日，总第 1275 期，第 72 页。
② 《编者小史》，章静镇：《无锡湖山导游》，第 19 页。
③ 钟敬文：《太湖游记》，《语丝》1929 年 3 月第 5 卷第 2 期。
④ 舒新城：《漫游日记》，中华书局 1945 年版，第 189 页。

情"。① 然而一般的旅游文化史料收集只收取名人游记，而对外国人、儿童、学生游记等未加注意。程小青在《无锡两日半记》中记无锡公园中的游人"有富商士流，亦有跣足草履之农工小贩"。② 这种大众旅行的勃兴从旅锡游记作者的多样性中亦可窥见。很多游记并非出自名家之手，虽然缺乏文学性，或因为知识程度、文化背景的不同而略显浅薄，但借助它们与其他旅游文献的共性内容则可以窥见民国时期旅游的某些特点。民国时期的旅游，因为交通便利消除了旅途的不确定性，因而人们不复祖道饮饯的郑重，羁旅行役的烦苦。又因为时间的压缩，亦鲜见长亭折柳的相思，游子思妇的惆怅。近代以无锡为目的地的旅行书写无疑带上了这种鲜明的时代特点。

此外，游记因如实记载游历信息而具有出史料价值。如1935年，中华书局的舒新城与夫人刘舫频繁往返沪锡之间，对于无锡旅馆的环境、设施、价格进行了详细的记录，并对中西旅游文化进行了对比，对于旅行社的服务亦做评价。这些内容都体现在《漫游日记》一书中，对于研究民国时期的旅游经济无疑具有重要价值。

旅行虽然是人在空间上的位移，但发生于具体的历史时间，因而其仍是大历史之下人的社会生活的一个方面，是以旅游文化史料必然映射出重大历史事件的影响。1937年七七事变后，日本全面侵华，1941年发行的《中国旅行手册》主要介绍西南西北，而对江南地区付之阙如。③ 这是因为八一三事变后华东地区遭受日寇铁蹄蹂躏。金瓯有缺，山河残破。至于无锡，民族工商业遭受重创，

---

① 《辞海》，上海辞书出版社1979年版，第二卷，第2239页。
② 程小青:《无锡两日半记（二）》，《申报》1922年9月20日，第18版。
③ 中国旅行社编:《中国旅行手册》，中国旅行社1941年版。

工厂机器被拆走，存茧被运光。"城中崇安寺是公园所在地，战前那里的热闹，和上海的邑庙仿佛，现在却冷冷清清地只摆着几片卖萝卜丝和其他食物的饼摊子。"①而惠山林木被毁，梅园花草荒芜，蠡园养鸡养鸭。②这一时期普通人的无锡旅行书写透露出民众心灵的创伤和隐痛，如上海小学生唐虞治1937年春曾随祖父至无锡出游，而到了1938年春，他感慨："再想到无锡去玩一遭，可是今年已不能再去了。"③桂芳1939年回忆偕母亲、妹妹愉快的惠山之游，徒然叹息："可是如今，血腥染上了她（无锡），她的健康被破坏了，白净的脸上蒙着斑口黑点。"④均为个人体验背后国家历史的真实写照。

当然，旅游本身就是旅行者带着各自审美眼光而获得的个人体验，因而不同于旅行指南承袭古代方志的客观叙述模式，个人写作的游记文学充斥着不一样的声音。比如，对于由商人集资而建的陶朱阁，古文学家邵祖平认为"富商自能污染佳山水"。而任中央大学经济系教授的朱偰评价王禹卿的蠡园"假托遗迹"，"过于雕琢"，"不特无裨于名山，抑且有伤于大雅也"。张慧剑谓太湖边上的洋房别墅："这里的一切气氛，都表现着资本势力侵占了自然界胜境后的一种得意的情致。"程小青记录友人梅茵谓天心台后巨石上镌刻的"招鹤"二字"其书俗不可耐，宜磨而去之"。这些特殊的评价一方面显示出一种为己写作的态度，也体现出文化人对于不同于传

---

① 朱民威：《战区通信》第一辑，战时出版社1940年版，第11页。
② 沈虹太：《日本铁蹄下的园林名胜》，中国人民政治协商会议江苏省无锡市委员会文史资料研究委员会编《无锡文史资料》第11辑，中国人民政治协商会议江苏省无锡市委员会文史资料研究委员会1985年版，第105—106页。
③ 唐虞治：《游无锡记》，《上海儿童》1938年第1卷第7期，第21—22页。
④ 桂芳：《忆惠山》，《旅行杂志》1939年第13卷第1期，第27—29页。

统士大夫园林的无锡近代园林的观感。

此外,既往的旅游文化史料只侧重游客一方面的旅游感受、记忆,忽略了作为旅游目的地的一方致力于相关地方建设的文献,本书力图呈现旅游文化互动的一面。民国时期无锡地方整理风景的相关计划,如《无锡名胜古迹调查报告》《整理惠山风景计划》《整理锡山风景计划》《整理城中公园计划书》等,同样是值得详加留意的史料。而《国立太湖公园计划书》,反映的则是环太湖地区旅游开发的一段历史:1930年国民政府农矿部曾有设立国立太湖公园之议,计划五年完成,年需经费30万,后因经费无着而搁置。[①]

编者希望借助本书向读者展现无锡城市发展的一个历史片段,以及江南地区旅游文化发展的历程。在史料的收集上,因务求兼收并蓄,而难免于不辨精粗,请读者海涵。为了保持史料的原貌,本书对原文的错字多未做订正,研究旅游史的同好可根据文后注明的出处查找原文。

---

① 《设立太湖公园计划》,《新闻报》1930年3月21日,第9版。《国立公园之进行》,《友声旅行月刊》1930年第5卷第2期,第49—50页。《太湖公园的发起人》,《海天》1946年第1期,第7页。

目 录

旅行指南 / 1

全国都会商埠旅行指南（节选）/ 3

京镇苏锡游览指南（节选）/ 5

铁路旅行 / 45

京沪路旅行指南（节选）/ 47

沪宁沪杭甬铁路第二期旅行指南（节选）/ 53

京沪铁道旅行记（节选）/ 58

水路旅行 / 69

锡湖交通谈 / 71

公路旅行 / 75

中国公路旅行指南（节选）/ 77

苏浙皖三省公路志游（节选）/ 81

东南揽胜（节选）/ 89

国道飞车记 / 106

京杭国道游观记（节选）/ 113

名人游踪 / 117

暮春约人游惠山书 / 119

无锡之观察 / 120

太湖纪游 / 124

无锡纪行 / 133

具区访胜记 / 141

太湖游记 / 149

感伤的行旅 / 155

太湖一角 / 174

锡游小记 / 181

无锡两日半记 / 189

梅园万顷堂游记 / 200

苏锡春游小品 / 203

游张公洞 / 207

庚桑善卷纪胜 / 211

无锡之游 / 215

旅行日记 / 219

江浙漫游记（节选）/ 221

无锡山川纪游 / 244

甲子无锡游记 / 248

儿童学生旅行 / 251

游无锡 / 253

游惠山 / 257

惠山景 / 269

贯华阁 / 270

惠山公园 / 271

游无锡记 / 272

无锡 / 274

游鸿山记 / 276

游鸿山记 / 278

梁溪二日记 / 279

万顷堂游记 / 283

春日游惠山 / 285

惠山游记 / 288

雨中游惠山 / 290

到宝界桥去！/ 292

新游记汇刊 / 295

　　扬镇锡苏屐痕录（节选）/ 297

　　阳羡游览记 / 300

　　阳羡纪游 / 304

　　阳山游记 / 308

　　梅园鼋头渚游记 / 311

旅行杂志 / 315

　　无锡十二景 / 317

　　无锡游程 / 319

　　阳羡山水纪胜 / 321

　　苏锡四日记（节选）/ 333

　　周末旅行之无锡 / 335

　　无锡观湖团记 / 342

　　锡游酬唱录 / 346

　　马迹山纪游 / 356

　　忆惠山 / 364

　　梁溪揽胜志 / 367

　　庚桑洞 / 374

　　宜锡道中 / 376

　　梅园雅集记 / 379

小罗浮记 / 381

无锡 / 382

惠山太湖纪游 / 384

惠山秋游 / 387

游无锡鼋头渚记 / 389

游锡一日记 / 391

惠山揽胜记 / 393

无锡之游 / 397

无锡丽新协新两厂参观记 / 400

无锡县图书馆参观记 / 404

英文无锡游记 / 407

Three Days Visit in Wusih / 409

Two Days in Wusih / 413

An Excursion to Wusih / 417

A Trip To Wusih / 423

Senior's Trip to Wusih / 425

The City of Wusih / 427

A Trip to Wusih / 431

Idol Processions in Wusih
　Population's Need for Amusement / 433

Trips for Griffins

Doing Wusih in a Day / 436

整理风景 / 447

无锡名胜古迹调查报告 / 449

整理锡山风景计划 / 453

整理惠山风景计划 / 460

国立太湖公园计画书（节选）/ 469

小箕山建筑乐山园计划 / 476

整理城中公园计划书 / 480

无锡整理风景区一斑 / 490

旅行指南

全国都会商埠旅行指南（节选）

无锡

自南京至此共一一三里二，地滨运河，向为转运重地，自上海开港以来，益受影响。而市内愈形繁盛，为江苏富源之中心地。人口约二十万。城系宋代之建筑物，周围约十五里，高约二丈，有东西南北四门及三水门。北门一带，为城内最繁盛之区。米行、丝行等巨商，均麇集于此。每年集散货物，计米谷约二万石。蚕茧三百万两，其殷富为江苏内地冠。

[客栈]孟渊、惠中、义和、启泰、无锡等。

[公园]在城内。就崇安寺禅房隙地为之。风景颇佳。其南为图书馆。

[惠山]在站西七里。宋名历山，一名九龙山。西域僧慧照居之，因名慧山，讹为惠山。上有九峰，下有九涧。风景极佳。太湖滨其北，天光云影，吞吐大荒。有惠山寺，即历山草堂故址。荒碑断碣，尚有存者。有龙头泻水于河塘。两岸多祠庙，右有高忠宪公祠、王武愍公祠、李公祠，左有留耕草堂、廉子祠、紫阳书院等。

[**第二泉**]在惠山第一峰白石坞下。唐陆羽品天下泉二十，以此泉为第二，又名陆子泉。今分为三池，上池圆，中池方，中隔尺许。汲泉者皆向上池。下池在漪澜堂前。其水由暗渠经螭吻注于池。池中蓄鱼数十尾。有元赵孟頫书天下第二泉刻石。

[**太湖诸胜**]游鼋山有陆水二途。陆路自车站至梅园，由梅园至西管社（通车马），再由西管社买车登鼋山。水路自车站买舟泛梁溪，经仙蠡墩，过五里湖。至西管泛湖登鼋山。梅园者无锡巨商荣氏所筑。因山为园，梅树甚众。园中最高处可望太湖。仙蠡墩者相传范蠡载西施舣舟于此。五里湖为太湖之内湖，与太湖相通处，两山束为一口。西管社滨太湖，上有万顷堂，堂侧有项王庙，风景颇佳。鼋山在太湖中，远望之若鼋浮水际，形态毕肖，所谓天浮一鼋出。山挟万龙趋是也。

自无锡出发，经无锡旗站（一一六哩）及周泾港（一二〇哩）二小站，至望亭站（一二六哩四）。物产有米、麦、草席。自望亭以东，右窗可望姑苏诸山，更驶走桑林间，经浒墅关（一三一哩八），渡运河则苏州虎丘之古塔已在望中。（编者注：哩指英里，一哩5280英尺，合1690米。）

喻守真等编著：《全国都会商埠旅行指南》，中华书局1926年版

京镇苏锡游览指南（节选）

无锡

来程

▲南京来程 由南京乘京沪铁路特别快车约需四小时余，快车约五小时，慢车约六小时到无锡站。

▲上海来程 由上海北站乘京沪铁路特别快车约需三小时，快车约三小时余，慢车约四小时到无锡站。

▲苏州来程 由苏州乘京沪铁路特别快车约需一小时五分，快车约一小时十分，慢车约一小时一刻到无锡站。

▲杭州来程 由杭州闸口站乘京沪沪杭甬两铁路联运特快通车约需八小时到无锡站。其自杭州清泰门城站上车起程时约迟二十五分。

政区城垣

▲无锡 战国时为楚春申君封地，曰春申君城。汉高祖五年，始置无锡县，以城西锡山至汉锡尽，故名，属会稽郡。后汉改属吴郡。三国时，吴分置典农校尉，以县属之。晋太康元年，复置无锡县，

属毗陵郡，后属晋陵郡。宋、齐以后因之。元元贞元年，属常州路。明、清属常州府。清更析县境增置金匮县。民国初年，废金匮县来并，属苏常道。民国十一年，自行开放为商埠。

▲金匮 清雍正二年，分无锡县东境增置金匮县，与无锡同城而治，光复后，乃并入无锡一县。

▲城垣 有四门四楼：东曰靖海门、对育楼，南曰望湖门、抚薰楼，西曰试泉门、序成楼，北曰控江门、企辰楼。辛亥革命后，于城北略偏东处新辟一门，曰光复门，筑马路以抵车站。民国十七年，又于西门之旁新开西成门。共有新、旧六门。

街道

▲城厢干道

已辟之干道：（一）由火车站出发，入光复门者曰通运路、光复路、圆通路、公园路。（二）由车站后通运路、工远桥畔起，西行经过惠农桥、惠工桥、惠商桥、吴桥，而抵惠山麓之惠山镇者，曰通惠路。此路更沿惠山之麓向南延长至河埒口以接开原路。（三）由通惠路、惠农桥起，北行越抵广勤纱厂者曰广勤路。（四）由通运路起，西经交际路，渡通汇桥，过江阴巷而抵大河池沿者，曰通汇路。（五）由光复门至东城亭子桥者曰东新路。（六）由城西门外迎龙桥至梅园者曰开原路。（七）由开原路之荣巷至东大池者曰启明路。（八）由西门外迎龙桥附近至仙蠡大桥者曰仙蠡路。（九）由仙蠡大桥至蠡园者曰扬名西路。（十）由南门外至高子水居者曰扬名东路。（十一）由通惠路、惠农桥西起，北行至江阴者，曰澄锡公路。环湖公路尚在测量修辟中。

城内旧有街巷，亦逐渐放宽，行人力车。

▲繁盛市街 城内之公园路、大市桥、寺巷、仓桥、打铁桥，光复门外之通运路、汉昌路，北门外之北大街、大桥街，西门外之弔桥下、太保墩，南门外之黄泥垟、清明楼等处，均称繁盛。

▲工厂 江苏省大江以南，除上海外，无锡为新工业最发达之区。锡市厂栈栉比，烟突林立，机声隆隆，工人数万，制粉、缫丝、纺纱、织布、榨油、碾米、造机、铸铁、发电等工厂，总计不下数十百家。均品多工良，行销外埠。

交通

● 邮电局址

▲电报局 在北门外通汇桥下。

▲电话局 在北门内城脚下，接通城厢大楼。

▲城镇邮局（甲）一等邮局在北门外汉昌路。（乙）支局有三：在城内新市桥及南门外跨塘桥与北门外江阴巷三处。（丙）三等邮局有四：在玉祁、荡口、石塘湾、荣巷四处。

▲本县通邮地点 望亭 甘露 洛社 礼社 前洲 后宅 堰桥 寺头 梅村 博渚 西仓 石幢 秦巷 羊尖 安镇 陈墅 西漳 胡埭 许舍 张舍 张村 钱桥 崔桥 东亭 扬亭 石塘 塘头（南）扬墅园 鸿声里 南双庙 大墙门 大徐巷 大方桥 张泾桥 新渎桥 陈家桥 八字桥 江溪桥 风水墩 周泾巷 张镇桥 董家弄 严家桥 查家桥 陡门桥 卜弋桥 长安桥 稍塘桥 藕塘桥 会龙桥 陆店桥 西阳桥 周潭桥 黄土桥 东湖塘 东北塘 河垾口 南坊前 南桥镇 方桥镇 周新镇 新安镇（南）华大房庄 后扬坊前。

▲信局 全城 宝顺 鸿源 林永和等数家。

●小汽船航线及停泊地

▲无锡溧阳线 每逢单日，招商局轮早班上午八时半开，晚班十一时开，新商局轮上午九时开。每逢双日，中华恒裕公司轮早班上午八时开，晚班十时半开，永固局轮上午九时开。沿线经过洛社、戴溪桥、华渡桥、运村、和桥、宜兴、徐舍至溧阳。

▲无锡湖州线 每日十二时开，有太湖公司之太湖轮，沿线经过大渲、西山、大钱至湖州。

▲无锡华墅线 每日一时开，有东北祥记公司及利澄公司轮，沿线经过张泾桥、陈家桥、晃山桥、东新桥、习礼桥、北㘰、南新桥、郁家桥至华墅。

▲无锡北㘰线 每日下午一时半开，有利澄公司轮，沿线经过张泾桥、陈家桥、晃山桥至北㘰。

▲无锡周庄线 每日上午十时半开，有东北祥记公司及利澄公司轮，沿线经过张泾桥、陈家桥、晃山桥、长泾、陆家桥、瓠岱桥至南庄。

▲无锡东莱镇线 每逢双日上午十一时开，有东北祥记公司及新济公司轮，沿线经过三灞桥、张泾桥、陈家桥、晃山桥、习礼桥、北㘰、栏杆桥、六房市桥、汤家桥、乘航桥、蔡家桥、蒋家桥、新庄港至东莱镇。

▲无锡顾山线 每日下午一时半开，有严东公司及新济公司轮，沿线经过三灞桥、张泾桥、陈家桥、晃山桥、东新桥、习礼桥、陈墅至顾山。

▲无锡八士桥线 每日下午二时开，有严东公司轮，沿线经过祝塘、塘石燕、西洋桥、白块桥、龙聚桥、方村桥至八士桥。

▲无锡羊尖线 每日下午一时半开，有严东公司轮，沿线经过张

泾桥、东湖塘、北窑、严家桥至严尖。

▲无锡周铁桥线 每日下午二时半开，有中华恒裕公司轮，沿线经过钱桥、藕塘桥、梢塘桥、张舍、胡埭、雪堰桥、周桥、潘家桥、分水墩、至周铁桥。

▲无锡漕桥线 每日下午二时半开，有中华恒裕公司轮，沿线经过藕塘桥、陆区桥、新渎桥、戴溪桥至漕桥。

▲无锡河塘桥线 每日下午二时开，有利澄公司轮，沿线经过黄土塘、八士桥、方村桥、黄姑桥、白塊桥、西洋桥、门村、河湘桥至河塘桥。

▲无锡云亭线 每日下午二时开，有利澄公司及惠商公司轮，经过张塘桥、胡家渡、堰桥、博渚、璜塘、长寿、茂桥至云桥。

▲无锡玉祁线 每日下午二时开，有济商公司轮，沿线经过洛社、五牧、蒋庄、礼社至玉祁。

▲无锡吴塘门线 每日下午二时开，有锡南公司轮及开化公共汽油船，沿线经过北桥、中桥、南桥、石塘桥、新桥、许舍、横山桥、烧香滨、南方泉至吴塘门。

▲无锡江阴线 利澄公司轮上午十时及下午二时开，招商局轮上午十时开，沿线经过石塘、青旸、月桥、南闸至江阴。

▲无锡苏州上海线 每日下午一时开，有泰昌丰记局、协兴局、振记局、老公茂局之诸轮，沿线经过望亭、苏州、昆山、巴场、黄渡至上海。

▲小汽船码头 轮局码头均在光复门外火车站后之通运桥块。

● 快船航埠及停泊地

快船为民船之一种，船小行快，开往乡镇，以搭客为主。开时鸣锣为号,招客搭坐。

开往地	停泊地	开往地	停泊地
八士桥	通汇桥	雪堰桥	长安桥
张泾桥	通汇桥	梅　村	清明桥
荡口镇	通汇桥	扬　舍	长安桥
门　村	通汇桥		

●班船航埠及停泊地

▲停泊北门外大桥下之班船 开往南桥 望亭 新安 石幢 东亭 张村 安镇 大墙门 江溪桥 坊前 梅村 严家桥等处。

▲停泊北门外麻饼沿河之班船 开往后桥 鸿声里 华大房庄等处。

▲停泊北门外长安桥之班船 开往周新镇 方桥 塘桥 洛苑 扬舍塘市 北瀜 栏杆桥 南方泉 荣巷 徐巷 张舍 许舍 石塘等处。

▲停泊北塘北栅口之班船 开往寺头 八士桥 查家桥等处。

▲停泊北塘大三里桥之班船 开往石塘湾 洛社 礼社 北七房 钱桥 新渎桥 陆区桥 前洲等处。

▲停泊北门外芋头沿河之班船 开往荡口 甘露 羊尖 黄土塘 陈墅 西仓 东北塘 东湖桥等处。

▲停泊北塘小三里桥之班船 开往堰桥 胡埭等处。

▲停泊北塘财神弄口之班船 开往玉祁 扬墅园等处。

▲停泊北门外尤弄之班船 开往苏州 常州 江阴等处。

▲停泊他处之班船 常熟班泊北门外竹场巷、溧阳班泊北门外天后宫、河塌口班泊西门棚下、东望桥班泊通汇桥、周潭桥班泊南门外。

●游览船

▲汽油船 泊在工运桥畔等处,供人租赁游览五里湖、鼋头渚名胜地。赁金每天自十二元至十六元。

▲游艇 泊在游山船浜及工运桥。大者即灯船,亦即妓船,每日价约三十元;船中菜席曰无锡船菜,颇有名,价亦贵。小艇有水马车者,沿身轻小,凉爽宜夏。

▲民船 泊在城外之工运桥、通汇桥、泗宾桥、城内之虹桥、顾桥、水獭桥等处,俗称便船,赁金每天约三四元。

●车轿

▲汽车(一)出租汽车,其车行多在通惠路口。赁价至梅园往返约四五元,至惠山往返约二元;但汽油价涨,租费略增。(二)公共汽车,西门外开原路通行公共汽车,自西门外口迎龙桥起,经过河埒口、荣巷抵梅园,每人价三角五分。(三)澄锡公路长途汽车,自惠农桥西通惠路畔起,至江阴。

▲人力车 俗称黄包车,马路上随处可雇。自火车站往他处,大约至惠山二角半,至城内崇安寺一角,至南门二角,至西门二角。

▲轿子 设有轿行。轿分籐轿、中轿、小轿三种。各旅馆有轿价定章。

旅馆

铁路饭馆 火车站

华盛顿饭店 广勤路

无锡饭店 通运路

公园饭店 城内公园路

新世界 工运桥
新旅社 工远路
孟渊旅馆 工运路
上海旅馆 工运路
中华旅馆 工运路
梁溪旅馆 工运路
启泰栈 工运路
苏锡旅馆 通惠路
陞昌旅馆 汉昌路
苏台旅馆 汉昌路
第一旅馆 汉昌路
惠中旅馆 交际路
无锡旅馆 交际路
惠商旅馆 檀头弄
全昌旅馆 露华井
新新园 西门外
束湖旅馆 交际路
华商旅馆 交际路
太湖饭店 梅园东首

菜馆

● **兼营西式菜馆**

铁路饭店 火车站
新世界 工运桥
华盛顿饭店 广勤路

● 无锡菜馆

新福怡 北塘财神弄口

最宜楼 北门外吊桥下

船菜公司 长安桥下

聚乐园 城内大市桥

太湖饭店 梅园东首

● 平津菜饭

大庆楼 通运路

大新楼 通运路

悦宾楼 通运路

● 徽州菜馆

太和园 通运路交际路

杏花楼 北门外檀头弄

新太和 交际路

聚丰园 北城根

● 饭店

在城内之太平桥、仓桥下，北门外之大桥下、北塘，南门外之黄泥桥、清明桥，西门外之棚下等处。

城厢古今胜迹

● 城内胜迹

▲城中公园 在光复门内公园路。本为洞虚宫废址，清光绪三十一年辟为公园，广二十余亩。园内东南隅有大可五亩余之鱼池，其北有同庚厅、涵碧桥、清风茶墅、池上草堂等，秀衣峰之冈阜自园门迤逦至涵碧桥。南上有纪念堂，系锡金师范同学会建。园北之西

社乃速成师范同学会立。多寿楼现设第一区党部。楼后为又一村。归云坞上有千孙树，高大繁茂，夏日甚凉。近须在多寿楼下设民众报室，池上草堂设艺术陈列室，兰筑设民众娱乐室，西部茅亭添辟儿童运动场等。

▲县立图书馆 亦在公园路，旧为三清殿址。藏书约六七万种，报章、杂志咸备。

▲县立通俗图书馆 亦在公园路，内分博物、演讲二部。

▲崇安寺 亦在公园路。其山门左首石幢刻尊圣咒，乃唐代物。寺内大殿后有王羲之洗墨池。每届新年，杂货摊基，江湖卖技，繁闹杂沓，游人甚众。今设有菜场。

▲专诸塔 在城内大娄巷。春秋时吴公子光（后即吴王阖闾）使专诸进炙鱼，以鱼肠之剑刺吴王僚，僚、公子光叔父也，专诸即为王僚左右甲士所杀。参阅本书苏州南城胜迹之专诸墓条下。

▲金匮山 在城内大河上秦姓园中。清分山以东为金匮县，以西为无锡县。

▲东林书院 在东门内苏家弄。本宋代杨时讲学处，久圮。明时，顾宪成、允成兄弟复讲于此。宪成殁，高攀龙讲学其地，榜其门曰东林。海内学者咸以东林为归，颇议论朝政。时明廷先后发生梃击、红丸、移宫三大案，引起士大夫及群小之争。熹宗信任阉臣魏忠贤，残害忠良，排斥异己，诏毁天下书院，高攀龙辈或被令缉，或酷刑死，忠贤更榜示东林党人姓名于全国，党锢之祸突过汉、唐之末。院于崇祯年修复，清时又重葺。今内有道南祠祀杨时。祠西为县立第一小学。

▲止水池 在城东水缺巷。高攀龙自沉于此。

高攀龙，字存之，无锡人，明万历年进士。授行人职，以劾诋朝臣，被谪揭阳。熹宗时，起为光禄丞，迁少卿，疏劾戚畹郑养性及阁臣方从哲交结罪状。旋拜左都御史，摘发崔呈秀秽状。为奸党领袖魏忠贤所恶，被削籍放归。高讲学于东林书院。忠贤恨入骨。乃矫旨逮捕高。高肃衣冠缮遗表毕，自投止水池死焉！崇祯初年，赠太子少保，赐谥忠宪。高幼读书。辄有志程、朱之学，操履笃实，涵养粹然，一出于正，为当代大儒。

▲北禅寺 在城内市桥。唐时始建。

▲孔庙 在城内学前街。前有大成殿，后有明伦堂，旁有县立初级中学。

▲历史博物馆 在孔庙两庑，民国十九年夏新设。第一陈列室为乐器、字画、图书、军器、建筑等类，第二陈列室则为全部祭器。

● **城外胜迹**

▲南禅寺 在南门外。梁时始建，内有妙元塔，为旧锡邑八景之一。

▲保安寺 在南门外铁柱桥。本为最早之东林书院故址，近由量如和尚募修，灿然一新。

▲公共体育场 在西门外锦花巷。民国七年始辟，面积约十五亩，有明将常遇春洗袍处。

常遇春字伯仁，怀远人，貌奇伟，勇力绝人。明太祖渡江，拔采石，常功第一。率师北代出塞，拔开平，追元顺帝至柳河川。明初开国之功与徐达埒，封鄂国公，追封开平王，谥忠武。常沉鸷果敢，善抚士卒，摧锋陷阵，未尝败北；虽不习书史，用兵极合古法。长于徐达二岁，数从征伐，奉命惟谨，一时名将徐常云。

▲江尖渚 简称江尖，在西北城外之北塘，悬立水中，运河、梁

溪相会于此，形似一小三角洲。旧俗七月晦日，有烧地藏香及塔灯之举，即人民纪念元末明初张士诚之变相也，今则迷信地藏神而忘其本矣。

▲育乐公园 在车站西广勤路。民国十一年杨翰西建。夏日多游人。内设广勤公共体育场。

▲吴桥 在通惠路西段，跨运河上。通惠路越桥西南行，接惠山下之惠山镇。皖商吴子敬捐资建，工程浩大，建筑新式，为锡邑跨运河之长桥。晚间，由桥东望，商市工厂，电炬照耀，人影幢幢，有火树银花合，星桥铁锁开之观。

▲黄埠墩 在吴桥之畔，兀立水中，位于运河及惠山浜之口。四面环水，如一小屿，本名小金山。清乾隆帝南巡，曾临此。上有文昌阁、环翠楼、小金山、水月轩等胜构，夙著风景。民国十年毁于火；十五年，锡人唐保谦重建。游人以旧俗端午节最盛。

● 惠山胜迹

▲惠山 在西城外五里。本名慧山，西域僧慧照居之，古名华山，宋名历山，一号九龙山，因山有九峰，下有九峰，又称惠泉山，因有惠泉之水。赴山道路有三：（一）由车站后通运路折西走通惠路，直达惠山之麓，通车马，约六七里。（二）由西门出城走五里街达惠山东麓，约五里，通人力车。（三）由西南城外开原乡开原路之河埒口折北，走通惠路南段，抵惠山，亦通车马。此为由车站经过惠山抵梅园通汽车之路，不必入城。

▲九坞 惠山有九坞：（一）白石坞，第二泉出焉，游人集中之处。（二）桃花坞下有娲皇庙。（三）坦钩坞，中有第蓬禅院、龙晦泉。（四）王家坞。（五）宋坞，中有镜光石、狮子石等。（六）马

鞍坞，下有三台墩。（七）望公坞，俗称石门，有飞瀑。（八）仙人坞。（九）火鸦坞。

▲三茅 惠山有茅峰三：（一）头茅峰，为白石坞、桃花坞之顶。（二）二茅峰，为王家坞、宋坞之顶。（三）三茅峰，为望公坞、仙人坞之顶。东为头茅峰，西为二茅峰，再西北为三茅峰。胜迹多在头、二茅峰之下。登其巅，遥望太湖，云影天光，吞吐大荒。今将建之字形大道以达山顶，便于登临。

▲惠山寺 俗呼泉亭，以内有第二泉茶亭也，在惠山东麓。寺建始于刘宋时，初名华山精舍，明改今名。旧时寺基甚广；现在寺内大部分为祠宇所占，仅存山门与香花桥下之日月池及忠烈祠中之金莲池。山门额曰惠山寺。寺前牌楼额曰古华山寺。

▲石幢 在惠山寺山门左右，有二：一刊尊胜咒，唐僖宗乾符年建；一刊楞严经，宋神宗熙宁年建。山门之内，有长数十丈之甬道，两旁祠宇骈列。

▲忠烈祠 在惠山寺内。本为寺之正殿，清季为昭忠祠，今纪革命烈士。祠门之内为金莲池、御碑亭。北为听松石床，长八尺，上篆刻唐李冰阳书"听松"二字，建亭覆之。亭旁有不二法门，香火甚盛。后园有碧露泉。进二门内，又有碑亭。亭北有卧龙泉。泉上即革命烈士之堂。

▲惠泉 即慧泉，俗呼其他曰泉亭，在惠山寺内忠烈祠东，当第一峰白石坞下。别称陆子泉；唐时陆羽品国内名泉得二十种，以庐山康王谷之洞廉水列第一，无锡慧山之石泉列第二。石泉即惠泉。惠泉有三池：曰"下池"，形方，石栏绕之，水自龙口喷出，中畜金鱼。下池之北为漪澜堂，游人啜茗之地。清乾隆帝南巡临此，御书堂额。堂北阶下砌石成坞，潴水其中。曰"中池"，在漪澜堂北，

亦方形，味涩不可饮。曰"上池"，形圆，与中池相隔仅尺许。甘洌绝伦，汲引均取上池之水。若投钱泉中，盘旋久之始下；倘贮水满杯，入钱多枚，水不溢出，殆因水合矿质之故。"携水远方"游客携水至他处，其法：灌泉于瓶，拾泉畔石子纳瓶中；若时久味变，可略搀他水，搅之俟其清凝，将上部之水倾出，即返原味，与新汲者同。"题字"泉北石壁中嵌清乾隆帝御书碑。循壁多怪石，突怒偃蹇，不可名状。右壁镌元赵孟頫书"天下第二泉"五字，方广各尺余。左壁镌清王澍抚摹赵书五字。下池之畔有观音石，镌四言铭；有鳌鱼石，刻"鳌极"二字；又有金童玉女，两相并立。

▲若冰洞 在泉亭上南行。唐僧若冰所凿，方广一丈。旁有若冰泉，为惠山诸泉之源。

▲竹炉山房 在泉亭左上。明永乐时中书舍人王绂字孟端，善画山水竹石，曾画竹茶炉在厅林庵。后有竹工来自吴兴，因造炉式，编竹为之，高不盈尺，上圆下方，类道家乾坤壶，规制精密，并绘图以传。旋以竹炉及试卷移贮惠山寺、弥陀殿，即竹炉山房。今壁上有王绂画竹之石刻。

▲宝翰阁 在竹炉山房右。内有清乾隆帝御诗碑，旧藏王绂竹炉画册及先贤题跋墨迹于此，今设有照相馆；阁下为松亭，后为松泉。

▲云起楼 在竹炉山房右。有名山敬业堂、听松亭、罗汉泉。

▲文昌阁 在泉亭上，登山之路经此。阁外有玉皇殿、三宫殿，旧俗三七两月之望，香会颇盛。玉皇阁下平地近拟建稚晖阁。

▲李忠定公祠 在惠山寺门内有日月池之香花桥畔，祀宋建炎初宰相李钢。

▲胡园 在惠山第二泉门外。祀宋人胡瑗，锡邑胡氏宗祠也。中有云外天香阁，广仅方丈，耸削四敞。并有天钧楼、仰心堂、对山

精舍及莲池、假山。假山中有石公堕履处。园多桂树，秋季花开，金粟弥漫，香气四溢，逸趣可爱。

▲尊贤祠 在胡园右。记前代名贤百余人，有亭台池梁之胜。

▲至德祠 在尊贤祠左。祀周时吴之泰伯。泰伯以避国逃荆蛮，化民成俗，著于古代，称为至德。祠内塑像，百面黑发，衮冕用上公服制。内有泸泉，亦锡邑名泉，设茶肆品茗。有广池一，遍种荷花。

▲华孝子祠 在至德祠左。孝子华宝，无锡华坡人。晋义熙末，父豪服兵戎戍长安，时孝子年甫八龄，父临行谓孝子曰："须我还，为汝冠。"后长安陷，豪死焉。孝子年至七十，不冠不娶，恪遵父命。齐建元三年，旌表门闾。唐时为之立祠，塑孝子童髻长须像。祠中多古名人碑刻，享堂前有承泽池、漱原桥、成志楼、遗荫树等古迹。鼋池中二石螭，水南吐北纳。祠前玛瑙石具磁性，能吸钱。

▲寄畅园 一名秦园，在惠山寺外横街。路旁多买泥人、惠泉酒、桂花蕈、桂花粟等者。园主秦姓，故俗呼秦园。宋奸相秦桧之故里在无锡。但今锡邑之秦姓，当非桧之后，盖桧无子，以内姪王熹为嗣。寄畅园为秦金始建。金字国声，明弘治年进士，官湖广巡抚，平定郴州、桂阳叛猺，擒其王福全；正德年加太子太保，改南京兵部尚书，后致仕归卒。园旧并南隐、沤寓二僧舍为之，初名凤谷行窝，后副都御使秦耀易今名。清康熙帝南巡时驻此，乾隆帝亦有御制诗及题联额。前门今改建洋楼三层。围内大池名锦汇漪，上跨七星桥，池畔有知鱼轩，可望龙山。桥端有悬淙涧，清流涓涓。东南有介如石、美人石石濡等。结构幽胜，洵惠麓名园也。

▲龙头口 在寄畅园前。涧水自石龙口喷出，故名。上有坊，题曰："人杰地灵"，名千人报德坊。

▲马文忠公祠 在寄畅园旁，祀邑贤马世奇。马为明崇祯年进士，改庶吉士，进左庶子。京城陷，马肃衣冠，捧所署司经局印，望朝拜毕，自缢死。二妾朱氏、李氏亦自经死。福王时，赠礼部右侍郎，谥文忠。

▲邵文庄公祠 在忠烈祠左，祀邵宝。宝字国贤，无锡人，明成化年进士，官两江提学副史，正德初右副都御史总督漕运。刘瑾擅政，宝不与交，遂致仕去职。瑾伏诛后，宝起为贵州巡抚，拜南京礼部尚书，以母老辞，久之，卒，赐谥文庄，人称二泉先生。

▲点易台 在邵祠后。台前巨石，相传为邵文庄公点易处，旁有研硃石。松坛下有滴露泉，上有石碑及海天石屋。

▲王武愍公祠 在寄畅园前河塘之宝善桥畔，祀清人王恩绶。祠内亦有池沼亭榭之胜。

▲惠山公园 亦在河塘宝善桥畔。本为清李鹤章祠，民国十八年夏奉省令改为公园。园内楼宇亭圃，假山奇石，鱼池曲梁，布置新雅。有碑记荣宗敬、杨翰西等建园事。

▲紫阳书院 在惠山公园对河，祀宋儒朱熹，颇具风景。

▲春申君庙 在惠山寺山门南之庙巷。无锡为楚国春申君黄歇封地，因有此庙。庙后之路可通锡山锡泉。

▲圣帝殿 即东岳行宫，在山门南侧直街。庙貌崇宏，旧俗三月二十八日岳帝诞辰，迎神赛会甚盛。现将添设为博物陈列馆、民众茶园等。

▲张中丞祠 在圣帝殿右。内奉青面红须像，即杀妾享士死守睢阳之张巡。殿前有贺兰精明之跪像。殿左则祀许远。

▲北茅蓬 即觉圣寺，在白石坞上。近由侯葆三等重葺，内有觉楼最胜，僧菜亦佳。

▲黄公涧 在二泉南胡园弄第八小学后，即春申涧，相传为春申君饮马处。每逢大雨，涧水狂奔而下，极雄壮可观。涧畔巨石刻"卧云"二字，乃明邵文庄公宝所书。

▲碧山吟社 在黄公涧北，旧有碧山八景为明末遗老觞咏之所。

▲忍草庵 在第八小学南约半里许之章家坞。异石耸秀，青松蟠虬；有陨石一，民国八年春得。庵前相距数百步，蟹眼、松苓二泉在焉。

▲贯华阁 在忍草庵左。三楼三楹，民国十四年杨味云斥资重建。登临凭望，近把九峰之秀，远眺五湖之光，景物颇胜。

▲青山寺 一名青山庵，在庙巷南头茅峰山腰。寺外有息游亭，美风景，经此可达梅园。寺内佛像有罗汉五百，旧俗九月香火最盛。

▲石门 在山西北三茅峰下，有石路可达。两侧巨石耸峙，中间一线虚通；崖壁险镌"石门"二字，明邵宝书；又镌"叠峰起云"四字，清廖纶书，中有泉曰悟空，细流纤涓。元时赵次钧曾建悟空精舍于其旁。

▲白云洞 在石门下。一小石龛天然生成，洞前怪石骈列若屏，龛下有吕纯阳降坛之乩文及荣琏之白云洞记。

▲离垢庵 在石门下。内有洗心、洗足二泉，以二巨石隔之。

▲张仙殿 俗名白鹤道院，在石门下。内有栖云处，苍松修竹，挹翠凝霞，亦胜地也。

● 锡山胜迹

▲锡山 在惠山之东，与惠山连脉，为无锡之主山。唐陆羽《惠山记》云：山东峰当周、秦间大产锡，故名锡山。汉兴，锡始尽，故创无锡县。王莽时，锡复出，改县名有锡。后汉时，有樵客于山

下得铭曰:"有锡兵,天下争;无锡清,天下宁;有锡沴,天下弊;无锡乂,天下济。"自光武帝至孝顺之世锡果竭,顺帝时更为无锡县。此锡山及县名变更之由来也。宋聂厚载《无锡县治记》谓:"樵客得铭,合在文景之世,是时弭师偃革,天下清宴,故神灵荐祉,其铭出矣;因之创县,宜彰其美。陆云后汉得铭,非也。"清乾隆帝南巡,曾游山赋诗。登山之路,或自东岳殿、庙巷,或自五里街而上。

▲于忠肃祠 在锡山山半,祀明少保于谦。祠有梦神殿,锡人常夜宿祈梦求神默示吉凶。于公,名谦,字廷益,浙江钱塘人,明永乐进士。宣德初,授御史,以才超迁兵部右侍郎,巡抚河南、山西,在任十九年,大著声绩,正统末,召为兵部左侍郎。额森(也先)入寇,英宗被虏,郕王监国,议迁都避寇。于公竭力反对,遂定守御之议。其时朝野汹汹,独倚重公,景帝遂敕公提督各营军马。额森兵迫帝京,公身督诸军,力战却之,论功加功以少保衔。额森见屡不得逞,因道使议和,奉还上皇,皆公之功。公秉性忠孝,亡身忧国,不避嫌怨。倡议迁都之徐珵,即徐有贞,及石亨辈,深忌嫉公,突复英宗位,诬公谋迎立襄世子。公遂被杀,弃市,抄家无资。成化初年,大冤始白,复公官爵,发棺回杭州,葬西湖三台山下。弘治初年,加赠太傅,赐谥忠愍,敕建旌功祠。万历间,改谥忠肃。其子冕,字景初,屡上书诉父冤,后官至应天府尹。

▲龙光寺 在锡山顶。寺有龙光塔、定心泉。山之西南有石浪禅庵,亦为胜境之一。

太湖沿岸古今胜迹

● 湖滨北岸胜迹

▲梁鸿溪 简称梁溪，亦名梁清溪，因昔梁鸿曾居此，故名。在城西北与运河通，绕行至城西南仙蠡墩分为二流：一本河西流循开原路之南至五里湖北岸注湖，为开原、扬名两乡之界；一支河南流至南桥、高子水居附近注五里湖东南岸。

▲陆庄 在开原路中河塔口西三里之南半里。庄为陆培之家祠，中有甜庐、九家亭、湖上草堂、小学校，山石花木，设备清雅，颇能吸引游人。北有路通惠山。

▲东大池 在开原路张巷北启明路尽端。位于嶂、顾南山间，广约数十亩，有白沙泉、茶庐、茅舍、小学校等，遍栽柳桃，春时柳青桃红，山明水秀，亦锡邑胜地，陆培之建。

▲梅园 在开原路西端之东山，东距荣巷三里，汽车汽艇均可到达门外。清初为进士徐殿一之桃园故址，民国元年本县实业钜子荣德生改建，因园多梅，故名梅园，但四时均有花，非独梅也。后挹龙峰，前对管社，湖光山色，如在画图。门内经洗心亭，两旁梅树夹道成林，玉姿清香，盛在春时。进而渐高，越桥穿洞，登天星台，以夜观青天历历星斗而名。过溪至砚泉，升级有香雪海之轩，为据高览梅胜地。又进抵诵豳堂，一楠木厅，可瞰山外湖光，游客到此，咸品茗焉。堂侧有荷轩、留月村，堂右槲中镌九成宫碑，堂后有亭曰招鹤，踞东山之巅，烟波山光，饱览无穷。园之东北有桃园，亦荣氏建。

七十二峰青未断；万八千株芳不孤。

树木十年，此地合名小香海；
太湖万顷，浮生直欲若烟波。
风送暗香来，几点动阁中诗兴；
天空白云净，数峰见江上青山。

▲太湖饭店 在梅园东，宜膳宜宿，装有电话达城市，电码三九五号。

▲宗敬别墅 在梅园东，为荣氏别业。

▲管社山 在梅园南，突立湖岸；有东西管社之分，南对湖中之独山。

▲扬园 在东管社山东麓五里湖边，北距梅园三里。清初扬紫渊建，占地颇胜，当时极负盛名。

▲万顷堂 在东管社山南麓，前临湖而对湖上之独山及鼋头渚，北距梅园约三四里。堂内设备清洁整齐，凭栏下窥一碧万顷，游湖者恒稍憩焉。

洗尽旧胸襟，一水平铺千顷白；
拓开新眼界，万山合抱数峰青。
何处有桃源？且偷半日闲，来享湖山清福；
新邻按梅岭，会看十年后，定成世界名园。
如上岳阳楼，对万顷湖光，重忆希文椽笔；
遥瞻于越界，指一帆风影，可来范蠡扁舟？

▲贡王庙 在万顷堂西邻。本为禹王庙，后因年久失修，题额模糊，讹为贡王庙，俗称湖神庙指庙神曰龙王。内供大禹像，白面无

须，文质彬彬，首王者冠而身红色龙袍。

▲项王庙 在贡王庙西邻，内祀西楚霸王项羽。相传项羽避仇吴中，即此地，故立庙祀之。但神像白面黑须，衮冕儒雅，不类"力拔山兮气盖世"之一代豪杰。

▲梅园以西诸山 自梅园以西。经徐巷、石埠、姚湾等地，路约十里，属安富乡，有华藏山、华藏寺、宋张浚墓等；再西行，经韩湾、杨湾、孟湾而至闾江，长约十五里。沿途背山临湖，风景均佳。章山下有伍子胥庙、天井泉。又西有胥山，相传为伍子胥屯兵处，有阖闾城遗址。但梅园以西，地较僻远，游之者少。

● 湖边岛屿胜迹

▲独山 位于五里湖通太湖之口，兀立水中；北口湖面曰庙门，对管社山及万顷堂；南口湖面曰独山门，对充山及鼋头渚。山上有蚕神庙。

▲鼋头渚 在独山门湖面之南，充山之麓。形如小半岛，巨石一角，突浮若鼋，故名。有渡船往来鼋头渚及万顷堂或梅园间。渚上灯塔矗立，夜间指示湖中舟只航行方向，不致迷途。塔畔为涵虚亭。附近湖中有大小箕山等，若青螺浮水，若锦屏拱列。南风起时，惊涛骇浪，向北捲立，蔚为奇观。崖石上镌"横云"及"包孕吴越"六大字，无锡前知县廖纶书。亭后为横云小筑，乃杨氏植果试验场，内多桃梅，每届春时，群树齐放，锦绣灿烂。山坡有花神庙，内供花神女像，高约二尺许，以大理石琢成，全身洁白，含西洋雕刻色彩。自渚左进，至长生未央馆；馆上有飞云阁，风景最优。更上至广福寺，民国十三年量如和尚募建。游客至渚，可在寺中素餐。寺畔退庐备有宿舍，可下榻或养疴。陶朱阁系民国十四年由商人集资

建，供范蠡像。更有一勺泉，为山之古迹。若由涵虚亭右行，则有松下清斋，亦可投宿。斋上为在山亭，亭上为花神庙。亭旁东行为小函谷，形如城楼，面对五里湖；其下为池筑卸植荷于中，可以消夏。

▲小蓬莱 在湖上之中独山。荣氏建，民国十九年双十节落成。因山为馆，面太湖而背五里湖。拾级登眺，前有三山曰笔架山，东傍鼋头渚，西为小箕山之避暑公园。馆凡三层，入门有亭，额曰："水天一色。"更上为精舍曰寤歌处，中置几席；又上曰醉乐堂。以其悬立湖中，宛如蓬莱宫在水中央，故名。

▲避暑公园 在小蓬莱西之小箕山上。有荷池广百许亩；池中种并头莲，色粉红，瓣数百有一茎开四花者。四周风景俱胜。民国十八年冬荣德生兄弟所辟。

▲太湖 位于江浙两省之交，而苏省所占湖面较多。古名震泽，又有笠泽、具区、五湖等别名。面积号称三万六千顷，周五百余里，局我国大淡水湖之第三。滨湖者为苏之吴江、吴县、无锡、宜兴及浙之吴兴。湖上岛屿七十二峰，以吴县所辖之东西二洞庭山最大。水道有支渠与运河通，四季尚相吞吐调剂，既利交通，又便灌溉，故环湖土地肥沃，农桑富庶。春秋时，吴越争霸为太湖饱尝腥风血雨之始；抚摩往迹，犹堪凭吊；其详细形势参阅本书苏州太湖胜迹条下。

● **五里湖南部胜迹**

▲五里湖 一名漆湖，为太湖东北岸内湖之一。有充山、鼋头渚形如半岛与太湖相隔。滨岸东北为开原乡，东为扬名乡，南为开化乡。明清之际，湖滨别墅连云，湖中画桨如织，当时以杨园及高子

水居为最著名。

▲蠡园 在扬名乡青祁巷，位于五里湖南部之北岸。现为锡人王禹卿别业，民国十八年建。内有千步回廊，壁间遍嵌古人碑帖。廊尽而东，有少白山、涵碧亭，凭亭南望，石塘、雪浪诸山骈峰列峦，如云际画屏，掩映有致。折北，有湖上草堂可品茗憩坐。堂后西行有洞题曰："小桃源"，穿洞而入，中为大一荷池，池周复道数重环之，池上五步一桥，十步一亭，五花八门，引人入胜。池中多荷，有日本种者。园滨湖，故内皆真水假山；一丘一壑，别具匠心。人工叠石，辄取象形，玲珑有致，名目繁多。锡邑名胜梅园秦园并蠡园鼎立而三矣。

▲高子水居 在蠡园东南湖滨，梁溪南支[编者注："南"字漫漶不清，据《读史方舆纪要》卷二五《常州府》："梁溪，在（无锡）县城西，源出慧山，北合运河，南入太湖。志云：溪自慧泉导源，引而东，至城北三里之黄埠墩接运河。自黄埠墩而南，分为二支：其西南一支，由五里湖、石塘山、长广溪，凡五十里出吴塘山门，入太湖。其西一支，经县西南十六里大小渲，凡十余里，繇独山门而入太湖。梁大同中尝浚治之，故曰梁溪。"]至其东注湖。旧有可楼及水哉轩，期高攀龙居此凡三十年，几席湖山，衣被风月，枕葄图史，士类景从，故其居为明、清以来锡邑著名史迹。民国八年被火，近由其后裔高映川与邑人裘葆良、吴稚晖、孙叔方、廉南湖、俞仲还、唐蔚芝、荣德生诸氏集资重建，十九年九月落成。凡三楹；上曰可楼，凭窗远望，山影湖光，楚楚如画，中供高公石像及墨搨下曰水哉轩；均用旧名，不事更改。四壁多佳联。

▲五里湖南岸诸山 充山之南五里为宝界山，所产枇杷、杨梅甚佳。宝界之南为山门岭；又南为石塘山在长广溪口，至此距城二十

五里，有石塘庵及徐偃王庙。山下石塘桥有旋水潭三，莫测其深。长广溪之水北通五里湖，南至吴塘门注太湖。石塘山南五里为路耿山。又南三里为雪浪山，有雪浪庵，庵内有宋人蒋一梅读书处，曰蒋子阁，登阁览湖殊胜；庵下仙人洞，门小内宽，口临深涧，太平军时，乡民避难洞中，被匪烧毙。又西南八里，距城约四十里，为将军山；山顶有真武殿，殿内有龙湫、石潭、石井、宋碑等迹，旧俗三月多烧香之徒。又西南二里至长泰山，已抵吴塘门；山上有长泰寺，寺内有金刚经石碑，踞山临湖，苍苍泱泱，极饶风景。

▲蠡桥 一名仙蠡大桥，跨梁溪二流汊口上。桥北为开原乡之仙蠡路通蠡园及高子水居。桥凡七洞，长一百五十余尺，无锡前县长孙祖基向富商王氏昆仲及荣民等募捐三万元兴建，民国十九年夏落成。

▲仙蠡墩 俗名仙女墩，在蠡桥畔，相传范蠡偕西施于此。西施后事见于旧说者不一。吴越春秋载："越浮西施于江。"墨子云："西施之沉，其美也。"杜牧诗谓："西子下姑苏，一舸逐鸱夷。"鸱夷，范蠡之别号也，逐者偕随也，曰沉、曰浮、曰逐，未知孰是。

各乡古今胜迹

▲芙蓉山 在县东北天上市之东北塘，可由城北经过东亭而经，约十五里。上有天乙、龙井等峰，龙潭、石门、石公、石母等处。旧俗三月十八日为该地迎神会期。

▲倪云林墓及读书处 在芙蓉山。倪瓒，字元镇，别号云林，元末无锡人。善绘山水，家饶于资，轻财好施，性喜洁，见俗士避去恐浼，盥頮易水，树石时加洗洗拭，画笔萧疏简远，称其为人，诗亦如之。至正初，天下无事，一旦舍去故业，散给姻友。人或笑之。

迨至元末，兵兴，富家多被祸，云林放舟五湖、三柳间，寓甫里，与陆德原、虞堪辈为诗文交，不罹于难。人服其识。明洪武七年，始还乡，年七十四矣。

▲清秘阁 在城东十五里怀下市之长大厦，由城经东亭渡新塘桥而往。倪云林所居故宅，有云林堂、萧闲阁、清秘阁。阁如方塔，三层，疏窗四眺，遥峦远浦、云霞，变幻弹指。阁中藏书数千卷，手自勘定；三代鼎彝、名琴、古玉，罗列左右。阁今人祇陀寺，为无锡名刹之一。每逢浴佛日，例有集会，多售农具。

▲胶山 在城东四十里怀下市之安镇。山南有商代名贤胶鬲墓，故名。上有胶山寺、乳窦泉、金牛迹、宋相李纲读书处。

▲西高山 在城北三十里天上市之偃桥镇。东汉人高岱葬此。山有凤凰、灵龟二峰。旧俗三月三日为迎神会期。

▲梅村泰伯遗迹 梅村在城东南四十里之北下乡。古为吴泰伯城，今已改为庙。庙内有泰伯宅、泰伯井。庙侧为第四小学。梅村西北三里有鸭城，相传为吴王西施放鸭处。

▲鸿山 在梅村东南十里之南延市。山南有铁山寺即汉时梁鸿隐居处。内有鸿隐堂、香宝室、观音殿。寺前方石，名鼓琴石。山西有泰伯墓；墓前有月池；墓东山尾有石直立，投以小石，清琅可听，俗呼响板石；墓西多碑石、古木。

▲开利寺 在城北京沪铁路洛社站。寺有晋王羲之洗砚池、观鹅亭等旧迹。

游览日程

● **游览日数**

▲车游一日程 由上海或苏州来游无锡欲当日返者适用之；时间

节省，不求详览。其程有二：（甲）由上述地点乘京沪铁路上午快车约在十时半左右到无锡站，即在站雇人力车或在站后通惠路雇汽车先游惠山，在彼午饭，下午约二时雇车往梅园，四时乘渡船到鼋头渚，六时渡回梅园搭车返城晚饭，九时十分夜特别快车返苏州或上海。（乙）乘早快车到无锡，雇汽车直达梅园渡船埠头渡往鼋头渚，在渚上寺内午饭，二时渡回游梅园，四时坐汽车返游惠山，在城晚饭毕搭火车而返。

▲车返一日半程　由南京、上海、苏州往游者适用之。[第一日]星期六，由南京趁午快车，由上海苏州趁下午特快车，均约六时余到无锡；若天色尚早，可趁车游惠山游或城中公园；天色如晚，即投旅馆。[第二日]星期日，可任择下列二程之一游之：（甲）坐人力车或汽车先往梅园，或坐人力车至西门外、迎龙桥换搭公共汽车往梅园，再自梅园南行经管社山游万顷堂渡往鼋头渚，在渚寺内午饭，午后渡回梅园，雇人力车或汽车游惠山，至晚饭，晚间搭火车而返；归南京者趁六时零五分上行特快通车，归上海、苏州者趁六时十五分下行快车或九时十分下行特别快车。（乙）坐人力车或汽车先游惠山，再游梅园，就餐于梅园东之太湖饭店，下午游万顷堂渡往鼋头渚，再自渚返梅园乘车回城，晚饭后搭火车归。

▲舟游一日半程　由南京、上海、苏州往游者均适用之。[第一日]星期六，与车游一日半程之第一日同。[第二日]星期日，雇汽油船直放梅园，再放往万顷堂，再放往鼋头渚午饭，下午泛五里湖游蠡园及高子水居回城；若时尚早，可往惠山；否则即用晚饭毕，搭火车返。

▲舟车游二日程　由南京、上海、苏州往游者均适用之。[第一日]晨搭京沪车，午抵锡，在城午饭，下午驱车游城内公园、惠山、

锡山等处。[第二日] 与车游或舟游一日半程之第二日同。

● **游程舟车注意（参看交通章）**

▲人力车 无锡人力车营业地界分城市、开原乡、扬名乡三区。（一）自车站或城往游惠山者雇无锡市车。由城往惠山，或走城北之通惠路，或走城西之五里街，车资各约二三角。（二）自城往梅园者雇市车至西门、迎龙桥止，过桥换乘开原乡车，价约四五角，或来回一元。（三）自惠山往梅园者在惠山南雇开原乡车。（四）自城出南门直往蠡园、高子水居者雇市车至南门，在南门外雇扬名乡车。（五）自城出西门往蠡园、高子水居者雇市车至西门外迎龙桥，换开原乡车至仙蠡大桥，过桥再换扬名乡车。迎龙桥，至蠡园车资共约四五角。

▲汽车 由车站赴惠山，来回双程约二三元；由车站经过惠山往梅园，双程约五六元。

▲公共汽车 由西门外迎龙桥西行，经过河埒口、荣巷，达梅园，车资三角五分。

▲汽油船 均泊城北工运桥下，可托旅馆代雇。每日赁金自十二元至十五六元，视船之大小而异。惠山下、太湖、梅园、蠡园、高子水居，等到处可通。

附宜兴县名山胜迹

● **概说**

▲宜兴县治 汉为阳羡县，属会稽郡；后汉属吴郡。晋永嘉四年于县置义兴郡。隋初，郡县俱废，改为义兴县，属毘陵郡。宋太平兴国初年，因避讳，改曰宜兴县。明、清因之，属常州府。今直辖

于江苏省民政厅。

▲位置交通 宜兴滨太湖西北岸；北邻武进（常州），西接溧阳，南界浙江之长兴，东隔太湖与无锡相望。其交通：（一）无锡宜兴溧阳小轮航线：自无锡经过洛社、戴溪桥、华渡、运村和桥、宜兴、徐舍至溧阳，每日开行。（二）常州宜兴溧阳小轮航线有三：或自常州经过万塔、寨桥、和桥、宜兴、徐舍至溧阳，或自常州经过茶食、戛溪、湟里、官林、宜兴、杨巷、徐舍至溧阳，或自常州经过万塔、寨桥、和桥、宜兴、蜀山至乌溪。（三）京杭公路长途汽车：自南京经过句容、宜兴、长兴、湖州、永康至杭州。

● 铜官山芙蓉山胜迹

▲铜官山 在宜兴县西略偏南二十里。自秦以来，曾设官采铜于此，故名铜官。更以其为一县主峰，故又曰君山。山顶平坦，南北狭而东西长。

▲云雾寺 俗呼中茅蓬，在铜官山，尚有东西二茅蓬。

▲半月池 在铜官山。中产蜥蜴，俗名曰龙，旧俗谓岁旱祈祷有验，可得甘霖。

▲善行洞 在铜官山顶北下再上绝壁约五里处。讹称然昂洞；洞前为选佛禅院即善行庵；洞深约三四丈，中有石床，唐善行和尚修禅于此。院后尚有二小洞，一旱一水。

▲鹅子洞朝阳洞 在善行庵前山径下。鹅子洞俗呼蝦蟇洞。其下朝阳洞深三丈，有僧居之；洞底有清水可饮。

▲芙蓉山 在铜官山南十里。因群峰攒簇，望之如芙蓉，故名。

▲芙蓉寺 在芙蓉山麓。唐元和年，大毓和尚修禅于此。后依山，前面洞，东西两溪，夹岸皆绿树修竹，深藏清幽。

▲雄鸡头托峰 在芙蓉山巅，雄鸡头累累岩石，如狮踞，如虎蹲，争为怪状。驼峰突起于其后，夹立岩门，径通其中，为往来铜官山之山径。

● **善权洞胜迹**

▲善权洞 在宜兴县西偏南五十里国山东南之龙岩山。东距芙蓉山、芙蓉寺十余里，南距张渚镇约十里。镇有小轮船自湖㳇镇经过丁山、蜀山、张泽桥、宜兴县城、徐舍、桑树桥、蒲墅、五洞桥至张渚镇，为阳羡、新商两轮局所经营。故游善权洞者亦得自宜兴县城趁小轮至附近起岸，或寄寓于南十里之张渚镇。尧时，善卷居此，名善卷洞；南朝避萧齐宝卷讳，改名善权洞。洞凡三：曰乾洞、大水洞、小水洞。近储南强整理洞迹，改名中洞、上洞、下洞。游洞者须秉火把燃之而入。

▲善权禅院 在善权洞外相近。凡游洞者大都先至善权禅院休憩。清初，白松和尚为禅院住持时，与里人龃龉，曾被举火烧寺。

▲讲经堂 在善权洞前。堂后有茶室二楹，游客先啜茗；后乃各携火把至室后入洞。

▲中洞 游客先进中洞，俗呼乾洞。洞内高敞通明，可不燃火，深约二十丈，广约四丈，容千人。亦名石室，有石柱当门，名小须弥山，柱顶立一西方接引佛，以水泥塑成；洞壁结满诡离异状之钟乳石；左壁镌字曰"龙岩福地"，上镌字曰"大会堂"，供有佛像及四大天王像，底一池，作秋叶形。更进，有观音莲台，供六观音像；石乳条条如垂旒；中条两侧镌"观音海岛"四字。更进，为象王石，背立普贤菩萨像。更进，则曲栏半台，栏畔为小石池，有水出自石隙滴沥注池；右首石壁下有曲阿二，前题"鹤寮"，后刊"鹿房"，

上凿"万古灵迹"诸字。更进，上为狮王石，下为仙鹿石，各有镌字，旁塑文殊菩萨像。更进，上供罗汉十八尊，下有半月形之池。

▲上洞　在中洞大会堂后，深黑无光。燃火而入，拾级而上，有通天柱、石蝙蝠、石龙、石凤等，均以形象名，不胜枚举。内多蝙蝠，大如飞鸟，人至则掠帽斜飞，鸣声吱吱。洞腹已经人工开治，设石栏，铺水泥，凿转楼。其近洞口处，架以小桥。渡桥左转、地甚宽敞，广约六丈，长约二十丈；旁为水池，有石孔十三。天寒时，洞内香雾磅礴蒸暖，犹如温室，可御薄衣。洞口亦有光线透入，得窥见洞形。

▲下洞　即大水洞，在中洞下。两洞若层楼然。面积较中洞小，外明内暗。门有佛拳石，如拳而悬，长约五丈，端有水滴下注。前为雷壑音，飞泉奔瀑，触石作雷轰鸣声，跨有石梁，可据以观瀑。右壁下石泉挂滴，岩孔重叠，仰承为池。燃火更进，有三小桥及洞腹阶级，均水泥建。洞底皆水，势甚洶涌，穿岩腹，至后水洞外。游览大水洞，务须留意，以免下堕深渊。

▲国山碑　在善权禅院西南三四里。碑覆以亭。碑形椭圆如石鼓，高约丈余，周余一丈三尺，字兼篆隶，已多剥落。相传，吴孙亮时，五凤二年，山有大石自立；孙皓天玺元年，山有石裂十余丈成室，名曰石室，表为天瑞；乃遣司徒董朝至阳羡封山为国山，刻石勒碑颂德，即此是也。

● 龙池山胜迹

▲龙池山　在宜兴县西南七十里，距张渚镇十八里。山下有松巷，为大森林，老松繁密，绿叶浓蔽，延长四五里。登山有从云亭，亦称禹门亭，古松修竹，夹道苍翠，颇似杭州西湖之云栖梵径。

▲澄光寺 在龙池山从云亭上里许。旧为禹门禅院之下院，清康熙年敕改今名。寺宇百余间，层层而上，规制宏大。大殿后藏经阁贮明代藏经二部。晓云石在方丈室，上绕藤萝，下引清泉，天阴则石上蒸气升腾。

▲禹门塔 在澄光寺右山上。禹门即一源禅师，元时结茅于此。今其遗址名大士庵。

▲蝦蟆洞 在禹门塔右上路侧。外窄内宽，深约五六丈，洞前多竹，颇为清幽。

▲龙池及中庵 庵在蝦蟆洞上里余，有僧居之。左右各有龙池，蜥蜴产之。

▲上龙池 在山绝顶，距澄光寺约五六里。池畔有松数株。池作六角形，周约二丈，以石围之。其中蜥蜴甚多，头方，尾扁，背黑，腹赤，而赤有黑斑，前足一对五爪，俗呼曰龙。乡人祈雨于此，甚验。昔有人游此，随意取数条，携归本乡；适大雨兼旬，连绵无休；急谨敬礼送回山，雨始止云。宜兴之龙池，此为最著。

▲拜经台 在龙池山顶右行，越分宾岭，绕至白云岩之前。台与磬山遥对，一望即见。明时，幻有禅师居龙池山，其师乐庵老人栖磬山。禅师拜经于台；老人在磬山有所需，则在山上举物作信号；禅师见之，即往师处。幻有禅师有密云悟、天隐修、雪峤信、抱朴莲四大弟子。密云、天隐传教长江各省，抱朴传教黄河各省，雪峤传教两广，皆佛门临济宗之功人。台侧绝顶上有龙井，面小而深莫测。

▲伏虎岩 俗名老虎洞，在拜经台岩腹西；相传一源禅师居龙池山，驯伏白虎，故名；高约五尺，广二尺，一源禅师碑在焉。

●磬山及张公洞胜迹

▲磬山 距湖汶镇十八里，北距城五十余里。其形如磬，故名。全山多竹，绿竿参天，浓阴匝地。下有普日禅院，为寂照寺之下院。又上为寺，石坊前镌曰"敕封崇恩寺"，后镌曰"第一祖庭"。明天启年，幻有禅师之徒天隐和尚创寺于此，为佛教临济领袖之一。清乾隆年封其第四徒名玉林为国师。常州之天宁寺，镇江之金山寺，皆其系也。寺已重建。内有藏书楼贮明版经册及清康熙帝赐书。寺南洗钵洗，相传为天隐和尚洗钵处。对面为万松岭，高及磬山，松树成林，苍翠扑人。

▲张公洞 在县南张公山下，距磬山二十里。或云汉之张道陵居之，或云道陵四世孙名辅光者棲此，或云唐之张果老曾隐此。道书称为天下七十二福地之第五十八洞天。洞前有朝阳道院，为旧洞灵观址之一部。清初，道士潘朝阳得道于此，改为今名。现居僧人，洞下会仙岩下有甘泉精舍碑记，明嘉靖年湛若水书；碑如方柱，文刻四周，高丈余。亭后为甘泉池。游张公洞须秉火炬而入。洞有后洞、前洞、大罗天洞、中洞、洞底洞、大缨路门、小西天、鳌鱼背等。前洞之门曰天门，后洞之门曰洞天锁钥。

公私团体地址录要

●政治机关

无锡县政府 城内新县前

县公安局 城内老县前

公安第一分局 城内崇安寺

公安第一分局一支局 东门外

公安第二分局 光复门外

公安第三分局 南门

公安第四分局 西门

公安第五分局 江阴巷

公安第六分局 广勤路

公安第九分局 开原乡河埒口

水上公安第二区办公处 驻骢桥

县财务局 后书院弄

县教育局 驻骢桥

县建设局 打铁桥下

县党部 新县前

●教育机关

县教育会 城内公园路

县立图书馆 城内公园路

大公图书馆 开原乡荣巷

天上市图书馆 天上市堰桥镇

万安市教育会图书馆 万安市石塘湾

青城市新民图书馆 青城市礼社镇

泰伯市图书馆 泰伯市后宅镇

县立通俗教育馆 北门外广勤路

县立公共体育场 西门外棉花巷

广勤公共体育场 北门外广勤路

●中等学校

中央大学民众教育院 社桥

省立无锡中学 学前

省立无锡中学乡师科 洛社

省立劳农学校 社桥
县立初级中学 学宫内
私立无锡中学 南门外羊腰湾
县立女子中学 小楼巷底
胡氏初级中学 天上市堰桥镇
匡村初级中学 富安乡杨树园
私立竞志女子中学 北禅寺巷
无锡美术专门学校 堰桥下
市立女子职业学校 张泾桥
无锡国学专门学校 学前街
私立辅仁中学 城内书院弄
教会立马可中学 城内新开河
东吴大学立第四中学 洛社
纺织养成所 北新桥
无锡蚕丝试验场 仓滨里
蚕业试验场 钱桥

● **新闻书籍**

锡报 松攻坍
新无锡报 书院弄
国民导报 书院弄
民报 太平巷
商报 光复门外
世界书局 书院弄口
大同书局 寺后门
文化书局 寺后门

乐华书局 寺巷内
新新书局 公园路
学海书局 北大街
日升书局 北门内
经纶书局 三里桥

著名土物

工厂出品 锡邑多工厂，其出品有丝、茧、纱布、白米、面粉、豆油等。

▲茶叶 以产于太湖边雪浪山最著。

▲桂栗 秋日惠山镇有售。

▲惠泉酒 名老堆酒者最佳。

▲四角菱 产梁溪中，味颇鲜美。

▲西瓜 曰三白瓜瓤子，子白，皮白，产怀上市东湖塘黄土塘。

▲松菌 产惠山，肥嫩鲜美。

▲芡实 产南延市鹅湖华姓祖坟之旁，又万安市龙塘岸亦产之。

▲玉爪蟹 产青城市之玉祁镇。

▲村前黄雀 产天上市堰桥镇之村前，味香肉丰，破著名。

▲鱼 南延市鹅湖之银鱼，太湖独山之白鱼，吴塘门之鲚鱼均著。

▲酥饼 一名蜡烧饼，惠山有售。

▲拖炉饼 安镇及笆斗弄制者为佳，饼店中有售，为春时食品。

▲罗筛纱 白地无花，精薄耐久。

▲黄草布 产南乡，为夏布代用品。

▲泥人 以粘土制为人物，外施彩色，不易龟裂，惠山镇极多。

附诗

惠山赋

苏轼

梦里五年过，觉来双鬓苍。
还将尘土足，一步漪澜堂。
俯窥松桂影，仰见鸿鹤翔。
炯然肝肺间，已作冰玉光。
虚明中有色，清净自生香。
还从世俗去，永与世俗忘。

又

前人

浮云不遮山，疏雨不湿人。
萧萧松径滑，策策芒鞋新。
嘉我二三子，皎然无缁磷。
胜游岂殊昔，清句仍绝尘。
吊古泣旧史，疾谗歌小旻。
哀哉扶风子，难与巢父邻。

又

前人

敲火发山泉，烹茶避林樾。
明窗倾紫盏，色味两奇绝。
吾生眠食耳，一饱万想灭。

颇笑玉川子，饥弄三百月。
岂如山中人，睡起山花发。
一瓯谁与共，门外无来辙。

惠山谒钱道人烹小龙团登绝顶望太湖
前人

踏遍江南南岸山，逢山未免更流连。
独携天上小团月，来试人间第二泉。
石路萦回九龙脊，水光翻动五湖天。
孙登无语空归去，半岭松声万壑传。

题惠山寺
张祜

旧宅人何在，空门客自过。
泉声到池尽，山色上楼多。
小洞穿斜竹，重阶夹细莎。
殷勤望城市，云水暮钟和。

中独山小蓬莱
荆梦蝶

万顷天教写客哀，乘风一叶上蓬莱。
劫来如此湖山住，何惜烟波老霸才。

又

前人

依稀人语彩云间，鸥鹭忘机共往还。
谁道神仙不可接，眼前相对即三山。

又

前人

嵯峨水上一山孤，环列千峰入画图。
除却一分雄壮气，便教风景似西湖。

又

前人

夕阳如笑媚晴岚，倒影澄波玉镜涵。
红叶满山秋不老，一天诗思落江南。

惠山

金天羽

飞弹光阴过，湖山及好春。
看花逗吟客，障扇避游尘。
山暖松身健，泉甘茗味真。
睠怀清閟阁，拨杖见烟榛。

梅园

邵祖平

名园占断重湖色，丹艘居然构架完。

婉娈棠花依小睡，玲珑燕语诉轻寒。
平山妆镜烟鬟绝，远渚风帆岛屿宽。
已失小梅堂上约，它时邂逅肯相欢。

鼋头渚
前人

看桃未作左迁客，放棹初过中独山。
啮岸春波全入画，艳隄少女半舒鬟。
春涛鼋吼时时警，夹岸鱼矶处处湾。
珍重流霞成一醉，天风吹觉暮须还。

上元后五日偕高子践四游梁溪梅园鼋头渚
俞寰澄

一年一度到梅园，又值花开过上元。
裙屐清游探胜地，湖山含媚献晴暄。
万株香雪亭招鹤，五里漪波石伏鼋。
为谢风流高学士，延宾东阁更开轩。

陈日章编：《京镇苏锡游览指南》，上海禹域社1932年版

铁路旅行

京沪路旅行指南（节选）

无锡

　　无锡自汉封东越降将多军于此，始置为县；三国时孙吴并设为省，晋复置为县，元升为州，至明又改为县，清属江苏常州府，民国改属江苏苏常道，自废道后，直属于省政府管辖。地当京沪路的中心，西北濒运河，西南滨太湖，东连苏沪，南下浙江吴兴，舟车往来，均称便利。工商之盛，不亚于上海，民国十一年并自开为商埠。城西有惠山，南临太湖，山麓有惠泉梅园等名胜，湖中有鼋头渚，山水的秀丽，不亚于苏杭，游者至此，都往浏览，以赏山水之美；今游锡路程，约定为惠山管社山鼋头渚等三路，均以崇安寺为出发点，游程约须三天，所有各路的名胜古迹，列表于下：

路名	名胜古迹
惠山	无锡公园 惠山
管社山	梅园 小箕山 管社山
鼋头渚	高子水居 蠡园 鼋头渚

1. 惠山路

沿路所经的胜迹有：

无锡公园

出崇安寺向东行，便至无锡公园。园居城的中央，园内树木参差，曲径交通，楼台亭榭，无不具备。园中景色，以春夏为最佳，盖有花木之胜，秋冬较为萧条；但至雪后，玉树婆娑，楼台积雪，则又别饶风趣。

惠山

出公园，循路出光复门，乘汽车，至惠山。山景秀丽，历来名人题咏，美不胜收。山因西域僧慧照驻锡得名。古名华山，一名西神山、斗龙山，又名九龙山，或称冠龙山，山有一寺，名惠山寺，寺始于刘宋，旧址较今为宏大，山门内外，多泥人玩具肆，山分三层，是称头茅峰、二茅峰、三茅峰，登其巅，可遥见太湖，烟波漂渺，水光接天，至为奇观。山麓有惠泉双井，便是天下第二泉，泉旁石壁，题有"天下第二泉"五字，为元赵松雪所书。泉亭号漪澜堂，相传为苏东坡品茗处；惜东坡所题漪澜堂榜书，业已毁去！堂北有二井，上下纵列，一圆一方，相距仅尺许，而清浊不同，方的水浊不可饮；圆的泉水色清而质厚，凡附近茶寮，及山下人家的炊煮，都取给于此。然井殊不深，及底不过五六尺，而取之不尽，用之不竭，很可奇异。井上石阑，因阅年已古，四周有高低凹凸的琢蚀。堂南更有一方池，池滨有一石螭嘴，喷水入池，日夜不息，而池水不见增加，也很奇妙；或谓此池与双井，其源相通，所以泉水无泛滥干涸等事。山下有胡园，中祀胡安定公。尊贤祠，中祀梁溪陆羽等百余人。至德祠，中祀泰伯，此外若寄畅园，和惠山公园，园中花木的莳植，亭石的布置，均很有致，也足以供游者的憩息。

[参考]

（1）金天羽诗："飞弹光阴过，湖山及好春，看花逗吟客，障扇避游尘，山暖松身健，泉甘茗味真，睠怀清閟阁，拨杖见烟榛。"邵祖平诗："酒人吟客例相亲，拥鼻教逢软脚春，把盏但须呼白堕，看山况复隔红尘（惠山有'隔红尘'榜书）松根綦履行时好，茗畔烟岚现处真，唤起梦窗（梦窗惠山酌水词，有'二十年旧梦，峭云一片'之句）寻旧梦，峭云应为锁荒榛。"

（2）唐陆羽评天下诸水云："庐山康王谷水帘水第一。无锡县惠山石泉水第二。蕲州兰溪石下泉第三。峡州扇子山下有石突然，泄水独清冷，状如龟形，俗云蝦蟆口水第四。苏州虎丘山石泉水第五。庐山招贤寺下方桥潭水第六。扬子江南零水第七。"因此，惠泉有天下第二泉之称。羽，竟陵人，字鸿渐，一名疾，字季疵，不知所生，或言有僧得诸水滨。既长，以易自筮，得蹇之渐，曰："鸿渐于陆，其羽可用为仪。"故以陆为氏，名而字之。上元初隐居于苕溪，自称桑宁翁，又号竟陵子；后诏拜为太子文学，徙太常寺太祝，羽不就，杜门著书，或独行野中，诵诗击木，恸哭而归。嗜茶，著《茶经》三卷，至贞元末年卒，今鬻茶者祀为茶神。

2. 管社山路

沿路所经的胜迹有：

梅园

出崇安寺向西行，出西门，乘公共汽车，可径抵梅园，园为锡商荣宗敬私园。地居龙山正面，傍挟横山，斜睨马山。园中花木繁多，而以梅花为尤盛，故名。入门，曲径迂回，幽雅宜人。过香雪海，有一堂，名诵幽堂，傍有"小罗浮"等胜，更进，路径渐高，循径前行，则为宗敬别墅。墅侧有念劬塔，此塔落成未久，盖为主人报本思亲的纪念物。塔虽不甚高，然登其最高处，太湖全景，历历在目，墅后又有天心台，其风景亦很佳胜。园内艺菊亦多，每届秋季，往往有菊花大会，以供游者玩赏。园左又有桃园，为宗敬弟宗锦（编者注：此处有误。荣宗敬，名宗锦，字宗敬；弟荣德生，名宗铨，字德生）的私园，其中花木，以碧桃海棠为多，园内有送爽亭诸胜。

[参考]

近人金天羽梅园诗："占却青山麓，名园十载完，棠娇喜永日，梨媚怯春寒；碾麫车轮迅，当花酒盏宽，浮生此何时，小住且为欢。"邵祖平亦有诗："名园占断重湖色，丹艧居然构架完，婉娈棠花依小睡，玲珑燕语诉春寒，平山妆镜烟鬟绝，远渚风帆岛屿宽，已失小梅堂上约，它时邂逅肯相欢。"

小箕山

去梅园三四里，为小箕山，山滨太湖，与鼋头渚望衡对宇，其风景虽无特殊之处，而一阶一石，也很精雅有致。最近，荣氏昆仲，就此山辟为避暑公园，广植荷花数百亩，在荷开放时，风景尤觉佳胜。

管社山

小箕山之西，为管社山，相距不远，山与独山对峙，屹立湖畔，风景绝佳。山下有项王庙，相传项羽避仇吴中，尝居于此。庙侧为万顷堂，堂背山面湖，风景为湖滨胜景之冠。山东南麓有杨园遗址，园为清初杨维宁隐居之所。

3. 鼋头渚路

沿路所经的胜迹有：

高子水居

出崇安寺，向南行，出南门，雇小汽船，循水路，向西南行，便抵高子水居。其地位五里湖滨，旧为明代东林讲学的高攀龙读书处。

又有可楼，和水哉轩，为高公隐退之所。民国八年，被毁于火，今已由地方人士，集资恢复旧观。屋凡三四，楼上曰可楼，临窗远眺，风景绝佳，楼中供高公墨撅石像，楼下为水哉轩，四壁悬有联语很多。

[参考]

（1）高攀龙，明无锡人，字存之，万历时进士，授行人，以疏诋杨应宿谪为揭阳典史，发崔呈秀秽状，为魏忠贤所恶，削职归里，珰为矫旨逮问。攀龙肃衣冠，草遗表，投池而死，崇祯初年，赐谥忠显，攀龙操履笃实，涵养邃密，粹然一出于正，为当代大儒。与顾宪成修复东林书院，讲学其中。宪成死后，攀龙专讲席，世称高顾，有《周易易简》《二程节录》《春秋孔义》《正蒙释》《高子遗书》等著作。

（2）四壁联语，举其最著的，有孙叔方联："行乐岂在多求，春雨蕨肥，秋风鲈美；山人作何功课？支颐一卷，挂壁孤琴。"孙保圻联："漆湖可涤尘襟，渔火书声，每坐小楼观物渺；泾阳亦开讲席，水乡云景，何如此地赋诗来？"

蠡园

出高子水居渡五里湖，可至蠡园，园为王禹卿氏所有，相传是范大夫居处，殆不可考。今主人就湖天一角，经营两载而成，翼然水上，景客屦楼，又如蓬瀛仙岛。入园门，有千步回廊，壁间都嵌砖刻古人笔墨。廊尽右折，有少白山，东隅为涵碧亭，倚栏南望，石塘雪浪诸山，峰峦并列，如雪际画屏，掩映生色。倘观园外风景，于此为最佳。北有湖上草堂，堂后有石洞，题名小桃源。穿洞入，中有大荷池，池周复道数重，环于地上，五步一桥，十步一亭，构造曲折，引人入胜。池中有东洋荷花，色香有似华种，惟开放时，较寻常的为迟。池旁又多奇石，砌成各种形状；或似鱼鸟，或肖人物，石上都刻词句，如蹲狮、鱼跃、群羊跪乳、双鹤峰等，没有不神情恰似，栩栩如生，尤以五老峰济颠僧观自在等诸石，最为毕肖。

[参考]

范大夫，名蠡，春秋越楚三户人，字少伯，与文种同事勾践，苦身勠力，与勾践深谋二十余年，竟灭吴以报会稽的耻辱，称上将军。蠡以为大名之下，难以久居，并且勾践为人，可以共患难，不可以共安乐，遂浮海过齐，化姓名为鸱夷子皮，治产致千万，齐人闻其贤，召以为相，复尽散其财产，去而止陶，自号为陶朱公，耕畜转物，遂什一之利，由是资产又累巨万，后死于陶。

鼋头渚

出蠡园，复鼓轮穿五里湖，而至鼋头渚，渚系太湖中一孤屿，形势诘奇，好事者因构亭榭，复莳花木，数年之间，踵事增华，便成为无锡名胜之一。渚形狭而长，其前云根卓起，磊砢万状，湖波荡潏，若隐若现，渚外岛屿青青，若覆釜，若列戟，远近倏忽，与渚树相映发，景称奇绝。渚上有陶朱楼、横山小筑、长生馆、未央馆、花神庙、七十二峰山馆、小函谷等诸胜，登之可望太湖全景。

[参考]

金天羽有鼋头渚诗云："欲访鼋头渚，春篷过犊山，诗心吸湖渌，远镜簇桃鬟，浪贴危矶直，堤迎画舫弯，投纶钓鲜鲫，酒尽暮无还。"邵祖平亦有诗云："看桃未作左迁客，放棹初过中独山，啮岸春波全入画，艳隈少女半舒鬟，春涛鼍吼时时警，夹渚鱼矶处处弯，珍重流霞成一醉，天风吹觉暮须还。"

《京沪路旅行指南》1933年版

沪宁沪杭甬铁路第二期旅行指南（节选）

周泾港站（编者注：港当为巷）距上海北站二百四十一里一
本站属无锡县境，无市镇，附近有人民十余家，西北行至无锡旗站十二里五。

无锡旗站 距上海北站二百五十三里五
本站在无锡县南郭外五里，西北行至无锡站九里八。

无锡站 距上海北站二百六十三里三
本站在无锡北门外县境。战国时为春申君城，汉初置无锡县，新莽时改名有锡，后汉复为无锡，元升为州，明初降为县，清雍正时分县东境为金匮县，民国元年并为无锡县。地滨运河，向为转运重地。近于城北开拓商埠，工商业极形发达，有丝厂七家、纱厂五家、面粉厂四家、电话电灯局各一，本路中途第一繁盛之站。西北行至石塘湾站二十一里三。

古迹 泰伯旧都 在站东南四十里梅里镇。春秋时吴泰伯所筑，内有泰伯宅、泰伯井。

历山草堂 在站西南七里。宋长史湛挺读书处江淹有《过历山草堂》诗。

清閟阁 在站东南四十里梅里镇。元高士倪云林故居，有云林堂、朱阳馆等，而以清閟阁为最胜，阁陈古尊彝鼎书画甚富，非杨维桢等来不得入，清閟之名至今脍炙人口。

东林书院 在站东三里县城内东隅。宋名龟山书院，元废为僧居，明万历间顾宪成、顾允成兄弟复构为书院。宪成殁，高攀龙主其事，榜其门曰东林，当时海内讲学者咸以东林为归。天启间党祸作，诏毁天下书院，东林实居其首，崇祯初有诏修复。清咸丰十年毁于兵，同治光绪两次修葺，稍复旧观。

高公止水 在站南三里余县城内水缺巷。明高攀龙以忤魏阉被逮时，拜遗表自沉于此。

名胜 惠山 在站西七里。宋名历山，一名九龙山。陆羽云山阳有九陇若龙偃卧，故名。西域僧慧照居之，因名慧山，讹为惠山。上有九峰，下有九涧，风景极佳，太湖滨其北，天光云影，吞吐大荒，有惠山寺，即历山草堂故址，荒碑断碣，时有存者，有龙头泻水于河塘，两岸祠庙林比，右岸高忠宪公祠、王武愍公祠、李公祠，左岸留耕草堂、廉子祠、紫阳书院等。

第二泉 在惠山第一峰白石坞下。唐陆羽品天下泉二十，以此泉为第二，又名陆子泉。今分为三池，上池圆，中池方，中隔尺许。汲泉者皆向上池汲之。下池在漪澜堂前，其水由暗渠经螭吻注于池，池中蓄鱼数十尾，颇游泳可观。元赵孟頫书天下第二泉五大字刻于石。尚有若冰洞泉在第二泉后，松泉在竹炉山房宝翰阁之西，罗汉泉在云起楼下，碧露泉在不二法门后园，龙眼泉在昭忠祠三门石级之下。

若冰洞 在陆子泉之上，一名北岩洞。面径二寻，深不可测，相传可通阳羡张公洞。唐时僧若冰驻锡于此，故名。

听松石 在昭忠祠内。石如床式，有唐李阳冰篆文听松二字，皮日休诗"松子声声打石床"即指此，今以小亭覆之。

竹炉山房 在第二泉之左。因古时有以竹炉烹茶得名。山房中有乡贤王孟端先生画竹石刻。西为宝翰阁，由宝翰阁而上有云起楼，为惠麓名胜中之最高处。

寄畅园 在惠山寺侧。明正德中秦端敏公所建，引涧泉作池，声如风雨。清康熙帝南巡幸此书"品泉"二字。近日新加修葺，颇清幽可玩。

胡园 即胡文昭祠，有楼阁、假山、莲池。

春申涧 俗称黄公涧。每逢大雨，涧水狂奔而下，极雄壮可观。涧畔有巨石刻"卧云"二字，明邵文庄公宝所书。

黄埠墩 在运河中流。墩小而圆，中有佛寺，有水月轩、环翠楼诸胜。

锡山 在站西南七里，与惠山连麓而别为一峰，相传县之主山也。周秦间产锡故名。古语云：有锡争，无锡宁。汉因以无锡名县。山岭有龙光禅寺及龙光塔。山之西南角有石浪禅院，院前有麻姑池山之西北为半山亭旧址。山之东北有于忠肃庙，俗称梦神殿。山下有锡山涧。西有秦皇坞，相传始皇巡会稽望气者言太湖间有天子气，故凿坞以厌之。

公园 在城内就崇安寺黄松院禅房隙地为之，风景颇佳，园南为图书馆。

太湖诸胜 游无锡者盛称惠山。不知惠山固佳，然祠宇荒废，市廛林比，有尘嚣之气，无清净之致，且多俗人足迹，故近来文人雅士之游无锡者必一登鼋山，游览太湖诸胜。登鼋山有二途：一由陆路，自车站至梅园，由梅园至西管社可通车马，再由西管社买舟登鼋山；一由水路，自车站买舟泛梁溪，经仙蠡墩过五里湖，至西管社，再由西管泛湖登鼋山。梅园者，无锡巨商荣氏所筑，因山为园，树梅万株，园中最高处可望太湖。仙蠡墩者，相传范蠡载西施舣舟于此。五里湖为太湖之内湖，与太湖相通处两山束为一口。西管社滨太湖之边，上有万顷堂，风景极佳，万顷堂侧有项王庙。鼋山在太湖之中，远望之如鼋浮水际，形态毕肖，所谓"天浮一鼋出，山挟万龙趋"是也。登鼋山，水路风景胜于陆路，不过由水路游梅园，须多行数里耳。

物产 米 麦 土布 蚕茧 机纱 面粉 惠山泥人

交通 除铁路交通外，每日有小轮往来江阴、溧阳、顾山等处，详列于下：

开往江阴轮船

招商利澄公司，每日上午十时、下午四时半开船，经过石幢、青阳、月城桥、南闸等处。

开往溧阳轮船

招商中华新裕公司，每双日上午十时半开船，经过戴溪桥、运村、和桥、宜兴、徐舍等处。

开往顾山轮船

招商公司，每日开经过张泾桥、陈家桥、况山桥、长泾、陆家桥、瓠岱桥、周庄等处。

行旅 本埠旅馆以孟渊旅社、惠中旅馆、新世界旅馆、第一旅馆、义和旅馆、无锡旅馆、启泰旅馆为最著名。游惠山及各乡镇皆可雇马路通行之处有马车及人力车，又有新世界游戏场，可供旅客游览焉。

石塘湾站 距上海北站二百八十四里六

本站仍属无锡境。站北有石塘湾镇。西北行至洛社站六里四。

物产 米 麦 蚕茧

洛社站 距上海北站二百九十一里

本站仍属无锡县境。站南有洛社镇。西北行至横林站十六里九。

古迹 右军别墅 即今开明寺址,有涤砚、观鹤二池。

物产 米麦 蚕茧

《沪宁沪杭甬铁路第二期旅行指南》1919年版

京沪铁道旅行记（节选）

无锡

无锡战国时为春申君城。汉高祖五年，始置无锡县，因古时县城西门外的锡山，产锡矿，土人争采之，至汉锡尽，因山中无锡，遂名无锡。其后或称州，或称县，代有变更。至清雍正四年，分邑为二，东境置金匮县，西境置无锡县，同属于常州府，民国后裁府并县，径称无锡。其地东界常熟，南界吴县，南濒太湖，西界武进，北界江阴，全境东西相距约八十余里，南北相距约九十余里，面积约三千九百二十五方里，全县人口近百万。

无锡居京沪铁道的中央，属于无锡的车站有五，即周泾港、南门旗站、无锡、石塘、洛社五站。沿路附近市乡各镇，都有驳船连接。水道以运河为主，支港分歧，航运甚便，邻县如江阴、溧阳、宜兴等处，和无锡都有定期小轮船往返。民国十七年，无锡县城与开原乡间，通行长途汽车。最近锡澄县道，将次完工，已经组织有锡澄长途汽车公司，预备通行汽车于江阴无锡之间，所以无锡的交通事业，将来很有发展的希望。本地的交通机关，以人力车为主，此外尚有汽车马车等通行，但因道路不良，车行很不方便，所以近来市政当局，于马路的兴修，道路的整治，用力甚勤，已成有通惠、广勤、通运、通汇等诸路；而各市乡间建筑的马路，亦属不少，如开原路、启民路等，均平坦可通车马，成绩斐然可观。

无锡河川萦绕，灌溉便利，农事极盛。全县农民占人口总数分之六十，已垦土地，据民国八年时候的调查，为一百二十五万二千六百余亩，其中水田占十分之六，桑田占十之三，园艺占十之一。无锡东南多高田，西北多圩田，大概稻麦兼种，有春秋二熟，近年自机器戽水实现之后，农事更有非常的进展。桑田面积估计至少在三十万亩以上，而育蚕之事最盛，农家几乎十九蚕，茧行之多，达二百余家。干茧灶有五十余具，历年产春干茧平均达三万五十余担，所值达七百余万元。夏蚕亦年有百余万元的产额，这七八百万元的茧款，是无锡农民经济上的一种重要的收获。凡平常支出不足的借贷，食用不敷的赊欠，都把茧市收获作为还欠的约期，于此可见其影响的重大了。无锡园艺在城市附近，大都栽种菜蔬，以供城厢内外的需要，并无大宗出产，惟茭白、西瓜，种者甚多，产量较丰，有剩余可以输出，行销地在苏沪及宜溧一带。

无锡农民也迷信鬼神的坏风俗，每于春光明媚之中，有种种迎神赛会的无益举动，甚至假此为名，纵情赌博，不惜把一年勤劳所获，消耗在一刹那间；或有争先夺路等事，则往往酿成大械斗，发生惨剧，实是地方上一件不幸的事情。近年来因一方面教育的普及，风气渐开，他方面又因官厅严厉禁止的关系，此风已经大杀了。至于农家妇女，都是耐苦习劳，且一点没有坏的嗜好，春夏蚕期，采桑育蚕，夜以继日，为一年最忙的时候。这种工作，大半为妇女担任，以便男子得专意于耕种，故可无害于农事；在稻麦登场的时候，就帮同男子处理收藏，农闲时则以纺织为事。近来如花边、线袜等手工业，亦甚流行于无锡乡间。总之，无锡的农村女子，坐食者很少，所以农田收入，虽至不甚丰裕的时候，而妇女手工所得，却足以辅助家用，这也是一件好事呀！

　　无锡的产米量虽丰，可是因邑内人口的众多，供给尚苦不足，而无锡幸无民食的恐惶者，那就得要归功于米商招徕客米的能力了。无锡全城共有粮食行一百二十余家，分客货、土货两派：土货行散布在城厢内外四处，专收各乡镇米麦，零并趸售（编者注：趸售是指整批地贩售），或囤积零售以供应本邑的市面为主，所以范围较狭。客货行专门代客卖买货物，并自往各处贩运，资本雄厚，长袖善贾，范围很大。其行全在无锡北塘，米船衔接，樯帆栉比，市况极盛，为本省四大米市之一。客货来源，大部份由宜兴、武进、江阴、常熟、溧阳等处，在无锡卸货，由米行运往苏州、上海、浙江等地方，用帆船装载，航行于运河、吴淞江、太湖间，运输甚忙。无锡共有粮食堆栈三十余家，其资本富足者，兼做押款，资本较小者，仅取费力租金。

　　无锡的物产，除主要的农产品米麦及茧而外，尚有各种的副产物，现在略述其著名者如下：

　　泥塑物　惠泉山所产的泥土，润泽无比，色淡黄，有斑纹，富黏性，能经久不坼裂，土人取而掏之，并和入黏性之物，作土坯，花色极多，稚妙稚肖，晒日光中，稍干，涂以油，干后着颜色，绘花纹，分粗细两种，销行极广。

　　油面筋　以纯洁之麸皮，置热油中烙之，片刻须取出。久则有油味且失脆香。分二种：一种售给本地食户，品质稍次；一种专售给外地来的旅客，价格稍贵，食味则较佳，且以竹篮盛之，携带极为便利。

  此外还有西南所产的白泥，可制瓦缶及一切日用的东西，洁净雅观，极受人家的欢迎；开化乡的黄草，质地柔软，条格密而匀净，用制夏季用的衣、鞋及席子，凉爽无比，最为适宜；毛栗子，清香开胃，胜于莲子；发芽豆质地松脆，可助消化；豆腐乳腐，都为素食的佳品；等等，遐迩知名，称为无锡的特产。

  无锡因水陆交通的便利，原料供给的丰富，民国以后，各种实业，次第兴起，欧战之时，因洋货进口骤少，国货销畅，一时纱厂、面粉厂、油厂、丝厂等，遂风起云涌，建设扩充，远过昔年；复经邑人的苦心经营，事业愈加有突飞猛晋之势。现在全境已有用机器工作的工厂，二百余家，资本总额，约在二千五百万元以上，工人总数，达十二万余。所以烟突林立，工人络绎，在我国内地，可算得是一个工业最发达的地方了。就中尤以纺织厂为最盛，面粉厂、碾米厂、油皂、皂厂、袜厂、水泥厂等次之。现在略述其概况如下：

  纺纱厂 无锡的纺纱厂共有业勤、振新、广勤、申新第三、豫康、庆丰六家，中除振新厂在十六年冬因事停工，现在复有开工的消息外；勤业、豫康二厂，专营纺纱，广勤、申新第三、庆丰三厂，纺纱以外，兼营织布。原料的来源，大都采用南通、常熟、太仓等花，现在把各厂的内容，列一简表如下：

表1：无锡纺纱厂简介表

厂名	厂址	资本	共有纱锭	职工人数	每年出品件数总值
业勤	东门外兴隆桥	210000元	18836锭	120人	7000件 1400000元
广勤	广勤路长源桥	1000000元	20000锭	2019人	12000件 2600000元

续表

厂名	厂址	资本	共有纱锭	职工人数	每年出品件数总值
申新第三	西门外迎龙桥	3000000元	51008锭	4239人	46800件 10700000元
豫康	广勤路梨花庄	1150000元	18000锭	1437人	7000件 1400000元
庆丰	周山浜	800000元	12400锭	2115人	12000件 2600000元

织布厂 织布和纺纱,有连带的关系,无锡纱厂发达,所以织布厂也应时而兴,为势甚盛。现在范围较大的工厂,共有丽新、劝工、丽华、光华、华纶等十余家,共有织机二千至三千部,但是织机大都为木制旧式,仅丽新厂用蒸汽原动力,试用铁机。出品的花色极繁,不能尽述,即就劝工一厂而言,已近二百种,因每一种之中,还有条纹、光泽、颜色等种种的不同,大别之,有爱国布、条格布、丝光布、冲哗叽、冲罗缎、线呢等,其原料除采用本地各纱厂外,复取给于于南通和上海,而品质较高的棉纱,还得要仰给于外国货。全年出布约三十万疋,价值达三百万元,除供给本地的消费外,其剩余大都运往北方诸省及南洋群岛诸地,颇能畅销。

丝厂 无锡为本省丝茧的主要出产地,又得地势河水交通等种种的便利建立丝厂最为相宜。无锡创办丝厂的历史很早,在前清光绪三十年,已有缫丝厂发现,成绩很好,所以后此诸厂,接踵继前,至于今日,全邑缫丝工厂已有四十五家,而正在鸠工建筑中者,为数尚多,希望很大。各丝厂资本多者十余万元,少者数万元,职工人数,统计职员共有男子一千六百余人,女子二十余人;工人共有男子八百余人,女子二万二千八百余人,童子六千九百余人;丝车总数为一二七〇六部,年产生丝二一二一〇担,值银二二〇一万两,为邑内经济上大宗的收获。

面粉厂 无锡农事极盛，米麦的产量极富，且饶水利，所以面粉厂的设立极早。不过近年以来，因资本过巨，国民经济力的薄弱，工业人才的缺乏，加以时事多故，农产歉收，原料价昂，外国面粉厂乘机输入。所以面粉事业未能有蓬勃的发展。现在把无锡主要的四家面粉厂，制一简明表如下：

表2：无锡面粉厂简介表

厂名	资本	出品总值	面粉	麸皮
茂新第一厂	1200000元	330万元	100万包	12万包
茂新第二厂	附属第一厂	340万元	100万包	12万包
大丰公司	280000元	245万元	70万包	10万包
泰隆公司	200000元	182万元	51万包	7万包

各厂出品大都运销于江苏、浙江、河北、山西等北部诸省。

碾米厂 无锡为米粮荟萃之区，故碾米事业，在无锡实业上也占重要的位置。无锡碾米业始创于前清宣统元年，迄民国十八年止，二十年间，无锡碾米厂先后设立者，达十四家。厂址都在西门外一带，而开设在江尖上者更占半数。资本大者万余元，或数千元。内部机器种类，约分米机与砻机二种，原动力赖电力柴力各半。所碾原料，为稻与糙米，来源大都属于安徽及本省。轧成白米后，分售各处，以供民食。全年所用稻和糙米，总数在八十五万石左右，年出白米七十二万石左右，平均每月六万石，每日二千石。

无锡主要的工厂，除上述各种外，尚有油厂十家，袜厂八家，皂厂四家，翻沙机器厂七家，电灯厂九家，此外如太湖水泥厂、第一制镁厂、利用造纸厂、惠泉汽水厂等，大都设备完善，出品精美，这里限于篇幅，不能一一细说了。

无锡县城位于全邑的中央，东西相距二里许，南北相距三里许：原有东（靖海）南（望湖）西（试泉）北（控江）四门，民国初立，邑人复于县城的东北隅增辟一门，以通城外的马路，名光复门。新辟的马路，畅通车马，旧式的街道很窄狭。仅勉强通行人力车，以利交通。城中大市桥、仓桥；北门外北大街、北塘、五里桥；光复门外通运路、汉昌路；南门外黄泥垯、清明桥；西门外吊桥下、太保墩等处，市肆栉比，商业繁盛，为全城精华会集的地方；此外如广勤路、黄埠墩、亭子桥等处，厂栈林立，也很热闹。

无锡河山清明，风景秀丽，春秋佳日，游侣如云，称为胜事，兹述其尤著明者如下：

公园 在城中公园路，园广二十余亩，细草如茵，佳木繁荫，假山玲珑，竹棚迤逦。东南隅有大鱼池，方广五亩，碧水一泓，游鱼可数。池北有万茂花园，与清风茶墅、池上草堂相望，中通涵碧桥，以便往来。桥南有高冈耸峙，蜿蜒至园门绣衣峰止。园中有多寿楼，楼后有小池，园西茅亭六七，式新而雅，小坐其中，饶有幽趣。西北隅有桃林一丛，春间花开灼灼，灿烂夺目。其南归云坞上，有高大之千孙树，枝叶茂盛，荫翳蔽日，夏日来此，大可消暑纳凉。

崇安寺 在城中北园路，分大殿、万松院、中隐院，山门的左边有唐刻尊胜咒的石幢。大殿后有王右军洗墨池的遗迹。寺中每值节会，卖杂货的、变戏法的、百戏杂陈，点缀其间，游人如织，热闹异常。

惠山 山高百余丈，周围四十里，峰峦四起，下分白石、望公等九坞。出西门行五里街。即至惠山山麓。山前有街市一条，多售泥物的店铺，市廛很热闹。此外山下各种的祠堂也很多进。山门有假山横障如屏，左边有大树当路立，高拔云汉，其左右大池一方，围以石栏，水自螭吻喷薄而出，源源不穷，池畜金鱼，游泳往来，状颇优游自得。此为下池，北方为中池，其附近有六角形的池一方，就是上池。深不过数尺，清澈见底，大旱不涸，投以钱，作螺旋状，壁有赵孟頫所书"天下第二泉"五字，银钩铁画，洵称杰作。

从二泉亭登山，经文昌阁、三官殿，即至头茅峰、二茅峰、三茅峰，诸殿宇登极顶可俯瞰无锡城市，鳞次栉比，悉在眼底；西望太湖，浩瀚一片，烟霭横空，风帆点点，隐约可指。自第七峰下，折至望公坞，便见悬崖峭壁，石门灵罅，飞瀑外溅，名珠帘泉。其旁有白云洞，石磴差次，蜿蜒险滑，俗呼摇车湾。出山，南循砖路，直达龙头口。

梅园 为邑人荣德生氏所建，在荣墓之西三里。园依东山结构渐进渐高，入门有紫藤一架，架尽处有巨石揭"梅园"二字。石旁有洗心泉，从此循路北上，至荷轩，有曲桥横卧，蜿蜒可通，轩前有池一泓，微波涟漪，游鱼可数，登香雪海高处，南望白浪弥漫，群峰起伏，湖光山色，掩映入画。四周通植梅花。春日临此，玉蕊冰华，真个像进了香雪之海了。后为诵幽堂，北有八角亭及小罗浮石，其侧有玻璃花房，储花很多。

万顷堂 自梅园西向濒湖行，三里达管社，山麓有杨园，为清初杨紫渊 [编者注：杨维宁 (1674—1736)，字紫渊，自号管社山人，无锡人，清代诗人] 所建，园中风景极好，可惜现在已荒芜了。过此西行，便至万顷堂。堂负山面湖，结构极佳，槛外湖光扑面，一碧万顷，名副其实。

鼋头渚 在万顷堂南，是充山的一角，巨石突出，形似鼋首，因以得名。鼋头为水冲刷，石骨毕露，东有石壁，刊有廖纶所书"包孕吴越"四字，回波激石，云浪如溅，殊称奇观。现杨氏辟为植果园,有桃树甚多,而亭轩台榭,点缀其间,也颇错落有致,如横云、涵虚、落霞诸室,明窗净几,均多雅趣。山顶有一勺泉,极擅湖山之胜。

自无锡溯运河支流运槽河北航,便至江阴县。其地东濒大江,为江轮所经,现在辟为起卸货物的口岸;濒江有君山,耸峙江边,形势雄壮,现在山上建有炮台,约束江流,为长江进口福山以上的第二重门户。县境平厚广衍,又饶水利,所以农事极盛,夏初种稻,秋末种麦,也有种豆、瓜、蔬菜之类的,稻麦的产量很丰富,除供本地的消费外,还有巨量剩余,运往无锡销售。桑田亦甚多,蚕业亦极风行。乡间水塘很多,藕鱼虾之属,出产亦多。农家又善饲猪,和鸡鸭等家禽,养肥后,即入市求售,以为一种副业。农民天性勤俭,不肯怠惰。所以移年所获,一家颇可温饱。县城周围约十里,城外河流萦绕,民船航行频繁。热闹的市街,在北门及城中一带。

江阴到无锡的锡澄县道,建筑将成,长途汽车,也有预备通车的消息。最近国府建委会,复有一伟大的开发电气事业的计划,拟在江阴组织一规模宏大的电气厂,输送电流至武进、无锡和戚墅堰震华电厂充分连络,预备将来沿太湖各县的县道完全成功之后,行驶电车;并把第一灌溉区扩充至包括武进、无锡、常熟、宜兴、江阴等五县,再行酌量于吴江、吴县等地方,续设第二第三灌溉区,所以将来江阴一带地方事业的发展,实在未可限量哩。

詹念祖编:《江苏省一瞥》,少年史地丛书,
商务印书馆 1931 年版

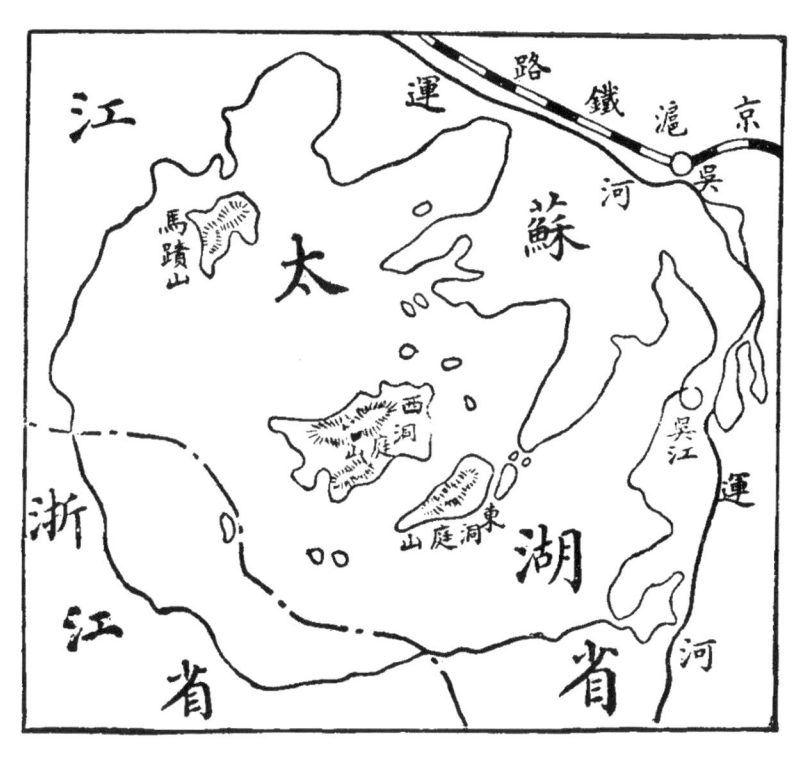

《江苏省一瞥》中插图

水路旅行

锡湖交通谈

薛明剑、李毓珍

交通为发达地方之原素，人人知之。同人等亦已一再倡言之矣。刻闻华丈艺三、钱丈味青、张丈哲民等集资组织锡湖航轮以谋无锡与湖州之直接交通，正可谓先获我心者矣，爰为代编锡湖揽胜以便各界人士之旅行，并为锡湖轮船开幕之纪念，兹更略述管见于下，以备就正有道焉！

（甲）锡湖交通之关系

夫湖州为浙省出产最富之区，锡湖交通直接后，非特于两邑旅行人士有莫大关系，即湖州运往沪宁货物亦有极大利益。查锡湖交通四小时可达，再由锡连沪宁或津浦均可直接转运，立时可达。故锡湖轮船成立后，不仅便利两邑人士之往来，而于货物之运输，亦教便捷多多矣，且交通为国家之命脉！故交通事业之权，当操于国人。今查各埠交通事业，多附外人资本，独锡湖航轮纯为华人资本所组织，是亦收回交通事权之先河也。

（乙）锡湖航线之起源

锡湖路线，最初倡议于民国九年。先自锡邑之华丈艺三与湖州之张丈哲民，均系热心社会事业者，鉴于两邑人士往返频仍，乃与钱丈味青策画一切。翌年始向农商交通两部立案。十一年冬间，乃设筹备处积极进行。十二年五月十日，复开成立大会，购办锡湖航船开浚太湖建筑局所与码头。先后经营，五易寒暑，迨至今日，始克告成，由是益知创业之艰难，更信有志者之事竟成者也！

（丙）锡湖航船之建造

锡湖轮船由上海瑞镕厂承造，全船长一百二十五呎，宽廿呎，深七呎三吋，吃水四呎，每小时可行十海哩以上船壳，（编者注：呎为英尺，吋为英寸，哩为英里。）汽机锅炉等，咸以劳合氏试验之西门麦汀钢料建筑，坚固异常。头等客舱在船前甲板上，装置毛垫西式皮椅，一如火车中之头等座位。二等客舱在机器间后甲板上，内装弹簧藤椅如火车中之二等座位。前舱中装设长凳，以作三等客人座位。后舱为装货之用。头等房舱，内有洋式弹簧座位，及可卸落之木桌。大餐间内，装有大餐桌及弹簧座位。地板上均铺以软木漆胶席（林笃留），每窗上均蔽以窗帘，船中另有文具室，专备各种纸张笔墨，以为旅客通信之用。又有兑换所，以备旅客兑换银钱之需。又有厨房间，备有各种菜肴，以备旅客不时之饮食。另有修机部，以备修理机械之用，万一机件发生坏障，可以立时修理，不致停滞而妨旅客行程。

（丁）锡湖航轮之设备

锡湖航轮之建筑，即如上述。复备救生舢板，与各种救生器具，以及消防器具等，藉保旅客之安全。各室均装电灯，虽在夜间，如同白昼。冬置火炉，夏装风扇，调剂温度，藉保旅客之卫生。并有探海灯与航船灯，以防夜行之危险。其他关于各部陈设，均经多人研究后施行，故能使旅客满意也。

（戊）锡湖交通后之将来

太湖为我国五大湖之一，山水之胜，天然入画，故有洞天福地之称。昔因面积广大，深浅不一，以致交通不便，近湖之区，仅作渔樵出没之所。天然之优胜，无由供献，人工之补助，更无论矣。吾知锡湖轮船开幕后，滨湖一带，将有多数之大工厂及娱乐场发现。他日烟囱林立，行人如织，当胜于今日之黄浦滩也。湖中之七十二峰，莫不建满楼台亭阁，以及名人别墅，往来可乘车轮，升降可用电梯，每当夕阳西下，灯火烛天，如入不夜之城，不啻今日之香港也。他如无锡之五里湖、湖州之义皋楼、大钱口、小梅口一带，筑以堤岸，加以点缀，衡宇相望，工商云集，当架西湖而上之，吾知今日之游西湖者，他日当移踪至太湖矣。斯时也，锡湖两地之繁盛，当较今日美国华盛顿为尤甚。故余执笔之暇，不仅为锡湖交通之告成贺，并有极大之希望于锡湖交通之将来也！

《无锡杂志》（锡湖揽胜号）

公路旅行

中国公路旅行指南（节选）

武宜线

起讫及经过城镇　本线自武进经过湖塘桥、南夏墅、运村、漕桥，而达宜兴，长途汽车由武进通至漕桥，自武进至漕桥长三四点〇八公里。

物产　以宜兴之紫砂壶器为特产。

表1：宜兴名胜古迹一览表

名胜古迹名称	地点	概说
善卷洞	张渚镇	传唐尧时善卷子隐居之地，洞分为四，分台、楼、瀑、船等名，怪石幽邃，形势天成。
庚桑洞	张公山	传唐之张果老隐居之地，又名张公洞，洞分前后，与善卷有同样之奇妙。
任彦昇钓台	西门外	面临西氿，下瞰碧波极浩渺之至。
岳堤	南门外	为岳飞追金兵过荆溪，筑以渡兵，长里许，傍植垂杨，不减西湖苏堤六桥风景，堤尽处建一亭，曰岳亭。
周王庙	城内东南	祀晋平西将军周孝侯，殿宇甚古，壁间刻有"斩蛟射虎"之碑，字迹雄劲。
蛟桥	城东	为晋周处早年斩蛟处。

续表

名胜古迹名称	地点	概说
中央台	县政府前	登之可览郊外二十里内风景，两沈汪洋，南山嵯峨，历历在目。
公园	介于城内外	揽由溪山之胜，图书馆、民众教育馆，皆在其内，接近孔庙，甍棱金碧，树木蔚然。
大雷湾	湖汊东	自大潮山起，至长兴香山止。长约二十里，京杭国道由此经过，全湖风涛、舟楫、云物、雪月之美，皆尽揽之。中外名流经过所叹美为太湖最胜处也。储南强先生考古证今，摩崖擘窠，以标其名称者。凡三十余处，建风景坊数座，并筑茅亭，以供休憩。
玉女潭	庚桑洞西南四里山半深谷中	方丈五尺，潭之半石梁亘其上，水莹洁如玉，草树蒙幂，中流黑不可测，左近三四里间，岩窦湫潭之奇，不胜枚举，其著有玉阳洞、佛窟洞、水犀洞、龙湫等。明溧阳史恭甫，曾筑玉阳山房于此。备极弘壮富丽，文徵明《玉潭仙居记》述之甚详。
铜官山	原名君山，在县城西南十余里	高一千八百余丈，天气清朗时，连峰际天，屏幛西南，最高峰名雄鸡头，离峰数十尺，有龙潭，产蜥蜴，潭水终年不竭，或云昔产铜，有司采之，故有铜关之名。
西溪	一名西沈，县西关外	溧阳金坛并县西南诸山之水，总汇于此，穿绕邑城，流入东溪宽广处，约三十里，要口设有灯塔，以便夜航。
东溪	一名东沈，县东外关	承西溪诸水，东流自蒲港入太湖，水势比西溪湍急，长二十余里。

锡沪线

起讫及经过城镇　本线自无锡经过安镇、翁家庄、练塘镇、常熟、白茆、窑镇、双凤、太仓、新丰、外冈、嘉定、南翔，而达上海，全线长一四〇公里。

物产 无锡蚕丝产额最丰，他如银鱼亦为特产，该地人民多擅塑泥物，巧小玲珑，旅客咸乐购之。

表2：无锡名胜古迹一览表

名胜古迹名称	地点	概说
无锡公园	城中	树木参差，曲径通幽，楼台亭榭，无不具备。
惠山	光复门外	登山巅，可见太湖，水光接天，至为奇观，并有惠泉双井，有天下第二泉之称。
梅园	西门外	为巨商荣宗敬之私园，遍植梅花，故名，可公开游览。
小箕山	太湖边	近为荣氏辟为避暑公园，种荷花甚多。
管社山	小箕山西	屹立湖畔，风景殊优，山下有项王庙，传项羽避仇吴中，尝居于此。
高子居	五里湖滨	明高攀龙读书及退居之处。
蠡园	五里湖	传为越范大夫居处，近为王禹卿所有，亭台数座，引人入胜。
鼋头渚	鼋头渚	为太湖中之一孤屿，有寺院亭榭花木，系无锡名胜之一。

表3：无锡旅馆一览表

名称	地址	电话及电报挂号	设备
铁路饭店	车站路	五八三 五八四	花园 草地 浴室 汽车停车广场
太湖饭店	梅园内	三九五	电灯浴室俱全

表4：无锡旅馆一览表（2）

名称	地址	名称	地址
新世界	工运桥下	梁溪旅馆	工运路
上海旅馆	工运路	华盛顿饭店	广勤路
中华旅馆	工运路	无锡饭店	通运路
孟渊旅馆	工运路	公园饭店	公园路
陞昌旅馆	汉昌路	东湖旅馆	交际路
新旅社	工运路	华商旅馆	交际路

续表

名称	地址	名称	地址
启泰栈	工运路	惠中旅馆	交际路
无锡旅馆	交际路	第一旅馆	汉昌路
苏台旅馆	汉昌路	振兴旅馆	交际路
苏锡旅馆	通惠路	全昌旅馆	露华弄
万安栈	东大街	新新园	西门外
华盛顿饭店	周山浜		

《中国公路旅行指南》1936年版

苏浙皖三省公路志游（节选）

赴锡途中

　　常熟到无锡的路上，中间有一段，因路基欠巩固，正在修理。四十多公里的路程，车轮差不多全是在黄沙和煤屑合并的路面上疾驰。沿途我们谈笑的声音，不时充破了四围的静寂。田野禾黍，迎着清风，东翻西仰。农民们都忙着督牛车水，不禁记起：

　　　　锄禾日当午，汗滴禾下土。
　　　　谁知盘中餐，粒粒皆辛苦。

　　伟大极了，劳动的代价。
　　耕牛是农家的恩物。督察耕牛之责，往往只四五岁的小孩，就可胜任。耕牛工作效率之高，更是它的特长。一个较为普通些底农家，一头牛已足算他们全部的财产。关于耕牛的安全与卫生，因此也引起特别的注意。乡间的牛医，很受乡人尊视的，但全凭一些祖传的土法，绝对不参照一些科学方法。这也是农村里值得注意的一个小问题。

在春耕和秋收时,这忠实的畜生,最形忙碌,只在冬季里,方才略得休息。

目下农村经济已形崩溃。佃户人家,生活艰难,小孩儿辈,当然谈不上受教育;他们唯一的出路,只有当牧童。但是耕种之家,连年受了天灾人祸,已弄得束手乏术;更何来余力雇用牧童,这种难以拯救的现象,在农村区区小事情里,都可以看出。

给环境驱使的牧童,只能忍饥挨饿的做事。在晨光熹微的时候,他就得到旷野多草的地方放牛,直到晚上方才回来,并且还要负上一篮刈好的青草,牵着牛回家,才能得到一些歇息。

古今的文人墨客,对于那青山绿水间横骑在牛背吹着笛子的牧童,都觉得别具一种风韵,但是,他们又那里知道这牧童的苦痛呢?

农村破产底声浪,近来已引起国人的相当注意。不过,我国原是以农立国的一个国家;那农村偏在这国步艰难的时候宣告破产,这当然是一件有关国家兴衰,和民族存亡的大问题。所以我们可以听到一般学者的谈锋,也已渐渐转向农村,"农村复兴问题",也就成了目前一切"救国论"的中心。

我们从农夫们的口里,听到许多关于他们实在的苦痛,现在我且凭着历来的事实,把农村破产的原因写出一些:

一、帝国主义的经济侵略:

甲,自清末年到现在的巨量外债和赔款,都直接或间接地担负在农民身上。

乙,我国自门户开放,舶来品的输入,一天增加一天,并且都从都市而侵入农村,因此输出和输入相差太巨,依孙总理计算,每年金钱的流出约达二十万万元之巨，这笔大的漏卮，都间接和农民的负担有关。

丙、我国农村，向来有手工业和蚕丝茶叶等副业辅助经济的不足，但目前因自身不求上进，手工业已渐受机械工业的淘汰，茶丝等的出口数量，也已由世界应用量二分之一减到百分之二十，这当然也是农村破产的一个原因。

二、国内封建政治的剥削：

我国近来政治虽渐趋正规，但以前因苛捐杂税的重负，和钱粮的越征，加以历来战区内的农民，田园房屋，都遭炮火波及，这也是促使农村破产速成的原因。

再加近来，天灾人祸，接二连三的降临，如二十年的长江泛滥数省，近二年的黄河决口，每次都成巨灾。遭灾的当然大部份又是农民，这些都是促成农村破产很大的原因，希望当局对症施药的澈底设法挽救，否则数千年来我国的命脉——农业，将永堕万劫不复之地。

当继续赶上我们路程的时候，浮云烘托出一片鱼鳞般底天空，晚霞的余辉，在河面上照着，反映出一片的金色，树上的知了继续地奏出晚歌，同田野河畔底蛙声相应和。我们在这种情形之下，车轮不息地前进着。七时半，已是黑幕垂下了大地的时候，我们驶进了无锡。

太湖泛舟

时间很晚，四周也静寂无声。我们到民众教育院投宿。刚值江苏省第二区运动会借此举行,我们和各地来的运动员同住在大礼堂中,大家谈谈笑笑,一夜很不寂寞。

一阵阵秋夜凉意,深透骨髓,不能入睡。抬眼望着窗外,闪闪的寒星,飘忽的萤光,那月儿已慢慢地移过头顶,照耀着四围满地的花荫。深沉底街巷里,传来声声相和的犬吠,隐隐的梆声,由远而近,由近而远,终于消失在无涯的空间。

总算,月儿西沉了,鸡儿也啼了,远远地隐约的传来寺宇的钟声。东方慢慢地发白,更嵌着一片淡红色云霞,我们俩急急地起身,也找不到脸水,收拾好了行装,留下一张申示谢意的卡片,就悄悄地离开了他们。

离开了民众教育院,赶上征途,可是,没精打采,懒洋洋地,老提不起兴,大概是昨夜失眠的缘故吧。这样的赶路,怕会发生不幸的危险。我们临时决定在无锡再留一天,养息精神。于是给了我俩游太湖的一个机会。

无锡,从前是荆蛮的地方,汉时取名无锡,因为境内有产矿的锡山,采掘完尽的缘故。地位是江苏省的南部,京沪路的中枢,交通很是便利,工商业起源很早,有"小上海"的雅号,是江南一个富庶的地方。物产很丰富,最著名的有丝、米、纱、布等。但是近年以来,遭受各方面的影响,已显呈不景气的现象。在县的南面,有一个太湖,汪洋淼茫,一望无际,湖中群峰参差,港汊曲折,到处引人入胜,确是一个名胜的地方。近来沿湖添建园林。所以游屐日众。

洗了脸,进了早点,提起精神,跨上自由车出发,途经锡山,荒山古塔,无可留念。过龙头口,便到寄畅园一游,这是秦氏的古园,大树参天,园植池塘的四周,亭台楼榭,各式俱全,更有那丝丝柳叶，临风飘荡，很觉别具风致。在那儿，隐约可望见锡山的龙光塔，使该园生色不少。

出园，但见沿街都是一列列的泥人台，各式泥人，都造得惟妙惟肖，确是很有艺术的。听说这里惠山镇，从事这种泥货工作的有二千多人，他们农忙的时候种田，农闲时候，就做泥货，这种工作，不仅是他们最主要的手工业，而且也是他们唯一的副业收入。有许多人家，已经不种田，专门从事这项工作，所以惠山镇满街满巷都是泥人店，简直可以说是"捻泥阿福"的世界。可是，有些泥像涉于淫亵的，这对于民风方面，似乎有些妨碍，希望当局注意！

到昭忠祠，见一亭，中间放着一块大石。有唐代李阳冰篆书"听松"二字。据说无论何人卧在石上，那石总是和你身体长短一样，所以叫做依人台，但是现在已经不灵了，其实根本就恐怕是不灵的。旁有大树，一干分生二小干，半枯半荣，一说枯者是雌，荣者是雄，所以称作雌雄树。又说一干是银杏，一干是柚子。总之，一树分生二种形状，的确有些奇怪。向左走到竹炉山房，下有泉亭，嵌有赵孟頫写的"天下第二泉"五字，泉分三池，上池的泉味最甘。从这里就可上惠山，但是因为时间不多，并且那时适有浓雾，因此作罢。

在街上吃了二碗面，算是我们的午餐，匆匆地，赶上目的地——太湖。

梅园是荣氏的别墅。建筑在小山的上面，走上山巅，前望太湖，后挹龙峰，领略湖光山色，真会使你得到陶然忘机的乐趣。园内满种梅树，每当盛开的时候，玉蕊冰华，冷香四透，置身里面，不知将感到怎样的快乐，我们看到"香雪海"三字，顾名思义，便可想像而知了。

一时赶到小箕山,临湖而立,三面环水,湖水明澈如镜。这里,车子是失去了效用,只好雇舟泛湖——到鼋头渚。

这天,天气很是晴和,熏风轻拂,一路苍山耀目,碧水齐天,转瞬间,已到鼋头渚。渚是太湖中的一个岛屿,有巨石突出湖中,状如鼋头,所以得了这个名称。渚上有许多古式的建筑物,园植桃梅,点缀湖山,奇石壁立,气象万千,登高远眺,只见水天一色,风帆出没于三万六千顷晴波荡漾之间,忘了天地是在湖海,湖海是在天地。远峰数点,错落在白云间,更会使你幻想飘渺,徘徊不舍。

四时到蠡园。该园依湖建筑,入门有长廊,两端界以月洞;一面是临湖朱栏,一面是白壁,且嵌有石碑,刻就米南宫的书法。园内有假山亭阁,倚栏遥望,万顷波光,倒是一个夏天避暑的胜地。沿湖都是石制栏杆,似乎过于人工,失却天然的情味。

渔庄,俗称赛蠡园,在蠡园的旁边,园中假山很是奇妙,古色古香的亭阁,加以湖山清秀,真像一幅天然图画。我们俯穿隧道,如入盘古,一回儿,已穿到假山的高处,全园景物,尽收眼底,远望帆影,好像与天相接的模样。

暮色苍蔼,迷漫了大地。归途中,记得从前归有光曾经这样说:

> 天下之山,得水而悦,水或束溢迫狭,不足以尽山之奇;天下之水,得山而止,山或孤孑卑稚,不足以极水之趣;太湖浩渺瀰洞,沉浸诸山,山多而湖之水足以贮之。

意思是说太湖的伟大,今日身历其境,真是名不虚传。

七时饱餐了一顿,因为昨天没有成眠,和今天整日的游玩,精神很觉不支,只得破例寻找客栈,无锡的客栈和上海的普通客栈差不了多少,总算还清洁,谈不上陈设,但价钱每天也要一元,我们两人见到这安静的睡铺,觉得很舒适,没有多少时候,就安然入睡了。

醒来已是六时半,收拾了行装,踏上锡澄公路,从无锡到江阴,全程计长三十七公里,但当晚的目标在常州,所以一路竭力加紧速度。

不过,欲速则不达,真是天经地义的话。石子路面的公路,高低不平,尝尽颠簸之苦,那速度自然因之锐减,违了我们的初愿。但是就公路建筑方面来说,可算已很巩固,就在大雨滂沱之下,也不致有冲毁之虞。十一时五十分,我们是到了江阴。

澄江巡礼

在江阴,我们只匆匆地巡礼一周,至于游玩名胜,考察风俗人情,这些都因时间的不容许,只好作为罢论。

穿出西门,走上镇澄公路。从江阴到武进,路面平坦多了,已由石子而转成黄沙和煤屑的合并体,车身已能自由地增加速度。回顾江阴,恋恋不舍,它的一切,就像走马看花般的溜过了眼际。

整日奔波,身上的衣衫,被炎阳榨出来遍体的汗珠,透湿得不能再穿,那时吹来一阵阵的凉风,我们不由地打了个寒噤。

孤凉冷落的田野畔,倒有几株疏零的梧桐。走不上多时,却有一泓澄清的池水,我们暂时放弃了一切,且享受这大自然赐予的浴缸,卸衣,洗澡,更把那些脏的手帕和衬衫洗清;到了这时候,才把几天来忍着的汗垢,抛向流水,顿时觉得遍体生凉,别有一番畅快。我们又把那摄影机的三脚架,从铁丝篮里抽出,拿洗好的衣裳搭上,做成一个临时的晒衣竿,同时整理整理零件,预备再行前进。但是回过头来,看见一群裸体的农夫,低着头排列着在田畔车水,谈笑自若,并且不时的唱着乡间流行的民歌。我俩暗想欧美流行的日光浴,和提倡"回返自然"的裸体生活,他们倒是澈底的实行者哩。我俩偷偷地溜了过去,摸出照相机,预备来一个"……"那知他们似乎已经发现我们,好像有些不很自然,忸忸怩怩的回过头来向我们呆看,"回到自然",竟有些不自然起来了。

"你们做什么,偷偷摸摸的,咱们又不是姑娘儿,有什么好瞧!"

他们已经有些那个了。我俩急急地摄上一帧,收拾好了照相机很机警地跨上车子,像飞一般的前进了。

"你何必逃得这样快,他们又不回来追你。"

"你呢?哈哈,以五十步笑百步则何如?"

我俩彼此说笑着,突然的,在一阵笑声中,因为急进的关系,在偶然一不小心的动作下,车辆翻身,三脚影架无故跌成几段;洗就的衣裳,也染上了灰尘;那时我们心里真有说不出的烦恼和懊丧。

夕阳慢慢地已爬进西山去,火一般的红云,还没有收敛,到处恭候我们的飞虫,又迎面扑来,有时更会自告奋勇地投入嘴来,真使人无法可想。

陈翼、沈霖:《苏浙皖三省公路志游》,稚声出版社1937年版

东南揽胜（节选）

张公洞游记

朱向日

张公洞在湖㳇镇之盂峰山下，距宜兴县治约五十里。世称阳羡七十二福地，咸各极其胜，而张公洞为尤奇。余自宜兴县治往，沿途绿草如茵，鲜花怒放，春光撩人，目不暇给。及抵洞口，则睹庚桑考四碑，载汉辅光张天师、唐张果老相继隐修于此，故名张公洞。又传庚桑子隐居盂峰，道成仙去，故又名庚桑洞。洞分前后两部，而孔穴广豁，缭复可达，游人皆由后部进，取其便也。洞外老松成林，枝干或上出如盖，或侧下如张网，萝薜蔓绕，光影如筛，风飕飕来，令人尘思尽涤。入洞，盘旋而下，历台阶三十余级，阴森郁湿，苔藓满路。级尽，有平地广亩许，四周乱石错列，或蹲或立，状若虎豹。随山坡而上，有钟乳石累累下垂。旁有石门潭，潭水清冽异常，作碧琉璃色，渊然而静。更拾级而登，山壁突兀，极雄伟壮阔之概。级尽有平台，沙石参半，濯濯无寸草。再上又有石阶，约十级，级尽亦有平台。亭阁四布，点缀幽雅，小憩其间，诚有足以开涤灵襟，助发神观者。四围峰峦矗立，宛在盂中，盂峰山之命名，有由来矣！上有庚桑殿，殿凡三层，如古城堡式。旁立大台，上塑庚桑子、老子、列子、庄子四象。其右角为果老殿，立于果老殿上，前后两洞略景，皆入望。循石级而下，抵天篷大场，迤北至天门，有云梯三，盘旋曲折，奇景在在可寻。天门左角有"隔凡"一处，白罗仙女像在其内，与庚桑真人，辅光天师，果老真人合而为四，相传皆洞神也。洞之侧面则羊肠小道，曲折纡余，四壁峭峻，若被重锦，壁根下插，幽窈莫竟，投以小石，琅然作操琴声。有一处名龙宫，地面突起一石，状似鲤鱼仰卧其上，又一处石壁，上镌"万蝠来朝"四字，盖蝙蝠会聚处也。洞里除有火把微光外，全在黑暗世界中，渐行渐豁，乃见天光，灌木出壁罅，掩映霄际。遥望则群山拱峙，萦青缭白，太湖在数十里外，亦隐约可见焉。出洞小憩，余方闭目凝思其胜，将图而藏之，而旧友李君淑和贺君南屏突至，相见大欢，命侍者更导二君入洞，遂泚笔为记，以启后之好游者。

善权洞记

唐玉虬

宜兴有两胜洞：曰张公洞，曰善权洞。张公洞在县东南五十五里，善权洞在县西南五十里。两洞与县城适成弧形，善权洞凡三层，曰上中下三洞。始由中洞入，洞口高约四五丈，阔二丈余，举步拾级下，凡二十余级，级镌莲花状。洞门有巨石中峙，高二丈一尺，上塑小须弥陀像，端正佳妙，曰小须弥山。更进，两壁灵石变幻，

张公洞,《东南揽胜》书中插图

无有穷极,左壁乳石下垂到地,长鼻如捲,巨耳毵毵,俨然象也,则名之曰象王。右壁乳石亦下垂到地,张颐若肆啮,秉震慑百兽之威,俨然狮也,则名之狮王。又有神肖农夫之披蓑者,则曰石蓑。又有凝互若葡萄架者,则名之曰葡萄棚。明都元敬(名穆)记云:"上流乳凝结,诡状不一;其下石纷错交互,青丝眩目,应接不暇。"盖石之天然神妙有如此者,其因石之形似,复以布置而成种种景色,则有般若池,雨花坛,观音海岛;岛面石龛,塑大士像,极美妙庄严。洞之末部,别塑有如来佛像一大尊,对壁依石凹凸,塑有罗汉十八尊,面如来作礼拜状,出神入化。洞底洼处，辟地为宫，曰地藏宫。另一室为面壁处，中洞地势，始本崎岖，今已其平若砥，则人力为之也。地面以水泥铺成，平整洁净；有石槛，有磁座，可容一二千人。象鼻中泐有唐仲冕记，仲冕乾隆时为令宜兴，有德于民者。洞之末部右角，有户曰云口，由此燃炬盘旋而入上洞。洞顶乳石下垂，累累作诸诡状，有状若莲华者三，名曰海心。上洞不通天光，初入颇觉气窒，既而云雾蒸腾，着人肤暖，旋绕飞舞，上映钟乳，下灼炬光，眩目惊心，作种种变幻状；登黄山光明顶，云海生于足下，此则身在云海中矣。曩日储氏南强，整理此洞，落成宴客，系红绿灯百盏于上洞，尤极灿烂瑰谲之致。此间之石，有如一带束腰而不可上者，名曰天腰，既穷其胜，仍自云口出，由中洞之口，缘崖而下，约百数十级，乃入下洞。上中下三洞，顶趾承相，若层楼然。下洞之外，有瀑隄一，千山万壑之水，皆汇此涧，奔至隄面，一泻数十丈，声轰如雷霆，银花飞洒，流入下洞，盖在积雨之后，瀑势亦雄壮可喜。往者与吾邑庄思缄先生游此，庄倚仗中洞口观瀑，为乐已不支矣。下洞之内，结乳更奇于上中二洞，有十景名，皆储氏南强所题。有天然松石，魁杰磅礴，龙鳞翕张，柯盖可辨。语云：千载古松化为石，岂即木公所化欤？或曰：此为滴水松，系山上滴水下注，通过上中两洞，山水山土经山火煅化，于下注时再遇冷凝结而成，盖不知历几千岁，而有此瑰伟之成绩也。洞内有渠，直通后洞，桥于渠者六，宝塔一，于此扪石松而听水声，幽绝不复知人世。后洞之石尤韵，黑者如漆，白者如脂，又或如鹅黄，纹理细整如女人发丝。往者游后洞必出下洞而上，越山冈二里余而后至，今于下洞之口，可呼艇（平底无舱面，可容四五人）穿渠直达后洞，一路诡状，不可究诘。出洞则祝英台阁在焉。考上洞名云洞。中洞名旱洞，亦曰佛洞。下洞名水洞，下洞之后洞名小水洞，水洞前后统名曰龙洞，各名其所有。志载：唐李蠙读书于此，见有白龙自后洞飞出，此又下洞名龙之所由来也。民国初年，储氏南强开洞，掘获龙骨，头角森然。去年七月初，洞中工人于黑角处，见有蛇形白色者，头大如盆而方，隐约有角，蠕蠕小动，工人骇而奔出。至十六日，大雷雨时，忽然霹历一声，工人惊出仰视，见白烟一围，自下洞射出，冲霄而去，咸谓前见之白龙，乘雷飞去矣。此事山中人俱能言之。

善权洞在离墨山下，有寺，亦以洞名名之。或曰善权以善卷而音讹，尧时善卷子隐修于此。相传洞辟于周幽王二十四年，《宜兴志》引《三国志·吴书》"阳羡山有空石，长十余丈，名曰石室，因封国山"，谓石室当即善权洞。今国山碑在离善权寺三里，离墨山下之一小山上，碑文尚可读，李斯峄山碑后第一古碑也，书家珍之，善权寺有拓本可购。而善权寺亦称国山寺，唐会昌中寺废，有达官钟离某葬坟洞口，李蠙愤万古灵迹将湮，及贵为司空，因疏奏于朝，以私财赎复之。善权寺昔有三生堂，即祀唐李思空蠙，宋李忠定纲，李学士曾伯，三先生皆尝读书于此。储氏南强，性命于张公善权二洞者二十年。洞中修筑，与洞外磴道茶社，皆其苦心经营，不啻比烈李思空。余十三世祖太常凝庵公（荆川工子事迹见黄梨洲《明儒学案》）墓，在宜兴龙池山，岁时祭扫，必便道游二洞，如涉户庭；而善权洞当与河北之大房山洞争胜，尤非张公洞可比，遂为之记。

宜兴善权寺咏梁山伯祝英台读书处

唐玉虬

古记云：晋永和间，上虞富家祝姓，名英台，字九娘，无兄弟，才貌双绝，父母为择偶，不顾，易男妆，改称九官。道遇会稽梁山伯，偕游至义兴（宜兴宋以前称义兴）碧鲜岩。筑庵读书三年，梁不知为女子。临别，订梁以月日来访，当告父母，以妹相妻，实欲以身相许也。梁因贫羞涩愆期，父母以字马氏子，后梁为鄞令，访九官。家僮曰：吾家但有九娘，无九官，梁惊悟，以同学之谊，乞一见；英台罗扇遮面而出，侧身一揖而已。梁悔念成疾，卒葬清道山下。（在宁波西郊十里）明年，英台将归马，令舟子于迂道经其处，至则风涛大作，舟遂泊，造梁墓，失声恸哭，地忽裂，堕茔中，绣裙绮襦，化蝶飞去。丞相谢安闻其事，封为义妇，齐和帝时，梁复显灵异，助战有功，有司为立庙于鄞，其读书处名碧鲜庵。齐建元间，改为善卷寺，后讹为善权寺。石刻大书祝英台读书处六字，每逢杜鹃花放时，有大彩蝶双飞不散，俗传为两人精魄所化，至今呼大彩蝶雄者为梁山伯，雌者为祝英台云。

精诚一点自悠悠，地老天荒岂便休。生未同衾终并穴，灵能无昧已双修。人间万古迷蝴蝶，天上长年怨女牛。立马试来寻故寺，碧鲜残字血痕留。碧鲜庵三字，红莹如血色。

马迹山游记

唐玉虬

太湖七十二峰惟东西两洞庭,及马迹为最著。马迹古称夫椒,为吴王夫差败越处。及吴称霸,夫差挟西施筑离宫山麓。恣为遨游。相传秦始皇东渡会稽,亦曾登临。石上印有神马迹,因以为名。自无锡有梅园,鼋头渚之开辟。中外游人多趋之。立鼋头渚望湖中西南一角。奇峰插天者,即马迹山也。买棹赴之,不过三十余里。若缘锡宜公路,先览惠山,鼋头渚。及梅园,华藏寺之胜;再至雪堰桥,渡湖登马迹。则一路风景,随在可拾,较之舟行尤胜矣。山旧属阳湖县(今并入武进)之迎春乡。在常州城东南百里,距雪堰桥湖面十八里。山周百二十里。山民勤朴,尚礼义,饿死不为非。匪不得假之为巢,游人无暴客之虞。余尝于癸酉夏五,与汤君伯树,钱君维卿。尽揽马迹之胜,因记所见作为导游。

五月十二日晨,由常城买棹至雪堰桥。别附渡舟,乱湖流登山。俄四面云起,七十二峰皆模糊不见。篷背听雨声,神骨俱爽。因作两绝句:

雨珠斜魘碧波纹,耳畔清声快意多!
若放红蕖三万亩,孤舟卧听更如何?

风涛历乱足清听,惟见蘋花远送迎;
一叶轻舟随鸟渡,晚山过雨不胜青。

抵山已黄昏,舟泊苦竹湾。冒雨赤足踔二里余,抵神骏寺。

神骏寺 在秦履峰麓。唐贞观间，杭将军恽施宅为小灵山，开法于元奘弟子窥基，为相宗慈恩第一世，至性宗六世湛然，初住是寺，多著述，赠圆通尊者。嗣后迭有兴废。明宣德十年，天竺僧知澜，曾种松六百万株。清康熙三十九年，赐额神骏，称名刹焉。明刘伯温有游寺诗云："上马鸡始鸣，入寺钟未歇；草际起微霭，林端淡斜月。僧房湛幽寂，假寐待明发。松径寂无人，经声在清樾。"寺藏米元章及黄山谷墨迹。寺宇遭兵燹，较前零落。然深锁于绿阴翠海之中，洵世外仙境。知澜所种松，颇多存者。寺外普同塔前，与山之东麓，各有菩提树一株，铁干青柯，四月间开花如指大，蜜色甚香；相传植自异僧。又有龙虎松两株，分峙寺前，顶相向，虬干苍髯，状极瑰玮。明邹白衣游此，卧玩其下三日。余等至寺，寺僧招待殷勤，烧汤濯足，暖酒祛寒，带醉就寝。及醒，则月色满房，檐雨初霁，山影在窗，闻有戛然长鸣，掠寺而过者，盖鹤唳也。此时精神肃然开朗，不须更服灵丹，已换凡骨矣。余推枕起纪以一绝：

寻幽远入白云端，高卧僧房一枕安。
夜半酒醒闻鹤过，月中山影落窗寒。

骚人墨客，喜说听莺。实则寻常树林，莺至甚少。马迹莺窟也，而神骏寺听莺，尤得佳趣。吾师钱名山曾有记云：予年四十，徒闻诗人说黄莺，未尝遇诸耳。马迹山民为言莺春出而秋藏，予闻之喜。某年五月六日，再至马迹，至神骏寺，日已薄暮，非莺候也。而闻有若甕笙一二啭，出寺仰企，则树深如海，响转岑寂，若有失焉。明晨辨色，即闻寺后睨睆出右榉上，长短若有句读，出之深而收之清，他鸟不及，始觉向来两耳之俗。去秋红叶满山，今则绿云潮涌，翠海澜生，人行图画中，心腹肾肠，无一不为碧浸，但觉向来山行枯寂耳。其听莺诗又有"自笑诗人无用处，晓窗拥被听啼莺""寂寞寺门青霭合，朝莺啼罢午莺啼"等句，可见马迹莺声之佳。

官长峰 十三日晨，与伯树炜卿出寺，倩寺僧为导，登官长峰。峰高冠全山，登其顶可览太湖全景。山之东北烟波缥缈，绵亘数百里，则无锡诸山也。山之西倒影湖波，麓巘相接，视之若咫尺，则阳羡诸山也。东南通吴门，峰峦窈窕，烟霭霏微，则洞庭诸山也。而官长峰则崒然拔起波涛中，翠际云汉，其麓长松佳木，黛碧万色，不啻人世十洲三岛。而大松柯盖间，往往有短枝丛结，浓针若罽，棉厚数尺，大若床席，远视疑为大鸟巢，山民谓之松球。名山师曾登黄山岱岳，谓泰山之对松山。黄山之狮子林。皆以松名天下，然未见有若马迹松球之奇云。逆岭而上，由南峰直至北峰之胜子岭。憩于真武庙。胜子岭山势险绝，居民于此扼要为防守。湖东有警，不得越此而西也。真武庙宇宏杰。神像森赫可畏。明嘉靖三十四年，倭扰洞庭，将北渡，忽反风，倭不得济，明以为神佑。

小墅 继探龙泉，青龙洞，黄龙洞，狮子岩诸胜迹，下山饭于小墅许氏。许氏宋以来为山之故家。门左大树拱立，有宋植（即叔微手植）榿树三，郁盘腾踔，气盖一山。旁别有树，名鸦不集，极龙飞凤舞之势。

大墅 饭罢出游大墅。遇钮埼，越蓬坑，至檀溪。大墅有邱家园，为明初邱梢公故宅。梢公失其名，随明太祖征陈友谅，泊岸侧，友谅舟过，顺流追之，友谅以此就殪。不受封，日求一醉，上命光禄寺给之。一日天寒雨雪，醉卧屋角，太祖解衣覆之，后不知所终。许太湄曾有"山河归共主，风月载扁舟，高爵渔家傲，孤坟侠骨秋"等句咏之。

檀溪 蓬坑滨湖，东望辽阔，波涛接天，鸥鹭意间，柳条风软，幽栖佳境也。寻隐君泉，卓锡泉，梅花泉，于檀溪。是日新晴转热，咸开襟坦胸，撷饮山绿，渴即坐林边，购新熟杨梅食之，洞庭马迹，本以卢橘杨梅名。杨梅上者曰殿山，曰潭东，曰炭团，次则绿英，青蒂子，紫金铃。一种色白如雪者。曰雪桃，土名白杨梅，红白相间者。曰八角杨梅，均为奇种。脱离柯叶，即落枯肠，味不亚闽粤鲜荔，在山中七日，半以此果代粮，此行口福不浅。抵棲云庵，门前绿树，啼莺才止，犹绕余韵。寺僧见客至，爇炉于壁，松枝为薪，松髯作引，汲隐君泉，烹本山叶，使鸿渐玉川遇此，清兴又当何如矣。余为题一诗于寺壁：

    檀溪泉落白云堆，卓锡梅花两鉴开。
    高树凝烟莺语后，棲云茶熟客初来。

积雨之后，泉涧汇流，竞奔檀溪，声势甚壮。赤足踏石，逆泉而上，面斜日，仍归神骏，兴犹未尽，因题五律一首于壁。

    自入无人境。心清欲忘形。
    松阴连寺碧，峰影落湖青。
    乱鸟啼斜日，孤帆傍远汀。
    未能结茅住，归去负山灵。

吴王避暑宫 十四日赴内间寻吴王避暑宫，仅存一胭脂井。历代题咏甚多。余录宋范石湖及明高青邱两绝句，聊志梗概。石湖诗云："蓼矶枫渚故离宫，一曲清涟九里宫；纵有暑光无著处，青山环水水浮空。"青邱诗云："凉生白苎水云空，湖上曾闻避暑宫。清簟疏帘人去后，渔翁占尽柳阴风。"唐罗邺咏宫旁西施井，有"拾得玉钗镌敕字，当时恩泽赐谁来"之句。距避暑宫里许，当山之南，太湖之滨，有墩曰战鼓墩。以太石掷之，空然有声，盖中空也。余辈踞大石，濯起湖流，炜卿有银涛雪浪浮天起，犹似当年战鼓声之句咏之。过东钮，有银杏，其大蔽牛，丰隆茂密，无一茎枯者，盖牡也。不实，精气不洩，故能如此；过西钮，攀松葛，吊诗人赵云松墓于鹁鸪山。山形自湖螺旋而入，墓正在螺之尾闾，盖云松自择穴也。内间有古桥一，今湮，仅露石如初月，下刻赤乌（吴孙皓年号）二年造。此桥可与宜兴之梅林桥同称最古建筑物。经西村云居院，有晋抱朴子葛稚川盟坛。《抱朴子·金丹篇》云：马迹山中立坛盟，受金丹之诀于郑君。坛边有葛井，在云居院东；即稚川炼丹井，广二尺，深倍之。汲稍尽，则立盈。西钮有桑苎墩，相传为桑苎翁陆羽品泉处。是日所寻古迹甚多，滨湖风景极佳，归寺已素月照岭矣。

秦履峰 十五日晨，别神骏寺，越秦履峰，相传为秦始皇所登履，故名。旁一高峰为伍子盟顶，伍子胥破越王勾践誓师处也。下有巨石如方卓，划然中开，为子胥试剑石。想见英雄发愤，凌厉无前气概。今山之西青嘴多红蝇，传为吴越战血所化，当时恶战可想。秦履峰麓，有孙觌山庄遗址。考孙觌为苏东坡孕妾所生。后数载东坡来常，妾携子谒公，公名之曰觌，谓既卖复见也。今城中观子巷是其遗迹。觌有文学，著有《鸿庆居士集》，年九十七卒。然觌附和议，赞秦桧杀岳飞，使东坡泉下有知，必切齿悔恨。至耿湾。晤同学秦维屏。偕往拜诗人杭朗眉先生遗像，即宿维屏处。

马迹 十六日晨，维屏导游西青嘴，寻神马迹，石壁屹立，下有四穴，圆径盈尺，深六七寸，水涸，四穴皆见。是时常雨水盛，仅见其二，相传即秦始皇龙马所践。回登胥山，孤阜别起，突入太湖中。山人闻吴杀子胥，于此哭之，故名。蓬坑为山之极东，可挹洞庭诸峰。此为山之极西，阳羡诸山，岚翠相接，飞鸟往还，隔湖为酬酢矣。马迹之游斯竣。翌日登舟渡湖，作胥山怀古绝句一首：

抉目难回暗主骄，千年遗憾那堪销？
胥山山下风涛恶，不独钱塘有怒潮。

马迹可分作两日游，以画山为界。一日游画山以东，一日游画山以西。庶不劳而可尽全山之胜。若有四日之暇，则弥觉从容矣。山民因湾散居，约数千家，田畴中开，足见耕耨。呼来自他乡者，为世外人，髣髴避秦桃源。远客至，竞相招致。湖船往来皆使帆，逆风则仄抢行，银涛片片，飞蓬背过。别饶奇趣。无锡蔡君子平，近尹吾邑，于山中筑逆旅，辟大道，饬神骏寺僧规复庙舍；并拟于雪堰桥苦竹湾间，别置渡船，今马迹山旅馆已落成。（在凤岭妙湛庵故址）高敞宏爽，举目得湖山之胜。后之游者。益有宾至如归之乐矣。

汤沽车中看太湖

赵琦

山行向毗陵，日薄发阳羡。
垒垒峰峦改，漠漠云水变。
遥看林际天，一线白如练。
稍稍舞涧带，缓缓开羽扇。
青裙光粼粼，碧幌风潋潋。
万顷托长天，鱼龙动光焰。

山容时出没，帆影脩隐现。
鸟疑天镜堕，目惊银海眩。
刹时沼穷边，壮势不可敛。
轰𨅬状虎吼，激搏作蛟战。
风雪入车衣，霜霰扑人面。
大哉宇宙象，岂可久不见。
愿得五岳笔，青天扫长绢。
一气倒银河，此间磨玉砚。
海燕笑我狂，剨发疾如电。

渡太湖

唐玉虬

青冥万顷气长涵，形胜无劳海客谈。
生面别开峰七二，洪涛自壮地东南。
禽飞湾认鼋头树，帆影晨迷马迹岚。
何处疏林斜照里，洞庭霜薄熟黄柑。

子规声里到鼋头

芮麟

  鼋头渚为无锡胜景，可看三万六千顷的太湖烟波，与缈缥隐约的七十二峰，我今年已游过数次，偏这莺声将老，花事欲阑的时节，还未能往！很巧，以凡于五月五日来锡，便于六日同游，六日恰巧是立夏节。我们真的是来送春了！

早上八时，驱车出发。一路谈笑着，过镇山园，桃园，梅园，就到了柳影波光交织中的小箕山。湖边小立，望鼋头渚，小蓬莱，万顷堂，尽在画里。登渡轮，一声汽笛，已入湖心。看四面山在水底，树在水底，天在水底，云在水底，一切都倒映水底，真是水天如画！以凡高吟着我的"江南占得春何处，半在西湖半太湖"的西湖诗，引得我有点技痒就写了《锦园春渡》一绝。

　　　　一湖春水碧如油，无限风光眼底收。
　　　　七十二峰何处是？子规声里到鼋头。

鼋头渚已不见了万紫千红，只是碧沉沉的一片。我们痴立在澄澜堂下，心头动了伤感！不免又成《送春辞》一章。

　　　　再来未改旧芳菲，满目沉沉绿已肥。
　　　　瘦尽残红千万点，声声啼鴂送春归。

鼋头渚正在整理，新盖了杨公祠，改建了澄澜堂，水边也添了几处亭台，金碧辉煌，益觉湖水生色！不久环湖公路的宝界长桥告成，使滨湖名胜打成一片，太湖就真算得国家公园了。

常人游鼋头渚，总是先到鼋头，再折赴东北，游广福寺，太湖别墅的，今天我们却先游西北，发现了一个新的最经济的行程。

迤逦北行，登万绿丛中的小函谷。倚栏望小箕山，小蓬莱，如在几前。帆樯千点，历历可数。再北进，是一条最幽深，最曲折，最宜于诗人啸傲，情侣密语的松径，直达广福寺后。

傍太湖别墅东北行，迳趋布置新奇，还少为游人所知的郑园。

那里，我要是到鼋头渚，是无一次不到的。以凡看见了那种风俗，那种色调，简直是快乐得手舞足蹈起来。

由郑园东行约里许，有一个若圃，依山筑园，莳花植果，我也于去春才发现的。从郑园前面滨湖登若圃南高台，不到半里，惜无大路，须攀援而上。我与以凡便向那捷径冲去。游山，我最爱独辟蹊径。看到的，听到的，就都能与人不同。以凡竟和我同意，与我攀登了巉绝险绝的南高台！"要不为生活所牵，我真想终老是乡了！"以凡叹了一口气，我也从心底向他表个同情。

若圃尚在兴建中，南北二高台，地位均极好。布置也玲珑清雅。由此东行便是五里湖。有名的蠡园。石塘，雪浪山，和在建筑中的渔庄，都在五里湖边。

军帐山是无锡惠山以外最高，最大，最雄奇的一座山，恰与这里隔湖相对。山顶的禅宇，望去隐约可辨。我的家，便在军帐山的南面太湖边。就是去春我步行返家，才发现了若圃。

这里，东可望漆塘，宝界，五里湖诸胜；北可望梅园，万顷堂，中独山诸胜；西可望鼋头渚（指鼋头所在）这样全山都给我们走遍了！

这时丽日当空，湖上射出了万道金光，与天上的云彩相映照。真是：波光划日千层碎，岚翠含烟一带疏。当风披襟，飘飘欲仙。

走到湖水边，枕石小卧，看飞云，听涛声，几疑此身已随鼋浮去，再不知天南地北，人间何世了！读胡介昌"天留胜境供狂生，满眼湖山不记名，七二峰从云外立，两三船向浪中行，具区浩渺包吴越，变态离奇弄雨晴，最喜一鼋浮未去，夜深时听打鱼声"诗，益恋恋不忍遽去。而所谓"狂生"，活像为我此行写照了。

鼋头渚

赵琦

千山压渚风云昏，天马下逐鼋鼍奔。
临流长饮忽不动，七十二峰齐欲吞。
山山相雄不相让，天着奇精破风浪。
峨峨湖上一昂首，形胜已足天下壮。
来时三月春舞韵，漫山落雪飞流霞。
轻梭绿艇渡环燕，香瓯碧槛呼园茶。
独我直上阆风阁（山上有阆风亭），拆地崩山看寥廓。
欲将三万六千顷，揽取长天共一勺。
倒刳鼋腹为罇罍，忽惊鼋尾鸣风雷。
千弩万箭射不得，玉螭环护金蛟胚。
是时群峰死削铁，鼋气不嘘鼋骨裂（亦作折）。
惟看鳞爪扑天寒，片片烁金捲银雪。
我身缥缈为龙骧，九云梦洗龙膺长。
鸱夷子皮不可见，越女遥在天一方。
安得扁舟共载去，烟波为说平吴路。
归来痛酌鼋头觞，重听美人埋琴素。
弦声急响风雨来，九天缠头锦成堆。
弦柱不动鼋声哀，泣破今古宇宙胎。
覆载孕化万象窟，蛮触新罗只偶忽。
鼋头俯仰失千劫，何事人间有吴越。
披发和鼋发长歌，拔剑斫断芙蓉柯。
此心但住造物外，造物虽驶如吾何。
剑收斜日余光薄，朵朵芙蓉天外落。

回头风展画图开，一幅蚕眠水晶箔。

鼋头渚三绝句

唐玉虬

（时渚头碧桃花盛开）
谁移凡境作仙宫，灿烂还惊造化功。
万顷波涛应亦软，夕阳花气半湖红。

（太湖中渔舟有长至十余丈者，
设双帆或四帆，全家处之，居水如居陆地也）
一样生涯总隔凡，时闻高唱到松岩。
经风经水能无恙，我爱湖心数片帆。

（题广福寺陶朱阁）
扁舟烟水有余情，何事陶朱浪得名。
载得西施一生足，千金三致笑先生。

东南交通周览会宣传组编：《东南揽胜》，1935年版

国道飞车记

郁达夫

两浙的山水,差不多已经看到十之七八了,只有杭州北去,所谓京杭国道的一带,自从汽车路修成之后,却终于没有机会去游历。像莫干山,像湖州,像长兴等处,我去的时候,都系由拱宸桥坐小火轮而去,至今时隔十余年,现在汽车路新通,当然又是景象一变了,因而每在私私地打算,想几时腾出几日时间来,从杭州向北,一直的到南京为止,再去试一番混沌的游行。

七月二十一日,亦即阴历六月下旬的头一天,正当几日酷暑后的一个伏里的星期假日,赵公夫妇,先期约去宜兴看善卷、庚桑两洞的创制规模,有此一对好游侣,自然落得去领略领略祝英台的故宅,张道陵的仙岩了。所以早晨四点钟的时候,就性急慌忙地立向了苍茫的晨色之中,像一只鹤样,伸长了头,尽在等待着一九五号汽车的喇叭声来。

六点多钟到了旗下,和朱惠清夫妇,一共三对六人,挤入了一辆培克轿车的中间。出武林门,过小河寨,走上两旁有白杨树长着的国道的时候,大家只像是笼子里放出来的小鸟,嘻嘻哈哈。你说一声"这风景多么好啊"!我唱一句"青山绿水常在面前"!把所有的人生之累，都撒向汽车后面的灰尘里去了。

飞跑了二三十分钟，面前看见了一条澄碧的清溪，溪上有一围小山，山上山下更有无数的白壁的人家，倒映在溪水的中流，大家都说是瓶窑到了；是拱宸桥以北的第一个大镇，也就是杭州属下四大镇中间的一个。前两个月，由日本庚款中拨钱创设的上海自然科学研究所所长中尾博士来浙江调查地质，曾对我说过，瓶窑是五百年前窑业极盛的地方；虽则土质不十分细致，但若开掘下去，也还可以掘出许多有价值的古瓶古碗来。车从那条架在苕溪溪上的木桥上驶过，我心里正在打算，想回来的时候，时间若来得及，倒也可以下车去看看，这瓶窑究竟是一个怎么样的地方。

当这一个念头正还没有转完，汽车到了山后，却迟迟地突然发出了几声异样的响声。勃来克一攀，车刹住了；车夫跳下去检查了一下，上来再踏；车身竟摆下了架子，再也不肯动了；我们只能一齐下来，在野道旁一处车水的地方暂息了一下尘身。等车夫上瓶窑公路车站去叫了机器师来检查的时候，我们已经吃完了几个茶叶蛋，两杯黄酒，和三个梨儿；而四周的野景，南面的山坡，和一池浅水，数簇疏林，还不算是正式的下酒之物。

唱着自然的大道之歌，和一群聚拢来看热闹的乡下顽童，亨落呵落地将汽车倒推了车站的旁边，赵公夫妇就忙去打电话叫汽车；不负责任的我们四人，便幸灾乐祸，悠悠地踏上了桥头，踏上了后窑的街市，大嚼了一阵油条烧饼，炒豆黄金瓜。好容易把电话打通，等第二乘汽车自杭州出发来接替的中间，我们大家更不忙不怕，在四十几分钟之内，游尽了瓶窑镇上磨子心，横街等最热闹的街市，看遍了四面有绿水回环着的回龙寺的伽蓝。

当第二乘接替的汽车到来，喇叭吹着，催我们再上车去的一刻，我们立在回龙寺东面的小桥栏里，看看寺后的湖光，看看北面湖上的群山，更问问上这寺里来出家养老，要出几百元钱才可以买到一所寮房的内部组织，简直有点儿不想上车，不想再回到红尘人世去的样子。

因为在瓶窑耽误了将近两小时的工夫，怕前程路远，晚上赶不及回杭州，所以汽车一发，就拼命地加紧了速度；所以驶过湖州，驶过烟波浩荡的太湖边上、都不曾下来拥鼻微吟，学一学骚人雅士的流连风景。但当走过江浙交界的界碑的瞬间，与过国道正中途，太湖湖上有许多妨碍交通的木牌坊立着的一霎那，大家的心里，也莫名其妙的起了一种感慨，这是人类当自以为把"无限"征服了的时候，必然地要起来的一种感慨。宇宙之中，最显而易见的"无限"的观念，是空间与时间；人生天地间，与无限的时间和空间来一较量，实在是太渺小太可怜了；于是乎就得想个法子出来，好让大家来自慰一下。所以国界省界县界等等，就是人类凭了浅薄的头脑，想把无限的空间来加以限制的一种小玩意儿；里程的记数，与夫山川界路的划分，用意虽在保持私有财产的制度，但实际却可以说是我们对于"无限"想加以征服的企图。把一串不断的时间来划成年，分成月，更细切成日与时与分，其用意也在乎此，就是数的设定，也何尝不是出于这一种人类的野心？因为径寸之木，以二分之，便一辈子也分不完，一加一地将数目连加上去，也同样一辈子都加不尽的。

车过太湖，于受到了这些说不出理由的感动之外，我们原也同做梦似地从车窗里看到了一点点风景。烈日下闪烁着的汪洋三万六千顷的湖波，以及老远老远浮在那里的马迹山、洞庭山等的岛影，从飞驰着的汽车窗里遥望过去，却像是电影里的外景，也像是走马灯上的湖山。而正当京杭国道的正中，从山坡高处，在土方堤下看得见的那些草舍田畴，农夫牛马，以及青青的草色，矮矮的树林，白练的湖波，蜿蜒的溪谷，更像是由一位有艺术趣味的模型制作家手捏出来的山谷的缩图。

从国道向西叉去，又在高低不平的新筑支路上疾驰了二三十分钟，正当正午，车子却到了善卷洞外了。

善卷洞外的最初的印象，是一排不大有树木的小山，和许多颜色不甚调和的水泥亭子及洋房，虽说是洋房，但洞口的那一座大建筑物，图样也实在真坏；或许是建筑未完，布置未竣，所以给来游的人的最初印象，不甚高明；但洞内的水门汀路，及岩壁的开凿等工程，也着实还有些可以商量的地方。在我们这些曾经见过广西的岩洞，与北山三十六洞天的游客看来，觉得善卷洞也不过是一个寻常的山洞而已，可是储先生的苦心经营，花了十余万块钱，直到现在也还没有完工的那一种毅力，却真值得佩服得很。善卷洞的最大特点，是由洞底流向后山出口的那一条洞里的暗水，坐坐船也有十几分钟好走；穿出后山，豁然开朗，又是一番景象了，这一段洞里的行舟，倒真是不可埋没的奇趣。我们因为到了洞里，大家都同饿狼似地感到了饥饿，并且下午回来，还有二三百里的公路要跑，所以在善卷洞中只匆匆看了一个大概。附近的古迹，像祝英台的坟和故宅，上面有一块吴天玺元年封禅囤碑立着的国山等处，都没有去；而守洞导游的一群貌似匪类的人，只知敲竹杠，不知领导游客，说明历史的种种缺点，更令我们这六位塞饱了面包和罐头食物的假日旅行者，各催生了可嫌的呕吐。竹杠原也敲得并不很大，但使用一根手杖，坐一坐洞里的石磴，甚而至于舒一舒下气，都要算几毛几分的大洋，却真有点儿气人。

从善卷洞出来，大约东面离洞口约莫有十里地左右的路旁，我们又偶然发现了一个芙蓉古寺。这寺据说是唐代的名刹，像是近年来新行修理的样子；四围的树木，门外的小桥，寺东面的一座洁净的客厅，都令人能够发生一种好感；而临走的时候，对于两毫银币的力钱的谢绝，尤其使我们感到了僧俗的界别；因为看和尚的态度，倒并不是在于嫌憎钱少，却只是对于应接不周的这件事情在抱歉的样子。

再遵早晨进去的原路出来，走到了一处有牌坊立着的三叉路口，是朝南走向庚桑亦即张公洞去的支路了，路牌上写着，有三公里多点的路程。

张公洞似乎已经由储先生完全整理好了，我们车到了后洞的石级之前，走上了对洞口的那一扇门前坐下，扑面就感到了一阵冷气，凉隐隐，潮露露，立在那一扇造在马鞍小岭上的房屋下的圆洞门前发着抖，更向下往洞口一看，从洞里哼出来的，却是一层云不像云，烟不似烟的凉水蒸气。没有进洞，大家就高兴极了，说这里真是一块不知三伏暑的极乐世界。喝了几口茶，换上了套鞋，点着油灯，跟着守洞的人，一层一层的下去，大家的肌肤上就起了鸡粒；等到了海王厅的大柱下去立定，举头向上面前洞口了望天光的时候，大家的话声，都嗡嗡然变成了怪响。第一是鼻头里凝住了鼻液，伤起风来了，第二是因为那一个圆形的大石盖，几百丈方的大石盖，对说话的人声，起了回音。脚力强健的赵公夫妇，还下洞底里去看了水中的石柱，上前洞口去看天光，我们四个却只在海王厅里，饱吸着蝙蝠的大小便气，高声乱唱了一阵京调，因而嗡嗡的怪响，也同潮也似地涨满了全洞。

从庚桑洞出来，已经是未末申初的时刻了，但从支路驶回国道，飞驰到湖州的时候，太阳还高得很。于是大家就同声一致，决定走下车去，上碧浪湖头去展拜一回英士先生的坟墓。道场山上的塔院、湖州城里的人家，原也同几十年前的样子一样，没有什么改易，可是碧浪湖的湖道，却是淤塞得可观，大约再过几十年，就要变得像大明湖一般，涨成一片的水田旱道无疑了；沧海变桑田，又何必麻姑才看得见，我就可以算是一个目睹着这碧浪湖淤塞的老寿星。

回来的路上，大约是各感到了疲倦的结果，两个多钟头，坐在车子里面，竟没有一个人发放一点高声的宏论；直到七点钟前，车到旗下，在朱公馆洗了一洗手脸，徒步走上湖滨菜馆去吃饭的中间，朱公才用了文言的语气，做了一篇批评今天的游迹的奇文，终于引得大家哈哈地发了笑，多吃了一碗稀饭，总算也是这一次游行的一个伟大的结局。

且夫天下事物，有意求之，往往不能得预定的效果；而偶然的发生，则枝节之可观每有胜于根干万倍者。所谓有意栽花花不活，无心插柳柳成荫之古语，殆此之谓欤？即以今日之游踪而论，瓶窑的一役，且远胜于宜兴之两洞；芙蓉的一寺，亦较强于碧浪的湖波；而一路之遥山近水，太湖的倒映青天，回来过拱埠时之几点疏雨，尤其是文中的佳作，意外的收成。总而言之，清游一日，所得正多，我辈亦大可自慰。若欲论功行赏，则赵公之指挥得体，夫人的辎重备粮，尤堪嘉奖；其次则飞车赶路，舆人之功不可磨；至于吟诗记事，播之遐迩，传之将来，则更有待于达翁，鄙见如此，质之赵公，以为何如？

这一段名议论，确是朱公用了缓慢的湖北官音，随口诵出来的全文，认为不忍割爱，所以一字不易，为之记录于此。

一九三五年七月二十四日

《郁达夫游记》，上海杂志公司 1948 年版

京杭国道游观记（节选）

阳羡风光

赵君豪

十六日，余侪预计作宜兴之游。侵晨七时，自溧阳前进。阳羡风物，夙所神驰！善权张公两洞，尤为余所向往者。昨夕，余即与徐君商略游程，知自溧至宜为时至捷，相距仅七十里。经行小站，为凤台、徐舍、宜丰桥、陈塘桥。由徐舍可径游善权洞，固不必先至宜兴也。若张公洞则在宜兴之第三站，汤渡前往，转为便捷。余侪计画，于善权张公，必游其一。因托溧阳站长何人熙君以电话告徐舍站，为余侪雇轿相候，一切既定，匆匆就道。

阳羡风光，余心醉既久。车中默念，东坡阳羡买田，著为美谈。于水则有东氿西氿，烟波浩淼，时现片帆。山则龙池，代出高僧。而善权张公，尤称奇迹。叔雍宗兄曩曾为余道两洞之胜，并言客有自欧陆归者，谓比利时有一洞，视张公洞为略广袤，奇景尚不之及，比政府经之营之，内设铁道，布置井然。阳羡两洞，幸经储君南强倾家财以葺之，耗十余万，始得治阶梯，辟榛莽，以利游客云云。然则余今日之游，当拜嘉储君，至于无极也！

车行卅里，抵徐舍。余欢跃下车，以为可一览善权之胜。岂意站中司事，向余致歉，谓凌晨得讯，即拟备舆相迓，但久不可得，如以小舟，自水道往游，则今日不能归。至是余大懊丧，然犹望于汤山一游张公洞也。八时车抵宜兴，晤江南汽车公司副经理饶竞群君，略谈片时，即至街市浏览。

宜邑亦水乡，城外河道四达。市街整洁，商肆林立。余于铺中购茶具数事，归贻戚友，聊作此游之纪念。自市街前进，跨一石桥，复转折至孔庙，黉舍崇闳，似时加修葺者然。自此前进，即公园矣。公园拓地不广，花木亦未见其繁茂，然园傍城堞，登临眺览，转蔚为大观。遥睇则东西两氿，烟水迷茫。片片青峰，眼眼苍翠。俯视则城河数弯，一望澄碧，岸旁垂柳丝丝，二三茅屋，雅有半城山色一城湖之概。余眺望既久，不觉神移。公园之胜，以余所游，推此为最已！出园后，不复再循原路，过一小桥，即为国道。余侪预嘱汽车于此相待，至是又于役征途矣。

宜兴至汤渡，仅卅五里，驰车四十分钟，即至其地。汤渡以产紫沙瓷器驰名。视丁山蜀山之所出，殆尤过之。汤渡土质甚优，所成器皿，或为紫红，或作赭黄，而溪山花鸟，绘制尤精。凡宜兴市场铺所售者，率取给于是。吾侪购取茗具，因须觇其色泽，而绘画或出自名工，稍益数金，便得佳品。余车所经，见土窑罗列，外观颇似英伦之古堡，红砖掩映，野树成阴，亦自饶佳趣也！

既至汤渡，更谋作张公洞之游。徐君招站人相商，亦无由得轿，欲舍陆言水，则橹声咿哑，小舟沿溪河可寻。徐君云："即刻放舟，穷一日之力，归来天已入暮，且又安从得宿？往复匆匆，所得无几。"余然其说，碧翁似又故泥吾行者，忽有雨意，于是张公洞之游,又复不果。余低徊水边,太息不已,岂蜡屐寻幽,一切亦有前定耶!

赵君豪:《游尘琐记》,琅玕精舍1934年版

名人游踪

暮春约人游惠山书

钱基博

谷风习习，烟花如绮，芳草如蒻，渐听子规声彻，无计留春。古人秉烛夜游，良有以也。况风日晴佳，良辰难再。湖山咫尺，好境易求，吾子襟怀高爽，顾能郁郁，兀坐萧斋间也。惠山在西郭外五里，深秀苍老，九峰高峙，五湖环映，烟波浩渺，夷光少伯（编者注：即西施范蠡）之遗踪在焉。洞庭苕溪，可顺风而招也。北尽长江，东睨沧海。隐隐如见，西望阊闾之城，霸业之余烈，犹有存者。不亦足以系高人之躅，侈旷伟之观乎？而或者翻爱其户外一峰，阶前一壑，辄流连低徊不忍去，抑亦浅之乎？游斯山矣，足下风姿迴上，有挟岱超海之概。吾知品二泉之茗，访若冰之洞，一丘一壑不足辱吾子之啸傲也。故敢以其说进，幸足下蹑屐过我，携手寻春，勿使东风归去，即颂春祉，不既。

无锡之观察

王桐龄

一、无锡市街及无锡饭店

九月一日午前六点，起床。八点，偕佩青乘马车赴苏州车站，车价小洋四角。——自老苏台至车站惯例如此，不必问价，一向则反争执矣。——购妥自苏州至无锡沪宁快车三等票二张，每张价洋三角。九点，开车，车上颇不拥挤。二十五分，至浒墅关；三十分，至望亭；十点，至无锡；住无锡饭店。

无锡旧名锡山，缘邑之西城外有锡山，多锡矿，故名。周秦时，采矿之人时启争端，既而锡尽，民亦安宁，遂名无锡。战国时，楚黄歇封于此，号春申君城，前汉曰无锡，新莽时，改名有锡，后汉仍名无锡，元为无锡州，明曰无锡县，清分邑之东境为金匮县，近复并金匮于无锡。其地东界常熟，东南界吴县，西界武进，北界江阴，境内山甚多，以惠山、锡山为最著；河流甚多，以运河为最著；湖泊甚多，以太湖为最著。县城北临沪宁铁路，西南连运河，南通太湖，交通甚便，商业极为繁盛，为江苏南部之中心点。

无锡饭店为当地第一大旅馆，在无锡县城北门外，运河畔，通运桥堍，北距车站不及半里，西滨运河；交通极便。房屋高大，床铺洁净，无臭虫、蚊子来骚扰。其三层楼甚高，屋顶可以远眺。饭店规则，禁止流娼往来，秩序较为整齐。

无锡茶馆之盛略等于苏州，街上熙来攘往之人甚多，神气总觉比苏州街上之人忙碌，盖苏州多浏览山水之游客，无锡多买卖货物之商人也。街上女子不多见，时髦妆饰之女子尤不多见，盖苏州街上所见者多妓女，无锡街上所遇者多工女也。妆饰渐趋旧式，缠足者渐多，穿上海式之短衣者甚少。

二、太湖

日午前六点半，雇妥人力车二辆，每辆每日大洋一元，往游太湖，湖在城南，最近处距车站七英里，距无锡饭店约二十中里。余等进北门、光德门，经过城内公园前，出西门、试泉门。

北门内外皆马路，西门内外皆小路，用小石砌成者，盖北门附近为商业地，西门内外为住居地故也。公园在城中公园路，距北门甚近。园内有假山、荷池，植物甚多，设备颇雅，余等匆匆一过，无暇入门一观，可惜也。

循城西，开原乡，河塄口上村街道而往，所经之路，皆用小石砌成，崎岖略等于南京。道旁桑田甚多，稻田较少，愈近太湖边，山田愈多，平原愈少，水田绝无。八点，行约十余里，至梅园。

梅园在东山上，为实业家荣德生所辟，面积六十余亩。园中植物甚多，有梅数百株，冬日开时，芬芳扑鼻，故称梅园。园内有池，荷花盛开。有亭，有楼，登之可以望太湖。亭前有太湖石，玲珑可爱。园内鸟语花香，快人心目。

出园登车，缘管社山东麓南下，行三里，至万顷堂。

堂在管社山南麓，南临太湖，凭栏下窥，一碧万顷。堂西为湖神庙，祀湖神，神白面无须，戴王冠，穿红色蟒袍，颇不似平常龙王庙中之龙王像。湖神庙西有项王庙，祀西楚王项籍，神像白面、黑须、衮冕，有儒者气像，不似拔山盖世之壮士。相传项羽避仇吴中即此地，故立庙祀之。

九点十分，乘渡船入太湖，行约二里，至鼋头渚。

鼋头渚在万顷堂南，充山麓，太湖中，与管社山隔湖相望。充山下有曹湾，曹湾以下皆平壤，有巨石突入湖中，广约十余丈，作半岛形，如鼋头然，故名。此地为太湖出口处，波涛澎湃，奇石壁立，一岭松壑，气象万千。现为杨氏私立植果试验场，山麓建有横云小筑及涵虚、落霞二亭。山坡建有花神庙，花神女像高约二尺许，以大理石琢成，全身雪白，极带欧风。其上有云影坡光亭、奇秀阁，可以远眺。半岛上筑新有之灯塔，作航船之指南。山上植物甚多，浓绿欲滴，自此处望太湖，烟波浩淼无际。

太湖，古名震泽，又名笠泽、具区、五湖，面积三万六千顷，周围五百余里，跨江浙二省之交，我国第三淡水湖地。湖中岛屿甚多，著名者七十二峰，最大者为东西洞庭山，水石之胜，天然入画，有洞天福地之称。湖水深且广，水量因时而异，冬季水量虽浅，犹深于运河，故湖中之水，恒出注于运河。夏季西南诸水，多由运河而归于湖，故湖水益深。湖面一片汪洋，既便运输，又资灌溉。滨湖之地，土壤肥沃，沟渠交错，农桑水产之利，甲于东南。余等本欲横渡太湖，赴湖之南部一游，奈现时盐枭猖獗，屡掠滨湖诸邑，不得已，仅至鼋头渚一观，风帆沙鸟，出没烟波间，亦足以窥其大凡矣。

十点，登舟，回至万顷堂，小憩，饮茶，茶资每位小洋一角。

三、惠山

十点半，由原路回至河塄口上村，折向西北，行十余里，至惠山，游惠山寺。

惠山寺在县城北约五里，距车站六英里，周围约十里，高约百余丈。寺在山麓，明以前曰华山精舍，明代始改名惠山寺，现在寺前牌楼颜曰古华山寺，山门颜曰惠山寺。山门左右有石幢二，一为唐僖宗乾符间物，上刻尊胜咒；一为宋神宗熙宁间物，上刻《楞严经》。山门内为甬路，长约数十丈，两旁皆祠堂。正殿遗址为淮军昭忠祠所占，祀淮军战没之将士，祠门深锁，无从瞻拜，祠前有乾隆、同治二御碑亭。其东院为竹炉山房，天下第二泉在焉，旁有二泉亭及乾隆御碑。泉有二相连接，用大石砌成井形，一圆一方，圆者为正泉，方者为副泉。泉后有广厦名漪澜堂，内有小茶馆，可以品茗。其东为第八小学，旁有尊贤祠，祀乡贤；至德祠，祀泰伯；神像白面、黑须、衮冕，用上公礼服。祠内有滤泉，亦当地著名之泉，有小茶馆可以品茗，有大池，荷花盛开。其西为寄畅园，有亭、台、楼、阁、池沼，颇不俗，但破坏者不少，园主姓秦，俗名秦园。无锡为宋奸相秦桧故里，故姓秦者甚多，然非桧后也。史书言桧无子，以内侄熺为嗣，本王氏子也。其旁有马文忠公祠，祀明末礼部右侍郎马士奇；司马温公祠，祀宋相司马文正公光；东岳庙，祀东岳；张中丞祠，祀唐忠臣张巡、许远。

《江浙旅行记》，文化学社 1908 年版

太湖纪游

成仿吾

"仅仅几分钟的工夫,就能使我们由龌龊的都市逃出,投到纯朴的大自然的怀里来,我们是不能不感谢发明蒸汽机关的人,我们是不能不感谢 Watt。"

我心里这样想着,我的双眼不住地在一望无涯的平原之中狂驰。远方的树木在同我们赛跑,近处的田畴在为我们后退;大地好像分了两半边在我们的两边旋转:左边的与钟表的双针同一方向,右边的却恰恰相反。我把全身靠在车上月台的后壁(因为我们始终不曾得着一个坐位,直到我们的目的地点),眼睛跟着电线的 Catenary 在玻璃窗上波动:有时电线低到与我们齐肩,有时直涌出车窗以上。无尽藏的电柱一根根把我们一瞥便过去了。

无锡的梅园与太湖的风景,去年此节便有友人 Y 君与 K 君约过我去游玩。那时候,一因不得闲暇,二因游兴不佳,终于不曾实现。这回又是两君来信劝诱,爱牟首先心动,他好像打算一件重大的事情一般,用了回想的神气说道:

"明天是礼拜六,还有大学的筹备会议要去开;后天恰是礼拜日,他们正可以引导我们去探访。后天我们早点起来,乘早班火车去，我们可以玩一天整的。第二天他们有功课，我们可以自己去游玩。"

N 也是无可无不可，于是我们便决定了采用爱牟的计划。

我从长沙来到上海，不觉已经一年有半，我常常对江浙的朋友们诉我这一年余还不曾感到江南的情调。他们之中有些说，这是因为我总是一个南方人；然而大多数都责我不应常在上海不去游玩。我知道他们的话很有道理，不过杭州与苏州我曾去过，结果是使我失望了，我更不知尚有何处可去，我也不曾有过许多的余闲。

我常常这般想，我们如果要领略江南的情调，我们不应当向俗人麇集的地方去寻，我们反应当向时人罕识的赤裸裸的大自然中去欣赏。因为审美观念尚未发达的一般的中国人，当他们破坏一切美的事物的时候，他们实比恶魔还要凶狠。

无锡是一个小小县治，太湖尤是强盗出没之所，他们或能使我感到江南的情调。我这样想，所以爱牟提议坐三等车的时候；我还笑说坐四等车都不要紧。

昨晚有人请我们吃饭，爱牟高兴起来，便拉着大家饮了不少的酒。结果是他喝得大醉了。我护他回来睡下之后，因为还有一点事故，便又坐了电车往上海的中央部来，但我也饮了不少的酒，不知不觉之间，我在电车上睡着了。等我醒过来，我已坐过了约莫有两倍多的路。

今早我从醉梦中醒来。从衣袋里抽出表来看时，已经是七点了！不仅早班已过，七点半的第二班车也已来不及了。我急忙穿了衣服来看爱牟时，他兀自酣睡未醒！

我们幸而赶上第三班快车了。虽然没有得着坐位，然而一到这久阔的另一世界之中，我们便什么苦痛都忘记了。

现在在我们面前展开着的是一片一望茫茫的旷野。我们远望浑浊的层云，我们近看澄清的流水，我们看远树，看近村，看阡陌上的行人来往。

在这爽人神魄的慈惠的自然之中，有使我们看了不快的，那便是在田亩中散着的棺材与高冢。这是人为的破坏之一例。我觉得好像有唤人复归现实的呼声在响，又觉得好像在葛雷的《墓畔哀歌》的世界，大地顿如一片荒坟在眼中高高涌起。我把带来的季刊二卷二号中爱牟所译的这首名诗翻出来低吟了几遍，心中不觉起了一阵不可遏的悲响。

到处只是一样的树木，一样的人家与一样的田亩，上海到无锡的旅程毋宁说是单调已极。在这样的单调之中，多少可以给人一点新的刺激的，只是昆山、天平山与苏州的城廓。然而以这点新的刺激来破这极端的单调，未免太微弱了，我们终于在这种单调之中到了无锡。

Y君与K君在出月台的地方引领观望，我们在人群之中挣扎着，相望而点首。他们显然是很愉快；他们是从九点钟以来盯在这里。

无锡是这样大的一个都市，这事情便先使我噤住了。惠泉山形似长沙的岳麓山尤使我惊喜。我们在个馆子里吃了一点便饭之后，便雇车直赴惠山。

我把惠泉与岳麓并提，不过是就山的外形说。若就山的外观与内容说，到底不能同日而语。岳麓前临湘江，湘江不是河所可比拟；岳麓有葱蔚的树林，有深幽的禅院，有醉人的钟声，有滴滴的泉水——这些都是惠泉所无的。岳麓虽与长沙城只隔着湘江，然而湘江既甚广阔，中间尚有一洲（即古长沙，今已成为陆地，有居民不少），我们从长沙望此洲，已经好像是海中的仙岛，我们更由此洲望岳麓，便真是另外的一个世界。我在长沙年余，终日不是由长沙城远望岳麓寄我的遐想，便是遥趋岳麓，避城市的喧嚣。在死城一般的长沙，我能在死尸的堆中住至一年以上，实是因为有了岳麓。

我在长沙一年余的生活电影似的显出在我的眼膜，多少事使我悲酸，又多少事使我苦笑不已！成败是什么？荣辱又是什么？只要是此心所安，那便是天国的实现。浅薄无聊的世人哟！不可救药的群盲哟！……当我这般热狂起来，我们已经到了惠山的脚下。

我们在寄畅园与淮军昭忠祠走了一转，看了所谓天下第二泉之后，便直取向梅园的路走去。这条路说是梅园的主人荣某所修的，路的两旁差不多尽是一样高的桑树。间有勤劳的农夫在田中一根一根的丁宁处理。我常在路的两边行，便有媚人的小枝时常把我的衣袖牵住。我幻想到采桑的时节应当是如何明媚的一片风景。美妙的年轻的姑娘，艳阳的天气，含烟吐翠的桑园，欲绝还飞的低唱。我想大抵要这样才是真的江南的情景。

同是一样的行路，然而一个哲学家可以没入玄妙的思想，一个科学家可以感受自然的启示，一个诗人可以翱翔于美妙的诗境，一个社会学者可以聚神于生活的观察。我既不是这些人中之这一种人，也不能说是那一种。在上海禁锢了年余以来，我的心情已经失了它旧时的微妙的感受性了。三年前与爱牟同游西湖时，我重见了故国的好水好山，便想起了不少的童时的情景；我恍惚童时有过一双健强的羽翼。然而三年后的现在的我，只觉童时的我已如幻想中的安琪儿一般，已经渺不可即；便是三年前的我，也好像从我手里放去了的一只鸟儿，只是望着那边没有边际的天空在飞，已经无法可以呼唤转来了！

在我的心眼之中尚能隐约查看出来的，只是年余以前的长沙的情景。我们绕着惠山行动时，多少有点相像的岳麓山便也徐徐在我眼中旋转。今天因为是礼拜日，有许多年青的学生成群结队而来，他们是看花回来了。他们的笑语飞扬在乳浊的恼人的低空，他们的红颜照耀在晶明的柔和的桑树。他们的朴质的服装是何等轻快而皎浩，他们的青春的四肢是何等柔软而活泼！我注视着他们的丰实的神气与他们的澄明的眼睛，不禁要流出感激的眼泪来了。

带路的Y君与K君忽然把我们带上了大路右边的一条小径，我们现在是对准山洼在前进了。去年夏天我们极想移到乡下来住，两君写信来说有一个风景极佳的房子，只是我们终于不曾来过。现在我们是要往这个地方。

路旁有一个私立的小学，虽然狭小，却很精洁。小径从这里右转。一池碧玉般的静水首先牵住了我们的视线。接着便是左右两条雪白的小桥，与对岸的一个两层的洁白的亭子。稍远处便是一栋矮而明洁的红漆的小屋。我们加了速度，看看左面的池水，又左右看看路旁的梅花，高兴得什么似的前进。有时梅花的香气飞来，我们也不禁为它暂时停止。桥旁的柳树下有三五个小儿在喧叫。我们轻轻地走上桥来，似乎把他们吓了一跳。小屋共三间，还没有人住。我们从阶下回头望远，隐隐有连山在那边的天际横卧着。亭子建在屋前的假山上，中有长椅，可以坐看这自然清绝的小天地。屋右的林中时有萧萧的风声在响。我们大家倾耳而听，大地顿如沉入了静默的深渊，只闻风声在大空之中消涨。世界在静默之中推移，我们好像超然物外，独立着在的样子。

理智命令我们离开了此处，也不管我们是怎样依依不舍。回到大路上来时,我们还是偷偷地频频回首,我们口里不断地说要移来,虽然心里明明知道世事鲜如人意,明朝的事谁也不能断定在先。

因为怕我的痛脚不好多走,大家改坐了车。归来的游客渐渐增多,他们显然是已经在赶他们的归路。欢乐使他们忘了一日的疲劳,他们的笑语欢呼,依然在低空之中跳跃。梅园的梅花在低垣上静悄悄地探望。门前的车夫在向门内张罗着等候游人归去。我们因为要先往太湖,便飞一般的过去了。墙内有尖锐的笑声飞扬,春游的欢愉的情绪顿涨。

翻过一座小山,前面已经有了一片澄明的清水。

"这是五里湖。"K君回过头来说,他的眼镜上有湖光在辉闪。

湖水好像在绕着几个远岛右旋;不多远的路,便转到了我们的脚底。我们弃车直下水滨,恰巧有只小船在等着。

我们曾从车上望见有几片孤帆在远处的水天之间倾倚,但是湖边的水却很平静。湖中的鼋头渚在招引我们,犹如神怪小说中的仙岛。当我们离开湖边的时候,我们觉得好像是能够离开了这现在的世界;向着一个新的可惊异的世界在走;我们被一种不知从何而来的希望萦绕着,舟子的橹声是异常轻快而果敢。

转瞬之间,我们已经发见了自己完全在一个水的世界,我们刚才所离开的岸与岸上的湖神庙已经远隔着浮在那边。我们是在水天之间徜倚。我环顾湖山,日本濑户内海的风景无端又显出在我的前面。那是七八年前的事。在一个春假中,我与爱牟曾在这明湖一般的内海畅游过一次。那明媚的风光;至今还不时来人我的清梦,只是鲜明的程度一年不如一年了。我竭力想捕住当年的情景,然而在我眼中显出的,只是一些模模糊糊的幻象。清风徐来,把我眼中的幻象也吹得像湖水一样激荡不宁,却使我想起了哥德的《湖上 Auf dem See》：

Und frische Nahrung, neues Blut,

Saug, ich aus freier Welt;

Wie ist Natur so hold und gut,

Die mich am Busen haelt!

Die Welle wieget unsern Kahn

Im Ruderfakt hinauf,

Und Berge, Wolkig Himmelan,

Begegnen unserm lauf.

Aug', mein Aug', was sinkst du nieder?

Goldne Traeume, Kommt ihr wieder?

Weg, du Traum! So gold du bist;

Hier auch Lieb, und Leben ist.

新的营养，新的血涛，

我由大空之中吮吸；

自然是怎样惠好，

这拥我于怀的！

微波荡摇我们的小船，

常与掉声相和，

连山耸入云间，

遥遥在迎你我。

眼哟，我的眼哟，你为何下垂？
黄金般的好梦，于今再回？
去罢，梦哟！你虽则美如黄金；
这里也有爱情，也有生命。

我默念到这里时，怎么也不能再念下去。哥德真是太幸福了。他虽是辞别了心爱的人而来，然而他的澄明的心境常能从大自然中发现新的爱情与新的生命。到处漂流的我却只能在朝雾一般消残了的梦境中搜寻我的营养。爱情与生命是给 Tantalus 的两种最惨酷的刑罚。

隐忧一来，我眼前的世界忽然杳无痕迹了。一片茫漠的"虚无"逼近我来，我如一只小鸟在昏暗之中升沉，又如一片孤帆在荒海之上漂泊。一种突发的震动把我惊醒时，多谢舟子们，他们把我由荒海之上救到鼋头渚了。

我们一个个奋勇先登，好像战胜了的骄兵争先占领城地一样。我们已从渚上面对着汪汪的太湖了。Y君抢着到水边的岩石上去听潮声，但是今天的太湖好像正在甜眠，只不住地在把层岩轻舐。

我遥瞰着太湖，徐徐吞吐新鲜的呼吸；觉得神清气爽，好像可以振翼飞去。这时候夕阳已将下山，好像一个将溺的人红着脸独在云海之中奋斗。东边的连山映在夕照中，显出了他们的色彩的变化之丰富。N 是一个画家，便从衣袋中抽出一个小簿子来临写。我们一齐抬头仰看 Apollo 的车骑在云海之中动摇；金鞭指处，一片灿烂的金光射来，暂时辉耀不已。

渚的高处有亭，亭的那边尚有一座花神庙。我们匆匆跑过一遍时，渚下的舟子已经在招我们归去。我们同夕阳一步步往下行来，我们下得船来时，夕阳也已经沉下去了。

连山与我们之间，渐渐垂下了一重重的帘幕；山洼岛上忽忽吐出了一片片的青烟。天空越发低下来了。

我们在沉默之中登了岸，又入岸上的古项王庙看了一回；庙中的人已经在吃晚饭，我们便匆匆出来了。车夫好像已经等得不耐，见我们出来，便一个个活跃起来了。

我们在昏冥之中，还从车上不住回头远望。我们自恨没有更多的时间，我们同太湖诚恳地约了再会。太湖哟！永远的太湖哟！我们虽是乍见便要分离，我们是永远不能忘你！

过梅园时，门前已经没有人影，我们入园约略跑了一遍，人为的风景总觉引不起我们的兴趣来。一堆堆绰约的梅花空在晚风之中把她们的清香徐吐。

一路犬吠声把我们送出门来，四周已经打成了一片无缝的黑暗。我在车上不禁又想起了《墓畔哀歌》中的"把全盘的世界剩给我与黄昏"。

三月九日脱稿

《创造周报》1924年第四十五号

无锡纪行

钱歌川

一、到无锡去

二十多年前我还在家塾中背诵四书的时候,就有人告诉我一副绝对,叫作"无锡锡山山有锡,长沙沙水水无沙"。那时我正住在长沙,看到白沙井的沙水,确是清澈得没有一点沙尘,而人们偏要把它唤为"沙水",名实不仅不能一致,竟至相反。无锡的锡山据说在周、秦时代是产锡的,汉朝有个时候,曾把那地方叫作"有锡",后来不知为什么竟又改为"无锡"了。锡山现在是不是还藏着有锡呢?也许是像长沙的沙水一样徒有其名罢!远古的传说实在是太渺茫了。但上联中又明明说是有锡,这却把我弄糊涂了。我于是很想到无锡去看看那座有名的锡山。近十年来虽常在江、浙一带来往,却一直没有机会到无锡去。这个夙愿直到最近才得偿了。

二、教育学院

无锡民众教育学院在两个礼拜以前有信来邀请我的大兄莅院演讲肺痨病及其预防方法，大兄因久慕太湖风景，甚想利用这个邀约，偷闲去游一趟，约我同行，我自然更是乐于从命。那天我们乘上午九时的快车由上海北站出发，到无锡刚过午，下车直赴教育学院，高院长因公到南京去了，由俞庆棠女士出来招待我们。我们在院中参观了一周，看了他们学生自制的许多科学仪器，以及所种植的菜蔬，觉得与上海一带的大学完全两样，一个学的是生产，一个学的是消费，他们毕业以后，马上可以到农村中去自己耕种，不求于人，而上海的大学生则毕业以后，高车驷马，只求享乐，哪里还谈得到劳动？到两点多钟，他们把全院的男女学生召集在大讲堂上，便开始讲演。大兄讲完以后，俞女士一定要我继续向学生讲点什么。我平日老是埋头写文章，就在家庭中都不爱多说话，有人请我讲演，每回都要借故谢绝，这回却被俞女士捉牢了。我正在敬谢不敏的时候，她已经向学生报告出去。事迫临头，无法避免，我只得上台去即景生情地说几句话。我先讲到一般大学里男女同学的现象，雅爱修饰，荒耽娱乐，以致浪费了许多宝贵的光阴，毕业以后，什么都不懂，所以我一向都觉得男女同学的制度是要不得的。然而今天来此一看，才知道也不尽然，这院中的学生，男的没有一个着西装的，女的没有一个搽胭脂的，所以我知道修饰并没有花去他们多少工夫，他们把时间都倾注在求学上，自然他们的收获就大有可观了。我这样说下去，我看见满堂的男学生都露着笑容，而以前倚桌欲寐的女学生这时也都为之嫣然了。最后我们在大家哗笑中离开了大讲堂。院中派员把我们送到了太湖饭店。

三、梅园

　　汽车在无锡与宜兴的公路上驰驱了约莫一个钟头之后，才在一个葡萄架一般的甬道门口停了下来。我们知道已到了目的地，便伸了一伸腰匆匆下车向那篷架下面走去。走不到多远，路被一丛树木挡住了，把路分为两支，在那树丛中却包着一块丈高的青石，上面镌着"梅园"两个大字。过此石碑，路又合而为一，再向上登，地势渐高，路又分为左右二途，再上为一方地，有几个奇形怪状的、像巨人一般的太湖石矗立其中。过此我们再寻小路朝山上爬去，举目四顾，一片梅林，几无杂树。可惜我们来时已在夏初，白的梅花早变成青的梅子了。累累然满枝满树，使人想见花时的盛况。这儿与其说是梅园，真不如说是梅山。我们在遍山遍岭、千树万树的梅林中钻来钻去，有时意外地从丛绿中现出一个亭子来，有时又见小桥流水，假山石洞，若把梅园譬作一个天工的森林，这些地方便是人工的点缀了。后来遇到了一个大楠木厅，题为诵幽堂，有二三起人各各围坐在堂畔的台地上品茗，一树绝大的五爪枫，像翠盖一般地张在他们的上面。我们初初看见这种露天茶室，满以为就是太湖饭店了，谁知还不是我们的目的地，我们只好耐着性子跟向导者再进，随即我们在重重密密的树叶中看到了一个宝塔似的建筑物，我们朝那方向走去，快走到高塔的下面，就在路旁看到了一处西式的红砖房子，门前横着一座悬桥，联络着两所二层楼的洋房，这便是太湖饭店了。我们走进饭店，拾级登上了悬桥，一望太湖，万顷波光，全在眼底，湖中近渚远山，重重相衬。我呆呆地眺望着湖光山色，仿佛自身已登上了范蠡的一叶扁舟，而在五湖中荡漾去了。等到他们把我唤回来，转身望了一下悬桥的另一方面，则见山下的麦田，金黄一片，登时使我联想到去春游平，第一次登景山俯瞰故宫时所得的印象。

出太湖饭店沿路而上有招鹤亭，再上有石危峙，隙地一方，奥竖一绝大之太湖石，上镌"小罗浮"三字，背面刻有老梅一枝，从此地望太湖，更有如近在眉睫了。

四、小箕山

我们到太湖饭店不多时竟下起大雨来，初来时遥望太湖中那些眉黛一般的远山，清秀如画，谁知一雨之来，竟都隐匿到若有若无之中去了。古人所谓"山在有无中"，也许就是指这种烟雨空濛的境界。看了这太湖的雨景，不禁令人想起琵琶湖的雨景来。十多年前旧游的影迹，又钩上了心头。我忘记了身之所在，忘记了我现在偷闲来此作一日之短游的境遇，忘记了家室之累，仿佛还是独自一人在海外放浪时一样。一叶不系之舟，无牵无挂，由太湖泛到琵琶湖，又去看了一阵岚山的雨景，再回到太湖来的时候，这儿的雨已经停止了。

我们便下山走出梅园，雇人力车到小箕山去。小箕山在鼋头渚对岸，从梅园去虽要经过两个冈，但并无山，所谓锦园，即建在那里。地以山名不见山，以园名又不见园，无甚可观，还不如途中山坡起伏高松夹道，人力车上铃声叮当，与松风相和，倒是别有一种情趣。快到湖滨的时候，有一道长堤，看如西湖的苏堤一样，桃柳相间，堤的两边，遍种荷花，田田地已布满了水面。初夏的晚风，从垂柳丝中飘送过来，涤尽了我心头的俗尘，加之轻车如飞地跑去，真使人有飘忽欲仙之感。

五、鼋头渚

到了小箕山，我们随即摆渡过湖到鼋头渚去。这是一个突出湖心的半岛，因为突出的形式活像一个鼋头，因此得名。在这上面有一个名叫广福寺的庙，其中的素面听说是很有名的。可惜我们来时已近黄昏，未及登山，只在下面的横云山庄逛了一周，其中虽全系人工的布置，然很精致小巧可爱，亭台水榭之间，遍是柳丝荷叶。我从前在镇江焦山定慧寺曾见一种曲竹，觉得颇为稀奇，此地的藕花深处却有几树曲柳，不仅树枝扭曲，连树叶都是绉缩的。

鼋头渚的名胜当然不在横云山庄的人工培植之处，而在天工所成就的矶头乱石之间。我们走下到那怪石嶙峋的湖边，脚踏到那巨大尖削的石块上，顿时想到南京燕子矶的情景来。只是那儿离水面很高，下有深潭。这儿虽时有惊涛骇浪，奔驰而来，究竟那些金字塔一般的岩石是由浅而深，非若悬崖可比。这儿只可以听涛，不便于自杀。所以我们来到这儿，对于眼前的银涛碧水，只有羡慕，而无恐惧。惟当时湖风很大，那些巉岩岭上，几乎立脚不稳，我要把前面崖石上前无锡太守廖纶摩写的"横云"及"包孕吴越"几个擘窠大字收入镜箱，却与狂风作了一场苦斗。

等我们乘原渡船回到小箕山来，已经是夜幕欲下的七点钟了。在锦园嘉莲阁附近走了一下，仍坐原车回到太湖饭店。

六、宝界桥

早晨我们还没有起来，就有许多人力车夫，蝇集在我们窗下。待至八点钟我们雇定两部车子冒雨出发，预定的路程是先到长桥，再至蠡园，看太湖风景，最后到惠山品天下第二泉，由此赴火车站搭下午三时一刻的快车回上海。

我们离开太湖饭店的后门，展开在我们眼前的就是阡陌相连的桑田。这确是无锡的一个特色。我们在无锡城周跑了百来里路，除了少数的麦田而外，尽是桑田。有时一丘之间，桑麦杂种。种寒豆的，两日来仅见到三畦而已。

这时蚕事已过，桑叶都被剪了下来，桑田中只剩得虬龙秃枝，盘根错节，形状的古怪，树枝的低矮，虽千年老松不过如是。间或也有尚未剪除的桑田，则直立丈高的小枝上，满挂着大片的绿叶，我们从其间走过，全被遮没，不为外人所见，蚕娘们在其间一面采桑，一面找情郎絮话，确是一种理想的地方。我走过这样的桑田里，才知道"濮上桑间"的故事，并不是文人想象之词，实大有可能呢。

我们走到宝界桥的时候，正值倾盆大雨，但我们仍下车走过桥去，在柳下拍了一张长桥雨景，此时的诗情不在桥头杨柳，而在湖上渔翁。这些蓑笠翁在斜风大雨中，展开他们的渔网，一网打尽了湖上的风光，确是一幅最美的画图。谁说这画中没有诗呢？我看到他们身上的蓑笠，暗喜我何幸在雨中来到这儿，刚刚见到了太湖的特色。若在晴天来游，一定免不了要感着一种缺憾。我敢说太湖最宜的是雨，最值得看的也就是这些蓑笠的渔翁，空濛的山色和烟雨的湖光。

七、蠡园

在长桥看过雨景，便驱车赴蠡园，那是邑人王禹卿所建，门前与西湖的刘庄相仿佛，惟每人要收门票大洋五分，进大门没有多远就可从一圆门望见五里湖。进圆门循红栏杆走去，便有假山、石洞、亭阁之类。园中最多的花木仍不外是杨柳荷花。荷池也就是侵入湖水的领域，池上建有一个水阁凉亭，夏日到那上面去品茶、垂钓，倒是很舒适的。在这园中我最爱的地方，还不是这个凉亭，而是最里面临湖的一个亭子。亭周有槛杆，湖边又有曲栏，两旁植有杨柳。从这几重的栏杆外，垂柳丝中，衬着一片潋滟的波光，再画上两道眉峰，真有如含笑的西子。

园中不仅可供游人暂时的游览，还可以供避暑客之住宿，而每月房租，每间亦不过十元而已。其中且有游艇之设备，湖上划船竞赛，较之青阳港当又是一般滋味。

八、惠山

到无锡最初看见的是锡山，最想去游的也是锡山，但现在已经没有时间去游，只好到惠山上面去相对景仰一番而已。

我们走进惠山寺，最先就去看惠泉，泉上有赵松雪所题"天下第二泉"五个大字。庙侧有一石洞，据云从前有一和尚即穴居于此，乾隆来游时，曾以三片竹叶之火沸泉以进。庙中有南宋尤文简公遂初书院遗址，今已成一酒馆，我们即在这上面品泉吃炒面，泉水甘美，面则难吃已极，且索价又昂，不能不自认上当。

惠山寺边有一种特产，即无锡朋友常带来送我们的泥人。从前他们只知道利用那富有黏性的泥土，塑些长眉佛、观世音、罗汉、刘、关、张、本地美人一类的人物，近来却也趋时，而造出一些维纳斯裸体女神像，权力的女神像等等来，显系受着西洋的影响。但价钱还是便宜得惊人，我买了一个全身涂银的和平女神立像、一个权威女神骑狮像、一个时装女人像以及三个黑漆的狮子，六件共价一元半，其中八寸大的伏狮每个所费尚不到八分洋钱，而且做得维妙维肖，真是价廉物美。这种手工业，如果能够推销到全国，一定可以与许多舶来的粗糙塑像抗衡，可惜连在相距三个钟头火车的上海都买不到呢。

《新中华》1935年第3卷第12期

具区访胜记

朱偰

一、太湖

尝闻江南名胜,首推太湖;太湖三万六千顷,缥缈灵峰七十二,孕吴吞越,气象阔大。昔游宜兴,尝见其一角,"茫茫复茫茫,中有山苍苍",朝夕怀想,心向往之,二十四年暮春,遂决计往游。以四月三日,发自金陵下关。

余生小有放情山水之志,尝发愿孤筇双履,独往独来,游遍天下名山。惟生不能为徐霞客,以身许山水;仍有妻子之累,世俗之务,是以不能放踪高蹈,徜徉白云间,深以为悲。余既有太湖之游,拟先至无锡,再游马迹山,然后访东西洞庭山,登缥缈峰颠,庶几可领略湖山于万一。乃人事鞅掌,既限于时,复碍于行,仅能一游鼋渚三山,何事与愿之相违耶!

二、梅园

既至无锡，欲放眼荡胸，先睹太湖为快，遂驱车直奔湖滨。可十里遥，山色凝黛，湖光涵翠，太湖已隐约在望。至梅园，寓于太湖饭店。园在镇山、独目山之间，主人荣氏，手植梅万本，每值春初，万枝齐放，冷艳凌霜，幽香袭人，有"小香雪海"之称。园中景物平淡，不尚堆琢，有天心台、香海轩、诵幽堂、念劬塔诸胜。入门有太湖石，玲珑剔透，临风而立，窈窕宜人。太湖饭店当塔之右下，推窗可望太湖，山光水色，荡漾几席间，洵为胜地。园中花事半阑，惟海棠桃李，正在盛开；加以养花天气，半阴半晴，绿荫如帷，落红成阵，对此阳春暮景，不能无感于怀也。

三、小箕山

太湖有小箕山大箕山，与鼋头渚遥遥相对，亦滨湖之胜地也。十八年间，荣氏就小箕山建为锦园，由梅园前往，可四里许。入园为长堤，垂杨万缕，临风婀娜，堤尽为半岛，两侧辟荷池凡四，有荷轩别墅，耸临其上。岛东南端为嘉莲阁，三面临湖，遥对鼋渚，外则水天一色，茫茫万顷，仅三山马迹，浮沉洪涛巨浪间；浩渺阔大之中，别有幽远澹泊之意，斯太湖之所以为太湖欤！

四、鼋头渚

由小箕山渡湖，波涛汹涌，诣鼋头渚，十分钟可达。无锡太湖之胜，尽在鼋头一渚，盖雪浪山脉，自东南来，耸为宝界，落为鹿顶，其未尽之势，则一石横空，迥出里许，深入湖中，俯瞰洪流，形如鼋头，此渚之所以得名也。渚脉渡水，为中独山，亦称犊山；山脉蜿蜒，断而复续，则为万顷堂之管社山，与小箕山脉络相连，而总归宗于惠山。鼋头渚当太湖之口，每值南风，巨涛澎湃，怒峰壁立；水石相激，惊心荡目。壁上有巴江廖纶摩崖书"横云"及"包孕吴越"，字径及丈。倚壁而望，三山隐现，千帆出没，如对沧海溟溟，不复知在湖滨矣。

由渡头而上，为牌坊一，额书"横云山庄"，背题"具区胜境"。台馆池榭，点缀颇佳。循路东北，至"小函谷"，一关兀峙，依岩临湖，上为奇秀阁，登此而望，五里湖风光，历历如画。由关旁登山，满山尽松柏，遥望犊山、小箕山，楼台缥缈，隐现木末。登鹿顶山，西顾具区，东望五里湖，寰宇澄清，水天一色。忽云起自西南，长风怒号，浊浪排空，日星隐曜，山岳潜形，不指顾间，已湖山变色。因下山避雨，至澄澜堂。须臾雨止，风犹未已，乃至阆风亭，下临鼋头巨石，怒涛澎湃，怪石如戟，因披襟当风，危立石上，临万顷㶀洞，极雄浑之致。因临风高歌七律一首，辞云：

鼋头一渚欲浮天，势抱乾坤到日边。
缥缈云峰海上出，苍茫烟水望中连。
孕吴吞越三千里，毓秀钟灵五百年。
回首楼台堪入画，湖光山色两成妍。

由阆风亭而上，过长生未央馆，至太湖别墅，曲径通幽，至万方楼，登天倪阁，其中陈设雅洁，几净窗明，湖光山色，荡漾枕席，得于此小住十日，已足大慰平生！由太湖别墅而上，至广福寺，高踞山颠，后临蠡湖（即五里湖），前望具区；飞阁流丹，下临无地，有联云：

　　临具区三万六千顷，烟水回环。试看东接蠡湖，西联鼋渚，南屏马迹，北枕龙峰，聊凭栖息尘踪，何必广居正位；
　　听蒲牢一百零八声，凡缘解脱。只有春花拈笑，夏云多奇，秋波镜空，冬松挺秀，即此清修长夜，无非福地洞天。

此联写景逼肖，一气贯注，迥非雕文琢字者可比。归途又至横云山庄，至澄澜堂前，登涵虚亭，直下灯塔，至半岛尽处。望千帆烟雨，一气苍茫，风涛汹涌，与雨声相激。暝色已合，游人绝迹，遂买棹而归。

夜宿梅园，一夜风声雨声，萦绕梦寐，念明朝落红，又添几许，默祝苍天，速速放晴，俾三山马迹之行，得底于成也。

五、万顷堂

翌晨拂晓，即登山巅，望水云黯澹，湖光山色，尽隐鸿濛中。幸宿雨已收，遂驱车直达锦园，买棹游湖。先游管社山，山壁临湖，形胜颇佳。谒项王庙，登万顷堂，门对三山，下临濆洞；窗前松柏拂檐，风帆隐现，实登临胜地。东西楹联，琳琅满目，择其佳者，录之如左：

如上岳阳楼，望万顷湖光，重忆希文椽笔；
遥瞻吴越界，指一帆风影，可来蠡湖扁舟？
天浮一鼋出；山挟万龙趋。

时晓日曈昽，湖光潋潋，于古柏丛中，望小箕山隔岸楼台，悠然似画。

六、犊山

从万顷堂摆渡，横渡山门，东望蠡湖，西接具区，烟水回环，汪洋万顷。登犊山，游陈氏山馆一带回廊，轩敞豁达，右顾蠡湖，左临震泽，太湖诸峰，罗列如屏，于此啸风傲月，何殊蓬莱仙馆。馆后上为万安寺，一称天后宫，当犊山绝顶，青峰拱揖，烟水苍茫，亦登临胜地。下为小蓬莱山馆，正对三山，外则水天茫茫，浑无际涘；洪涛澒洞，直扑山脚，于幽静之中，别有壮伟之观。

七、三山

由犊山驶鼋头渚，转向三山。三山深居湖心，当小箕山外，东为东鸭，中为西鸭，西为鼓山，自锦园或小蓬莱山馆望之，一沉二浮，罗列湖心。时晴空一碧，万里无云，放舟中流，心旷神怡。因南风颇大，舟趋三山，须先向西南，再折而北。至三山，则一荒岛，周围里许，满山无树木，仅生蔓草，间有樱花，自开自落，嫣然孤岛岑寂之中。登三山顶，四顾苍茫，南望马迹，北对龙峰，东当鼋头,西瞻鸡笼,群峰缥缈,隐现湖际,下临具区,烟水回环,风帆隐隐,渔船可数;遥望隔岸楼阁参差,梵宇掩映,如置身世外,不复人间,心境澄清,超然出尘。因吟诗一首云:

独上三山顶,登高望五湖。
灵峰七十二,香雪一千株。
天地苍茫外,楼台烟雨余。
中流吴越杳,万顷容帆孤。

舍三山,欲趋马迹,舟子云,距三山尚有七十里(实则距小箕山不过三十七里,帆船顺风二小时可达),往返非二日莫办;且太湖寇盗,出没无常,劝余勿行。不得已,折回小箕山,茫茫之外,山色苍苍,披烟横黛,淡远似画,兴念及此,不觉心向往之矣。

八、五里湖

由太湖入犊山门,山回水展,则又一碧千顷。或云,昔范蠡载西施,放棹五湖,即此,故名蠡湖。又云,自犊山门而入,屈曲五里,故一名五里湖。湖北通梁溪,南通长广溪,西连太湖,东接马蠡港,虽浩渺不及太湖,而窅曲幽远过之。湖南倚宝界山、漆塘山,连岭苍翠,长十余里;北为平畴,惠山山系,遥在数十里外,烟笼黛抹,淡远似画。近湖则绿杨低垂,芦荻纵横,浓荫嫩绿,参差相间,一绝妙之画图也。余买棹济自犊山门,屈曲而入,回首西望,管社山、犊山、鼋头渚,紧锁湖口,罗列似屏,楼台缥缈,杰阁相望。迎面风来，浪涛澎湃，船身激荡，不弱太湖，盖本日东风大作，满天云霓，颇有雨意，故风涛之猛，且远过昨日太湖泛舟时也。抵宝界桥，凡六十三环洞，通无锡与鼋头渚，亦一巨构。过桥以后，湖身又展，烟波浩渺，浑无际涘。湖北岸为蠡园，系近人所筑，假托遗迹，以名园林；实则过于雕琢，对大块文章，适弄巧成拙，不特无裨于名山，抑且有伤于大雅也。

游蠡园后，风雨大作，隔岸连山，尽隐烟霭中，遂驱车归无锡。雨中访东林书院，在东门苏家弄口，满院松柏，一径幽凉，有石坊一，额题"东林旧迹"，背书"后学津梁"。书院今为第二小学，尚存丽泽堂、依庸堂，奉顾宪成高攀龙二公像。瞻仰高风，不胜神往，读明季史诗，"西风零落三千客，暮雨荒寒十四陵"，吊古抚今，令人凄怆无已。

九、锡山及惠山第二泉

游无锡之末日，出西门访锡山惠泉之胜。锡山近城，为无锡主峰，广三里许，高数十丈。上有龙光寺，顶有塔曰龙光塔，明正德初，建石塔以镇风水，所以像龙山之角；万历间改建砖塔，名曰龙光。塔已重修，高凡七层，登临而望，百雉萦迂，万户栉比，湖光山色，掩映成趣。下塔而西，至惠山寺，寺建自刘宋，系长史湛茂之历山草堂改建，盖无锡第一古刹也。经五里街至九龙峰门，又一里许为古华山门，门内左右有石幢二，古色苍然，其近过郡马祠者，为唐乾符间物，上刻《金刚经》；其近钱武肃王祠者，为宋时物，上刻《楞严经》。山门内又有日月池及金莲池，今皆半为祠庙节坊所侵占，昔日之规模，已渺不可考矣。

进古华山门半里许，折而左，为第二泉。泉在第一峰白石坞下，本属惠山寺，经唐人陆羽品定，置天下水之第二，始名第二泉，又名陆子泉。唐李德裕在中书时，酷好是泉水，置水递饷转不绝，泉水以是奔驰天下。源出若冰洞，伏流入方圆二池，曰上池、中池；又伏流从螭吻出，汇于下池，曲汇斜分，迤逦暗流，入西溪双河，溉田数十百顷。泉上有"天下第二泉"壁额，为元翰林承旨赵孟頫书；左壁亦镌"天下第二泉"，大逾于前，为清良常山人王澍所书。泉左上为竹炉山房，右为危楼，前为漪澜堂，因品茗楼上，泉洌而甘，最宜茗饮，陆子品为第二泉，良有以也。惟人众杂沓，不容片刻安闲，因匆匆饮毕，即取径上山，登头茅峰。太湖前横，一望苍茫，湖中诸山，若洞庭夫椒，缥缈隐现，如蓬莱三岛，可望而不可即。东顾则平畴绿野，烟树回环，放眼荡胸，令人心旷神怡。

下山已近黄昏，即搭晚车归金陵。斯游既限于时，复碍于行，太湖三万六千顷，仅得见其一勺，异日有缘，当再来徜徉。昔太白肆意山水，卜筑五老峰下，他日将归中原，犹恋恋不忍去，指山而矢之曰："期君再会，不敢寒盟；丹崖翠壑，尚其鉴之！"余今日去五湖，亦愿与缥缈灵峰，浩渺烟波，长期终古也。

二十四年四月十日，青溪

朱偰：《汗漫集》，正中书局 1937 年版

太湖游记

钟敬文

在苏州盘桓两天,踏遍了虎丘贞娘墓上的芳草,天平山下蓝碧如鲨液的吴中第一泉,也已欣然尝到了。于是,我和同行的李君奋着余勇,转赴无锡观赏汪洋万顷的太湖去。——这原是预定了的游程,并非偶起的意念,或游兴的残余。

我们是乘着沪宁路的夜车到无锡的。抵目的地时,已九点钟了。那刚到时的印象,我永远不能忘记,是森黑的夜晚,群灯灿烂着,我们冒着霏微的春雨,迷然地投没在她的怀中。

虽然是在不安定的旅途中,但是因为身体过于疲累,而且客舍中睡具的陈设并不十分恶劣之故,我终于舒适地酣眠了一个春宵。醒来时,已是七点余钟的早晨了。天虽然是阴阴的,可是牛毛雨却没有了,我们私心不禁欣慰呢。

各带着一本从旅馆账房处揩油来的《无锡游览大全》,坐上黄包车,我们是向着往太湖的路上进发了。

这是一般游客所要同样经验到的吧,当你坐着车子或轿子,将往名胜境地游玩的时候(自然说你是个生客),你总免不了要高兴地唠絮着向车夫或轿夫打探那些,打探这些。或者他不待你的询问,自己尽先把他胸里所晓得的,详尽地向你缕述。(他自然有他的目的,并非无私地想尽些义务教师之资。)我们这时,便轮到这样的情形了。尽着惟恐遗漏地发问的,是同行的李君。我呢,除了一二重要非问不可的以外,是不愿过于烦屑的。在他们不绝地问答着时,我只默默地翻阅着我手上的《无锡游览大全》。那些记载是充满着宣传性质的,看了自然要叫人多少有些神往;尤其是附录的那些名人的诗,在素有韵文癖的我,讽诵着,却不免暂时陷于一种"没入"的状态中了

我们终于到了"湖山第一"的惠山。刚进山门,两旁有许多食物店和玩具店。我们见了它,好像得到了一个这山是怎样"不断人迹"的报告。车夫导我们进惠山寺,在那里买了十来张风景片,登起云楼。楼虽不很高,但上下布置颇佳,不但可以纵目远眺,小坐其中,左右顾盼,也很使人感到幽逸的情致呢。背人题此楼诗,有"秋老空山悲客心,山楼静坐散幽襟。一川红树迎霜老,数曲清钟远寺深"之句。现在正是"四照花开"的芳春(楼上楹联落句云"据一山之胜,四照花开",真是佳句!),而非"红树迎霜"的秋暮,所以这山楼尽容我"静坐散幽襟",而无须作"空山悲客心"之叹息了。

天下第二泉,这是一个多么会耸动人听闻的名词!我们现在虽没有"独携天上小圆月",也总算"来试人间第二泉"了。泉旁环以石,上有覆亭。近亭壁上有"天下第二泉"署额。另外有乾隆御制诗碑一方,矗立泉边。我不禁想起这位好武而且能文的皇帝,他巡游江南,到处题诗制额,平添了许多古迹名胜,给予后代好事的游客以赏玩凭吊之资,也是怪有趣味的事情呢!我又想到皮日休"时借僧庐拾寒叶,自来松下煮潺湲"的诗句,觉得那种时代是离

去我们太遥远了，不免自然的又激扬起一些凄伤之感于心底。

因为时间太匆促了，不但对于惠山有和文徵明"空瞻紫翠负跻攀"一般的抱恨，便是环山的许多园台祠院，都未能略涉其藩篱。最使我歉然的，是没有踏过五里街！朋友，你试听：

惠山街，五里长。
踏花归，鞋底香。

你再听：

一枝杨柳隔枝桃，
红绿相映五里遥。

在这些民众的诗作里，把那五里街说得多么有吸引人的魅力呵！正是柳丝初碧、夭桃吐花的艳阳天，而我却居然"失之交臂"，人间事的使人拂意的，即此亦足见其一端了！——我也知道真的"踏花归"时，未必不使我失望，或趣味淡然，但这聊以自慰的理由，就是以熨平我缺然不满足之感么？那未免太把感情凡物化了。

为了路径的顺便，我们又逛了一下锡山。山顶有龙光寺，寺后有塔。但我们因怕赶不及时刻回苏州，却没有走到山的顶点便折回了。这样的匆匆，不知山灵笑我们否？辩解虽用不着，或者竟不可能，但他也许能原谅我们这无可奈何的过客之心呢。

梅园，是无锡一个有力的名胜，这是我们从朋友的谈述和《无锡游览大全》的记载可以觉得的。当我们刚到园门时，我们的心是不期然地充满着希望与喜悦了。循名责实，我们可以晓得这个园里应该有着大规模的梅树吧。可惜来的太迟了,"万八千株芳不孤"的繁华,已变成了"绿叶成阴子满枝"!然而又何须斤斤然徒兴动其失时之感叹呢?园里的桃梨及其它未识名的花卉,正纷繁地开展着红、白、蓝、紫诸色的花朵,在继续着梅花装点春光的工作啊。我们走上招鹤亭,脑里即刻联想到孤山的放鹤亭。李君说,在西湖放了的鹤,到这里招了回来。我立时感到"幽默"的一笑。在亭上凭栏眺望,可以见到明波晃漾的太湖,和左右兀立的山岭。我至此,紧张烦扰的心,益发豁然开朗了。口里非意识地念着昔年读过的"放鹤亭中一杯酒,楚山齾齾水鳞鳞"的诗句,与其说是清醒了悟,还不如说是沉醉忘形,更来得恰当些吧。

出了梅园,又逛了一个群花如火的桃园;更经历了两三里碧草幽林的田野及山径,管社山南麓的万顷堂是暂时绊住我们的足步了。堂在湖滨,凭栏南望,湖波渺茫,诸山突立,水上明帆片片,往来出没其间,是临湖很好的眺望地。堂旁有项王庙,这位天亡的英雄,大概是给司马迁美妙的笔尖醇化了的缘故吧,我自幼就是那样的喜爱他,同情他,为他写过了翻案的文章,又为他写过了颂扬的诗歌。文章虽然是一语都记不起来了;诗歌却还存在旧稿本里,年来虽然再不抱着那样好奇喜偏的童稚心情了,可是对他的观念;至少却不见比对于他的敌人(那位幸运的亭长)来得坏。我的走进了他简陋的庙宇,在心理上的根据,并不全是漠然的,在我的脑里,以为他的神像,至少是应该和平常所见的古武士的造像一样,是神勇赫然,有动人心魄的大力的。那知事实上所见的,竟是"白面,黑须,衮冕,有儒者气象,不似拔山盖世之壮士"呢!(括弧内所引,为近人王桐龄《江浙旅行记》中语)我想三吴的人民,是太把英雄的气概剥去,而绝予以不必要的腐儒化了。

不久，我们离去管社山麓，乘着小汽船渡登鼋头渚了。渚在充山麓，以地形像鼋头得名的。上面除建筑庄严的花神庙外，尚有楼亭数座。这时，桃花方盛开，远近数百步，红丽如铺霞缀锦，春意中人欲醉。庙边松林甚盛，葱绿若碧海，风过时，树声汹涌如怒涛澎湃。渚上多奇石，突兀俯偃，形态千般。我们在那里徘徊顾望，四面湖波，远与天邻。太阳注射水面，银光朗映，如万顷玻璃，又如一郊晴雪。湖中有香客大船数只，风帆饱力，疾驰如飞。有山峰几点，若浊世独立不屈的奇士，湖上得此，益以显出它的深宏壮观了。

我默然深思，忆起故乡中汕埠一带的海岸，正与此相似。昔年在彼间教书，每当风的清朝，月的良夜，往往个人徒步海涯，听着脚下波浪的呼啸，凝神遥睇，意兴茫然，又复肃然！直等到远峰云涛几变，或月影已渐渐倾斜，才离别了那儿，回到人声扰攘的校舍去。事情是几年前的了，但印象却还是这样强烈地保留着。如果把生活去喻作图画的话，那末，这总不能不算是很有意味的几幅吧。

听朋友们说，在太湖上，最好的景致是看落日。是的，在这样万顷柔波之上，远见血红的太阳，徐徐从天际落下，那雄奇诡丽的光彩是值得赞美的。惜我是迫不及待了！

我想湖上，不但日落时姿态迷人，月景更当可爱。记得舒立人《月夜出西太湖》诗云："瑶娥明镜澹磨空，龙女烟绡熨贴工。倒卷银潢东注海，广寒宫对水晶宫。"这样透澈玲珑的世界，怪不得他要作"如此烟波如此夜，居然著我一扁舟"的感叹，及"不知偷载西施去，可有今宵月子无"的疑问了。

接着，在庙里品了一回清茗，兴致虽仍然缠绵着，但时间却不容假借了。当我们从管社山麓坐上车子，将与湖光作别的时候，我的离怀是怎样比湖上的波澜还要泛滥呵。

四月廿七日追记

《语丝》第 5 卷第 47 期

感伤的行旅

郁达夫

一

犹太人的漂泊,听说是上帝制定的惩罚。中欧一带的"寄泊栖"的游行,仿佛是这一种印度支族浪漫尼的天性。大约是这两种意味都完备在我身上的缘故罢,在一处沉滞得久了,只想把包裹雨伞背起,到绝无人迹的地方去吐一口郁气。更况且节季又是霜叶红时的秋晚,天色又是同碧海似的天天晴朗的青天,我为什么不走?我为什么不走呢?

可是说话容易,实践艰难,入秋以后,想走想走的心愿,却起了好久了,而天时人事,到了临行的时节,总有许多阻障出来。八个瓶儿七个盖,凑来凑去凑不周全的,尤其是几个买舟借宿的金钱。我不会吹箫,我当然不能乞食,况且此去,也许在吴头,也许向楚尾,也许在中途被捉,被投交有砂米饭吃有红衣服着的笼中,所以踏上火车之先,我总想多带一点财物在身边,免得为人家看出,看出我是一个无产无职的游民。

旅行之始,还是先到上海,向各处去交涉了半天。等到几个版税拿到在手里，向大街上买就了些旅行杂品的时候，我的灵魂已经飞到了空中。

"Over the hills and far away."

坐在黄包车上的身体，好像在腾云驾雾，扶摇上九万里外去了。头一晚，就在上海的大旅馆里借了宵宿。

是月暗星繁的秋夜，高楼上看出去，能够看见的，只是些黄苍颓荡的电灯光。当然空中还有许多同蜂衙里出了火似的同胞的杂噪声，和许多有钱的人在大街上驶过的汽车声溶合在一处，在合奏着大都会之夜的"新魔丰腻"，但最触动我这感伤的行旅者的哀思的，却是在同一家旅舍之内，从前后左右的宏壮的房间里发出来的娇艳的肉声，及伴奏着的悲凉的弦索之音。屋顶上飞下来的一阵两阵的比西班牙舞乐里的皮鼓铜琶更野噪的锣鼓响乐，也未始不足以打断我这愁人秋夜的客中孤独，可是同败落头人家的喜事一样，这一种绝望的喧阗，这种勉强的干兴，终觉得是肺病患者的脸上的红潮，静听起来，仿佛是有四万万的受难的人民，在这野声里啜泣似的，"如此烽烟如此（乐），老夫怀抱若为开"呢？

不得已就只好在灯下拿出一本德国人的游记来躺在床沿上胡乱地翻读：

……

一七七六，九月四日，来干思堡，侵晨。

早晨三点，我轻轻地偷逃出了卡儿斯罢特，因为否则他们怕将不让我走。那一群将很亲热地为我做八月廿八的生日的朋友们，原也有扣留住我的权利；可是此地却不可再事淹留下去了。

……

这样地跟这一位美貌多才的主人公看山看水，一直的到了月下行车，将从勃伦纳到物络那 (Vom Brenner bis Verona) 的时候，我也就在悲凉的弦索声，杂噪的锣鼓声，和怕人的汽车声中昏沉睡着了。

不知是在什么地方，我自身却立在黑沉沉的天盖下俯看海水，立脚处仿佛是危岩巉兀的一座石山。我的左壁，就是一块身比人高的直立在那里的大石。忽而海潮一涨，只见黑黝黝的涡旋，在灰黄的海水里鼓荡，潮头渐长渐高，逼到脚下来了，我苦闷了一阵，却也终于无路可逃，带黏性的潮水，就毫无踌躇地浸上了我的两脚，浸上了我的腿部，腰部，终至于将及胸部而停止了。一霎时水又下退，我的左右又变了石山的陆地，而我身上的一件青袍，却为水浸湿了。在惊怖和懊恼的中间，梦神离去了我，手支着枕头，举起上半身来看看外边的样子，似乎那些毫无目的，毫无意识，只在大街上闲逛，瞎挤，乱骂，高叫的同胞们都已归笼去了，马路上只剩了几声清淡的汽车警笛之声，前后左右的娇艳的肉声和弦索声也减少了，幽幽寂寂，仿佛从极远处传来似的，只有间隔得很远的竹背牙牌互击的操搭的声音，大约夜也阑了，大家的游兴也倦了罢，这时候我的肚里却也咕噜噜感到了一点饥饿。

披上棉袍，向里间浴室的磁盆里放了一盆热水，漱了一漱口，擦了一把脸，再回到床前安乐椅上坐下，呆看住电灯擦起火柴来吸烟的时候，我不知怎么的斗然间却感到了一种异样的孤独。这也许是大都会中的深夜的悲哀，这也许是中年易动的人生的感觉，但无论如何，我觉得这样的再在旅舍里枯坐是耐不住的了，所以就立起身来，开门出去，想去找一家长夜开炉的菜馆，去试一回小吃。

开门出去，在静寂粉白和病院里的廊子一样的长巷中走了一段，将要从右角转入另一条长廊去的时候，在角上的那间房里，忽而走出了一位二十左右,面色洁白妖艳,一头黑发,松长披在肩上,全身像裸着似的只单着一件金黄长毛丝绒的 Negligee 的妇人来。这一回的出其不意地在这一个深夜的时间里忽儿和我这样的一个潦倒的中年男子的相遇,大约也使她感到了一种惊异,她起始只张大了两只黑晶晶的大眼,怀疑惊问似的对我看了一眼,继而脸上涨起了红霞,似羞缩地将头俯伏了下去,终于大着胆子向我的身边走过,走到另一间房间里去了。我一个人发了一脸微笑,走转了弯,轻轻地在走向升降机去的中间;耳朵里还听见了一声她关闭房门的声音,眼睛里还保留着她那丰白的圆肩的曲线,和从宽散的她的寝衣中透露出来的胸前的那块倒三角形的雪嫩的白肌肤。

司升降机的工人和在廊子的一角呆坐着的几位茶役,都也睡态朦胧了,但我从高处的六层楼下来,一到了底下出大门去的那条路上,却不料竟会遇见这许多暗夜之子在谈笑取乐的。他们的中间,有的是跟妓女来的龟奴鸨母,有的是司汽车的机器工人,有的是身上还披着绒毯的住宅包车夫,有的大约是专等到了这一个时候,夹入到这些人的中间来骗取一枝两枝香烟,谈谈笑笑借此过夜的闲人罢,这一个大门道上的小社会里,这时候似乎还正在热闹的黄昏时候一样,而等我走出大门,向东边角上的一家茶馆里坐定,朝壁上的挂钟细细看了一眼时,却已经是午夜的三点钟前了。

吃取了一点酒菜回来,在路上向天空注看了许多回。西边天上,正挂着一钩同镰刀似的下弦残月,东北南三面,从高屋顶的电火中间窥探出去,似还见得到一颗两颗的黯澹的秋星,大约明朝不会下雨这一件事情总可以决定的了。我长啸了一声,心里却感到了一点满足,想这一次的出发也还算不坏,就再从升降机上来,回房脱去了袍袄;沉酣地睡着了四五个钟头。

二

几个钟头的酣睡,已把我长年不离身心的疲倦医好了一半了,况且赶到车站的时候,正还是上行特别快车将发未动的九点之前,买了车票,挤入了车座,浩浩荡荡,火车头在晨风朝日之中,将我的身体搬向北去的中间,老是自伤命薄,对人对世总觉得不满的我这时代落伍者,倒也感到了一心的快乐。"旅行果然是好的",我斜倚着车窗,目视着两旁的躺息在太阳和风里的大地,心里却在这样的想:"旅行果然是不错,以后就决定在船窗马背里过它半生生活罢!"

江南的风景,处处可爱,江南的人事,事事堪哀,你看,在这一个秋尽冬来的寒月里,四边的草木,不还是青葱红润的么?运河小港里,岂不依旧是白帆如织满在行驶的么?还有小小的水车亭子,疏疏的槐柳树林。平桥瓦屋,只在大空里吐和平之气,一堆一堆的干草堆儿,是老百姓在这过去的几个月中间力耕苦作之后的黄金成绩,而车辚辚,马萧萧,这十余年中间,军阀对他们的征收剥夺,房掠奸淫,从头细算起来,那里还算得明白?江南原说是鱼米之乡,但可怜的老百姓们,也一并的作了那些武装同志们的鱼米了。逝者如斯,将来者且更不堪设想,你们且看看政府中什么局长什么局长的任命,一般物价的同潮也似的怒升,和印花税地税杂税等名目的增设等,就也可以知其大概了。啊啊,圣明天子的朝廷大事,你这贱民那有左右容喙的权利,你这无智的牛马,你还是守着古圣昔贤的大训,明哲以保其身,且细赏赏这车窗外面的迷人秋景罢!人家瓦上的浓霜去管它作甚?

车窗外的秋色,已经到了烂熟将残的时候了。而将这秋色秋风的颓废末级,最明显地表现出来的,要算浅水滩头的芦花丛薮,和沿流在摇映着的柳色的鹅黄。当然杞树、枫树、柏树的红叶,也一律的在透露残秋的消息,可是绿叶层中的红霞一抹,即在春天的二月,只教你向树林里去栽几株一丈红花,也就可以酿成此景的。至于西方莲的殷红,则不问是寒冬或是炎夏,只教你培养得宜,那就随时随地都可以将其他树叶的碧色去衬它的朱红,所以我说,表现这大江南岸的残秋的颜色,不是枫林的红艳和残叶的青葱,却是芦花的丰白与岸柳的髡黄。

秋的颜色,也管不得许多,我也不想来品评红白,裁答一重公案,总之对这些大自然的四时烟景,毫末也不曾留意的我们那火车机头,现在却早已冲过了长桥几架,抄过了洋澄湖岸的一角,一程一程的在逼近姑苏台下去了。

苏州本来是我依旧游之地,"一帆冷雨过娄门"的情趣,闲雅的古人,似乎都在称道。不过细雨骑驴,延着了七里山塘,缦缦的去奠拜真娘之墓的那种逸致,实在也尽值得我们的怀忆的。还有日斜的午后,或者上小吴轩去泡一碗清茶,凭栏细数数城里人家的烟灶,或者在冷红阁上,开开它朝西一带的明窗,静静儿的守着夕阳的晼晚西沉,也是尘俗都消的一种游法。我的此来,本来是无遮无碍的放浪的闲行,依理是应该在吴门下榻,离沪的第一晚是应该去听听寒山寺里的夜半清钟的,可是重阳过后,这近边又有了几次农工暴动的风声,军警们提心吊胆,日日在搜查旅客,骚扰居民,像这样的暴风雨将到未来的悉怖期间,我也不想再去多劳一次军警先生的驾了,所以车停的片刻时候,我只在车里跑上先跑落后的看了一回虎丘的山色,想看看这本来是不高不厚的地皮,究竟有没有被那些要人们刮尽。但是还好,那一堆小小的土山,依旧还在那里点缀苏州的景致。不过塔影萧条，似乎新来瘦了，它不会病酒，它不会悲秋，这影瘦的原因，大约总是因为日脚行到了天中的缘故罢。拿出表来一看，果然已经是十一点多钟，将近中午的时刻了。

　　火车离去苏州之后，路线的两边，耸出了几条绀碧的山峰来。在平淡的上海住惯的人，或者本来是从山水中间出来，但为生活所迫，就不得不在看不见山看不见水的上海久住的人们，大约到此总不免要生出异样的感觉来的罢，同车的有几位从上海来的旅客，一样的因看见了这西南一带的连山而在作点头的微笑。啊啊，人类本来就是大自然的一部分细胞，只教天性不灭，决没有一个会对了这自然的和平清景而不想赞美的，所以那些卑污贪暴的军阀委员要人们，大约总已经把人性灭尽了的缘故罢，他们只知道要打仗，他们只知道要杀人，他们只知道如何的去敛钱争势夺权利用，他们只知道如何的来破坏农工大众的这一个自然给与我们的伊甸园。啊吓。不对，本来是在说看山的，多嘴的小子，却又破口牵涉起大人先生们的狼心狗计来了，不说罢，还是不说罢。将近十二点了，我还是去炒盘芥莉鸡丁弄瓶"苦配"啤酒来浇浇魄磊的好。

三

　　正吞完最后的一杯苦酒的时候，火车过了一个小站，听说是无锡就在眼前了。

　　天下第二泉水的甘味，倒也没有什么可以使人留恋的地方。但震泽湖边的芦花秋草，当这一个肃杀的年时，在理想上当然是可以引人入胜的，因为七十二山峰的峰下，处处应该有低浅的水滩，三万六千顷的周匝，少算算也应该有千余顷的浅渚，以这一个统计来计算太湖湖上的芦花，那起码要比扬子江河身的沙渚上的芦田多些。我是曾在太平府以上九江以下的扬子江头看过伟大的芦花秋景的，所以这一回很想上太湖去试试运气看，看我这一次的臆测究竟有没有和事实相合的地方。这样的决定在无锡下车之后，倒觉得前面相去只几里地的路程特别的长了起来，特别快车的速力也似乎特别慢起来了。

　　无锡究竟是出大政客的实业中心地，火车一停，下来的人竟占了全车的十分之三四。我因为行李无多，所以一时对那些争夺人体的黄包车夫们都失了敬，一个人踏出站来，在荒地上立了一会，看了一出猴子戴面具的把戏，想等大伙的行客散了，再去叫黄包车直上太湖边去。这一个战略，本是我在旅行的时候常用常效的方法，因为车刚到站，黄包车价总要比平时贵涨几倍，等大家散尽，车夫看看不得不等第二班车了，那他的价钱就会低让一点，可以让到比平时只贵两成三成的地步。况且从车站到湖滨，随便走那一条路，总要走半个钟头才能走到，你若急切的去叫车，那客气一点的车夫，会索价一块大洋，不客气的或者竟会说两块三块都不定。所以夹在无锡的市民中间，上车站前头的那块荒地上去看一出猴犬两明星合演的拿手好戏，也是一件有意义的事情，因为我在看把戏的中间就在摆布对车夫的战略了。殊不知这一次的作战，我却大大的失败了。

　　原来上行特别快车到站是正午十二点的光景，这一班车过后，则下行特快的到来要在下午的一点半过，车夫若送我到湖边去呢，那下半日的他的买卖就没有了，要不是有特别的好处，大家是不愿意去的。况且时刻又来得不好，正是大家要去吃饭缴车的时候，所以等我从人丛中挤攒出来，想再回到车站前头去叫车的当儿，空洞的卵石马路上，只剩了些太阳的影子，黄包车夫却一个也看不见了。

没有方法，只好唱着"背转身，只埋怨，自己做差"而慢慢的踱过桥去，在无锡饭店的门口，反出了一个更贵的价目，才叫着了一乘黄包车拖我到了迎龙桥下。从迎龙桥起，前面是宽广的汽车道了，两公司的驶往梅园的公共汽车，隔十分就有一乘开行，并且就是不坐汽车，从迎龙桥起再坐小照会的黄包车去，也是十分舒适的。到了此地，又是我的世界了，而实际上从此地起，不但有各种便利的车子可乘，就是叫一只湖船，叫它直摇出去，到太湖边上去摇它一晚，也是极容易办到的事情，所以在一家新的公共汽车行的候车的长凳上坐下的时候，我心里觉得是已经到了太湖边上的样子。

开原乡一带，实在是住家避世的最好的地方。九龙山脉，横亘在北边，锡山一塔，障得住东来的烟灰煤气，西南望去，不是龙山山脉的蜿蜒的余波，便是太湖湖面的镜光的返照。到处有桑麻的肥地，到处有起屋的良材，耕地的整齐，道路的修广，和一种和平气象的横溢，是在江浙各农区中所找不出第二个来的好地。可惜我没有去做官，可惜我不曾积下些钱来，否则我将不买阳羡之田，而来这开原乡里置它的三十顷地。营五亩之居，筑一亩之室。竹篱之内，树之以桑，树之以麻，养些鸡豚羊犬，好供岁时伏腊置酒高会之资；酒醉饭饱，在屋前的太阳光中一躺，更可以叫稚子开一开留声机器，听听克拉衣斯勒的提琴的慢调或卡儿骚的高亢的悲歌。若喜欢看点新书，那火车一搭，只教有半日工夫，就可以到上海的璧恒、别发，去买些最近出版的优美的书来。这一点卑卑的愿望，啊啊，这一点在大人先生的眼里看起来，简直是等于矮子的一个小脚指头般大的奢望，我究竟要在何年何月，才享受得到呢？罢罢，这样的在公共汽车里坐着，这样的看看两岸的疾驰过去的桑田，这样的注视注视龙山的秋景，这样的吸收吸收不用钱买的日色湖光，也就可以了，很可以了，我还是不要作那样的妄想，且念首清诗，聊作个过屠门的大嚼罢！

  Mine be a cot beside the hill,

  A bee-hive's hum shall soothe my ear;

  A willowy brook that turns a mill,

  With many a fall shall linger near.

  The swal'ow, oft, beneath my thatch,

  Shall twitter from her clay-built nest;

  Oft shall the pilgrim lift the latch,

  And share my meal, a welcome guest.

  Around my ivied porch shall spring,

  Each fragrant flower that drinks the dew;

  And Lucy, at her wheel, shall sing,

  In russet-gown and apron blue.

  The village-church among the trees,

  Where first our marriage-vows were given;

  With merry peals shall swell the breeze,

  And point with taper spire to Heaven.

这样的在车窗口同诗里的蜜蜂似的哼着念着，我们的那乘公共汽车，已经驶过了张巷荣巷，驶过了一支小山的腰岭，到了梅园的门口了。

四

梅园是无锡的大实业家荣氏的私园，系筑在去太湖不远的一支小山上的别业，我的在公共汽车里想起的那个愿望，他早已大规模地为我实现造好在这里了；所不同者，我所想的是一间小小的茅篷，而他的却是红砖的高大的洋房，我是要缓步以当车，徒步在那些桑麻的野道上闲走的，而他却因为时间是黄金就非坐汽车来往不可的这些违异。然而人同此心，心同此理，看将起来，有钱的人的心理，原也同我们这些无钱无业的闲人的心理是一样的，我在此地要感谢荣氏的竟能把我的空想去实现而造成这一个梅园，我更要感谢他既造成之后而能把它开放，并且非但把它开放，而又能在梅园里割出一席地来租给人家，去开设一个接待来游者的公共膳宿之场。因为这一晚我是决定在梅园里的太湖饭店内借宿的。

大约到过无锡的人总该知道，这附近的别墅的位置，除了刚才汽车通过的那枝横山上的一个别庄之外，总算这梅园的位置算顶好了。这一条小小的东山，当然也是龙山西下的波脉里的一条，南去太湖，约只有小三里不足的路程，而在这梅园的高处，如招鹤坪前，太湖饭店的二楼之上，或再高处那荣氏的别墅楼头，南窗开了，眼下就见得到太湖的一角，波光容与，时时与独山，管社山的山色相掩映。至于园里的瘦梅千树，小榭数间，和曲折的路径，高而不美的假山之类，不过尽了一点点缀的余功，并不足以语园林营造的匠心之所在的。所以梅园之胜，在它的位量，在它的与太湖的接而又离，离而又接的妙处，我的不远数十里的奔波，定要上此地来借它一宿的原因，也只想利用利用这一点特点而已。

在太湖饭店的二楼上把房间开好，喝了几杯既甜且苦的惠泉山酒之后，太阳已有点打斜了，但拿出表来一看，时间还只是午后的两点多钟。我的此来，原想看一看一位朋友所写过的太湖的落日，原想看看那落日与芦花相映的风情的；若现在就赶往湖滨，那未免去得太早，后来怕要生出久候无聊的感想来。所以走出梅园，我就先叫了一乘车子，再回到惠山寺去，打算从那里再由别道绕至湖滨，好去赶上看湖边的落日。但是锡山一停，惠山一转，遇见了些无聊的俗物在惠山泉水旁的大嚼豪游，及许多武装同志们的沿路的放肆高笑，我心里就感到了一心的不快，正同被强人按住在脚下，被他强塞了些灰土尘污到肚里边去的样子，我的脾气又发起来了，我只想登到无人来得的高山之上去尽情吐泻一番，好把肚皮里的抑郁灰尘都吐吐干净。穿过了惠山的后殿，一步一登，朝着只有斜阳和衰草在弄情调戏的濯濯的空山，不走了多少时候，我竟走到了龙山第一峰的头茅篷外了。

目的总算达到了，惠山锡山寺里的那些俗物，都已踏踢在我的脚下，四大皆空，头上身边，只剩了一片蓝苍的天色和清淡的山岚。在此地我可以高啸，我可以俯视无锡城里的几十万为金钱名誉而在苦斗的苍生，我可以任我放开大口来骂一阵无论那一个凡为我所疾恶者，骂之不足，还可以吐他的面，吐面不足，还可以以小便来浇上他的身头。我可以痛哭，我可以狂歌，我等爬山的急喘回复了一点之后，在那块头茅篷前的山峰头上竟一个人演了半日的狂态，直到喉咙干哑,汗水横流,太阳也倾斜到了很低很低的时候为止。

气竭声嘶,狂歌高叫的声音停后,我的两只本来是为我自己的噪聒弄得昏昏的耳里,忽而沁的钻入了一层寂静,风也无声,日也无声,天地草木都仿佛在一击之下交得死寂了。沉默,沉默,沉默,空处都只是沉默。我被这一种深山里的静寂压得怕起来了,头脑里却起了一种很可笑的后悔。"不要这世界完全被我骂得陆沉了哩?"我想,"不要山鬼之类听了我的啸声来将我接受了去,接到了他们的死灭的国里去了哩?"我又想,"我在这里踏着的不要不是龙山山头,不要是阴间的滑油山之类哩?"我再想。于是我就注意看了看四边的景物,想证一证实我这身体究竟还是仍旧活在这卑污满地的阳世呢,还是已经闯入了那个鬼也在想革命而谋做阎王的阴间。

朝东望去,远散在锡山塔后的,依阳是千万的无锡城内的民家和几个工厂的高高的烟突,不过太阳斜低了,比起午前的光景来,似乎加添了一点倦意。俯视下去,在东南的角里,桑麻的林影,还是很浓很密的,并且在那条白线似的大道上,还有行动的车类的影子在那里前进呢,那么至少至少,四周都只是死灭的这一个观念总可以打破了。我宽了一宽心,更掉头朝向了西南,太阳落下了,西南全面,只是眩目的湖光,远处银蓝濛洂,当是湖中间的峰面的暮霭,西面各小山的面影,也都变成了紫色了。因为看见了斜阳,看见了斜阳影里的太湖,我的已经闯入了死界的念头虽则立时打消,但是日暮途穷,只一个人远处在荒山顶上的一种实感,却油然的代之而起。我就伸长了脖子拼命的查看起四面的路来,这时候我实在只想找出一条近而且坦的便道,好遵此便道而且赶回家去。因为现在我所立着的,是龙山北脉在头茅篷下折向南去的一条支岭的高头,东西南三面只是岩石和泥沙,没有一条走路的。若再回至头茅篷前,重沿了来时的那条石级，再下至惠山，则无缘无故便白白的不得不多走许多的回头曲路，大丈夫是不走回头路的，我一边心里虽在这样的同小孩子似的想着，但实在我的脚力也有点虚竭了。"啊啊，要是这儿有一所庵庙的话，那我就可以不必这样的着急了。"我一边尽在看四面的地势，一边心里还在作这样的打算，"这地点多么好啊，东面可以看无锡全市，西面可以见太湖的夕阳，后面是头茅篷的高顶，前面是朝正南的开原乡一带的村落，这里比起那头茅篷来，形势不晓要好几十倍。无锡人真没有眼睛，怎么会将这一块龙山南面的平坦的山岭这样的弃置着，而不来造一所庵庙的呢？唉唉，或者他们是将这一个好地方留着，留待我来筑室幽居的罢？或者几十年后将有人来，因我今天的在此一哭而为我起一个痛哭之台，而与我那故乡的谢氏西台来对立的罢？哈哈，哈哈。不错，很不错"。末后想到了这一个夸大妄想狂者的想头之后，我的精神也抖擞起来了，于是拔起脚跟，不管它有路没有路，只是往前向那条朝南斜拖下去的山坡下乱走。结果在乱石上滑坐了几次，被荆棘钩破了一块小襟和一双线袜，我跳过几块岩石，不到三十分钟，我也居然走到了那支荒山脚下的坟堆里了。

到了平地的坟树林里来一看，西天低处太阳还没有完全落尽，走到了离坟不远的一个小村子的时候，我看了看表，已经是五点多了。村里的人家，也已经在预备晚餐，门前晒在那里的干草豆萁，都已收拾得好好，老农老妇，都在将暗未暗的天空下，在和他们的孙儿孙女游耍。我走近前去，向他们很恭敬的问了问到梅园的路径，难得他们竟有这样的热心，居然把我领到了通汽车的那条大道之上。等我雇好了一乘黄包车坐上，回头来向他们道谢的时候，我的眼角上却又扑簌簌地滚下了两粒感激的大泪来。

五

　　山居清寂，梅园的路上，实在是太冷静不过。吃过了晚饭，向庭前去一走，只觉得四面都是茫茫的夜雾和每每的荒田，人家也看不出来，更何况乎灯烛辉煌的夜市。绕出园门，正想拖了两只倦脚走向南面野田里去的时候，在黄昏的灰暗里我却在门边看见了一张有几个大字写在那里的白纸。摸近前去一看，原来是中华艺大的旅行写生团的通告。在这中华艺大里，我本有一位认识的画家C君在那里当主任的，急忙走回饭店，教茶房去请，C君果然来了。我们在灯下谈了一会，又出去在园中的高亭上站立了许多时候，这一位不趋时尚，只在自己精进自己的技艺的画家，平时总老是讷讷不愿多说话的，然而今天和我的这他乡的一遇，仿佛把他的习惯改过来了，我们谈了些以艺术作了招牌，拼命的在运动做官做委员的艺术家的行为。我们又谈到了些设了很好听的名目，而实际上只在骗取青年学子的学费的艺术教育家的心迹。我们谈到了艺术的真髓，谈到了中国的艺术的将来，谈到了革命的意义，谈到了社会上的险恶的人心，到了叹声连发，不忍再谈下去的时候，高亭外的天色也完全黑了。两人伸头出去，默默地只看了一回天上的几颗早见的明星。我们约定了下次到上海时，再去江湾访他的画室的日期，就各自在黑暗里分手走了。

　　大约是一天跑路跑得太多了的缘故罢，回旅馆来睡，居然身也不翻一个，好好儿的睡着了。约莫到了残宵二三点钟的光景，槛外的不知从那一个庙里来的钟磬，尽是当当当当的在那里慢击。我起初梦醒，以为是附近报火的钟声，但披衣起来，到室外廊前去一看，不但火光看不出来，就是火烧场中老有的那一种叫嚣的人号狗吠之声也一些儿听它不出。庭外如云如雾，静浸着一庭残月的清光。满屋沉沉，只充满着一种遥夜酣眠的呼吸。我为这钟声所诱，不知不觉，竟扣上了衣裳，步出了庭前，将我的孤零的一身，浸入了仿佛是要黏上衣来的月光海里。夜雾从太湖里蒸发起来了，附近的空中，只是白茫茫的一片。叉桠的梅树林中，望过去仿佛是有人立在那里的样子。我又慢慢的从饭店的后门，步上了那个梅园最高处的招鹤坪上。南望太湖，也辨不出什么形状来，不过只觉得那面的一块空闲的地方，仿佛是由千千万万的银丝织就似的，有月光下照的清辉，有湖波返射的银箭，还有如无却有，似薄还浓，一半透明，一半黏湿的湖雾湖烟；假如你把身子用力的朝南一跳，那这一层透明的白网，必能悠扬地牵举你起来，把你举送到王母娘娘的后宫深处去似的。这是我当初看了那湖天一角的景象的时候的感想，但当万籁无声的这一个月明的深夜，幽幽地慢慢地，被那远寺的钟声，当嗡、当嗡的接连着几回有韵律似的催告，我的知觉幻想，竟觉得渐渐地渐渐地麻木下去了，终至于什么也不想，什么也不干，两只脚柔软地跪坐了下去，眼睛也只同呆了似的盯视住了那悲哀的残月不能动了。宗教的神移，人性的幽幻，大约是指这样的时候的这一种心理状态而说的罢，我像这样的和耶稣教会的以马内利的圣像似的，被那幽婉的钟声，不知魔伏了许多时，直到钟声停住，木鱼声发，和尚——也许是尼姑——的念经念咒的声音幽幽传到我耳边的时候，方才挺身立起，回到了那旅馆的居室里来，这时候大约去天明总也已经不远了罢？

回房不知又睡着了几个钟头，等第二次醒来的时候，前窗的帷幕缝中却漏入了几行太阳的光线来。大约时候总也已不早了，急忙起来预备了一下，吃了一点点心，我就出发到太湖湖上去。天上虽各处飞散着云层,但晴空的缺处,看起来仍可以看得到底的,所以我知道天气总还有几日好晴。不过太阳光太猛了一点,空气里似乎有多量的水蒸气含着,若要登高处去望远景,那像这一种天气是不行的,因为晴而不爽,你不能从厚层的空气里辨出远处的寒鸦林树来,可是只要看看湖上的风光,那像这样的晴天,也已经是尽够的了。并且昨晚上的落日没有看成,我今天却打算牺牲它一天的时日,来试试太湖里的远征,去找出些前人所未见的岛中僻景来,这是当走出园门,打杨庄的后门经过,向南走入野田,在走上太湖边上去的时候的决意。

  太阳升高了,整洁的野田里已有早起的农夫在辟土了。行经过一块桑地的时候,我且看见了两位很修媚的姑娘,头上罩着了一块白布,在用了一根竹杆,打下树上的已经黄枯了的桑叶来。听她们说这也是蚕妇的每年秋季的一种工作,因为枯叶在树上悬久了,那老树的养分不免要为枯叶吸几分去,所以打它们下来是很要紧的,并且黄叶干了,还可以拿去生火当柴烧,也是一举两得的事情。

  在野田里的那条通至湖滨的泥路,上面铺着的尽是些细碎的介虫壳儿,所以阳光照射下来,有几处虽只放着明亮的白光,但有几处简直是在发虹霓似的彩色。

  像这样的有朝阳晒着的野道,像这样的有林树小山围绕着的空间,况且头上又是青色的天,脚底下并且是五彩的地,饱吸着健康的空气,摆行着不急的脚步,朝南的走向太湖边去,真是多么美满的一幅清秋行乐图呀!但是风云莫测,急变就起来了,因为我走到了管社山脚,正要沿了那条山脚下新辟的步道走向太湖旁的一小湾,俗名五里湖滨的时候,在山道上朝着东面的五里湖心却有两位着武装背皮带的同志和一位穿长袍马褂的先生立在那里看湖面的扁舟。太阳光直射在他们的身上，皮带上的镀镍的金属，在放异样的闪光。我毫不留意地走近前去，而听了我的脚步声将头掉转来的他们中间的武装者的一位，突然叫了我一声，吃了一惊，我张开了大眼向他一看，原来是一位当我在某地教书的时候的从前的学生。

他在学校里的时候本来就是很会出风头的，这几年来际会风云，已经步步高升成了党国的要人了，他的名字我也曾在报上看见过几多次的，现在突然的在这一个地方被他那么的一叫，我真骇得颜面都变成了土色了。因为两三年来，流落江湖，不敢出头露面的结果，我每遇见一个熟人的时候，心里总要怦怦的惊跳。尤其是在最近被几位满含恶意的新闻记者大书了一阵我的叛党叛国的记载以后，我更是不敢向朋友亲戚那里去走动了。而今天的这一位同志，却是党国的要人，现任的中委机关里的常务委员，若论起罪来，是要从他的手中发落的，冤家路窄，这一关叫我如何的偷逃过去呢？我先发了一阵抖，立住了脚呆木了一下，既而一想，横竖逃也逃不脱了，还是大着胆子迎上去罢，于是就立定主意保持着若无其事的态度，前进了几步，和他握了握手。

"啊！怎么你也会在这里！"我很惊喜似地装着笑脸问他。

"真想不到在这里会见到先生的，近来身体怎么样！脸色很不好哩！"他也是很欢喜地问我。看了他这样态度，我的胆子放大了，于是就造了一篇很圆满的历史出来报告给他听。

我说因为身体不好，到太湖边上来养病已经有二年多了，自从去年夏天起，并且因为闲空不过，就在这里聚拢了几个小学生来在教他们的书，今天是礼拜，所以才出来走走，但吃中饭的时候却非要回去不可的，书房是在城外××桥××巷的第××号，我并且要请他上书房去坐坐，好细谈谈别后的闲天。我这大胆的谎语原也已经听见了他这一番来锡的任务之后才敢说的,因为他说他是来查勘一件重大党务的,在这太湖边上一转,午后还要上苏州去,等下次再有来无锡的机会的时候再来拜访,这是他的遁辞。

　　他为我介绍了那另外的两位同志,我们就一同的上了万顷堂,上了管社山,我等不到一碗清茶泡淡的时候,就设辞和他们告别了。这样的我在惊恐和疑惧里,总算访过了太湖,游尽了无锡,因为中午十二点的时候我已同逃狱囚似的伏在上行车的一角里在喝压惊的"苦配"啤酒了。这一次游无锡的回味,实在也同这啤酒的味儿差仿不多。

一九二八年十一月作者在途中记

《屐痕处处》,上海现代书局1936年版

太湖一角

张慧剑

我们这二十三人的一集团,是十日下午二时到无锡的。清瘦的雨丝,使我的眼镜,起了一朵一朵的水晕,但是我的兴致很好,我始终认为那云层里面包孕着的晴意,是很深的。特别是西方那一部分的云罫里,漏出一线最明媚的金色光纹来,表示太阳在郁勃着亟亟地要与我们亲近。

走出车站,顺了那一条微滑的石子路,到"无锡饭店"去。大家是谁也没有携雨具,只有一位 x 太太穿着一件青色的雨衣,此外还有一位先生携带了在契诃夫小说中常常可以发现的两样"道具"式的东西——漂亮的太太和笨重的行李,于是,只好用十五个铜子的代价,雇了一辆洋车,把这两样东西放在一处,拉向"无锡饭店"去。

二十几个人杂沓的步声,用了最大的喧鏖,威风凛凛地直上三楼,因为有一位县政府的秘书,做着向导,于是乎账房先生的脸上更掬满了炭线似的笑纹。大家把房间分配完毕,已经是三点半钟了。雨脚是越下越粗,而且意外地冷了起来,张悠然君提议游梅园和惠山,县秘书便替我们喊来一位"该管"警察局长,穿了最整齐的警服，陪着我们一同坐汽车游梅园去，让我们也尝了一点呵殿游山的滋味。

由北而南，半拥抱着无锡县城的一条月牙形的汽车道，最初的一段是煤屑铺的，因为被雨湿润着，汽车行在上面，速度似乎激增，二十几个人，一共分乘了四辆汽车，是下午四时半到梅园的。这一路上，经过小工厂很多，疏疏落落，也有三四簇民房，但大都是附庸于工厂以外备厂工的家属们居住的。在那里发现了几张菜色的面孔。过了吴桥不远，看见两个女工，迎面走来，同样地手持着雨伞，一手提着食篮，她们也许是见惯了汽车，见惯了坐汽车的人，她们同时将一个最淡漠的平视掷向我们。虽然是最快速度的一瞥，但是她那眸子里所渟寓着的情绪，确已完整无阙地被我观察到了一个平凡的隔膜，也便是一个伟大的娼嫉！

到梅园的时候，雨下得更稠密，一部分游侣，勇武地冲上山去，另一部分却停留在茶轩前面。我因为是第四次来到这里，太湖烟雨的景味，我也曾尝享过的，我便成了"不上山"之一员，徘徊于康更生的真匾与赝额之间，不觉从心海深处起一些缥缈的诗思。五分钟后，一队上山的朋友，狼狈的回来了。大家的帽上不住的滴着水，而几位太太小姐两鬓还滑着很多的水珠，表示她们活动于雨中很久。

草草的把梅园巡礼了一环，便掉转车头，到"惠泉山"去，车行约费半小时。我们这辆车子，穿过了"泥俑巷"（此名是我杜撰的）时，悠然君念念不忘于那些泥俑，很想惠山的塑匠，把他那"有岛武郎"式的尊容也塑这么一座。可是行程匆促，不但没有机会谈判这宗交易，连闯进去参观参观的时间都缺乏，这在他确是一件憾事。听说他回京时，在车站上，花三毛，买了一个"泥卓别林"，带回去供奉着，总算是"不虚此行"了。

二十几个人，在漪澜堂的角楼上，吃完了茶与素面及枇杷，便由一个被豆渣营养得又瘦又黑的和尚，领去参观那附近的名胜和古迹，在那咸淡二泉眼里，丢了许多铜元，看它翻腾而下，大家高兴的了不得。

这时的雨线，细得和蛛丝一样，地上却异常的湿滑，我的一双花缎鞋子，灌满了水，常常如唧筒般的激射出一道水箭来，一个不小心，便在烂泥菩萨殿前栽了半个跟头，这在我也是一件颇可纪念的事。

大家是六点半钟回旅馆的，很潦草的吃了一顿晚饭，便各自干了些各人所要干的事，无锡的同业们，消息真灵通，有两家报纸，竟派了记者前来访问我们。我被推出去招待时，想起我们常常去访问要人，包围要人，谁知今天也被人家访问起来，好像也有一点"准要人"似的了。

我住的那一个房间，面着一条河，在眺台上，可以看见这河里的一切，偎傍于那座洋泥大桥的汽油船和运货的红船，足足有好几十艘。靠在旅馆这一边，并且有几座趸船。早晨六点钟时候，便满河都是汽哨声，"擦擦擦"的马达声，更是没有一秒钟的停息。我醒了，睡在床上，看太阳从玻璃的破洞外筛进来的一个铜钱大的圆影，渐渐移上了床帐，我起身了。

七点钟时候，大家梳洗已毕，（我所以要说是梳洗者，因为我们这一集团里，除了女同志，司丹康的主顾也不少。）一部分游伴进行小组织，坐洋车进光复门，往游"无锡公园"，我也是参加的一个。无锡公园的树很多，点缀一些小桥跛水（这是形容那池面多凸，水流不平），境味很好，特别是夜雨之后，有几棵大树上面，还网布着许乡璎珞似的水珠，被瞳瞳的日影照着，更显得透明的美丽，大家拣了一个露天茶座坐下，叫了两屉点心，且吃且谈，听听树上不时送来一两声清婉流丽的鸟声，觉得都市的鸟，也仿佛另外有一种情调。

因为"县长"请我们游太湖，约定八点钟上汽油船，就沿着城外那条河去。于是我们匆匆把点心吃完，仍回到旅馆，集合出发。汽油船驶行得很快，最初因为河面太狭，我们的船夫，便常常和一些别的"手工业"的小船夫起冲突，有时对踞在船头相骂，有时且竟舞起木篙要厮打起来。不过，无论怎样，我们这些倚仗着那motor而横行河面的开心朋友，给予旁人的骚扰，是很大的。但是我们的船快驶时，两边激起的波浪，有尺来高，打入人家小船的舷上，把人家的衣服弄湿了，是极平常的事。可是开心的朋友毕竟开心，不到五十分钟的时候，我们已看见白茫茫的一片太湖了。

太湖风景的雄秀，不用我们如何赞颂，读者们也可以想象得之的。当我们的船，走完了那河巷，一进湖口，便见许多气魄雄厚的帆船，活动于湖上。许多用水鸟捕鱼的船，和许多满载着捕虾器的小船，穿梭般的往来，又有些沿岸聚居的渔户，用高籪就湖边隔成了一方一方的鱼塘，使我们深切地感觉到这已不是一个"河"的趣味，而是一个"湖"的趣味了。

因为我们现在所行经的，只是太湖的一角，我们除了白茫茫的一片外，触目仍然可以看到许多树丛和小屿，这在我个人心底，终感觉不十分开畅。但据某老游客后来告诉我，说太湖中多山，你便真个鼓棹中流，也还是到处能见着小山的，而太湖之所以构成江南第一胜境，原因也便在此。

入太湖后，第一次下船处，是"蓬莱山馆"，纯然是就着一座小山筑起了许多楼室，最高处的一间洋式小房，摆满了柚木陈设，墙上也挂着一副用蚌壳镶成许多花纹的红木屏，一望而知是有钱人的别墅，这里的一切气分，都表现着资本势力侵占了自然界胜境后的一种得意的情致。不过，站在上面，眺视太湖的风景，的确很好，真如某君口头常挂着的一句熟语——"端的爱死了人！"张悠然，一个向来很冷静的朋友，这时也不住热情地赞叹着道："唉！真好！真好！"后来他发表意见："愿在太湖落草，如果万一失风，将请求当局就地正法，所谓生为太湖人，死为太湖鬼也！"大家听了都好笑。

第二次下船处，不知叫什么名字，但见面粉大王盖了送给军事委员长的一座大洋房，巍然在望，便什么兴致都没有了。第三次下船处，便是我们趣味的焦点所在的"鼋头渚"。县长预定借这里的广福寺，请我们吃午饭，大家下船后，便分别活动。我暂时被鉴荣、悠然拉做"导师"，领着他们去看鼋头。

沿着鼋头渚的东岸，有许多略具野兽形态的碛石被白浪冲打着，而发出花花的大声，是自然音乐中的一种最雄壮的曲子。这些矿石中，有一个昂然直凸出水面的，便是那所谓鼋头了，大家站在上面，看了一会湖景，浓白的巨沫，不时翻掠上我们的鞋头，渐渐生出一种凉意。

循着矶石，绕过了那两层的小附，取得一条上山的路，广福寺的一带黄墙，已从浓密的丛林里，"掩映生姿"而出了。沿路有许多蓝色小花，偶然也夹着几棵血红色的，晒在和软的太阳下面，本能地发出一些清馨。

正午十二点钟的时候，大家齐集于广福寺的客堂上，开始干着吃饭的前课——吃茶，在另外一间幽静的客房里，我们欣赏了龙蛋和一把锈鞭，是什么来历和有着什么神话在里面，却忘了。

吃饭时,"县长"避去了繁文缛节,使我们很自在地吃着那江南著名的广福素餐,这是很可感谢的,在我这一席上,有健谈的一位法院院长作陪,连无锡面筋的掌故,都说到了,大家听了很有味。第十八号记者,因为鼋头渚亦名独山,特地出了"独山鼋头渚"五字征对,大家苦想了一会,无所得。便对他说:"你别麻烦人了吧,你想咱们俩在火车上吃的是什么,不如老老实实对个'两盆牛尾汤'吧。"大家不免又笑了一阵。

具有一副韩兰根的面孔和神气的某君和汪鉴荣在席上猜了一回哑拳,勉强可以说是一个有趣味的点缀,饭后,照例拍了一张团体像,背景是那一间吃饭的房子。

莫名其妙的从鼋头渚到了蠡园,据说这是太湖最好的一个秘家花园,但据我们看,和梅园也差不了许多,进门便是一个险恶的假山石,笨拙可笑的勉强做成了两个圈子,大家还是耍孩趣地要绕一绕。走完了那假山道,是一幢"穿西装裤子式"的客堂,然后是一片草地,然后是一道铁栏,然后是一角太湖——一个叫人看见觉得蹩扭难受的太湖,"县长"建议于此处小坐吃茶。

过度兴奋的绪果,谁也不能免于疲乏,于是乎有背的椅子,成为大家争夺的优缺,最后只剩了一位,危坐在圆杌子上面而感味到一种迷鹿似的彷徨的钱小鹤君,几次想用权术和他贴邻的葛润斋君交换一张椅子,但都失败了,大家看着很有趣。同行一位唐小姐,正如我们何家干先生在"飞鸟哲学"上所说到的一般小姐一样,愈与"自然"接近便愈足以表现她本能的活泼。(大意似是如此,原文已忘。)她终于在一棵大榆树的树胫上,俘虏了一头金色的肥虫,炫耀给那些怕虫的朋友看,接着便是一阵惊异的呼声。

回船的时候,对于太湖,大家都有点余恋绵绵。船的速度,却几乎超越来程的一半，一些石牌坊和高处人家就水边所搭的浣衣木渡，在很快的一瞥间过去了。我重新提起注意，看看两岸人家的市况，见距离那北门最近的一段河面，小工厂特别多，连专制药水棉花和纱布的工厂都有，可惜我们却没有去分别参观的机会。我们此来的目的，是参观"无锡模范县"，可是所谓模范，绝对不会只是"模范山水"之模范，仅仅逛逛鼋头渚、惠泉山，并不能满足我们的愿望，我很遗憾，负责支配此次游程的人，何以没有想到使我们去参观无锡的一二工厂呢？

十一日下午六点钟，我们离开了无锡，"觉"（音"教"）还是在南京"睡"的。

《新上海》1934年第8期

锡游小记

周瘦鹃

壬戌中秋前十日,老友李常觉,偕海关西员华生氏,参观无锡无敌牌制镁厂,邀予与俱,并以船菜相诱致。予方困于文事,颇思一游,以苏吾困,闻有船菜,食指复大动,因决然往。同行者常觉、华生与小蝶,栩园丈则先一日行,将于厂中有所布置也。清游两日,事有足记者,因拉杂记之。

行之日,风雨交作,予挟雨衣行,意致殊索莫,窃叹劳人草草,虽小游亦招天妒也。常觉志在必行,骁勇如战士。小蝶亦欣然无沮丧意。既登车,予仍邑邑,则以阅报自遣,每顾窗外湿雾,盼阳光,直欲引手天际,抉云幕而出之,良以两日之闲,得之非易,安能容雨师杀风景哉?

车过苏州,风雨俱止,日影隐云后,跃跃欲出,晦暗之气,一时俱扫。予顾常觉、小蝶而嘻,常觉则起指虎丘,谓华生曰:"彼远山一痕,似迎似送者,即 Tiger Hill 也。"华生频点其首,似亦稔知者。回忆前年春暮,曾登虎丘拜真娘墓,觅西施妆台,摄影于千人石上。古塔欲语,落花无言,今忽忽两年矣,不知当年立处,已长碧苔否。

至无锡，阳光已朗照，惠山展其笑靥，作迎客状。予乐甚，一跃下车，常觉笑曰："幸运儿，天公做美，又恣尔两日畅游矣。"予笑颔之。旋各以车赴蓉湖庄无敌牌制镁厂，厂有高楼，厥名四宜，栩园丈尝为之记云："己未岁于无锡之蓉湖庄辟地五亩，中建一楼，四面皆窗。登临北望，则惠山如抱，近接几席，朝烟夕雾，景色万状。其西，则铁桥架空，崇楼杰起，时有帆影，落于窗槛，盖黄埠墩也。南则锡山之塔，卓立如锥，烟云四绕，楼观与林木相参差。楼面乎东，左右二楼，夭矫如卧虹者，新筑之惠商桥也，通惠山，故名。其路曰通惠，为桥凡二，曰惠农、惠工，此惠商桥者，实由车站向西之第三桥也。右之雁齿颓然作老人态者，普济桥也。对岸为乡老院，所以惠无告之民，故曰普济。桥下一水澄清，橹声欸乃，不绝于耳。登楼四眺，如读画然。楼居之人，则诗酒琴棋，无所不能。登楼之客，则士农工商，无所不有。当春之时，田畴一绿，麦浪接天，推窗下视，仿佛在楼船中也。夏则绿树参天，浓荫忘暑，长廊互接，好风自来，楼旁植以修竹，雅胜碧犀之帘。秋则远山红树，娇艳如妆，斜阳四映，玻窗面面，煊奇彩焉。冬则漫天遍野，一白如银，玉宇琼楼，闪耀眉睫，而为景尤奇，北窗面山，本许平视，雪后早起，忽失所在，初疑为愚公所移，后乃知为雪光所掩，虽有好诗名画，亦不能状其景也。楼高三寻，四无邻翳，当秋冬之交，风声如潮，奔腾澎湃，足令惊寐，读欧阳子《秋声赋》，觉其所写，不啻为斯楼而作也。月夜景物，则又幽蒨殊绝。两山如拥髻美人，蟾圆若镜，皎然映于其中，风帆掠雁声而过，则似罗袂乍拂，曼语偶闻，又不知置身何处矣。楼成之日，予家人以书存问，因作记炫之。楼不可以无名，因上述之景物，皆成四数，遂名之曰四宜。或曰雪也，月也，风也，何独无花。予应之曰，稻花满顷，菜花满畔，枫叶之红，芦荻之白，益以诗成则喜，棋胜则豪，心花有时而怒发，酒酣作歌，琴罢揽胜，眼花有时而撩乱，即今作记，则笔花墨花，亦复灿烂而盈前，吾诚记不胜记耳。"文至清俊，不负斯楼。惟当此时会，四顾苍茫，将不胜王粲登楼之感耳。

栩园丈闻吾侪至，迎于门，即导观全厂，兼及惠泉汽水厂。华生逐事廉察，笔之于书，备极精密。常觉作舌人，亦指示甚详。予与小蝶不能耐，则潜出登普济桥。桥下澄波鄰鄰，如碧玻璃，有小舟来，划玻璃立碎。下桥见一隅有红墙隐现，叩之农父，云系都城隍庙，今日方演剧，颇可观也，因欣然往。至则空梁尘落，阒其无人，并香火无之。农父以演剧相欺，抑又何耶？城隍纪信，像貌颇威武，史言信为汉之忠臣，项羽围荥阳，高祖被困，不得出，信伪为高祖，出降羽，高祖得脱去，羽怒，因烧杀信云。

亭午，饭于厂中，席次谈笑甚欢。予戏问华生："君亦喜读贵国柯南道尔氏之《福尔摩斯侦探案》乎？福尔摩斯有良友曰华生，交甚密。今君来锡，胡不与福君偕也？"华生不能答，相与拊掌。饭罢，华生匆促欲返沪，予等尼之，许以船菜，华生坚持不可，谓临行许内人以三时之火车归，不可爽约，竟引去。常觉亦以教务羁身，不克留宿，遂偕华生行。予窃叹西人守约之诚，与伉俪之笃，为不可及也。三时许，从栩园父子游惠山。先至寄畅园，园以树木胜，古树千章，老翠欲滴，园心一水潆洄，游鱼可数，惜不甚洁。予等坐知鱼槛啜茗，啖四角菱，甘之。对岸临水有二古树，同根相连，枝叶抉疏，仰插如巨叉。栩园丈曰："此连理树也，旧曾有句云：'四百年前连理树，夜游应忆旧红妆。'盖因此有情之树，而推想及于夜深人静时，必有有情之艳魅，徘徊其下也。"亦可谓想入非非矣。园中有乾隆诗碑二三，御笔依稀可诵，诗劣，殊不足道。一隅有古藤绝粗，绕一古树上，蜿蜒上盘，如龙如蛇，殆亦数百年物矣。知鱼槛左近，有一室，云为浴室，内置铁锅一，即供就浴之处。私念下爇以薪，水沸于锅，浴者坐其中，犹就烹耳，安名为浴，意者项羽烹太公，此其遗制欤。

惠山一泉，似怠于爱护，望之似不甚例。泉水自一石龙口中下注，澌澌可听，惟于此时，差觉清冽耳。泉中有鱼，颇肖杭州玉泉，内有一红鱼，亦折腰，与玉泉中一浅黑色鱼类。鱼且然，无怪人世间之多折腰者矣。正壁有数石，一石居中，古藤贯石罅间，上有小碑，字模糊不可辨。左右二石，作人形，若金童玉女然。泉旁有茗肆，村夫杂坐其中，器且尘上，亟去之。栩园丈诗云："惠泉山麓不生苔，试茗游人一半呆。输与路旁扪虱者，听松石上听松来。"故知惠山佳处，不在试茗处也。

有小贩售糖饵者，导予等登云起楼，意至殷勤。过隔红尘径，壁间题句，都不可诵。栩园丈有诗云："隔断红尘三十里，坐看云起有高楼。梁溪自昔无崔灏，尽许题诗在上头。"盖讽之也。然吾观梁溪名胜少，题壁诗之产出亦为锐减，若西子湖上，则几于无壁不赍，无处无诗矣。

云起楼实不甚高，四围景色亦无足观，与昔年海上愚园中之云起楼，正堪伯仲。登临之余，深为失望，凭阑见山石间有双树作花，色如火齐，小蝶谓为紫薇，脱引手搔树皮，树叶即瑟瑟颤动云。因树遥，手不能及，未获一试。

惠麓街市间，多泥人肆，衡宇相望，泥人林林然，有作天女散花、黛玉葬花、宝蟾送酒及童子军者，较为新颖，余则大阿福、不倒翁、蚌壳精、螺蛳精一类旧制，观之生厌。如能改良之，则未始非一种美术品也。

予等寓无锡饭店，是夕，制镁厂经理过君设宴相款，肴馔颇丰腆。过君，梁溪才女温倩华女士夫也，女士下世后，闻已娶其小姨，可谓佳话。夜过半，始别去。寝后入梦，忽逢个人，共以轻红一舸，作五湖之游。狂笑而醒，而朝日杲杲，已弄影于五色玻璃窗上矣。

九时，厂友陶君来伴，予与小蝶往游梅园、鼋头渚，栩园丈因须屏当厂事，不果往，约午刻相聚于王巧仙家画舫，试船菜也。陶君先已雇定人力车，其指管社山而发。四顾厂屋棋布，烟突撑空，窃喜斯土实业之鼎盛也。一路多桑树，亦足觇蚕丝之利，顾以非养蚕时，不见采桑人耳。沿途时见牵牛花，柔条迎风，娇葩摇影，点缀墙阴篱角间，掩映殊佳，亦有攀桑树而上者，其明艳之紫色，尤令我苦忆紫兰不止。龚定庵有《减兰》一词，咏牵牛花云："阑干斜倚。碧琉璃样轻花缀。惨绿模糊。瑟瑟凉痕欲晕初。秋期此度。秋星淡到无寻处。宿露休搓。恐是天孙别泪多。"佳句的的，足为此花生色。

车过一小村，见一农舍前，有小儿女并坐高竹椅上，共弄一小狸奴，笑语喁喁，弥见情致，闻车声，则回眸作鸭视，恨未与慕琴、之光同来，一写此无猜两小也。

车上管社山，止于万顷堂外，谒项王庙。庙门有汪兰皋联云："到此疑仙，蓬莱瀛洲方丈；不知有汉，美人名马英雄。"王西神先生《草管社山庄篇》刊《半月》，曾及之，先生亦有诗云："披襟快挹大王风，眼底虫沙一笑空。未必芒砀护云气，却来此地拜英雄。松楸响合疑嘶马，湖海秋高起蛰龙。何似谷城山下路，丹崖花发美人红。"（原注："庙旁有石，名虞美人崖。"）故末句及之云。予因急于入庙，忘未一观虞美人崖。

既入庙，见其地甚湫隘，项王像亦小不盈丈，貌恂恂如儒者，无威武气，心窃疑之，讵以垓下一蹶而后，遂委顿至是耶。继至万顷堂，小坐啜茗，三万六千顷之太湖，已见一角，群山环拱，新翠如沐，西湖妩媚，自不及太湖之豪放也。壁间有碑，镌前无锡县知事吉林杨梦龄一记，内有句云："列窗洞然，以面太湖，独山耸其前，漆湖绕其后。鼋头之渚，杳霭出没；独月之山，阴云蔽亏。水气升岸，飞结轻绡；古树影波，漾落晴采。猎舟唱晚，林香花气相喧；蜡屐寻春，读画看山可拟。而太湖莽森濆洞，三万六千顷，沉浸诸峰，奔涌屏列于斯堂之下。"读此数语，已足尽万顷堂之妙。记之后半，则阐发项王庙之误，备极周详，大致谓大禹辟独山门，故祠于此，庙中之像，非项王也，予乃恍然于像貌之恂恂无威武气矣。索读联语，无佳者，惟孙寒崖所书"天浮一鼋出，山挟万龙赴"一联，为可诵耳。

出万顷堂，以小舟渡湖，赴鼋头渚。滨湖为菱塘，有村妪三五，坐桶采菱，偶忆昔人《采菱曲》中，多芬芳侧艳之辞，见此群妪，窃为匿笑，不知几个能唱"生小侬家风露里，采菱乘晓未梳头。郎心其奈湖心似，烟雨迷离无定时"等艳句也。

予等以小银圆一，市菱斤许，挟以登舟，一路湖水荡碧，山光结翠，几疑舟在画中行也。菱方新撷，鲜甘异常菱，予与小蝶恣啖不辍，腭为之碎。遥望鼋头渚，则一亭翼然，渐渐而近，似磬折相迓者。如是约十分钟，舟已傍渚，予等搴衣而登，直造其巅。亭曰涵虚，面湖而筑，放眼四顾，佳景悉罗眼底，真胜处也。小蝶旧有诗云："一气涵虚天地合，千峰回亘水天分。我来独立苍茫里，长啸一声风满襟。"予等从红尘十丈中来，身临斯境，自觉胸怀壮阔，长啸不禁矣。渚上有横云小筑、净香松榭，未坐即出。下有荷池，但见枯叶而已。近水石壁上，镌有"包孕吴越"四大字，笔甚雄健，想潮来激壁时，当有可观，栩园丈诗有云："从知吴越兴亡事，只在风波起落间。"慨乎其言之矣。

归棹风逆，舟行略缓，水花仰溅如散珠，着面奇爽。遥见管社山坡有奇松一树，亭亭如车盖，松叶纷披，浓翠欲滴。小蝶曰："此车盖松也，夙有声，天生此状，以视矫揉造作者远矣。"

既登岸，即以人力车赴梅园。园地为一小山之坡，由锡之富翁荣氏独力购入，构为斯园。园中植梅树数千株，惜来非其时，不能一赏此香雪海也。石颇多，顾伧俗气太重，未见佳致。栩园丈曩游斯园，颇有微辞，尝于《锡游偶记》中咏之云："梅园楼阁傍山开，鬼斧神工小有才。不是扶桑观日处，如何点缀似蓬莱。香海何如香雪海，原来不屑作苔岑。平添十倍龙门价，莫惜当年五十金。（原注：梅园主人曾以五十金丐康南海书'香雪海'三字，嗣康来游，见为伪作，因易'香海'二字。）人与梅花一样清，图书四壁重连城。主人妙解生公法，要与南宫结弟昆。（园中置巨石数大块，立如人状。）"小蝶诗云："一株石笋一阑干，手种梅花万树寒。如此主人原不俗，如何终不似孤山。"

亭午，宴于王巧仙家画舫中，妓奇丑，尚婉转作呻吟歌，客有飞水符召其所眷者，须臾，莺燕纷纷，各挈小艇而至，顾皆粗枝大叶，未见明葩掩蒦也。吾人至此，不特心中无妓，并目中亦无妓矣。船菜风味不恶，翅尤可口，闻是日所费，凡四十金云。栩园丈曾于六月间来锡一次，宴于冯家画舫，以诗寄予云："复槛重廊卅二重，纳凉人倚画楼东。为怜独客无情思，吹送珠兰鬓角风。吴侬爱好出天然，不住红楼住画船。六扇蛎窗明似雪，电灯低处学调弦。渡喧终夜乱如潮，绮阁三层不避嚣。绝似廿年尘梦里，瓜山灯火听吹箫。憔悴经年杜牧之，绿阴成后久无诗。偶然赚取周郎顾，为写风怀寄所思。"诗绝绵丽，想见其兴复不浅。

宴罢，已四时。予等假王巧仙家小艇，重赴惠山，为小鹃物色泥人，陶、李二君争出资，市泥娃娃二，童子军与小花脸各一，举以相赠，可感也。（小鹃顽皮甚，竟日跳荡无已时。方予属稿之际，渠已枭童子军之首矣，予见而呵斥之，则扮鬼脸而去，卒亦无如之何也。）舟过江尖，见系陆地一片，伸入江中者，如绕之行，则虽作千百匝，仍在故处，"江尖嘴上团团转"一语，即由于是。其地店肆悉售缸甏等瓦器，殆数十家。是日为夏历七月三十日，肆人累小缸为宝塔，一年一度，由诸肆轮值。每一缸上，各置油盏一，入夜然之，作繁星攒聚状，殊可观也。

庚申天佑节栩园丈与常觉、小蝶游锡，折柬相邀，予以夜失眠，届日，因不果往。小蝶以诗见调云："鄂君绣被香犹暖，想见江东大小乔。只算周郎无福分，等闲辜负两灵箫。"江东大小乔，吾实无此艳福，而两灵箫云云，亦不知其何所指也。此次作两日游，差觉满意，所憾者黄埠墩被火，黄公涧无水，过公园未入，见三茅峰不登耳。夜以七时半车返沪，越旬日而草斯记。

《紫兰花片》1922年第5期

无锡两日半记

程小青

一

予性酷好自然,每逢暇日,辄喜涉足山水之区,用自娱乐。旅苏以来,苏地各名胜靡不一游,顾未尝濡笔作记。此次游锡虽为时无多,而所受匪印象独深,乃破囊例,就耳目所得,拉杂记之,所以志游,且以写感焉。

九月八日,予偕内兄黄君梅茵乘午后两句四十三分快车(编者注:句,表示时间的点时),由苏至锡。时予友赵君芝岩,方就暑期教务于锡,陈君亦供职于锡之圣婴女学。二君先时咸折柬相招。予亦以假期垂尽,拟休憩数日,再从事于规例之工作,因欣然诺之。顾日期未定,未尝预告。迨九日往锡二友初未之知也。

予等先至圣公会二友寓处,咸他适,未晤,以时宴不及他游,乃步行回至公园。公园居城内,距光复门最近,园外马路宽广而平坦,人力车可直达。车价视苏城特廉,究其故,则谓平桥砌路等事,有路工局专其责。其费除公款外,皆由市公所诸董及地方绅士个人捐输,初不若苏地之某捐某捐,皆须取给于拉车之苦力者。此外,尤有相异之点。二除寻常之黄包车外，初未见有如苏城之电光眩眼、铃声聩耳之阔老包车，道中乞丐及拆白式之少爷，其数亦远不逮苏州之多。盖以予观察锡人，无论贫富，强半有职业观念，故闲荡者少，苏则反是。名谓上流人，十七恃农民之汗血为生，乃多以饱食终日，无所用心为高。一般人受其影响，于是游手好闲者满目皆是矣。惟有一事，苏之于锡差有胜色。则苍蝇是也。盖今岁经李伯莲君（按：李君非苏人）发起收买苍蝇之法，又得尤怀皋君之捐资赞成，及各校童子军之协助。蝇之产额为之大减，而锡地之食摊果肆之中，嗡嗡者群集。以外客之眼光观之，似卫生智识，苏锡乃有相差，然此苏人之唯一优点，亦含有时间性质，仅能就今岁一岁中言之。盖苏地捕蝇事，今年始举行，既往既不足道，而明年之孰优孰劣，又在未知之数也。

《申报》1922年9月19日第18版

二

公园中之布置中西参事，有水泥之亭阁数事，亦有旧式之水榭荷池。夹道山樊修剪整齐，似依西式。而垂杨欹斜，老松婆娑，则又纯粹中式也。此外，尤有草地一方及网球场一，疏朗可人。惟园之一角，有小池一方。时值薄暮，妇女争就池洗涤便器，游客面池而坐者一览无余，殊杀风景。予等大奇讶，旋知池本公物，邻近乏水道，居民乃多就池洗涤。兹池虽围入园内，而仍不能禁居民之取用。此虽无可如何，然究属缺点，予甚愿锡人士有以改善之也。

予等绕园一周，旋息于园左之丛树阴中，偃卧而品茗焉。盖有商人售茗于园中，特设藤椅备客坐卧，予等袒襟卧椅上，目数游客，各等皆备。有富商士流，亦有跣足草履之农工小贩，尤有夫妇联袂者，有独步缓行者，乃皆知恪守公德。初未见有攀花、涕吐及占据公座谓而鼾睡之人，惟有形似私娼之妇女杂途往来，时弄其卖俏之丑态，则殊可憎耳。

邻予座之旁有一年少客，梅茵与之交谈，盛称道之，客知予等自苏往，则谦曰："无锡一县城耳，何足拟苏州省会之繁盛？"予虽非苏人，然旅苏既久，不无香火情，闻客言，为之恶然。盖以资格论，苏州诚老矣。第以老资格之苏州，欲求一小小公园如此，亦不可得。思之能无汗颜耶？

未几，赵陈二君闻信寻踪至，乃大欢乐。旋赴崇真寺前之饭肆中晚餐，有脆鳝及油渣面筋、酒醉虾三，率为锡地之特品，洵不虚传。惟口味略嫌太甜太咸，因预嘱侍者烹调时减轻糖盐，则味较可口矣。

《申报》1922年9月20日第18版

三

次日为星期六，陈赵二君上午皆有课，乃相约予偕梅茵先游，于后一时半会于惠山之二泉亭，约定予第，离圣道书院寓处出西门雇人力车直至石门，盖予谓惠山胜境以三茅峰石门为最，黄公涧及头茅峰背下之忍草庵次之，若泉亭鱼池则为游客麇集之处，喧嚣不让城市，殊无山林趣也。予今春曾偕赵君芝岩来游，遍历全山，始探得其胜。至是故径趣石门，惟梅茵病足数载，今虽痊愈，犹软弱无力，故不能越峰而往，为可惜耳。已而车止于山麓。予等乃卸长衣，缓步登山。时方八句钟，山径静寂，初无人踪，缘径皆细草，草上腾露犹湿，沾履为濡，阳光穿林樾而下，时隐时现，树头残蝉，犹贾其余勇，嘒嘒作声，加以鸟语啁哳，涧流琤琮，乃为静境中无上之雅乐，至若空气澄鲜，呼吸为爽，涉足其间，自有一种心旷神怡之状。此情此景，更非城市中人所能梦见者矣。

予等渐行渐高，山径反渐见宽坦，盖时有洗心轩主人某，方雇工修筑山路拟直至三茅峰为止，以便游客。予回想苏地名胜，如宝带桥，自觅渡桥起堤石毁圮，中多断缺。去岁，□云女士即以此遭难，乃苏地缙绅多加游览，无一人起而修葺。无论独立经营，如洗心轩主，即捐募之劳，亦绝无人肯担负，□思及此，不禁感慨系之矣。（□为缺字不可考，下同）

《申报》1922年9月21日第18版

四

行至离垢庵，石工方停顿于此，拟待进行时，为时尚早。工匠犹未至，予等遇老妇二人携药草一捆下山馈亲戚。询其名，谓金丝草，可治妇人带症。又三角藤及乌不则可治风。梅茵本病风，闻之大喜，妇人乃告以可倩庵中人采之。予等遂入庵小憩，且购药焉。是庵居山腰其上，则山径盘旋巉峭而狭隘。厥势甚险，士人呼为摇车湾，谓拾级而上有如蜀道之难。予等饮茶一盏，且约以下山时取药。遂辞。庵中人上山时，予本携一登山之手杖，至是始觉得用。然思梅茵病足，虞其不胜，乃举杖授之。未几，抵九阳宫，忆前次曾避雨于此，盖曩偕赵君登头茅峰时，天色渐昏，浓云阵阵，掠肩而过。回望太湖，已翳蔽不见。庙中人闻予等将越渡岭而往石门，则谓天有雨意，竭力劝阻之。赵君年少气盛，予亦为游兴所动。初不虑险境，毅然从行，乃行抵三官殿，春雷隆隆，然电鞭亦闪烁不绝，仰望怪云□□心为之悸，殿则阒然无人，知不可留，思退即不及，遂急步前进，未及三茅峰，雨点骤下，予等仍鼓勇冒雨行，盖尔时所惧不在雨而在电。事后追想，犹觉懔慄，迨及历石门而下，经九阳宫时，雨势倾盆，不得不驻足稍避矣。是时，予偕梅茵经此日丽风和，迥非曩昔景状，因亦据宫前之巨石小坐，梅茵指山角一巨岩，笑曰："脱能凿石为棺，葬身于中，鬼而有知，必夸清趣不浅也。"

《申报》1922年9月22日第18版

五

经九阳宫而上，尤有道院一所，已忘其名。最后乃至紫微宫，宫背则白云洞及石门在焉。石门者有两壁对峙，巍然挺拔，中有一缝，望之窅然，厥状如半掩之门，壁下有石门二字，欵志已不可辨认，据《旅锡指南》言为明邵文庄公手书。书法遒劲，恰称石壁之宏伟壮丽。壁缝中有泉，点滴下注，入一小洞，曰帘珠泉，厥声清脆如碎玉。忆前次冒雨寻胜，泉势较急，确有飞瀑溅珠之妙。此时则但有溅珠而无飞瀑之胜矣。予等欣赏久之，尘虑尽涤，乃牵萝为茵，拂石作枕，坦腹跣足面壁而卧，为乐乃无艺，梅茵至是亦叹观止。予因谓予辈恃脑生活，不能不时与自然界接触，借以苏息。西人于春秋佳日，常有"星期末"weekend之野游及郊饮picnic。予辈虽不能及，然月游一次，殊不可少也。

予偃息可一小时，忽见石罅中有细竹茎，因缘壁采之，拟携归作盆景。更见小树一株高出壁巅，予思取为杖，俾梅茵下山时用。顾壁高而险，予刀又小，不胜斩伐任，时适有空谷足音，则远见一樵子，因招之来，令伐取其树，樵夫欣然诺，猱升殊轻捷，予殊羡其技，树下酬以铜圆数枚，樵子即欢谢去，予又继登石门下之横石，石斜而滑，其旁即流泉绕经处。予试一仰卧，寒凉彻心肺，若于盛暑日卧此，洵可谓置身于别一清凉世界也。

既而予下壁，仍卧于旧处，仰望石门之巅，阳光徐徐下射，已而渐及予身。盖近午矣，予等乃谋归，以践二友之约。梅茵谓予苟非有庵中购药之约，则余勇可贾，不妨直登山顶，经头茅峰而下也。临行，梅茵为作数字藏于石中，拟与二友约，苟能与泉洞之上下左右五尺内觅得字迹，愿以酒一席为酬，否则他日重来，亦可留作纪念也。

《申报》1922年9月23日第18版

六

既下山，觅车不可得。予仍短衣负药步行趣惠山，旋进午膳于二泉菜馆，味既不佳，索价乃特昂。迨食罢，至二泉亭，二友已先在。盖予等□约半小时矣。于是品茗观鱼，又食四角菱及桂花栗，味甚甘美，皆锡地特产也。已又偕赵君梅茵三人往黄公涧。涧居二峰凹处。雨时，山水汇注，奔泻而下，遂成飞瀑。涧中有巨石一，为卧云石。泉水泻时，遇石之阻，激其势，乃益急，当成奇观。惜时已多日不雨，泉流较细，初无奔腾之势，然掏而饮之，其味固甘冽异常也。

是晚，往普仁医院访西友卫尔女士，遇丁谈二医士，谈笑甚欢。时女士方延二医及护士多人作茶会，予等乃为不速之客。有留声机二，一唱西乐，一唱京戏，互相间。然唱西乐时，吾人犹能领略京戏，则女士瞠目不解矣。予于此会得一感想。医士之于护士，在欧美固无高下分，而于吾国似不尽然。今得卫女士之介绍，彼此乃欢笑一堂，无谓之阶极遂乃泯灭于无形，其可喜也。已而会散别归，仍宿于圣道书院。旧雨联床抵足。谈心直至夜午始眠。

又次日，为九月十日星期日，予四人乃相约游湖。破晓即起，出水西门，过迎隆桥，雇车直至荣巷。盖是时，予等咸枵腹，备至荣巷进早餐，一赏乡村风味。无锡人力车区划分为三，凡游惠山及梅园者，若雇定一车，为价较昂，不若至迎隆桥易车者廉。因惠山之车专行马路，若往梅园，则至迎隆桥区，必须另购执照。照费势必取给于乘客，宜其贵矣。自迎隆桥起，有石路一，宽可一丈，长十余里，闻可直达湖滨，此路据云系梅国主人荣德生君独力筑道者，又云与陆培之君合资造成者。顾以数万金之路工，即合两人之力，已非少数。其热心公益，亦可敬已。

《申报》1922年9月25日第18版

七

予闻人言，荣氏独立经营之学校，自中学而至国民小学及图书馆，为数凡十余。而陆氏亦设医局学校若干，为地方造福。他若吴桥、通惠路等亦皆为私人独立经营者。至若其他诸绅，对于实业公益，热诚规画不遗余力，虽受顽固者之反对，而仍教孜孜进行，百折不挠者，尤不胜指数。予以目的在游，非为考察，见闻不多，故亦不能详记之也。

予等抵荣巷，视路旁记里之石，其数为一百七十，又忆至梅园之石，数为二百四十五。此石足以解行人之焦烦，使之知目的之地，逐渐接近。因忘其疲劳，亦佳事也。时方值市集，乡人负担提筐者，肩摩踵接，市声亦嚣叫特甚。予等入一茶肆，购面饼果腹，风味别致，旋又购牛肉饼糕等作糇粮，徒步而往梅园。

《申报》1922年9月26日第18版

八

予前次偕赵君至梅园时，梅花半放，又值清晨，冷香清影，景色幽绝。此次则绿叶成阴，迥非昔比。而境地之幽静，空气之清鲜，几使人有逃世之想、则今犹如昨，初无异也。园中有小阁，榜香海二字，为康南海手笔。榜尾有短记，略谓园主前曾以五十金倩南海作香雪海三字。南海至，见榜书非己笔，仍为另书二字，且系一绝。首句已不省，忆其余三句，云："劣字如何冒老夫，为谢主人濡大笔，目留佳话证真吾。"其背则冒名之康有为犹在。梅茵告予以字论，冒名者远不及南海之苍劲，宜南海称之曰劣，是亦一佳话也。

《申报》1922 年 9 月 27 日第 18 版

九

再进为诵豳堂，壁上名人书画甚多。迎面有横榜一，书"一生低首拜梅花"七字，闻为园主人手笔。堂之两旁各有精室，窗皆玻璃为之，明净幽闲，得无曾有。自窗外望，则太湖一角，波光缥缈，帆影参差，眼界为旷，心境自觉恬适。予谓梅茵、芝岩，苟能借居此室，为著笔草说部之地，则文境之清、思路之密，不当胜旧作倍蓰耶。

旋又登天心台，似为全园最高处，湖光山色，瞭望乃益清晰。台后有长方形之巨石，镌"招鹤"二字。梅茵谓其书俗不可耐，宜磨而去之。予不能书，不敢置其可否。然书画同是美术，予性颇嗜之。近方征求师友墨宝，汇成一集，颜曰鸿爪，他日或付影印分赠同好，供案头之欣赏。世有同志，无论书画，能以两页一方见惠者，甚欢迎也。

《申报》1922 年 9 月 28 日第 18 版

十

予等自梅园出，遇工商中学生四人，知亦往鼋头渚者，乃结伴往。予等于鼋头渚为初游，乃请四人为向导，抄小径行，穿林渡岭，约三四里，遂抵湖滨之万顷堂。堂为杨翰西重建。登高凭栏，烟波万顷，殊有惊心骇目之胜。予得联云："数七十二远峰，疑有神仙住"，"看万顷烟波，宁无佳客来。"然波峰皆平声，予殊不能改也。其下左有虞姬崖，右则项王庙。予等以渡船既定，急于渡湖，遂未往游。船达鼋头渚，予等□与四学生互通姓氏，乃知一姓钱，一姓费，为工科三年生。其余华凌二生皆商科二年生也。彼等闻予名，知为东方福尔摩斯著者，乃大致其钦慕，并代价渡船之金。予自觉无实，深用惭怍。已而同游是山，为南犊山。山之一角，直突湖中，恰肖鼋之头嘴。最高处有一西式小屋，曰横云小筑，因山趺临水处有"横云"及"包孕吴越"之擘窠大字，故名。其下有一亭曰涵虚，桃林围之。入亭，则涛声澎湃，使人起舞。予因谓不如易名听涛，较切。其右更有净香松榭，凭窗见荷池游鱼忘机清澈。可数时，已近午，予等乃至横云小筑，出干糇进食，佐以清茗，其味至甘。食罢，便仰倚藤椅，纵目四望，则见波北荡漾，渺茫无际，远峰隐约出没于惊波骇浪之中。风景之佳，绝无仅有。予忆两月前避暑乍浦，曾数数至炮台观海。海潮汹涌，茫无涯涘，胸襟豁朗，叹为观止。至是，则更有帆樯点点，点缀其间，乃觉有过无不及矣。

《申报》1922年9月29日第18版

十一

司园者顾某颇和蔼，为言当上月风潮发时，鼋头渚石尽没水中，浪高丈余，争□涵虚亭畔，而涛声又若万马奔腾，奇伟之观，惜非城居之人所能领略耳，又言其主杨氏开辟是山，其费约万金，而万顷堂不与焉。

少顷，予下踞鼋头之怪石，见夫浪花飞溅，情不自禁，顾予不能泅泳，不敢下浴，乃去鞋袜而濯足焉。时忽有一巨浪涌至，浪沫直溅腿腹，神为之惊，然一种凉爽豪放之乐，及今回□，犹觉□□有余味也。

一勺泉，踞犊山之背，距横云小筑约里许。泉水不多且浊，上有怪石嵯峨，镌"天开峭壁"及"源头一勺"八字，然若以拟石门之闳肆，则直小巫见大巫矣。予偕赵陈二君，自泉归，渡船已至，四生乃珍重道别，予等则乘小船径返无锡西门。

是夕，仍寓圣道书院，晚餐后，忽打嚏三数。陈君笑曰尊夫人方念君也。予笑领之，因予每约必准时，此行本约是晚晚车归。顾念风景，竟至忘时，乃遂作失信人矣。明日早车返苏，既归，爰凭记忆所及，拉杂纪之如此，盖以待异日之印证耳。

《申报》1922年9月30日第18版

梅园万顷堂游记

范烟桥

梅园之梅，见称于东南者，仅十年耳。然而海上巨商，以其朝夕往返甚便捷，故来游者至众，往往妻孥仆从六七辈，盖亦与游戏之场，等量齐观也。吴门去无锡更近，故往者亦更盛。余等既观虎阜、留园之梅后，复侍父亲偕葏弟，以九时许早车往游焉。车越浒墅、望亭，至无锡，仅一小时。下车即坐人力车径趋梅园，先过惠山麓，复历开原至荣巷，计程十里而强。道路殊修平整洁，支歧处皆以木标为认，四达无阻，自治之绩，有足观焉。荣巷以荣氏名，荣氏之拥巨资者为德生，设公益工商中学及女学、国民学校若干所，图书馆亦备焉，而梅园则在山半，远处已见梅花雪白之颠露墙上，似彼亦探首相迎也。入园门为紫藤之棚，此时绿叶尚来解苞，然藤枝支曼，已蔽日光不容下，幽静颇有妙境。当门而立，有石刻"梅园"二大字，更进十数武，即梅花错综处矣。花环三面作堵状，人行其间，花枝往往碍帽，仰首视之，清香乃扑入鼻观，而倩容亦斌媚如笑矣。花已全放，且有零落者，片片堕泥之英，散地有如织锦。隔花闻笑语，不见其人，蓦然相值，仿佛在雾里。登诵幽堂，沦茗憩息，壁悬梅花数巨幅，以画中之花，衬山中之花，相得益彰矣。惜楹联殊少可诵,惟"七十二峰青未断,万八千株芳不孤",尚浑脱耳。堂前有轩,额题"香雪海"三字,为康南海所书。复有题"香海"二字者,述前题为赝鼎,南海并云:"留之亦佳话也。"顾赝鼎虽庸劣,而南海之书,以盛名欺人,仍不脱野狐禅耳。且香雪海之雅称,固从邓尉袭来者,邓尉花虽渐衰落,不能相称,然而夺之殊弗当。况梅园之梅,亦未必汗漫如海也,故为一诗以辩之云:"万八千株花遍开,湖山点缀费心裁。僭名莫笑康南海,香雪题从何处来。"堂后隆然而起,建亭其上,颇能游目骋怀。从亭下右行,于梅花一丛中见半亭,已破落,登之则亭下梅花匼匝,弥望洁白,香亦氤氲。此亭殊擅胜场,岂意冷落,几无肯登临者,题额既除,联又倒置,可笑亦复可怜也。

余意若携酒,呼诗人画士,来此看梅花开落,可成《万梅花里一危亭》图,较之邓尉之《一蒲团外万梅花》图,更当生色。时已过午,即草草作膳,既果腹,复徘徊花间,周匝而出。乘车至管社山,仅里许,山径系新辟,黄泥杂块石,殆告游客筚路初启之日,去今犹远也。山弯有项王庙,庙侧为万顷堂,爽垲处有似鸡鸣寺之豁蒙楼。山下即具区,波涛壮阔,时泛泛作银鳞闪烁之状。踞于前者为蜀山,有蜿蜒从蜀山背后伸其首,又若微昂者,鼋头渚也。山麓舣舟,可以就渡而往,惟风杀则可耳。堂有联云:"天浮一鼋出,山挟万龙趋。"浩然有爽气,盖如此湖山,不可无壮语以饰之也。复有联以希文椽笔、范蠡扁舟为实,不意此间,竟与我家大有因缘,戏成一绝:"青螺数点浮天末,雪浪千堆卷阁前。霸业消沉当一笑,风流能亘二千年。"盖英雄儿女,信为天地间灵秀所钟,故能同垂不朽,至于佳山水处,虽帝王之尊,无以易诗人词客之传名也。吴中山俱平淡,太湖七十二峰,更觉柔媚,殆山水能兼,寰宇无两。

从来画士，如云林平远，大抵皆取资于耳目所及之地，而江南民性巽知，人情淡荡，受此太湖为之影响耳。然而无锡之跃为东南巨区，几与都会相并驾齐驱者，皆工商之业，实飞速进步所由来，而遍野桑柘，尤能利用地宜，间无负太湖矣。湖中有小汽船，为客雇以游山者，惟风巨时，亦不能胜其颠簸云。时游兴既阑，流光亦薄暮，遂乘车返梅园，见户外车舆鳞比，盖城中人来矣。抵车站尚早，入市中啜茗食点心。日西沉后，趁车归吴门。车厢中晤同游者，恣谈颇快，言及人力车价，往者自车站达梅园，往返不逾半银圆，今需小银圆九枚矣。顾吾侪所雇则一银圆又四角，仅至万顷堂多一折耳。然而火车之价，特快者较寻常增二分之一，其惟利是图，贪得无厌，与人力车等也。抵家已及午夜，翌晨记之。夫游梅园而撰为游记者，亦云众矣，顾余兹所记，详于风物掌故，兼抒臆怀，或与寻常书行程者有别，曾往游者，可一谬焉。

《小说日报汇订》1923年第172—173期

苏锡春游小品

徐心芹

春盘八簋胜家厨,纤手将来米似珠,
游遍江南舟欸乃,夕阳红处忘归途。
——为太湖船菜作

新春里的太湖,梅花满岭,一片波光,好不冷艳宜人。

这里所指的太湖,并非她横跨江浙两省、周围四百公里的全貌,而是北接洋澄,禹贡雷泽,冬季水涸,自成具区的鼋头渚与淀山湖。

自从溷迹尘海,仆仆京沪,除去抗战在后方的八年不算,也有十五年左右。"似与太湖有夙因,十年由我往来频。"为了铁道畅通,缩地有术。岂但朝发夕至,甚至一日来回。然而,耐人寻味的,还是以快船代步。

如以上海为出发点,我主张先乘火车到苏州。这个古称天堂的旧城市,你可以在那里得到不少的新年老资料。

现代都市如上海之类,洋腔十足,但苏州的保守,在农历年初,会使你感到惊奇有趣。因为是太湖鱼米之乡;鱼我所欲也,米为食之天。这都可能俯拾即是,但花样翻新,往往意想不到。

"三日新年息曳裾，觅闲窗下觉颜舒，忽闻吉语听来切，元宝一双金鲤鱼。"——吃鱼，有人把鱼鬐扣上红线。活泼泼地养在水缸里，随你检选大小，最好是一对，那就算元宝成双，新年好口彩。

"家家抟粉制年糕，款仿苏台岁逐高，人肆恍如秋八月，桂花香细染寒袍。"——米碾成粉，以所藏桂花缀于糕面，芬芳四溢，袭人衣袖，或煎或煮，味尽东南之美。还有"隐隐轻雷度短栏，磨匀香稻雪同看，却教纤手争奇巧，果馅翻新斗粉团。"——从磨粉形容到做成粉团，此中有人，呼之欲出。

这不过略举一二，也就可概其余，总之玲珑精巧，色香味俱全的东西和玩意，在苏州是普遍得很。最足欣赏的画舫，更是江南一绝。为了运河多半是由人工开凿，她不能比大河长江，浮在这窄狭的水面上，自然要轻舟容与。当你自陆地上跨入这一叶快船时候，席地篷窗，颇感局促。妙在这螺蛳壳里，竟会有层出不穷的道场好做。著名的"船菜"，便是代表杰作。你会想得出这小小的船上，比那大锡巨灶的厨房，更快更安静地烹调出整桌的酒席来，供应你食前方丈吗？

当你蜷曲在这里，正将感到厌气时候，欸乃的橹声，纡徐地夹杂吴侬软语而来，清脆呖呖，如柳浪闻莺。这时，菜肴的香气飘过，还可瞥见惊鸿照影，裙屐翩然。

要水要茶，呼来唤去，自有侍应你的专人。所给你预备的不是整洁香茗，上好茶具。你会逐渐发觉窗明几净，随遇而安，壶中日月，袖里乾坤，并非欺人之谈。

如果饥肠辘辘，只消吩咐下来。立刻陆续从舱门启处，接二连三捧到桌上。她们并不都要先和你计较丰啬，早已察言观色，量体裁衣，准备得仰体尊意，大致不差。你如果惊诧她何以层出不穷，她可以告诉你。河里有的是鱼虾，肉类自应备办；菜蔬随地可以交易；油盐酱醋，自己本来要用的，说得来容易万分，好像他们并不费事。但你回想起都市餐馆内的吵吵闹闹，夸大自骄的名厨大菜，反而常常不能入口时，你自然就觉得今日一试，方知言之不谬也。

无锡快和苏州快略有分别，如果游湖，又和小河里有些两样。湖滨停泊的方舟，也可以容纳三四个圆枱面。坐上二三十个人。厨房或者另外有一条附属的小船，可供不时之需，也使大船上无烟火气。

游踪所至，你到邓尉寻梅，虎丘访古，梅园登高，惠山试饮……锦绣山河，大地回春，自然逸兴遄飞，大可登临选胜。这些去处，大多数游客耳熟能详，毋须我多多饶舌。不过，在你游倦归来，欲求小休，自然仍可枕藉舟中，不知东方之既白。

描画江南苏锡的游艇，不禁使我想起在烽火中的江北。晚清以来江北就成为地瘠民贫的区域；和江南繁庶乡镇，不能同日而语、但最大问题还是交通的改道。为什么在铁路未通以前，扬州是大江南北一个重要繁华，而且还穷奢极欲过的都市呢？因为那时的运河，是内地主宰交通的惟一大道。海运一通，铁道建成，运河就失了她的作用，枯柳长堤，仅供短程游子低徊乡景而已。

"此是人间凄绝处，跨塘荡口铁桥西。"

江南难道没有在春天里过着急景凋年的人物吗？单以苏锡两地快船舟子与船娘而论，便有诉不尽的衷曲。闷了八年，到现在还是骨鲠在喉，欲吐不得。"横塘双桨去如飞，何处豪家强载归，此际焉知非薄命，此时只有泪沾衣"的往事，今日也何尝没有呢？"老弱转乎沟壑，壮者散而之四方。"也是司空见惯的事。但他们为了要生活，也只能守住岗位，强打着精神，笑靥迎人。而且他们似乎自甘生在远来游客的偶尔挥霍上；但目前的游客们，手面也一天比一天减低了阔绰，有的颇愿观光，然多裹足不前。

新春点缀了湖山；鬓影衣香，做成了苏锡的热闹。繁嚣都市中紧张过度的人们，倒不妨借此轻松一下，涤荡身心。人生本来是一个不分明的梦，不分明里求它太分明，便会陷入悲境。这也不过是在两三天新春休假中或然的杂感，也就毋须以"文以载道"来自责了。恕我不去详谈这两个地方如何攸关着国计民生！

农历元旦后三日

《京沪周刊》1947年第1卷第10期

游张公洞

凌文渊

我欲游宜兴的张公、善权两洞已久，近因储君铸农经营两洞很力，更欲去游。去年在南京曾托周君七梧开示路程，七梧又于今年二十一带同他的夫人来苏，招待我们到宜，想做东道主。我们因两洞皆距城很远，加以我们对游的事，总是枝枝节节而为，不能爽快，做我们的东道主，很要受些麻烦，恐怕难乎为情；故于十二由志民又约杏云女士同游，对于七梧不辞而别，直到宜兴，知道七梧必定怪我，然而我们只好受怪了。到宜后，寓新市场招商旅馆。当晚雇船，又迁到船中住宿。明早，开往湖㳇镇。下午登陆，步行五里，到盂峰。张公洞即在盂峰中。我们起初以为大名鼎鼎的张公洞，必在高山大壑之中，不料这个盂峰，势如培塿，难道里面就能包蕴多少灵奥的奇境么！我们正要入洞，适值王冠英、任锦辉、李蔚萼三位女士，带了许多的女学生出洞，看见我们两手空空要入洞的样子，就狂笑不已。我们莫名其妙，就向前请教：为什么对我们狂笑呢？他们说："这个洞，分前后两洞，前洞有光，后洞全黑，现在这里从后洞进去，不带灯烛，怎么能游呢？"可是这个时候，我们去到那里备灯烛呢？惟有不揣冒昧，请将他们所带的马灯三张，借我们一用，当然大受拒绝。最后问明这三位女子中，有一位是贾君果伯的妻妹，一位是任君凤苞的侄女，我就拿出两张名片，写明如其我们拐骗你们的马灯，不送还你们府上，就请你们拿我这个名片，径向果伯、凤苞两君要求赔偿。他们因我是果伯、凤苞的熟朋友，也就不好意思坚持拒绝的态度了，只好将三张马灯完全借与我们。于是我们三人各持一灯入洞。

刚入洞的时候，看石壁上标明："本洞三特点：（一）先窄狭后宽大；（二）先低下后高峻；（三）先黑暗后光明"等字。我们看过后，就贾勇下行六十三级，又上行四十五级，复下行三十六级，过大鳌背，举灯上看，万乳下垂，并不见其所由来，下看又深黑不见底。这里在邵青门来游的时候，他说："上行要用手来代蹠；下行要用尻代趾。"现在里面上下的磴道很整齐，无须手与尻为蹠与趾代劳了。然而手与尻虽可不劳，却是奇险的意味，亦因此减少。过大鳌背后，忽见天光穿漏。左行，到一石坛。向左上行二十六级，到石坛顶上。复下行，过一石桥，将入洞中洞，看见洞口上刻。"内有一点灵光及洞之脏腑"十一字。我看这十一字，有非常的感触，幸而这洞中洞还有一点灵光和脏腑啊！入洞的时候，也是先下行数十级，又上行数十级，皆黑暗无光。过小鳌背，举灯上下一看，与在大鳌背所见相同。这里磴道很窄，比大鳌背险得多。复下行数十级，举首回看黑暗中有形如星状的光线下射，此即一点灵光处。又从此向左蛇行，入玛瑙宫，四壁的石质光润如玉。从原道出，走到洞口外，在昏瞢中，忽碰到一人，身穿短衣，手扶竹杖，举灯照看，我同他两人皆发生疑问。我问他："你是储铸农么？"他问我："你是凌直支么？"彼此皆承认。他又问我："你为什么到这里来？"我也问他："你为什么到这里来？"于是握手大笑，竟把洞中下挂的石钟，震得如响斯应。

又自洞中洞口上行八十五级，至中心台，台朝南，下看石坛朝北的地位，实为全洞万象所归集，铸农拟名这个石坛为大罗殿。又向西，下行八十余级，至小西天，该处外有巨石如屏，里面可以静坐，并能仰看洞口的天光，洞中的境界，既幽深而又开朗的地方，当以此为最。再西又有一小洞，若佛龛，名一蒲团。转而向北，又似一洞，深暗无光，里面的蝙蝠，听说已上万了；折回至许温题壁处，壁已倒覆如釜，佝偻而进，还可仰视笔迹。

我们看这个洞的构造，在自然现象中大有含了人为的意思在内：石坛如厅堂；小西天一带与洞中洞对峙，像是左右两个别院；后洞是个内室。这里面的飞岩峭壁，嵌空遂深，异形诡状，骤然一见，虽不免骇人心目，等到细细的玩赏后，才知无一处不是美术化的布置，可以叫人越赏玩越觉到趣味无穷。又从中心台上行，经过剑道大缨络门，至将台休息。所谓缨络门者，就是形容前洞的洞口挂下来的石溜，不知几千百个，皆如缨络的样子，在三四月间，石苔茂密的时候，这些缨络的色彩，又变成似翡翠帷屏的样子。我们在将台上，上下一看，洞口非常之小，洞腹非常之大，由上自下，又很深曲，在这腹中，又有千岩万壑的积蓄，苏东坡批评李正臣所藏的异石为"壶中九华"，我欲以此四字奉赠此洞了。并在将台石壁上留题："余闻宜兴储君铸农经营张公、善权两洞已久，丙寅花朝后一日，始携小妻陆志民，并约唐杏云女士来游，遇储君于洞中洞口，得其指导，备悉洞中究竟，游毕至将台休息，时已月上洞口，甚以为快，凌文渊"七十八字。题毕，出天门，登峰顶，观夹谷，下行二百数十级，仍至后洞口。铸农招待我们饮于朝阳院楼上。

饮毕，铸农又说："月夜游洞，更有奇趣。"于是再持灯炬，从前洞而入。游毕，休息于中心台，我又留题"是夜储君铸农留饮朝阳院，乘月再游，至中心台，伫赏久之。古今人玩月者多矣。若洞底仰视，洞愈深，天愈高，月愈小，人愈静，如此境趣，以无意得之，洵可上傲古人耳。丙寅花朝后一日，凌文渊"七十五字而出。过洞灵观旧址，但见石柱五根，如华表插天；后有玉泉，水流甚涌，在月光下，静听清音，我们的精神，皆由他摄住，大有终夜流连在此的趋势。志民乃邀我们回院休息，是夜宿朝阳院楼上，明日太早，铸农又邀我们往观玉泉，并看甘泉精舍碑，碑在玉泉前，明嘉靖戊戌湛若水撰，并草书。碑石四面成方，皆宽二尺余，高一丈余，四面皆刻字，字约五寸。纵宕有寄气。史际跋。铸农索书"玉泉"二字，并记"岁丙寅花朝后一日，携小妻游张公洞毕，储君铸农留饮朝阳院，夜深复入洞观月，还寺，过此听泉；明晨，来读甘泉碑，又至泉上，壁间旧有玉泉二字，年久漫灭，铸农正在经营，属为补书，海陵百梅楼主凌文渊"八十字，并得五古一首，因篇幅过长，附录后面。铸农又说："去此二里，尚有玉女潭可观。"我读王渔洋游玉女潭的游记，真是奇妙异常，倒是很要去看看。不料现在的情形，潭则如故，凡附丽于潭的美观，一无所存，只见这潭倚着一个绝壁，广约十丈，深不可测，岩光返照，绿可染衣而已。途中看见山村中的男男女女，大大小小，无不对于铸农欢天喜地，或是送他一篮春笋，或是送他一筐山芋。这一种天真烂漫爱戴的情感所表现，我在常熟看见尚湖的上民对蒋君韶九（编者注：蒋凤梧，字韶九，常熟人），所表现的情形，同这里的民众对铸农是一个样子，可见两君为人以及待人的道理了。

《我的美感》，简庐 1928 年版

庚桑善卷纪胜

范烟桥

读鹤望师《庚桑善卷两洞记》，已震其奇伟瑰丽，渴欲一睹面目，已而读《旅行杂志》所揭汪叔梅与成行两君所记，益跃跃神往。春假得六日，始毕夙愿。同行者孙蕴璞、徐沄秋、金孟远、凌颂南四君，皆健行者，而余最次，然登涉不以为苦，可知洞天之胜，足以移其心志与情感也。

先一日宿无锡，黄昏细雨廉纤，颇为闷损。幸翌晨清光大来，顿增游兴。附锡宜路汽车往，梅园以西，依山上下，沿湖曲折，故从车窗中外瞩，烟波云树，山峦帆樯，无所不具，无物不美，方弗展一长卷，沄秋工画，尤啧啧称赏不绝口。为程百五十里强，为时两小时强，以途不平坦，车行颠簸，腰背酸楚矣。下车值史耐耕君，先期请为乡导者，史君以事不能偕行，乃命庖丁挈榼贮酒食以从。易京杭路汽车至鼎山，俗呼青龙山，徒步行七里，皆就田畦行屈，经独轮车重压，益凹凸如丘垫，倍觉费力。不期而遇者，有旧识陈涓隐君与其夫人吴霞如女士，而宜兴女中四女生，亦烂漫天真，若萍之水合，谈笑游戏，乃得减其疲困。

抵盂峰山腰，有小筑，即就以治食。既果腹，乃易橡皮鞋，秉油纸捻,入庚桑洞。洞口植碑曰,志沿革,谓真人庚桑居之,著九篇书而仙去,其后张道陵、张果来隐修,故又号张公洞。洞高数十丈,窈然深藏,下而复上,为庚桑殿,凡三层,拾级三十而登,壁有塑像,以火力弱,未之见。从殿右伛偻而进,别为一洞,洞顶为果老殿,与庚桑殿比肩而立,惟庚桑南向,果老北向,庚桑为后洞之底,果老为前洞之底耳。从果老殿下行大石级,亦三十,而阔过之,抵广场,可容五百人,较后洞为光洁,可席地而坐。斯时有天光自洞口射入,而石乳下垂如缨络流苏,固一天然佛龛也。从左入一小洞,盘旋登涉,凡百余级,偶见天光一角,映云树如团扇,作倪迂画,而光由斜照,色倍蒨丽。复行数步,忽又暝暗。既出洞,俯视洞口,相距仅数丈,而其间曲折几及里许之程,颇有吾吴狮子林假山之胜。此外小洞甚多,以滴泉濯阶,滑不留足,不敢多历。既坐山亭,仰望洞口虽迩,亦不敢攀登矣。

合后洞前洞而言,甚肖一螺,而其间弯环蟠屈,尤与螺腹相肖。若言仰盂,仅能状前洞耳,故不若移螺岩之名于此,然盂峰之名已古,见《百子全书·亢仓子序》云。

循原路出后洞,体已大惫,乃雇独轮车置外衣,下山忽迷路,抵鼎山车站,独轮车已先我而至。此行往返在二十里外,霞如女士与四女生,皆不若吾侪之困顿,而余汗雨喘息,几不能持,能无愧欤。

候汽车至,附以返宜兴。入城,于途次复值史君,邀作小食,得尝鲈脍菌羹,鲈无他异,菌则鲜嫩非他山所有。史君谓土人称鲈为痴虎,于菜花汛特佳;菌有桃花之名,以别于秋日之雁来菌。故诗人冒鹤亭曾有诗寄储简翁云,"我为荆南修食谱,菜花痴虎桃花菌"之句。

以明日拟游善卷洞，乃于六时许辞史君出城，附汽船至张渚。于夜色迷濛中过西氿，惟闻水声滔滔，不能一辨氿边风物。既抵张渚，宿张渚饭店，甚简陋。后闻人言，其地尚有桃溪旅馆，似较宏大云。

晨起，天复下雨，惟不狂耳，隔宿预定之山轿已来候，乃略进朝食而往螺岩。岩之阳，善卷洞在焉。先坐洞外敞轩，闻泉声甚壮，凭栏下视，则有悬瀑，即汇群山之泉以注下洞，伏流而起为水洞者也。出轩右行，降云阶，抵中洞，有小山迎门而立，苔藓嵌碧，蛛丝缭绕，古拙可喜，上立弥勒像，眉目可辨。山后见洞，广四五丈，高亦如之，深则倍之，左右石壁，奇形怪状，难以笔墨曲状使肖，好事者乃拟于物类，如象，如狮，如葡萄，如簑，如瀑，皆题以字。实则有若夏云，任人摹拟，不必拘泥，观于此而觉画家不能夺造化之工，诗人无以状天地之奇矣。

洞口敞大，纳光较足，故周匝雕塑点缀，较庚桑为多。若金刚楣，若香云谷，若地藏裕，若般若池，若面壁处，佛国掌故，悉萃于此。从"欲界仙都"之题壁处入一小洞，即为上洞，有若登楼，一无光线，较庚桑后洞为黯。入洞即有热气噏然，若絮之来裹，暧瞇为昏，稍进稍净，而暖如蒸笼，殆加甚焉。有池水特清澈，谓是仙水，故土人又称是洞为仙人洞。有路渐行渐高，左壁石纹如云，间有作鳞爪状者，号石龙。石龙既尽，乃见石柱，可两三人抱，似出天然。有石床数事，可以假寐。闻简翁曾宿洞中数夕，每于清晨见有白雾从洞口吐出，即前人所谓出岫之云也，今亦有僧置木龛居之，较结茅山巅为舒适矣。

出洞返轩，作午餐后左折，缘石壁而下，瀑声益震，其麓有石题"雷音壑"三字，瀑不甚大，简翁曾筑隄障以足其势，惜工程不坚，泉发冲隁障而溃，旋是瀑更为障石所压，减其壮观，瀑尽流为细泉。经洞底而深入，吾侪伛偻而行，穷洞之底，乱石碌砢，步履维艰，凡十数丈。有舟在，持手杖作篙，左右支撑，勉

强而行，约三四丈，已为洞底，然洞右有微缝，谓水浅时可以深入，有里许程乃达岩阴后洞，今则惟有废然返耳。

越螺岩而归，于岩脚见后洞，洞口有水溶然，亦以洞壁下垂如幕，不能一窥其究竟，然两洞可通，固可信也。洞外有祝英台阁，相传为祝英台读书处。右为碧鲜庵，今名善卷寺，因掘地得石，始知其旧名。察石所凿字，尽在唐以前也。寺已荒落，了无他胜，乃至五洞桥，附汽船返宜兴。

于舟次晤内侄沈隽，云有龙池山，竹径数里，其境绝佳，而国山有吴孙皓封禅碑，俱未得一见，颇以为憾。归途得睹西氿景色，遮柳漾绿，柔波如镜，微云懒笀，岚障叠翠，李莼客所谓"山水村郭，一片大地，俱不足供其发泄"也。

夜饮城中一酒家，酒甜劣如饧，然以刀鱼之腴，桃花菌之嫩，洞游之奇，兴会淋漓，狂饮至醉。入吴德盛陶器店，喜主人汉文之不俗，拉泛秋作山水，余题以二十八字云："菜花痴虎桃花菌，回味何如善卷奇。肯为名山留鸿印，青藤墨妙石湖诗。"明日醒后，颇悔孟浪。归过无锡，复鼓余勇游箕山、鼋渚，十年小别，光景大殊，而东大池之游，似添锦上之花，盖山深林密，虽非桃源，殊异人境，如读昌黎文后，一展《柳州小记》，其味殊津津耳。

上为去年所记，今已有所变异，然洞天之奇，风物之胜，固无殊也。

《苏州明报》1935 年 4 月 2—3 日

无锡之游

田汉

晨五时半,唐海来敲门,云王坪有工作不能去。匆匆盥洗后同出,费君携带摄影机在弄内久候,即乘祥生车到北站。柳芳、严经理、以群、宦乡诸兄先生,集文汇旅行团旗帜下,此为我战后首次到北站,破坏不如想象之甚,殆已经多次修理耶?

乘"汽油火车"出发,据说系日寇所留,他们做好,以缺乏汽油未开驶,于今刚好用得着,速率殆倍于火车,感觉轻快。各处送旅行团汽水、罐头、香烟甚多。严经理开一罐系油焖笋,予素爱吃笋,找不到筷子,则权学爪哇人以手代。江南风景依然,相逢患难之后,倍觉亲热。见人家孩子歌唱跳跃,深悔未带大为、玛琍同来。

过苏州换一车厢,予等乃得正式座位。听以群谈江北事,予亦道当日由上海退出,由南通唐家闸搭小汽船经白蒲、黄桥达口岸情形。当时运河两岸芦花如雪,枫叶如锦,终日行画卷间,不类逃难也。

至无锡站,士兵一队倚枪坐月台候车,有记者数位相迎。费君从人丛中摄影,予寨旗前导。战前予尝五游无锡。八一三后,予与康弟从南京返沪,亦曾过无锡,访教育学院诸友。当时师毅、柳方诸兄曾同在校园树下仰观寇机向首都方面飞去。今柳方兄同游，师毅仍困居重庆，殊使人系念。

到桥下乘船，予先上拖船。日光甚烈而予光头无帽，乃跳上小汽船，河窄船多，刚开出，木船失控制与邻船相撞，颇予损害。邻船夺我缆系该船木桩上，局面显然严重。严经理立命留一人负责与邻船"商谈"。"是的，事情没有不可以商量的，一切总要过去的。"邻船的负责人也发挥了他的和平哲学。

我船乃得从容解缆而去。出西门，航线乃畅通。沿途景物清丽，浣女数辈从水边抬眼望人，风致楚楚。

到蠡园，尚存旧观。池中白莲初放，而丰草败树充溢台榭，游泳池亦积满淤水。柳方兄为谈无锡农民痛苦，战后亦不稍减，特务滋扰深入庐舍。应记者请，为《锡报》、《民报》题字，成一绝云：

十载流离别太湖，重来池馆悉菰蒲。
江南憔悴犹如此，把笔何当代吁呼？

由蠡园经宝界桥，曾闻王素谈此桥之美。此来则桥已被炸中断，三五儿童跑到中断处看我船。缆断，拖船只得撑过桥底。

转入太湖，重登鼋头渚，进午餐。旋与柳方、唐海、以群诸兄登入广福寺。玩鼍卵、翁铁铜。转上万方楼，晤昆仑兄，王老伯亦扶杖相见。战争中王老伯曾游北碚，经营油厂。及复员归锡，庭花虽芜，故屋尚在，惟颓败颇甚，须修葺耳。

昆仑藏书亦无甚损失，殆因有日籍，侵入者稍示敬意之故。方茶叙间，湖天变色，风雨大至，雷声震屋。昆仑以册页命留数字，成二绝云：

破敌收京亦快哉，江南几点劫余灰。
喜开橱箧摩图籍，再把锹锄辟草莱。

忧国带教老眼枯，艰难历尽返吾庐。
鱼巢点点烟波里，忍把机心看太湖。

机心云云，因予见湖中有草团，依序排列如插秧然。问为何物？王老伯云："鱼喜在有草处散子，渔人乃作草巢引鱼来捕之耳。"

雨后乘船极凉爽，惜予略倦而不易得坐处。青年有歌"渡黄河"者，此词予作于南京，星海作曲，同游洞庭山时，星海请张曙试唱，诸友皆称善。当时游侣今多散亡，张曙父女于敌机轰炸桂林时殉难。星海成就正大而亦殒落莫京，真不忍再闻此曲。得句云：

片帆当日犯烟波，曾识西山谢黛蛾。
张曙不存星海去，碎琴应废"渡黄河"。

过蠡桥，唐海以纸笔嘱写今日感想，再成句云：

旗正飘飘波正生，蠡桥如带近西城。
如何水软山温处，却有儿啼女哭声。

至河街，柳方兄先告，《锡报》要请客，柳方兄自己却要去县府拜见县太爷，据云有戚某，在沦陷时，曾与新四军有过联系，事隔多年，近忽以此嫌疑被逮入狱，得为设法。

走近城边，两少年骑高头日本马出城门望桥边驰去，予极羡，不觉有髀肉之感，真是又有好久不骑马了。同到《锡报》，参观编辑室，甚整备(其后二十三日被编余军官全部捣毁，无限惋惜)。至公园，见墙上标语并写："一个领袖、一个主义、一个政府。"与"实行民主政治"，似毫不觉有不调和处。《锡报》记者为予等摄影多幅。旋赴迎宾楼宴。抗战爆发时过锡曾饮于此。应嘱写扇面三副、宴后匆匆上车，对面列车上日军数千名，将赴沪返日，拥挤疲困之状，仿佛予等桂黔逃难时，颇感阿Q式的满足。

车将开，无锡某报记者又匆匆见访，予略谈所感，汽笛已大鸣。车上无锡大阿福与面筋满坑满谷。予倚椅休息，抵北站已十二时。（摘自《文萃》第三十七期）

《锡报》1946年7月7日第1版

旅行日记

江浙漫游记（节选）

舒新城

无锡

一

民国二十四年三月十五日 星期五

下午三时，同楫君赴北站赶车赴无锡，至锡为六时五十五分，天已昏黑，本拟在城中寄宿，因月色甚好，乃雇汽车去梅园，车费二元。上车后，因司机有三人，露夜走乡野中颇有戒心，恐楫恐怖，乃故为镇定，不二十分钟抵梅园，幸得无事。入太湖饭店后，与楫道此事，她谓亦颇有戒心，但不敢出诸口耳。因途中疲倦，饭后即凭栏玩月，不去园中，九时半即就寝。

三月十六日星期六

昨夜住十五号，有三窗（价三元八折），颇为舒适，但今日该房因有人于昨日上午定去，故晨起即迁至五号。该馆之客共两座，一至十号为旧造，系正屋，每间均二元五角，但较闹；十一至十五号为新造之独院，极清静。现以游人甚多，房间均经预定，今日只此五号可住，其余均已客满也。

午前八时半即同楫步行去锦园，距梅园约四里，费时三十分，渡湖至鼋头渚，翻山至东岸听涛声、晒太阳、濯足、摄影，倦则卧于乱石之上以资休息，直至十二时半方去小馆午餐，叫菜三味，费一元半，而味极坏，殊不值得。

下午本拟至五时方返，乃二时后，风浪大作，寒不可当，故三时即与楫返锦园，复至背风处晒太阳，至四时方返旅馆。于园中三乐农场售品所购土产三元余。

因下午吹风过甚，楫君颇不适。

七时晚餐于一小馆，蛋炒饭甚美，而取价只一角，盖乡人之为园主守房屋者，带作生意，不须房金及他项开销也。返馆遇高践四君同梁漱溟君来寻屋不得而返。约定明日七时去教育学院出席中国教育学会理事会。

三月十七日 星期日

晨六时半即起，七时乘人力车去教育学院，途中甚寒，至八时方抵该院，于行人道上遇高践四、赵步霞、刘虚舟、俞庆棠诸君。早点后，由赵引导匆匆参观其展览会中之图书馆及工场；图书馆集书不多，但有条理，工场之利用废物，制造各种科学用品，颇为难得。

九时开会，议决建筑社屋及下届年会等案，十二时方散。此次赴会，本欲与诸人接洽民众文库之稿件。略为谈论，悉该院民众读物，每年可获利数千元，则无条件印行之议，当谈不到。而就各人之言谈看来，似均偏重于教育八股方面，而少社会基础，乃未深谈，仅购其出版物而已。下午二时同张炯君至梅园，因微雨，在室小坐，彼申诉其在教育部任社会教育司长二年余而少成绩之苦衷，忽于民众文库之办法有所悟。彼去后整理得办法七条如下：

一、以一千字至三千字写各种读物。

二、从连环图画研究。

三、从通俗小说研究。（小小说可加入。）

四、从公民常识研究。（新编。）

五、从民教育机关已有刊物研究。

六、请各专家供献意见刊书目。

七、从民歌研究（黎锦晖有办法。）

照此办法，有特色；材料亦易集，且能适合需要也。

三月十八日 星期一

上午微雨，拟去宜兴一游，因雨而止。遂于十时三十五分乘江南汽车公司锡宜长途汽车至火车站，于汽车站购票时，询悉游宜兴善卷庚桑两洞，须由此乘早七时半之车可以当日来回。惟汽车颠簸甚厉：自梅园至车站之二十五分钟行程尚感头晕，若欲续坐两小时以上（由宜至锡共二时十分）实吃不消。故上汽车时，楳深以此次未去宜兴为憾，及经过二十五分钟之颠簸至火车站，则又以不去为幸也。

十一时五十三分车开，二时到上海。

二

民国二十四年五月十一日 星期六

午前八时独去无锡，十时三十五分达，即寓无锡饭店。于十一时半去社桥教育学院访刘虚舟、俞庆棠两君。朱若溪、甘导伯、陈逸民诸君均来谈。俞颂华君亦在该院兼课（每两星期由沪去一次，教近百年史），闻我去亦来谈。即在院午餐。饭后导至该院在乡下所设的惠北实验区，先至王家宕分区：该区有缩短义务教育四年至两年之实验班，按照农村习惯，不放星期假及暑假，收九岁至十四岁之学生；教材由该院教师指导学生研究编制，概用混合式。现在办理不及一年，但成绩甚好；上年与无锡小学共同测验，该校学生反优于锡小；当时以课文询其学生，亦能对答。现在之义务教育完全抄自欧美富国，在中国人民实无如此经济力。学龄改迟三年，不放星期及年暑假，两年实可以受毕四年之课。教材混合编制，尤能适合儿童心理及需要。当向俞借该项教材全部，她允寄沪，至惠北总部，所列书报颇多，职员均在各分区工作，总部仅一主任、一职员处理事务。至卫生所，有医师一人，上午诊病，下午轮流至各分区视察，开办二月，全区人口三万余，但每日来诊者达三四十人。现正训练助手，访视家庭，灌输卫生及防病常识。同时有农业推广及合作等组织，造福利于民众者颇大。返寓已五时半。六时半由刘等公宴于西门聚丰园，八时同颂华、导伯去南门参观其蓬户实验区及工人教育部。该处为该院毕业生茅仲英主持，办理极有成绩。蓬户即竹蓬之户口，均为江北苦力。据其调查，百分之七十以上因天灾不能生存而转徙，其余则因家庭无业问题而来此。初来时大概举家住于艒艒船中，而驾驶至各口岸觅生。其职业：男为拉车、小贩，女为洗衣、缝纫等。得一较可资生之地，即将船定居于该地。俟船不能在水上应用时，再移诸岸上，举家仍住于其中。经过若干日，木板风化，不能再用，然后视其积蓄之多寡以二三十元至五六十元造一蓬户。此项蓬户，在锡城有八千余家，四万余人。其人口约占全城人口六分之一，在教育治安上均属重要，但平时殊少人注意及此。彼等乃先作户口调查，举行人事登记，组织保甲以十户为一甲，甲有甲长；十甲为一保，保有保长。凡关于卫生、教育、事业，均由保甲的议决执行。其最重要者有消防队之组织。自前年开办，现已二十一个月，从未着火（流氓因敲诈不遂怀恨，去冬放火五次，亦均未成灾）街道均轮流扫除。就观察所及，其户内户外之清洁，有胜于上海普通弄堂。近更提倡种花，每家门前均有二三尺之小花园，更非上海中下级社会所有。平日赌博最盛，近已完全自动禁绝。在经济方面，由该院予以借贷，每户信用借款，可借两元，二十一个月之中借去九百元；但从无人不还或短少。现在因专业小贩均能生活，更提倡储蓄。由办公处制成储蓄箱，存于甲长家中；每家每月将其余钱送置箱中，每十日开箱一次，俟成整数再送至银行存储。据其统计，储蓄之最多者十日中小洋八角，最少者铜元十六枚。该院在实验区中照式制一茅蓬办公室，派职员两人，日间为之教管儿童，夜间为其成人教学，区中男女老幼，无一不愿就学。茅君同去时，蓬户中之老幼男女，无不叫茅先生。可其得人之信仰。实验区办理未及一年，其他蓬户均起而请求同样办理，该院以经费不济却之。惟近来某区则自造一办公室，请其派人相助，该院允之。但成积较实验区更优，以为其自动也。九时去其工人教育处，则设施与普通学校无异，但校址则由工厂供给。十时返寓，觉其深能实事求是，在义务教育实验与民众教育实验两方面，其教材尤可供人应用。途中颇思有以合作，乃约虚舟于明日午前再谈。

五月十二日 星期日

午前九时，古柏良来访；彼从社会政治经济各方面研究教育，故其见解较一般教育家为高；彼对于彼等现在之办法，虽认为较旧法为好而应当作，但欲以此为救国之唯一道路，则未免过于奢望。其言甚是：盖不平等条约不取消，关税无办法，出超无法减少，国内不安定，生产无从增加，社会经济上无办法，重工业不发展，立国无办法：枝节的努力绝不能解决整个问题也。十时虚舟来谈，该院有北夏实验区及城中之民众实验学校，亦均能有特殊工作，拟一二星期再去参观一次而决定与之合作之办法。就大体言，现在之学校制度与社会需要相去太远，各方面已感觉不安而各谋出路；我们仍抱残守阙，在营业上殊无办法。能与之合作研究出若干良好教材，不独社会有益，于营业亦大有助也。

十一时五十七分车返沪，与颂华同车，且遇傅焕光及吴之屏。颂华谓我们应注意两点：（一）得风气之先，（二）广大民众之需要。甚有见地，应时时留意也。

三

民国二十四年五月二十三日 星期四

午前八时同献之、文叔、汝成去无锡，十时半到锡，即驱车去教育学院，晤虚舟、庆棠、颂华等，即在该院午餐。下午一时一刻由朱秉国（该院编辑）君领导去北夏实验区参观。北夏离该院约二十里，人力车费一时二十分始到。其主任赵步霞君适患疟疾，但仍力疾招待。由其简略报告该区组织与办法后，即由该区经济指导张霞仙陪同参观第一第二中心民众学校及仓库。民众学校之办法与他处相似，不过要负辅导普通民众学校之责任耳。仓库则系就民间住宅之空间堆放米粮，农民于米贱钱缺时以米麦等来抵押现金，于粮贵时取出，和当于旧式之押质所。江苏农民银行亦办理此事，利息且较远，而手续又繁，故农民乐于趋此。详细情形，嘱文叔记载于教育界发表。午后六时半返，由虚舟、庆棠等招宴于大中华。饭后由实验民众学校主任马君陪同去该校参观。同时上课者有十班，其组织分初高两级及补习班、托儿所、工艺班。初高两级为正式之民众学校，每六个月毕业一次，教材均由教师研究实验。补习班收高级已毕业之学生，为之补习相当于初中一二年程度之英文国文等；工艺班教妇女缝纫；托儿所则为以上各级学生之有儿女而不便读书者，准其带来交与保姆施以幼儿教育。其经济方面，有同学生活互助会：即学生之职业门类甚多，凡同学之需要某种工作或物品者由他同学代为工作或购买，取值较廉；同时为之代谋储蓄与放款：即收取学生由工作收入剩余之款转放之于经济困难者，彼此供求互助，消极上得益不少。学生之毕业者有同学会，与在校者共同按职业分组若干职业团体，亦为具体而微之工会。校方每年可毕业千人，将来之发展无穷。不过我以为有两问题可虑：第一是同学会有力量之后，难免无不良份子操纵利用，第二是政府之干涉：但在现在亦无从顾忌也。九时一刻雇车去太湖饭店，献之已太累，腰痛脚酸，明日不能再去参观矣。

五月二十四日 星期五

午前六时即起，在园中散步，九时为献之等摄影三帧，购糖果数包，九时一刻同汝成、文叔至教育学院，参观其工场，十时文叔、汝成同王偠去惠北参观，我与庆棠、虚舟等议民众教科书合作办法。我拟年费二千四百元，与之共同作民校教材及义务教材与理化用品之实验研究。因践四去京，具体办法须俟其返沪后再商。十一时半起行返沪，由庆棠送蜂蜜二瓶。二时半到寓，即赴所治事。

四

民国二十五年四月十八日 星期六

七时于细雨中同楫君等三人起行赴北站，十时二十分抵锡，雨已止。初拟雇汽车，以索价太昂，正在讲价，楫君为人力车夫所包围，均强欲将其帽子交彼。彼怜其苦，嘱我乘人力车，言定先至惠山，再去蠡园，最后至梅园，车资大洋六角。不料至惠山游览后，转入梅园蠡园歧途中，车夫放下车子再讲车价，楫君怒极而哭，坚欲其拉回车站，我与其母及友云劝慰之始首肯，而车资已增至一元一辆与汽车相去无几矣。至蠡园已十二时三刻矣。

我们常去无锡，但去蠡园今日为初次。由车站至惠山，人力车行半时，再至蠡园费一时，为程当在二十里上下。园在扬名乡之青祁，有马路直达，临五里湖滨。十六年由王禹卿建筑，占地数十亩，水多陆少，亭榭花木，假山水池，布置尚称得宜。现在正建筑新屋，其中亦可住客。惟房价较昂（自二元至八元）。我们午餐于此，饭后去渔庄，与蠡园比邻，占地亦数十亩，惟除点缀风景之小池外均为陆地。庄中假山布置颇佳（此两处均须五分购门票），游览一周即乘车至宝界桥，连接陆地与鼋头渚（即充山之麓，远在山之西端，但人不曰充山，而以鼋头渚概全山）孤岛之桥也；本地人称长桥。经桥有马路可直到鼋头渚之长春桥，由该桥渡河，即是锦园，再三里便是梅园矣。但车夫欲省摆渡之烦，乃由长桥转回梅园。至梅园已近五时。游客甚多，幸早到数分钟，得楼上十一号房一间。

四月十九日 星期日

昨夜甚热，睡不适。早六时即醒，未七时起身，与楫君等在园稍散步，即进早点。八时步行去锦园，沿途摄影采小蒜，走一时方到锦园。乘小轮渡河，（每人取资一角，船五分），漫游鼋头渚，且上走广福寺经太湖别墅而下湖滨，至该墅所建之网球场外木场上卧晒太阳，至一时返长春桥午餐。饭后直循长春桥沿马路前行，至广福寺下入松林中之新辟马路，至太湖别墅之万方楼宾馆，该馆据山巅，前望太湖，水与天齐，后望松林，绿波荡漾，风景绝佳，住室自三元至五元。再由该馆折回鼋头渚灯塔下。坐卧石下，听涛曝日，至三时半，方乘船返锦园，再乘人力车返梅园，于四时四十分返城站。因为时尚早，又去城内公园休憩，至七时回至工运桥福禄寿晚餐。八时三十四分乘车返沪。因游人过多，加车五六节拥挤异常。

五

民国二十五年九月四日 星期五

早六时半即醒，准备去无锡，幸昨晚楫君将行李收拾就绪，无多预备。临行时告楫君电康铭谓我去锡，并电湘来面告之。于七时四十分雇车去北站。十时二十分至锡。

去梅园之汽车须十一时开行，乃至邮局购信封四个，致一快函于楫君，谓彼明日下午一时车来锡，可电告太湖饭店。及抵梅园，则有兵站立门外，不许进去，且不说理由。询车夫，始悉现在园内建炮台，太湖饭店已闭二月余也。不得已，雇车去小箕山。渡湖至太湖别墅万方楼住居。此处为王心如（昆仑）之别墅，在山建屋数楹，有三座客房，共十四间，均小而贵。五元一天者不过方丈之地，三元一日者仅容一小榻、一桌、一椅耳。因系一人，拣定其最高峰（名七十二峰山馆）之小间住下。各室所悬时人（要人尤多）书画甚多，惟设备甚简，无电灯电话；沐浴另收四角一次，但热水只一小桶，而客厅尚不许旅客坐。此处地皮甚贱，房间本不必如此之小。既小而贵，且任何人付钱即可住，则明明商行为，但账房不许说旅馆，为欲保存缙绅气派也。此类矛盾，在现代随处可见，本不足怪，不过不痛快耳。夜间蚊极多，室外不能坐，室内虽有纱窗，但侍者不知关闭，蚊仍极多，故住客只有数西人。

夜间独坐庭外，遥见星光与渔火相映，静听秋虫唧唧，颇想与楫君共话，只可惜彼此时不能来耳。（每日只通邮一次，由送报者带去。午间又快函楫君，告以住此，交通不便，请其明日不来。）

九月五日 星期六

昨日热至九十度，夜间亦无风，且床为钢条，凹凸不平，睡不适。早六时即起，七时早点后（汤面三角、客饭六角），补写前昨两日之日记，九时方毕，决定迁居蠡园，以其交通较便而设备较好也。

蠡园为王禹卿（名尔正）所经营，新建屋二所：曰颐安别业，为六开间楼房，有屋十六间，每天自三元起至八元止；曰景宣楼，在别业前之三开间楼房，有房五间，上二间六元，下二间四元，后一间二元。六元以上者均有私浴室，四元以上者均有抽水马桶、洗脸盆。有公共浴室，每人每天沐浴一次不收费。有汽车间，并有汽车汽船等出租，有中西餐所，各种冷饮完全商业化，故陈设考究，房屋宽大，且有简章规定食宿各项办法，旅客颇便。十时半到此，别业已预定一空，在景宣楼得四元者一间。至十二时，则所有房间均售空，旅客以西人为多数。

十时三刻即叫长途电话，接至十一时三刻尚未接通，询其何时可通，则不能预定，恐电话达到，楫君仍不能赶下午一时车；且天气甚热，又不愿其奔波致病，乃白费三角五分手续费取消之。当发一快信，告以迁居此间。

天气甚热，虽湖边有风，但室内仍难受。不知何故，对于摄影亦无兴趣，两日来只摄一张，今日虽曾携镜至湖滨，但未启镜箱。

七时食毕，正从食堂出来，忽闻有女子叫声，且酷似楫君者，转眼望之，果然是她。甚为惊诧。坐定询悉，彼于一时车由沪起行，主要目的在为我送衣服来，因日来太热也。四时到锡，即由梅园直趋万方楼，而该楼之侍者不告彼以我之去处，亦不说我已结账；嘱其电此间，亦收费两角而托言电话要等候，且欲其在彼居住，故延宕至半小时以上，不明言电话是否可通，我是否再回该楼。她嘱其将原住之房间开视，见无行李，知当赴蠡园，但迟至鼋头渚（上下太湖别墅均步行）则已无行人矣。适有一汽车载行李过，乃请附该车回至蠡园。但车中原有客人须上山吃点心以后再去万方楼开房间，而将行李置车上，致她在该处等候一时余。又恐我不在此，且知此间早已无房间，乃与车夫约，如找不着，仍乘原车去车站于八时半特快车返沪；不料进门即见我也。夜间兴之共步月下，静听涛声，别是一种世界，两日来之寂寞，多少时的烦嚣，亦已涤尽。她谓昨夜不知何故，一夜未眠，今夜当可熟睡补足之。此种厮守之习惯不易改变，亦即所谓爱恋不易撕灭也。十一时方就寝。

九月六日 星期日

楫因昨日疲劳，今晨八时方起。九时早点后，在园内散步，十时乘人力车去鼋头渚。以游人稀少，单程亦须车力四角。由太湖别墅溯广福寺至万方楼，于该楼下之茅亭中静卧约半时，再上该楼小憩，则所有房间均住满。除三中国人，其余全为西人。憩后本拟去山底之游泳处，因腹中不甚适而转向鼋头渚。本拟在该处午餐，再去湖滨静坐至三时半渡湖去锦园，由梅园乘四时四十分汽车返车站，楫即乘五时三十三分车返沪。至湖滨，恐锦园无人力车，走至梅园未免太吃力，即使有车，自现在至车站亦全不能休息，未免过劳。故决定返蠡园，于一时一刻起行，四十分钟即到。去食堂购食，则全部坐位为西人所占（共二十余人），且亦无西餐，不得已叫中餐菜二，面二，至寓处之外厅食之，食毕，已三时矣。楫君须于四时行，方能赶五时三十分之车，故嘱账房须雇一车（车力四角）候之。

正四时，她即上车去车站返沪。

九月七日 星期一

昨夜七时后，完全无风，八时半，忽起大风，房屋为之震动，楫将于八时四十分到沪，深恐沪上有雨，彼为省节，不叫汽车，当在电车上遇雨也。

日来均热，今日稍凉。早七时起，园内走一周，吃牛奶一杯，面包三片。早点时，询此间账房以营业情形：照我估计，每年可作三万元，彼谓无此数；前月较好，亦不过千元，惟此专指房金而言，中西菜及茶座均另包他人（中菜月出租金二十元，西三十元为底子，生意好再拆账，茶座每月租数元），其收入不计也。全部计之，全年之数当亦在二三万元之间。据谓平时无甚客人，只星期六星期日生意较好，来往者十之八九外国人，国人不多也。

就近两日之情形看来，中西人士之生活习惯与体力相去太远。此两日中，此间与万方楼之旅客，西人当占十分之九。此等西人就其生活形态言，贫富甚悬殊，品类亦不一。彼等固有自备汽车，经济充裕者，有雇汽车游览，经济平常者，亦有雇人力车或步行者。在万方楼之西，有男女老幼七八人，共住三元一间之小房两间，自带炊具，自行煮食。彼等星期五即来。其主要目的在爬山、洗湖水澡。就经济能力讲，国人之中产者即优为之，月薪百元以上之小家庭亦优为之，富厚者更无论矣。然游览者竟如此之少。西人之品类亦至复杂：有五十以上之老太婆（本园及万方楼各有二人），有须发尽白之老头子，有摩登少年男女，有两岁以上之小孩。但均讲究步行，晒太阳，洗冷水澡。男人及小孩之短衣短裤无论矣，老少妇女均短裤袒背（所谓袒背者，将乳部围以布，背与臂全露在外）在太阳中游行。国人之住居此间者，女子之旗袍高跟鞋无论矣，男人及小孩，亦长袍短褂，优游自在，纡回慢步以显其斯文。至于爬山上巅，晒太阳，洗冷水浴，则更未之见也。我国以农立国，农村有工作代运动不必讲究运动，读书人则讲究斯文，不要运动。近数十年来，与西洋交通，关于物质上之享受力求西洋化，而精神与体格之锻炼则不受西洋之影响。以故国人之有钱者，消闲于嫖赌之中，生活可过去者消闲于影电场跳舞场之中，少钱者消闲于游戏场之中。此等处所惟有颓废精神，戕丧身体，遂致优秀分子之子女，身体日坏，而常与医药为缘。此种旧风气不革除，强国强种之事难谈到也。

园中联对甚多，有两幅可见园中风景与主人怀抱，长廊中一联云："百尺爱长廊，风景宛如游北海；四时饶胜境，烟波不再忆西湖。"（蒋士松撰书）在南方实未见倚湖长廊达数百尺者。长廊面对五里湖，且有小山环列，风景雄伟，过于西湖：盖清秀虽埒西湖，但得天然之胜，晚霞尤佳，非如西湖之人工之纤小见胜。景宣楼堂前一联云："烟水老渔情，任凭人事沧桑，且消受物外田园，眼前风景；湖山故乡好，占得天然图画，更近傍旧庐门巷，黉舍弦歌。"此联为园主自撰，下联述地势，上联则其人生观，抑亦我国名士之人生观也。近数日不看报，不读书（今日得楫君所遗之海外二笔偶阅数张）不闻世事，不问局事，亦世外桃源之人也。且颇思在此处等筑室终老，不再治事，不知此种思想，表现个人之易老，抑或为多年劳碌之反响。

九月八日 星期二

昨夜因昼寝达三时，晚间不能静睡。早四时即醒，五时披浴衣至湖滨静观日出。初见鱼肚白色，自东边之山巅隐约出现，逐渐见紫云层峦，起伏有如画图；未几转成金黄，有如火焰，再转而如水如镜。斯时有渔舟荡漾，微风吹拂，更将寂静呈动态，而如火轮之初阳，则由山峰云层之中冉冉上升。此时自然之美景可以叹观止矣。抽镜摄影数张，但现之纸上必不能见其万一。此时全园只我一人，湖中除三数渔舟外，亦无他人。而渔夫忙于生活，固不能领略风景，则此全部湖山可称由我一人享受，一人管领。

昨夜想将此次在锡之生活情形记下，曾拟定题目数则，录于下：

憩之冲动 述"从此无家"与"从此不问一切"及日常生活之机械而极思休憩，因偶然的刺激立即决定出游。

去无锡 出外之目的在休憩，故择地以静为主，青阳港火车太闹且须游侣，西湖太洋化，苏州太旧，无锡自然环境伟大，社会朴素。

万方楼 天然环境不亚于日本之热海，夜间钟声、涛声、蝉声相和，于月夜静听，更足发人深省。夜半撞钟，佛门须动；振翼不息，动物须勤，与石相激，湖水亦勤；则世上无易事，欲求人己两利，为社会谋进步，更须勤劳。蚊为生存，彻夜飞鸣，扰人清梦，固属可恶，但在彼则固勤也。楼主王心如为"老同志"，于其中所悬近时伟人之匾联知之。惟名士气未脱，故为商行为而不愿纯粹商业化。

蠡园 一切摩登，且地道商行为，颇痛快。我拟借箸一筹，请其设游泳池、游船、网球场等及与锻炼体魄有关之设施，多用广告招游客，以改变人之生活习惯；同时吸收游资，发展事业。

中西人生活之比较观 昨日日记所写之事实。

习静记 四日来静居之经过，而归结于只可用静变换生活，不可永久静居，徒将有用之精力消耗于无用。

午间食西餐，一汤四菜一点心，外加咖啡水果，取值一元五角，味尚可。食时另有三青年在旁座，系由上海初到者，谈话时十之九用英文，二人尚流利，一人甚勉强，此种亡国心理不除，精神上便不能自强。新运诸公，但提倡礼义廉耻，独未闻注意及此，是可嘅也。十一时致一电于楫，告以明日归。

下午在长廊散步录联消遣，廊中之联为西蜀何一夔撰书：

> 访迹自西来，远瞻霞日缤纷，红拖浙北。
> 问春将东去，环视烟波浩渺，绿满江南。

大门进长廊处，横额为"天开画图"四字（思耻题）木联为七字句：

> 是处真堪论风月，他乡无此好画图（懿汲题）。

转弯处有华昶集唐宋绝句一联云：

> 千步迥廊闻凤吹，两山排闼送青来。

长廊对面有一方亭，中有华世奎题"晴红烟绿"四字横字匾，旁题一黄色木联云：（徐用锡撰书）

> 万顷茫然，短棹扁舟几少伯；
> 一亭屹立，春花秋月属先生。

湖上草堂（在景宣楼东）之联最多，其正门一联云（高翔撰书）：

> 万顷漾澄波，正微雨晴初，曳将坡老筇枝，六曲回廊杨柳岸。

九峰浮远渚，趁夕阳明处，着个放翁艇子，数声柔橹水云乡。

门内左右壁题二联，其一黄色木制，陈宗彝撰书：

轻舫到青祁，看湖光潋滟，峦影空蒙，畅好似圣因风景。
名园依绿水，羡家足稻粱，手移蒲柳，愿常过何氏山庄。

其二为黑漆制，范廷铨撰书：

辋川秀绝人环，琉璃世界，罨画楼台，俨然在水一方，八景溪山都入妙；
阆苑飞来天外，花木长廊，烟波别墅，愿得浮生半日，五湖风月坐中看。

正中黑漆联为孙肇圻撰书：

眼前风景不殊，宛披摩诘画图，别墅辋川开粉本；
湖上秋光如许，可有渔洋诗笔，夕阳疏柳写新词。

正厅右为黄木联，侯学愈撰，华艺艿书：

风月畅无边，看远山作障，近水通池，贤主人啸傲烟波，少伯高踪广绝代；
林泉客小隐，喜曲榭事诗，回廊入画，嘉宾从流连觞咏，右军遗韵想当年。

正中左边一联为孙揆均撰书：

一舫来时，正春水犹香，好山未老；
百花深处，有明月作画，微风动裾。

正中之靠背一联为丁鹤振撰书：

大好湖山，红蓼岸，白苹洲，鼓棹来游，数点烟云入画；
不殊风景，杏花村，桃叶渡，携樽对坐，几人楼阁平分。

正厅后面之棹上置有横匾一方，题曰"涵碧"，就其跋观之，知系草堂前八角亭之横额，为曹铨所题，其跋云：

蠡园以水胜，斯亭前临漆湖，与石塘、雪浪诸山隔湖相望，峦影波光，照映几席，则尤斯亭之胜也。蠡园主人属以榜题，因撽"涵碧"二字颜之。戊辰展重阳，次庵曹铨。

右屋角并置两联，一墨联为高汝琳撰书：

山泽见招，何年云壑容高隐；
湖天如画，是处烟波忆钓徒。

一黄木制联为沈寿桐撰，俞粲书，并有跋：

对石塘山麓，胜境天然，濒湖景色无边，最宜看风雨波涛，春秋来此；

继高子水居，斯亭翼起，列岫烟云在望，真个是晦明气象，朝幕不同。

跋云：此亭筑于乙巳秋月，原以松木为之，陋甚，当撰斯联，聊资点缀。今亭既改建，联亦重新之，以留鸿爪：不计其句之工拙也。戊辰冬月西苑沈寿桐录旧句并识。

就以上各联观之，可见主人之交游也。

下午无聊，再在长廊踱蹀，数其壁洞，自进门至月窟（通景宣楼之处）共三十七洞，自月窟至转角出门处之二十七洞；每洞之下，有石刊一方，刊各种法帖；过此，则左壁有石刊十方，正与洞对，但洞下无之。自面湖之廊起（有十洞为左壁所掩，不面湖）每两洞之下长椅一，短椅夹小棹二，相间为之。而题壁之字无奇不有（虽有布告恳请勿题，亦无效）：有"我与某某女士同游者"有"某某某某于某月某日来游者"，有关于两性者，有骂主人不该收费者，而打油诗尤多。在湖上草堂壁上有一诗最大众化云："有兴到蠡园，三月天气暖，同来廿余友，明年再相会。"

以上种种均是习静记之材料。在万方楼完全不注意此等事。我在前昨日两日，亦未注意及此，今日则大半时间消磨于此。足证无聊之程度日深而不能静下去也。具体写起来，是一篇好小说也。

五点半想起从此无家之节目录下：

一、接继母死讯时，计划将家产全部捐作教育费，而陡感"从此无家"而嗒然若有所失。

二、并非为遗产而悲伤，因不受遗产之誓立于二十年前；计划捐遗产作教育费亦决之于十年前。亦非对故乡有所歉然：因为除小学外，未受公家一文津贴，但对故友之相助者稍为不安耳。

三、为"家"之幻想破灭而悲伤，明知在事实上不能返故乡，但幻想着有家可归，于无聊时自慰，失意时自傲。

四、爱家之念非由于衣锦荣归，而由于爱乡村生活之闲，故乡风景之美，在主观上以为无处可寻，故爱之深。儿时生活痕迹时时映现脑中，捕鱼、吹笛、架船之印象，永久不能忘去，故时时幻想有一日能回到故乡过儿时生活，更与儿时朋友相聚一堂，共话桑麻。儿女不知乡村生活，与真正的中国隔离太远，常常幻想携彼等归去。看看祖先遗泽。

五、从前虽知不能归去，但因"家"在故乡，不时作归"家"之想，今后虽亦可归去，但既无"家"，就真能去，在观感上与前大有差别而不易去。

六、此后只是在"寓"中过生活，如浮萍之无根，随风飘荡（就往事论，于南京与杭州均想安家而不能，至上海则永久只视作"寓"而绝不愿当作"家"）。天涯茫茫，何处是家；只感着"无家可归"耳。

九月九日 星期三

昨夜八时后即风雨大作，颇凉。

数日来自己分析非事业家。就某君论，其人之本质并不坏，负责任，肯努力是其长处，惟自视太高、牢骚太多，遂使人不快耳。虽非永久伴侣，但亦非不可共事者。我在最近每对事生厌，可见气质未到炉火纯青之时，此后当切实于"微忿"上用功夫。其次，我不能效和尚之绝世：数日来，不读书，不看报，置一切理乱于未闻，且足不出园外，自然环境亦不能刺激我；与从前较，已是进步，但对于国事、局事、家事，以及儿女之事业、友朋之委托（三日晚陈鹤琴与何德奎两君各托一事，允为即办，至今未办，颇为歉然）仍萦扰于怀，所以现在不能绝世。且在我之人生观上亦不主张绝世；如要绝世，应当先"绝我"，即先将我与世界脱离勿为世界累，如效僧人之所为，是我为世界累，而又不事生产以为世界助，则是社会之罪人，我绝不为也。我不自绝，必为世界努力。不过就近数日以及平常自省之结果，我最宜之事业仍是著述，第一因为数十年生活之素习，文化成分太多，既无企业家之天禀，更无企业家之手腕，故置身企业界中，既苦动辄得咎，更苦精神不安；若以我之修养，从事著述，其影响及于社会者，当较从事企业为大也。

午前十时去账房结账，共二十六元八角四分，小账给以二十九元。晨间大雨，且甚凉，十时十分起行，雨已止，至十一时二十分抵车站，因有加车，乃先上去。不知此两节车与南京来者不相通，故自此时至二时二十分至沪，连水亦无法购得一杯，其他更无论矣。到沪时，雨甚大，乃叫汽车返寓。楫君以昨日之电见示，则电局将"佳返"之佳字误译为即字，致彼昨夜一夜未睡，静候我归。但如重译一次，则可发见，我笑谓此为偷懒之罚也。

宜兴

民国二十六年四月十七日 星期六

午前十一时三刻即与楫君及九如在寓午餐，十二时一刻起行赴北站，十二时半到站，向经济旅行社干事换车票上车，于四十五分开行，三时半到无锡，寓社中指定之新世界旅社三十二号。行李安置后即雇车去惠山。从第二泉上惠山顶，有头茅峰小庵一座，其中妇女念经者有数十人。自山麓至山顶约一里余，同行上下顶者十数人，女子仅楫君九如二人；往返费时四十分。下山后至寄畅园一游，园中古木参天，有数株大可逾抱，年在二百岁以上。中有池、有假山、有石径，鸟鸣风静，清幽宜人，以时近晚，匆匆返北城，至老聚丰园晚餐。该园甚小，全园只可容六棹，但以招牌老、布置至今尚系旧式（将厨房安置在进门处），以烹调好，顾客特多。饭后步行返旅社。九时即就寝。

四月十八 星期日

夜间客人闹，茶房尤闹，因昨日下午上山疲倦，虽时被杂声闹醒，但仍能随时入梦，九如楫君均不能熟睡。四时半，茶房即叩门叫起，虽觉其太早，但人嘈杂，不能再睡，遂于五时起。因昨夜下雨，早起仍有微风，故较寒。六时至旅社对面之聚商馆早点，每人由社供给面一碗，（由社印就各种代用券订为小册，每人于换票时发一册，每饭一次撕一张交饭馆）。照该通告，原为六时半上汽车去宜兴，但至七时方行。此次该社共五十四人，包小汽车九部，每部坐六人，依报名之先后，编号入座。我们报名最早，故称第一号车。同车者另高姓之中年男子及金姓之母子二人。母年近六十，但甚矍铄。

九时半至宜兴车站。稍息即去庚桑洞，九时半方到，由后洞进、前洞出。洞有木门，入内非举灯不能行走。初入时地位甚狭，沿石级而下，至前洞有一大敞地，名海王厅，可容二三千人。洞口有光射入，但入洞底，须自厅右沿石级下，极屈折，仅能容一人行走。上下凡百数级，仍须举灯。再至洞口之下面，有一平台称天师台；再上为天门，有三亭，且有杂树，人称此为洞之天窗。再上有门，即前洞之进口处。即沿山路而下。此洞最特别处为钟乳甚多。海王厅之两柱大逾合抱，亦全为钟乳。

十时半由庚桑转善卷洞，两洞相距十一公里余，十一时方到。

洞外有亭榭一所，可寄脚踏车等。再进则上中下及水洞总入口处。入门有柜台，有人售土产及于两洞之印刷品。当购一册备考究。正中为善卷旅馆，询之馆中人，据云房金每日一元及一元五角两种，火食另算。向左门进，即为各洞总入口处，屈折随石级至洞口，有小须弥山立洞口中，左右石壁狮王、象王，为石壁形状之似狮象者；其中最宽敞，可容数十桌；友声旅行团二百余人即于此时在此午餐也；称中洞。至宽敞处之尖端，有门曰云口，在中洞末部右角。进洞沿石壁半腰曰天腰者环径而行，盘旋而上，凡二层，若楼阁然，是为上洞。由上洞下，有一大道通下洞，亦称水洞。石旁流水潺潺，并以人工为堤，水自高三四尺处流下，有如瀑布。路约数十丈，水为深潭，宽十数尺，有小船数双，备游人乘坐。水洞有三湾，约百余丈。至水尽处，仍乘舟回至大道，直到水洞口：口有瀑布，但甚小，再转至中洞敞地而由原路出洞。此洞大于庚桑者数倍，最奇者为水洞。两洞本属旧有，但年代久远，逐渐湮灭，民国十年宜兴储南强斥资重修，至二十三年方毕，费数万元，工程可谓大矣。因天气不佳，洞口难摄影，仅于两洞口外摄电影五十呎，照片数张。在善卷购得《阳羡奇观》一册。

照旅行社通告，本应在善卷午餐，但十二时半，社中干事即嘱起行赴宜兴，谓在宜兴午餐，只得随行，至一时方达宜兴车站，二时在车站之某小馆用膳。依通告须三时由善卷返锡，二时已至宜兴，则由宜起行赴沪，应迟三刻，故饭后在宜兴瓷店购物。不料未及二时半，即由干事催促起行，致九如与楫君欲购之物均未购得，颇为不快。盖已发行之通告，在法律上为一种契约，不能随便更改，即万不得已而要改，亦须说明理由先行通知，俾他人有所准备。如今日午餐既改于二时在宜兴进膳，则六时早餐至午餐之间相隔有八小时，至少应由各人预备点心，否则太饿；而下午六时晚餐，相去又太短，亦不合宜。且此来游两洞，而在两洞之时间过短，在无锡之时间过长，均属不善处置，故九如楫君极不痛快，而称此次为"不痛快的旅行"。

六时在聚商馆晚餐。七时十分附车返沪。车中以社中主持人刘君及旅行团主任闵镇华颇殷勤，乃将上面之不快及法律上、事业上应负之责任告之。并告以凡参加旅行之人，对于当地之种种均欲详知，如能于出发前略查各种游记或志书等，将所欲游之地之纪载，不论是属于风土或人情者摘录油印；社员读之，必极感兴趣，于该社事业之进展固有益处，且为一种特殊之教育也。楫君谓我三句不离本行，一切仍不脱教育家本色，亦事实也。

舒新城：《漫游日记》，中华书局1945年版

无锡山川纪游

白浪

景深兄来信向我要一篇日记,算是这次《青年界》的征文。一想,自己平日所记的也很不少。但多半是些写着柴、米、油、盐之类忙忙碌碌的营生,似不宜给青年读者们看。想来想去,才想到了去逛无锡的山川。好在景深兄的信上说"写一天的日记也行"。

想来自己很惭愧,住在无锡将近半年了,但还没有去玩过山水。想不到这种清福于今得之,怎可以不感激朋友呢?

二十六年四月二十八日,天阴,气候凉爽。

晨出发。雇了一辆人力车,议定连来回车资洋 1 元 3 角。经过老北门口,购得芮麟、杨一村、倪厚齐、华天谷合编的《无锡导游》一册,价洋 2 角 8 分。10 时到蠡园。门首有曾熙的题榜"蠡园"二字。购券入内,每券大洋 5 分。园在杨名乡,系邑人王禹卿君所建筑。"临五里湖滨,远对长广溪,形势天然,风景入画。"我坐在沿湖旁的水门汀靠背椅上出神了好一会。园的南面湖边,正在建筑一个游泳池。我不知道今夏有没有机会到此地来泅浴呢!里面有园主人别业,有旅馆。这园还算讲究!

蠡园旁边为渔庄。循例购券入内。券资亦售大洋 5 分。园系邑人陈梅芳君所建筑。三面皆水。里面又多池塘，倒是一个划船的极好所在呢。园内正在兴建的很多，他日再过此地，想必可以焕然一新吧。此园特长，为假山筑成甬道，曲曲折折，别有风趣。全甬道长约一里有半。经过归云洞，出洞拾级而上，为高士亭，更蟠旋而上，踏全园最高峰和假山。湖山在望。烟波缥缈，汽艇帆船，出没其间，煞是好看。

在蠡园、渔庄二处，玩了很久。所以由渔庄动身已12点半过了。预备到鼋头渚去吃饭。经过号称东南第一长桥的宝界桥，"长凡1500英尺，由邑人荣德生君独资创建"，山色波光，风景亦佳，确实有了这座长桥，从蠡园到鼋头渚游览便利得多了。

下午1时到鼋头渚。车夫喊饿，给面包钱大洋1角。自己在一个叫旨有居的里面午餐。鼋头渚在充山（俗名南独山）脚下，因为有一块石头，像鼋头一般的，"深入湖中，作半岛形，……故名"。我立在渚上，看看湖面上的船只，听听脚下"波涛澎湃"之声，胸襟顿为之开豁。远处的青灰色的归山、舜柯山、黄龙山、鸡笼山和华藏山，衬托出湖对面翠绿色的小箕山和大鸡山。这时候天空中虽有云，但天气仍很明朗，即使说这是一幅绝妙的油画又何尝不可呢？渚上面高处建立着一个灯塔，说是晚间照耀湖里面来往的船只的。

由渚南行，历级而上，经过霞绮亭、飞云阁、戊辰亭、一勺泉等处。一勺泉系3英尺宽8英尺深的一个水潭，里面有一尺多深的清泉。泉池的旁边石壁上刻有"源头一勺"四个字。再过去为太湖别墅。沿山麓走下去，经过湖边石砌的游泳码头，旁有更衣室数间。再过去为一荷池，据说里面"种荷甚多"。荷池的一旁是一道很长的柳堤。柳堤的靠湖一面建筑着一座深入湖中的红色木桥，桥两旁有码头。我坐在码头上洗着脚,但湖水太凉了。

因为时间关系,可惜没有去看看山半花神庙后面石壁上的石像。只好留待将来吧。在鼋头渚玩约2小时。

下午3点20分,连同车、车夫摆渡过湖,渡资洋1角5分。到小箕山。因为要赶上梅园和惠山两处去,所以没有进去玩。

由小箕山北行,到梅园约3里。梅园"在镇山、独目山之间,东山之上,……民国元年由荣德生君,就清初徐殿一进士桃园遗址所建"。园一边有一所小学校,即荣氏私立公益第二小学,跑进去正中竖立着一块石碑,上面刻着"梅园"两个大字。里面梅树种得极多。如果一个月以前到此地来,那么红的红,绿的绿,才真是眼福不浅哩。无意间跑到石危岈旁边,地面宽敞平坦,成一圆形。石危岈(约9英尺长5英尺宽的大石),正面刻着"小罗浮"三个大字。反面刻着一枝梅花,刀锋、笔锋俱老练,可惜未去辨认系谁氏所刻画。从此地看太湖,似乎很近,烟雾迷漫里,船、湖水、青山、绿树都在望中。

最可笑的,在小罗浮地方遇到了一个某某民众教育学馆的姓王的学生,他盘问了我很多的话,原来他疑心我是一个日本人啦。后来在"再会"声中相互点头而别。他似乎很不好意思。我倒极佩服这样的青年。

经过太湖饭店,走到原路上,一直穿出园门。其他如天星台四围的小溪、研泉、香海轩、诵幽堂等处,也只好留待将来去玩赏了。

下午5点45分自梅园坐车动身。6点1刻左右路过前桥头,也给该处警察所麻烦了好一会。在此国防紧张时期,对他们这种服务的精神倒着实钦佩呢。惠山去不成了,这时候在暮色苍茫中仅默默地向它道了一声"再会",人力车一直向东进了城。晚7点1刻返寓,已万家灯火矣。

赵景深编:《日记新作》,上海北新书局1937年版

甲子无锡游记

谢彬

三月一日，晴，星期六

黎明即起，赶赴沪宁车站，前往无锡，游览惠山、梅园。七时开车，经行三小时余，即抵无锡，下榻惠中旅馆，略事休息，即雇人力车前往惠山。过北门，循新辟马路，沿途商业繁盛，颇具新市场气象。洎抵山麓，市嚣渐远，入华山门，有亭翼然，即二泉亭也。游屐所经，必集于此。泉有二池，上池水味最佳，即唐陆羽品为天下第二泉者。下池水污味涩，早已不适饮用。不谓相距咫尺而清浊迥别，如泾渭之攸分也。亭上有额，曰漪澜堂，建于明嘉靖时，相传即真赏亭旧址。宋高宗南渡时，曾驻跸于此。由此拾级登山，抵竹炉山房。相传明僧性海曾卓锡于此。更上即云起楼，布置雅洁。楼外有罗汉泉、隔红尘诸胜。亭台小筑，别饶幽致。穿石而下，则为听松庵。内祀李刚（编者注：当为李钢）之像。旧有点易台，今已荒废。复返漪澜堂稍憩，即循原径返寓。补进中膳既毕，时光犹未及暮，复驱车往游无锡公园。园在光复门内。周围约一里，东北绕以铁栅，建筑均属西式，辟四门，园额系清道人隶书，颇称古雅。入门，途有木牌，其上书曰：本园为公共性质，无论男女老幼均可入内游览，但裸体者一概谢绝。余自审非赤条条，当不被谢绝矣。缓步徐行，举目四望，古木成林，鸟声啾唧，绿荫被地，野花杂植。每百步外，辄有茅亭一座。树荫深处，长椅颇多，游人偃息其间，可消去尘思百斛。欲啜淡茗，亦随时可得，取资极廉，味甚清冽。西北隅有河池，碧波微皱，虽无兰桡容与其间，但小立石桥，佳趣亦复匪浅。池旁有小假山，上竖石塔，系无锡初级师范毕业纪念，高约三丈。塔顶建一小亭，以电灯装其间，深夜视之，光芒下射，用心可谓美巧矣。花㘭新造，尚未全部竣工。游是园者虽踵相接，但学生教员居多数，普通人次之。游览一周，时已万家灯火，因即驱车回寓，免受风寒。

三月二日，晴，星期日

早膳用后，即驱车往游梅园，瞻无锡第一胜境。园在锡城西南，相距约二十里，有马路直达其间，为邑商荣德生君所辟。游园者以春秋佳日为最盛。入门，渡小桥，即有精舍数楹，额为香雪海三字，系康有为所书，饶有笔力。再进为厅事，曰诵幽堂。左图右史，位置井井。两旁翼以西式耳房，亦明净可喜。亭台隙地，皆植以梅，共计一万八千余株。虽置身罗浮，不是过也。冷香疏影，最快人意。园之最高处，有亭岿然。俯瞰太湖，帆樯出没可数，而远山排列，隐现于轻烟薄雾之中。从头数去，历历如画。说者谓梅园之胜不在园内之亭台，而在园外之湖山，斯言至当。盖人工之巧终不敌自然之美也。此时游客绝少，惟闻山鸟格磔，与茶沸声相唱和，景至幽闲。静坐时许，复往观万顷堂。车行山谷间，盘旋上下，有路转峰回之致。按万顷堂，初为湖神庙，锡邑士人杨翰西，筑室其左，遂成觞咏流连之地。凭栏一望，但见烟波浩荡，水天一色，几疑身在太湖舟中也。湖之左，有巨石一方，伸出如唇，曰鼋头渚，与万顷堂相对，一苇可航。雇舟往游，得杨氏别业，三面环湖，有类半岛。遥望洲屿三两，紧贴水面，如杯碟之列几案者然。旁有石壁一方，上刻横云及包孕吴越数字，为巴州廖纶所书，笔力尚属雄健。坐玩移时，始驾舟返万顷堂，乘车回寓。进午膳毕，即至车站，乘车返沪。

谢彬：《短篇游记》，启智书局1933年版

儿童学生旅行

游无锡

北站下车后，我们在沪住了一天。第二天早上再买了三张无锡的车票。月松叫我先买到苏州；她说上有天堂，下有苏杭，苏州是不可不去的。但我们这次要游的地方太多了。而且，苏州说来虽好听，到底没有什么名胜，只得待回来时再去一观。于是便决定往无锡。无锡还有一个名字，叫作梁溪，它的名胜，以惠泉山为最著名，所以有"天下第二泉"的称号。

我们趁的是七点零五分的快车。车子经过南翔，安亭，陆家浜，昆山，唯亭，苏州，浒墅关，望亭，周泾巷，十点三十分才到无锡。

走出试泉门，经过五里街，直往惠泉山而去。路上所看见的，尽是野花青草，荒冢古庙。第一个先到的地方，叫作锡山。山上有个前清淮军昭宗祠。祠中有池塘，有假山，泉水点滴不断地从龙口流出，墙上更有赵孟頫书的"天下第二泉"五字。说也奇怪：这泉虽浅得能见水底，但无论何人都不能汲完取尽。如果你投入小钱，它更会作螺旋形的沉下。我们三人，大家都试了一次，觉得很有趣。

再上去，是竹炉山房。那里面也有假山，池塘和松竹，风景比昭宗祠更好。但月松和阿福急于要见惠泉山，所以没有逛逛就走出这个祠了。

走了几十分钟才到了目的地惠泉山。山并不多高，石级平滑，易于登攀。月松和我，都先后到达山巅，独有大块头阿福，因为他的身体笨重，走到半路，已经上气不接下气。幸亏我们扶助他，勉强拖他上去，但他已经全身出汗了。

"这样低的山，你难道也爬不上吗？"我看了他的疲倦的神气，就问他道。

"不要问我吧，让我喝杯茶再说。"阿福一面用手巾揩汗，一面对我说。

我找了许多时，都没有找到一杯茶，后来看见山下清流的泉水，我就吩咐他道：

"茶是找不到，且下去喝杯泉水解渴解渴吧！"

他听了我的话，果然下去取了一杯，一口气给他喝完。但他喝完之后，又取第二杯了，连连喝了三杯。这使我们奇怪起来。不待我们去问他，阿福又取了一杯，对我喊道：

"你也来喝一杯茶吧，健儿！这泉水的味道真鲜甜呢！"

我和月松就跑下去，接了他手上所持的杯子，喝了一口，辨了辨味儿，于是又将杯子递给月松，惊奇地对她说：

"你也喝一口吧，月松妹，这泉水真好吃啊！我们要谢谢阿福，因为是他先尝过味儿，来告诉我们的。"

月松喝了，还不肯放手。她似乎觉得这水有些神秘。

我们又重新上来。我以为这样，对于阿福是苦够了，但倒出于我意料之外。他自从喝了一杯泉水后，身体似乎比从前轻松得多，三步两脚就走到山上了。想不到，泉水竟有这样大的力量。

在山上，我们又看见漪澜堂。再上去还有听松亭和云起楼。山顶有锡山塔，高高地竖在空中。塔的旁边有马王庙，塔的后面就是山麓。登上塔顶，可以远远望见太湖。像这样的名胜，确算得是一个开拓胸襟的圣地。

我们逛了一点钟光景，就下山了。在山麓有许多泥做的玩具。这是无锡著名的一种出品。小贩们看见我们一班小孩子，他大大地欢迎，知道我们一定要买了。最起劲的，要算月松：她争先恐后的买了一只老虎和一只大雄鸡，阿福和我也各人买了一样。于是我们的行李中，便充满了很重的泥具了。但我们除了每人携一只手提箱外，并没有带别的东西。

当我们回到车站时，摸出表来一看，已经是五点半了，于是决定趁六点钟的宁锡客车，当夜到栖霞山去，栖霞山离南京只得一战路。因为它的风景也好，因此我们决定下车往那里去。

徐培仁：《江苏省儿童游记》，上海儿童书局1933年版

在惠山麓有許多泥做的玩具

《江苏省儿童游记》一书中关于惠山泥塑的插图

附：

自东海折回镇江，再趁京沪车东南行，沿途平原肥沃，尽是产稻之乡，并且桑园很多，村落齐整，显出一种富庶的气象。自丹阳武进过去，便到无锡县，也是近年自辟的大埠。商业除米市、麦市外，并有茧市，贸易非常发达。县西有一座惠山，以惠泉著名，唐时陆羽评它为天下第二泉。山下的小市，泥人店极多，所捏的人物，无不神情活现，足可与天津媲美。

《珍儿旅行记》第二册，商务印书馆1926年版

游惠山

坐汽车到惠山下车,见烂泥老爷店不少不少,一家一家开在边街路上,奇奇怪怪,目迷眼花,不尽所记。烂泥一废物,到处都有,何以独惠山如此风行泥老爷,而惠山泥老爷,闻名于各地各码头各人家,都来惠山买几个回去开开心。天下事不讲理到这样子,烂泥也有幸和不幸到如此地步,不觉叹一口长气又走了不少路。

跑进一个大城隍店也似的大老屋。这就叫惠山了,内有假山观音如念佛经。有石砌鱼池一围,内存红鱼大可一尺六寸几分,共七八条。小红鱼小黑鱼小白皮鱼无数。一时指不清楚,(他们游来游去的缘过)池边有桌十余张,长橙(编者注:原文作橙,当为凳,疑作者故意为之,以示儿童识字较少,下同)数十条。专门让人家吃茶看鱼之用,其实坐在橙上看鱼人十分拥挤,十分写意,我想:看鱼就看鱼,何必坐橙上看鱼,鱼多看也不见得二样起来,天下做呆事都是大人,昏头愚笨也莫如大人。

又走数步,见石壁雕刻"天下第二泉"五字。据说是康熙王帝笔迹,康熙王帝今年不知多少岁数,他的字自以为好,到此搭架子,让人家来看他的字便以为神气。我最最可恶。又走数步见亭一只，亭内有井一座，这便是天下第二泉了，那么天下第一泉呢？天下第三泉第四泉第五泉呢？我也不知道在何处了。

又见井旁挑水的人甚多，挑水的人都穿短衣服，脚上穿草鞋，挑水时嘴内"呵呵呵"叫，好像十分吃力，既然吃力，何必多挑水，讨苦吃，还要"呵呵呵"叫，这种人必定未受教育无疑之极。

转湾进屋，屋做在山上了，一步一层高起来了。我是吃力来，身上仔出汗来。如有谁人抱了我走，我情情愿愿叫他一百声老祖宗大人足下。

转湾摸角所见都是破旧的屋。一点也不好看，一点也无神气，灰尘十分重，飞满屋梁上，屋面孔上，实在也不卫生，一阵风来像胡蝶一样的散飞而下，真倒霉，我们从数百里趁长途火车来吃灰尘。其不讲道理甚矣也乎。而大人所以热心地赶来吃灰尘其目的在游名胜看古迹，原来游名胜看古迹要吃灰尘乎？原来看古迹看康熙王帝写的"天下第二泉"五字乎？他们愚笨，周先生也跟着愚笨么？我不愚笨，我明明知道一点也感不到兴趣，远不如看湉獭猹孙出巴戏，猹孙骑绵羊起奔，奔二丈路给他吃一点糠皮粮食，猹孙从绵羊背上一跳而下，这神气如何好看，而偏偏看的人都是小孩子，不是大人，大人少点，小孩子看的顶多。足见聪明的人都是小孩子，笨的人都是大人。

我在老破而旧的惠山屋里感不到兴趣后，就妈妈虎虎跟在周先生后面，大不以为然，他为什么不早点下山呢？他到情愿吃灰尘而不下山呢？

真是糟糕子的蛋，的蛋，周先生看得十二分起劲，他老是朝一块石碑上的字横看竖看而不下山，他说，这又是一位康熙年代的大文人大好老的古迹。我想既然古迹值钱,为什么没有人取去卖钱呢,放在这壁上大家都不要么?

我只是摇打狗棒,(打狗棒又叫四点一刻)打着地上的石头,草木,屋柱,墙壁,梧桐树的梗子。又忽然看见一条大毛虫从假山底下慢慢攒出。其大无比,肉林林的动,我急急叫周先生看毛虫,周先生不理我只是看石碑。天下有如此大毛虫而不看,如何不可惜,大为错过。

我急用打狗棒来打大毛虫,大毛虫一点也不强,不过走得很快,肚皮一兴一兴的走,他也明白我的打狗棒在打他,他肚皮内十分着急,我发出恨。就是一纪打狗棒挥上去,送了大毛虫的终。……我是火不知从哪里而来的了,我咕噜咕噜骂大毛虫。然而大毛虫已经死矣,我骂他也无益,于事无补,可不是么?

我正打大毛虫,周先生不告而别,回头一看周先生失踪了。我急急寻到大老屋里去,周先生又另在一个石碑上吃灰尘,我才放了心。

一层转一层,步步高升,当初康熙王帝也放下不少不少心血造惠山大老屋,为什么不将血本买点田来种种,开开工厂,一定有益而合算。康熙王帝何尝不是老虫。

我们一直跑到最高一层,朝窗外一望,无锡全个城墙和人家商店尽收眼底,其乐无可言说明。康熙王帝真真功德无量,幸而没有把血本买田来种,不然全无锡城墙和人家商店决不会尽收眼底的道理。

我们一直跑到屋顶外面去了,是山上来了,我们可以看见大老屋的屋瓦了,屋瓦总有一千一百一万张也不止,砌得张张像排队一样,无一张乱砌,这是中国大艺术家的大表现,外国人造屋,只会涂水门汀了事。

周先生是东拍照西拍照，惠山大老屋内人也许可周先生拍照，一点也不反对，如果反对周先生不失面子么？

从惠山下来，看见两旁教化子如云，伸手拿盆而叫："老爷，太太，少爷，先生。"但他们只会叫老爷，太太，上爷，先生，而未叫"请赐一个铜板"，想他们是用速记的办法，"请赐一个铜板"就省除了吧，横是叫老爷，太太，上爷，先生，自会照付一个铜板。可是我看见他们这批东西装腔作怪的偏偏不照付一个铜板，看他们如何？我恨之刺骨，我恨之刺肉，如果大家都照付一个铜板，养成他们永远做叫花子，永远做乞丐，不再奋斗上进，况且我袋内只存五个铜板，如照付一教化子只有四个铜板了。

周先生见烂泥老爷店，顾而欢喜之曰：

"甜甜乎，爱不爱烂泥老爷耶？"

我一跳穿到前面，大笑而叫：

"要的，周先生我爱这一对。"

我所看中的是一对老太婆和老太公，真有趣之至。

周先生便代付钱四角又八个铜板而走出。

一路还是烂泥老爷店如展览会场，可惜都是相同的，这一家比如卖狮子，大阿福，观世音抱子，那一家也是卖狮子，大阿福，观世音抱子，从无新奇古怪的特殊烂泥老爷出现而发卖，天下第一大恨事，而惠山烂泥老爷店人家总有一千家以上，一千家中尽是死虫，不讲理，不明白世界上万事都是变化进步如坐长途火车。为什么县长，不走到惠山去看？在家内抽香烟看新闻报张恨水小说，叫娘姨倒茶倒水倒面汤。

游惠山所收感想如此而已,是为记。

一九三四年四月四日

周天籁:《甜甜》,上海文光书局1935年版

《无锡泥人》,《少年画报》1937 第 4 期，第 7 页

附1：无锡的"泥人街"——惠山镇

钱志超

惠山的泥制耍货，是驰名全国的无锡特产之一。乡村间流行的泥菩萨如弥勒佛和观世音，各地卫生展览用的疾病和蝇蚁等类模型，教育上用的如儿童玩具等，只要是泥做的，几乎都是无锡惠山的出品。惠山的泥人非但售于全国各大都市，而且它还构成国际贸易中的项目之一；虽然同其它项目比起来，数目是很小很小的。

惠山附近的居民有三四百户，三四百户没有一家不是制作泥耍货的；所以我们称惠山镇为"泥人街"，一点也没有不适合的地方。

他们男女老幼约有二千多人，个个都参加这种工作。他们农忙时候种田，农闲时候就做泥耍货；这种工作不仅是他们最主要的手工业，而且也是他们唯一的副业收入。有许多人家已不种田地，专门从事此项手工，所以泥人在惠山已有渐成独立手工业的倾向。

因为制作泥耍货的目的是为出卖，所以在惠山，除掉家家都是"泥人作坊"之外，还开着很多的"泥人店铺"，这种店铺在前清道光年间据说有三十多家。不过那时候盛行着一种行会制，所以开设这种店铺并不是一件容易的事情。开一片店铺，除掉要备几百元资本以外，还须履行许多条件。例如：交同业公会的会费数十元，演二天戏，预备数十席酒宴请同业。而且还须履行技术上的传子不传婿的禁约。这种行会限制，一直到民国十六年以后才被废除；于是"泥人店铺"的开设也就自由了许多。现在，我们假使走到惠山街上，就可看见满街满街都是泥人店，连烟店也或多或少地代售这种货品。惠山，简直可以说是"捻泥阿福"（无锡称泥人的俗语）的世界。

造成这个"泥人街"的物质基础是一种特殊的黏土，在惠山脚下有一块大约三十七亩左右的特殊性质的土地；这块土地的土质，是一种带有或黄或黑颜色的黏土。所有的"泥耍货"都是用这种黏土来制造的。因为这里没有一块土地是没有主人的，所以这种黏土也不是任何人都可以无条件地去掘取。从前因为这三十七亩土地，多多少少的分散在村中多数人的手中；掘取自己地上的黏土，并不需要什么代价。后来一般中小农家为了偿债等等原因，这三十七亩土地就渐渐落到几个地主手里去了。地主看到泥土可以计斤卖钱，自然也就不肯放松。因此，一般中小泥人业者，为要使获取这种原料，自然要出相当的代价。至于现在，因为这个"泥窑"挖得一天深似一天，地主们就觉得"奇货可居"起来，于是又把这种黏土的价格渐渐提高，现在的土价，据说一块钱只能够买九担（每担八十斤）了。

捏制泥人的技术，虽然是有粗细两种；其实都是很简单的。过去因为长时间地受着行会制度的束缚，技术上的改进自然便很困难。自从十六年这种束缚解除以后，制作技术也就显然与前不同。惠山龙头场的高标艺术馆的设立，就是一则实例。因为它有比较多的资本，所以它就能以比较多的工资请了几个熟练技师；改进这种制作技术，并想出许多新鲜的花样来。自然，这个公司里仍旧还有很多的学徒；可是这种学徒已经不是从前行会制度下的学徒，实在只是一个童工罢了。另一方面，因高标公司的出现，压倒了其余的泥人制作业者；所以在这小的泥货市场上面，也就掀起了一点竞争的浪潮。在这竞争浪潮之中，比较有力的是跟着把技术改革了；其余无力的中小泥人制作者，则陷入负债破产的深潭中去。

惠山中小泥作业者没落的原因，不仅是本处较大资本泥货店的排挤，而且还有日本蜡制玩具等。泥人碰着蜡人，是被粉碎而且融化了；于是惠山农民的副业收入，也就变成泡沫。"泥人街"这名称，严格说起来，现在是已经不大适用了。

《东方杂志》1936年第33卷第2期

附2：闲谈惠山泥人（节选）

深渊

无锡惠山泥人之来历究系始于何朝，已无书籍可稽。惟相传明代有刘伯温者，谙风水，曾到惠山，称此地有王者气，将有帝王出世，于是派人将山土塑成各种武将戏文以为镇压，此为最初泥人之发明者。从此灵气消灭，惠山人民无出类拔萃者，个个贫困不堪，以泥土塑成王侯将相以糊口。迄今惠山人尚有一句老话传诵于民间。语云："活人对着死人面，只可图图嘴舌面。"此种传说虽系齐东野语，不足凭信。然询诸惠山年老泥工，则谓当其曾祖时代已恃泥人为生，而彼时惠山人民虽不及现在之多，但不论男女，几全操此业，以为生活，相沿迄今。计算年代已三百余年，在明代已有泥人。是则惠山泥人发明于明代已有泥人，毫无疑义。

制造泥人原料之泥土有一种特性不黏不涩，其色淡黑，产于邑之白石坞煤屑路一带。据调查出产该项黏土之田，仅三十余亩，而此三十余亩中，尤以野六亩之黏土为最佳，每亩战前约值一千元以上。该土因有业主，不能随意掘取，故制造泥人者均须出资购买，其价值在战前每元售七担。据调查双河上一带，亦曾有黏性之泥土发现，面积较大，约有八十余亩，惟经试验之后，质地不及惠山泥质，因此双河上泥价较为低廉。该项惠山泥土专以供给制造泥人之原料为大宗，邑中各冶坊亦多采购用制锅坯。至出产黏土之田亩，每年仍由地主种植稻麦，其探土时期，规定于每年收麦收稻之后取两次，并规定今年采取某一处则在指定处采取。惟在上面三尺之泥土毫无黏性，与平常黏土相垺，至三尺以下即有黏土发现，其深度约在二尺至四尺。黏土探去之后，则由地取别处田中之泥填入，迨过二三年又变糯而似粉之黏土，此殆地气使然也。

惠山泥人制造之程序，分：（一）炼土，泥作采就泥土后，堆集于一处，掺以水分并和以少许洋皮（剪碎），加以捣打，使泥质黏勒而坚固，然后将泥抟成方块藏之阴处，以备应用。（二）制造，制造方法有二道，一用坯子，一用手搦，其坯子用石膏制成模型，由两片合成，制造时将极薄之泥土贴入坯内，用手搭匀后，即印出泥坯，手搦者不过搦成各种式样。（三）修改，和成之泥坯，外表尚不光洁，故须加以精细之修改，其法用牛骨签在粗坯上推括泥质，即形细匀。（四）绘色，泥型完成后，即敷以白粉两次，第一次较淡，第二次加深，然后再形绘色，最后敷油，于是便成各种泥人。至施彩工作，大多由妇女担任，制造工作，则由男子为之，然施彩制造工作亦有至男子从事者。

惠山居民有三四百户，均业泥人，从事泥制工作之男女约一千余人。其工作时间大都在农隙时期，故此项工作不仅为主要之手工业，亦为唯一之农村副业。其恃泥人而生活者总计约在三千人以上。在近十余年中，已有一部份农家不种田地，专门从事此项手工。因此泥人业在惠山镇有渐成独立手工业之倾向。因制作泥人之目的系为出卖，故惠山一镇，除家家为泥人作坊外，尚开有泥人店铺。此项店铺在起初仅有十余家，当时有耍货公所之组织，盛行一种行会制，因此开设泥人店铺甚属不易。计开一店，除须备资本外，向须履行下列条件：（一）交公所费三十元，（二）演戏两天，（三）设筵宴请同业，（四）履行技术上之传子不传婿之禁约。此种制度于民国十六年间废除，于是泥人店铺之开设得以自由，一时风起云涌，纷纷开设。惠山一镇，业已开满泥人店铺，鳞次栉比多至五六十家。吾人置身其间，几疑泥人世界，称之为"泥人街"亦可当之无愧。由此观之，吾人可知无锡泥人业发达之一斑矣。

泥人有粗细两种，在初仅有一"泥大阿福"，其形状红屇粉鼻，面团团而挽双髻，插五彩花，两耳垂肩，盘膝而坐。此外并着重于戏剧方面，如刘关张结义，狸猫换太子，以及蚂蟥庙，白水滩等，既不合时代之思想，更无相当改良。自民十六年后，各铺为适合社会心理起见，均改进制作技术，新发现者有摩登少女，天女散花，寿星王母，观音，罗汉，财神，渔翁，及虎豹狮象暨其他各色戏文应有盘有，不下百余种。各店争奇斗胜，花样翻新，所出耍品靡不维妙维肖形态逼真，其售价甚廉，战前最高每件不过二三元，低者仅五六分。民二十二年时，有高标者创设艺术馆于惠山，制造大批泥人，供给各店销售，其艺术更见进步，出品中以无量寿佛，济颠僧及总理遗像为最多，均栩栩如生，颜色柔和，深具美术思想，与天津泥人，广东出品堪相伯仲，颇受人欢迎。同业受其影响，销路几近为所夺。各店为挽回计，均曾延聘高标指导改良，惠山泥人因此进步不少。高标除制造泥人外，能手造人像，并多制作含有教育意味之出品。在战前曾为苏当局制省会模型，经委会嘱制公路模型，国府恢复尊孔，并曾雕塑先圣孔子之遗像千尊备供各地采办。关于革命先烈与民族英雄之泥像亦已尽量制造，从此惠山泥人耍货玩具踏进文化教育品之大道。

  惠山泥人因土质滋韧、艺术美化，销路颇广，中外游客及邑人之涉足惠山者，莫不喜购之以为纪念，或馈赠亲友，或为室内点缀品，无异江西景德镇磁器焉。至经售此项泥人之店铺，除惠山外城内外，杂货商店及苏州玄妙观，上海日本店家，均有此项泥人经售。战前其销额在本地每年约五万余元，外埠约七八万元，中以上海，苏州，南京及浙江各地居多，江北各县亦为一大销场。由贩商来锡采购，惟以粗货居多，年约三四万元。此外上海外商定购，出每年亦可万元以上。统计全盛时代，全年营业额约在十万元以上。战前县当局为提倡特产起见，曾计划设立泥人工厂，改进出品，力谋推广，然因筹无的款终成泡影。记者至此，深望该业精益求精，努力于质量之改良，同时应设法开发销路，求业务之进展，勿使大好特产，埋没于无形也。

《中美周报》1949 年第 346 期

惠山景

中心小学四上级 季望久

惠山风景真秀丽，
二泉澄清可见底，
龙光塔矗立云迹，
黄埠墩在水里，
秀丽！秀丽！
文学家做不尽文艺，
美术家播写得精奇，
小朋友齐来游玩，
都笑嘻嘻的说道："惠山风景真秀丽！"

《无锡童报》第3号，1929年10月18日，第3页

贯华阁

中心小学四上级　蒋品如

三椽三层贯华阁，后边倚着深谷，前面临着绝壑，古迹从新建筑；

凭栏远瞩，湖波起伏，山石匍匐；水奔幽壑，飞贱似喷珠抛玉；秋水泻空谷，大的如悬瀑，小的像雨粟；

四时游客，踯躅，踯躅，清风洗浴，明月濯足；盛景脱离凡俗，远足欢乐！欢乐远足，惠山之麓。

《无锡童报》第4号，1929年10月22日，第3页

惠山公园

尤渡里小学四年级　侯崇尧

本月十八日，我们第一学区许多男朋友，许多女朋友，不是联合远足到惠山吗？惠山地方，足以供给我们游览的，很多很多。可是布置整齐，点缀精致，风景幽美的，要算惠山公园。他的景致究竟是怎样？

现在写在下面，贡献给小朋友罢！它的前门，建筑得很伟大，布置得很整洁，园里呢？亭榭楼阁，石桥曲池，莫不应有尽有。最可以使人流连忘返的，就是假山和山洞。因为假山纵横，蜿蜒如长蛇；山洞里可以自由出入，并且一进洞里，亮光忽暗忽明，好像古时的桃源洞，别有天地的样子。我们到此游玩真快乐得说不尽了。

《无锡童报》第4号，1929年10月22日，第3页

游无锡记

唐虞治（西成六下）

去年的春季，我随着祖父，由上海乘京沪快车至无锡，只六十分钟，就到了铁路饭店。休息一会，祖父说我们到几处名胜地方去玩玩。吃过午饭，雇了一辆人力车，缓缓行走。一路上风景很美丽，两旁大大小小的山峰，青山绿水，心有说不出的愉快。不久，到了蠡园。进门绕长廊，至湖心亭。此亭四面临水，风景最美。园中道路曲曲折折，假山很多。据说此园，因春秋时范蠡居此地，故名蠡园。园内有一座雅致的洋房，为园主人住处，建筑特别讲究。出园后再乘车，往鼋头渚。经过一条长桥，名叫宝界。沿途山岭很多，经过两山，中有小路。到了横云山庄，就跑上顶顶，看见太湖烟水，一望无涯，水声风声，真使我心中懔懔。湖中多山，远望烟雾腾腾。最大的是洞庭山，有七十二峰。我这时因口渴，在澄怀堂茗坐片刻，旋即坐渡轮，至小溪山。匆匆一走，即赴梅园。此园以梅得名，但时节已过，桃花也已零落了。玩了一会，即回旅舍。

今年春天，我再想到无锡去玩一遭；可是今年已不能再去了。

游无锡记　273

半園女學生旅行

常郡錢琳叔君剏辦半園女學素有成就。上月二十六日讀俠長徐鏡澄君暨各教員率同女學生四五十人赴無錫石塘灣旅行。當晚卽隨步俠陞齋精神活潑。女界特色也。

顧祝箐圖

清末环球社《图画日报》第 96 号第 12 页《半园女学生旅行》,《图画日报》,上海古籍出版社 1999 年版,第 2 册,第 552 页。

无锡

玉明

离开了南京，校长率领我们乘京沪快车到无锡，到无锡车站，想不到梅雨连绵的在细洒。道路泥泞，好不容易走路。当我们在城外下了一艘小船，听说要到无锡的太湖去游玩，坐在小船里面，一意要驶使到太湖中的一个岛。在小船中的窗子，伸头向外一望，望见太湖的景致，是异常幽奇，沿岸的树木密密的丛生着，更显明着无锡中太湖是青翠可爱。

是的，无锡是一个名胜古迹的游玩地。我们的小船在湖中漂泊着，远望湖水的秀美，两岸树木的葱茏，远来的几艘帆船，在那儿飘泊而来。我们只觉得锦绣般的太湖是有无限的美。

在湖中远远的突着几个小小的岛屿，岛上生满了青绿的松树，一阵微风的吹过，可见湖中一片白茫茫的银幕，迎面而笑。模糊的大雾重重，竟把岛屿笼罩掉。那时的我们，好像身入仙境。

岛屿上面，建筑高塔与游客的别墅，公园，寺庙。还种满着梅树，更可供我们逛游。空气清爽，不似城市的酷热，这是我们修养与避暑的地方，可把你苦闷的心情洗得清清爽爽，空前的美景一一的显现在我的眼前来，可惜不能尽述。

无锡又是一个工业发达的地方，的确的，这儿的工厂很著名，规模很大，生产很多，产品销行于国内各地方。就以一所著名的申新纺织公司来说吧，总不会忘记其情形：厂舍广大，工人很多，都是一般青年男女，在里面工作。可算为救济一般贫民的机关，不至使民众受那种失业的痛苦。也许是我国最大的工厂之一。

当我们游过太湖以后，便列队出城去。无锡的道路是狭小的，并是雨过后的道路，泥泞滑滑，很艰难走路。我们在城内跑过了一周，辛辛苦苦的跑出城外，赶着京沪快车回上海去。

《暹罗中华中学校刊》1936年第2—3期合刊

游鸿山记

江苏省立第一师范学校四年生　钱朝模

曩从父老游鸿山,忽忽十数年矣。山水景色,已渺不可知。乙卯之春,适逢假期在里,偕学子数人往焉。山在锡邑东北,距鸿声镇二里许,梁高士故居也。梁溪因之得名。山阳有铁山寺,即其隐居处。有鸿隐堂,梁鸿孟光之像存焉。高风千古,辉映后世。瞻仰之余,令人慨慕。堂后有香宝室、观音殿,皆僧寮,已零落不可收拾。时值桐花初放,柳絮轻飘,士女结队遨游。大抵循成例以赏春景,其能识先贤栖止之心者,恐不多觏也。寺前伏方石一,相传为鼓琴石。寺东则山正峰也。拾级而上,觅梁鸿井,梁溪在西,瞩之,杳不可辨,惟长天一色而已。循山径而东,石壁错出,奇怪万态。俯仰百状,苦无名人雅士以题之。既下,遇旧知五六,据泥阜作片晌谈。余以游心勃勃,即别去,复寻古迹。山西有王坟,泰伯墓也。回忆从前登虞山,曾谒仲雍墓,二子之高风亮节,千百年后犹令人起敬。墓门锁,不克入。问其故,恐游人之蹂躏花木耳。墓前有月池,以石砌月牙式。墓东响石板直立山尾,拾小石投之,有声琅然,清脆可听。墓西碑石林立,字多模糊。古树蔚然深秀。鸿山西景,由此止矣。乃写至德墓道及铁山寺前景,向泥阜诸旧尚在,复写山东隅、山前景各一。坐炊许归，至则街头灯火通明矣。

四月七日钱朝模记

《学生》1915年第2卷第6期

游鸿山记

濮培贞

清明那一天，天气很好，我们校里放了学，我和弟弟妹妹吃了午饭，一同去游鸿山，到了山麓，看见有人很多，我们在鸿山寺里休息了一会儿，就上山去爬到山顶上，看看山野中间的风景很好，不由的心里快乐起来，便唱起歌来了。唱着道："让王山上风景好，至德高风都称道，还有高士隐在此，便是汉朝梁伯鸾。"我们在山顶上玩了一回，就下山，到泰伯墓，见墙围着中间青柏，夹植义道两旁边。山茶已开，有深红粉红两种。墓前石碑上，字迹已糊涂，看不清楚，大概是表明让王的至德无称。我们见了古迹，顿时肃然起敬。这时候太阳在西山将要落下去了，我们便走出泰伯墓，一同搀了手，寻原路回家。

《民报》1930年8月2日第5版

梁溪二日记

江苏省第二学校一年级学生　胡长风

民国三年四月三十日，本校举行旅行。一年级学生三十余人，有梁溪之游，偕行者方师和甫、余师天遂、周书记星北及校役三人。是日也，天阴欲雨，云密烟浓，校旗招展，肃肃以行，至齐门车站，乘九句五十分车赴锡。一路斜风细雨，咄咄逼人。十句五十分抵锡，下车徒行，进光复门，泥淖遍处，行步维艰。街衢之湫隘无论已，即所谓车水马龙，称热闹市场者，亦泥泞如京华旧道焉。

至第三师范学校，参观其校舍。时方上课，建筑亦未就绪，见花木清幽，图书齐整。形式、精神兼而有之，辞出，至县教育会，会长即省视学侯鸿鉴君。先是，本校曾致书该会，商定假该会为旅行寄宿地。侯君他出，由该会驻办高君招待焉。午餐毕，由高君领导，参观县立第一高等小学校，校长顾君，为述斯校历史，系由俟实小学改组，为该县首先创办之学校。学生二百余人，成绩甚优，惟校舍不敷，未免美中不足。壁有前清两江总督端午桥戊申十周纪念记，叙该校历史颇详。校训为勤恒朴实，亦足见该校之成绩矣。

旋至图书馆，馆去会咫尺，计五层，规模宏大，建筑得宜，惟以困于经济，故书籍尚未完备，工作亦未告竣。闻置备书籍费约六千元云。锡人之对于地方热心教育于此可见。

复游公园,园亦公款建者,为锡人之行乐地。园广约十余亩,沟塍畦径,皆见精思。一草一木,亦经意匠。时万紫千红,被春雨洒遍,如浴后新妆,为最难得之意焉。园无管理者,而游人绝无妨害道德之举。

时已三句,返会休息。晚餐后,或琐谈,或雄辩。及睡时,犹辗转不能寐。直至十一句,神倦意惫,眼帘乃合。

远处僧寺,钟声初动,客梦即为之惊醒,推枕而起,整理衾褥而后进食。黄粱一盂,腹为之饱。时虽细雨霏霏,然游兴绝不稍减。

晨七句集队行,出试泉门,经五里街,一路芦堂荻渚、瑶草疏花、溪水潺潺、青山屹屹、茅舍荒冢、点缀其间。经巍巍之贤人祠,则令人生景仰之心焉。

至锡山麓,古塔高耸,前面即惠山矣。高君谓锡山无足观,乃先进前清淮军昭宗祠。祠中假山围绕,曲径可通,瑟瑟作响,而下泻者,叶面雨珠也。祠在山麓,庭中有池,广约丈许,泉有龙口流出,涓涓不绝,中蓄金鱼数十尾,游泳自乐,墙有孟頫所书"天下第二泉"五字,后有二泉,一六角形,一方形,六角者深不过数尺,清能见底,闻人言,泉中水无论若何汲取,终不少减。若以钱投之,则钱能作螺旋,试之不谬。嘻,异哉,泉亦染铜臭气耶!

更进为竹炉山房,回廊曲折,清雅宜人。假山旁有松,泉广尺许,余满引一杯尝之,甘而微涩。循级而上,风景殊胜,目怡神悦矣。恨余不文,未能描写也。再上则石户当前,有隔红尘三字,屈身而入,大有柳暗花明又一村之景象。上为云起楼,凭窗远眺,豁然千里。其景致之佳,虽名画家亦未能摹拟。盖山川所蕴,惟善游者能领略其胜耳,特不知几生能修得到此,占名山一席以消受清福也。江上清风、山间明月，其迟我数十年乎？壁上留题甚多，佳者殊少。涂鸦满壁，毫不知耻，未免遗笑大方也。为同学所促，乃怏怏下楼，犹留连再三而不忍去。

下楼出祠，拟登惠山，然雨不暂停，春泥滑汰，苟皮履登山，奚啻蜀道之难，乃至胡园二泉茶居品茗，借以稍憩。园即前清胡文昭公祠也。窗前庭院，颇绕逸趣，碧绿惠泉，佐以龙井之茶叶。山居风味，殊非余辈所能领略。时庭中落英缤纷，二三幽鸟，啼于其间，不禁生悼红之感，口占二句云：落英满地无人扫，堕溷沾泥谁爱怜。

解渴后，易草鞋，冒雨登惠山。石磴光滑，有中道而止者，时雨甚大，鼓勇而进，腰肢无力，如晓风垂柳，摇曳不已，力疾登其巅，则云雾甚重，苍茫皆白，踞峰四顾，茫茫无所见。遥望笠泽七十二峰，渺不可得。惟风声与雨声相应和而已，乃捡拾小石子一而下，将携归作是行之纪念品也。口占二句云：山中寻古迹，屐齿印苍苔。闻山中尚有春申涧、卧云石诸胜，以天雨时促，不克往游，未免犹有憾也。

下山至听松亭畔，摄一影以志纪念。时腹已辘辘转，乃至某饭馆午餐。餐毕，复憩于胡园，同学多出购山下土人所捏之泥物，维妙维肖，精致已极。苟能改良，亦美术品中之特色耳。

二句辞惠山，行于田野间，积泥盈寸，芒鞋湿透，唤渡至黄埠墩，亦名小金山。有楼曰水月轩，四围凭水，风景特胜，楼外波光，湖头峦影，如天然图画，遥映于视线之中。楼上多颂扬圣德语。如此辈者，强作名士，未免玷辱山水矣。

下楼唤渡至彼岸，时大雨倾盆，四顾无休息处，乃冒雨返会，有揶揄者，有赞勇者。

抵会，则人声嘈杂，佥呼履穿衣湿，污水染裳，作斑斑花纹。思此行于天然风景，失之天雨时促，不及细玩，然栉风沐雨，奈劳忍饥事亦大佳。且第二泉供吾大饮，游虽不畅，得足偿失也。

晚餐后，各展衾卧，不移时而魂游睡乡，神到华胥，盖疲乏极矣。

晨兴，盥漱朝餐竟，检点行装，准备返苏，居此虽只二日，觉一种依恋之情，梗挹心头而不可遏。

准备既毕，与高君告别，乘八句廿分车返苏，时则宿雨初晴，阳光将放，遥望惠山，苍翠如沐，若欢送我也。途中眼界，为之一舒。惟过眼风光，皆等幻影。思念及之，不禁神与俱往。

余记毕矣，然尚有足述者，则此次游历各地，均由该县教育会驻办高君领导也，冒风雨，无艰言，其热心招待，不避劳苦，实教育界中不可多得云。

《学生杂志》1914年第1卷第4期

万顷堂游记

三年级生　施锡麒

　　去邑之西南十里余有峻宇数椽，曰万顷堂，居乎管社之麓、太湖之滨，独山在其前，杨园依其侧，形势壮丽，风景绝佳，而游之者莫不谓斯堂之得其胜也。夫此堂之名以万顷著者，岂非以得三万六千顷之大观而云然哉。予以校课繁杂，虽心向往之，卒不能一览湖山之风光，涤濯胸中之尘氛以为快，引为憾也久矣。今岁夏五，吾级去毕业不远矣，师命共往彼处，为一纪念之摄影，予乃得以良好之机会，一偿曩时之所欲，其乐为何如也。是日也，晴阳送暖，枝头鸟鸣，一若天公且假惠于我者，由校整队而往，通出试泉之门，行经荣氏之园，一路景色，冠于都城。其林壑之优美，岩石之壮奇，又非俗境之所能多得。或谓林泉之乐，较城市尤胜，至此而始之信。遥见沙鸥飞飞，渐闻水声潺潺，而知万顷堂之将至焉。未几果达其地，仰视其上，则苍翠之松柏密布于天空；俯察其下，则汹涌之波涛起于足下。而此堂实有滕王阁之下临无地者然，遂拾级而登，鱼贯而入。堂中多楹联，均为锡邑文人之所著，至于整洁明净，则犹其余事也。凭栏一眺，则水天一色，白帆点点，自远而至，虽风浪相加而隐如平地，棹歌不辍，四周则群山隐隐，而马迹长兴犹历历可辨，默念震川先生所记载，非亲历其境者所不能道其只字也。时将薄暮，而游兴未餍，继闻号笛之声，即摄影于藏兵洞上，缓步而归。归而思，夫今日之所为有司者辄挪蹰于名利之苦，乃彼犹沾沾窃喜，奔走于风尘之路，虽毁名失誉而不为稍惜，上负国家委托之重，下累生民涂炭之苦，乃彼犹沾沾窃喜，倒行逆施，不知退居林泉以享此山水之乐，避贤者路，何其愚也。虽然此辈龌龊之徒而此名山值水，亦岂能容之哉。夫安有如吾等之优游以相得耶？同游者为辛师、须师、江师，及同学三十二人。裘子维德以足疾未往。

七月十九日晨记

《无锡县立第二高等小学校杂志》1918年第1期

春日游惠山

江苏第一师范　俞　浩

一

云淡淡的，
风煦煦的，
好一片艳阳天气。
远山如笑风景好，
引起了我游山的兴趣。
我独自步到了惠泉名胜地。
泉水儿清，
泉味儿甘，
只恨我的肚子太小。
泉流潺潺，
鸟语关关，
仿佛对我私语道：
"别上高峰去，
山路儿崎岖，

还是此地清幽。

惠泉茶，

浇一碗，

坐看庭前新开的碧桃花"。

二

我要上高峰去，

我不怕山路儿崎岖。

呵！高峰到了！

怎么峰上还有峰！

岭还连着岭！

山岭原来登不尽！

太湖在南面，

湖水连接天，

水天一色，

一望迷离，

好一幅美丽的春景！

《学生文艺丛刊》1924年第1卷第3期

商学会参观部

定期旅行无锡

商学会参观部,以迩来已届深冬,为欲调剂课外生活兴趣起见,决于本星期六(十六日)清晨出发,作无锡旅游,兹据该部负责人张君语记者云:本部此次旅行目的,全系答览性质,预定十六日下午游玩著名之惠锡二山,十七日清晨,拟漫游太湖,晚间当即乘夜车赶回学校云。

《复旦大学校刊》1933 年第 162 期

惠山游记

叔豪

余旋里之明日,天朗气清,风和日丽,乃偕二兄仲雄,遨游于惠山之麓,啜茗于二泉之亭,怪石嵯峨,古木参天,池鱼游泳,泉流瀰瀰,亭当上山之要冲,故游人过此,每驻足焉。仰望天空,圜穹一碧,倾耳林间,好鸟飞鸣,懿欤休哉。吾侪有何幸福,而得饱餐此大好风景也。正欣喜间,有人告余曰:客亦知夫池鱼乎,大虽盈尺而无味,易水则不生。余恍然曰:我知之矣。盖池中之水,纯系石泉,非比运河之浊流也。夫久嬉于虚而不实其中,久处于清而不安于浊,此自然之理也,何足怪哉。山在泉亭之西,峰峦秀丽,高疑接天。余乃循麓而上,有清泉瀑布,浪花四喷,细草如裀,杂花如锦,环顾四周,阒寂无人,惟有白云来去耳。既而造极,下视平原,则万家历历,众水环流,洵可乐也。追思畴昔,良朋高会,曾日月之几何,而云流星散,求一抵掌之乐而不可得,岂不悲哉?又闻远寺梵钟,百感遂释,飘飘乎如脱尘网而登蓬瀛,若不复知有此幻躯也。少焉下山,乃缓步而归。是役也东西奔驰十余里,而精力惫矣,寝息早于平时。忽梦老翁朱衣修髯,神采英异,莞尔而言曰:名山之游乐乎?夫富贵贫贱荣华得失皆幻景也。余辈观之,世界不过一微尘，人生亦如一蜉蝣。余曰：怪哉！是何言欤？翁曰：于诸元之中而有诸天，于诸天之中而有无量数不可思议之星云星团星气，于无量数不可思议之星云星团星气中而有日，于绕日众行星之中而有此地，于此地中而方有我身，岂不渺乎？子仍密织痴网，莫能解脱，是何异蟭螟巢中咸来决斗，蜗牛角里争辟战场乎？子其有缘，当与偕行焉。余曰：噫嘻，顷之梵钟，非翁所鸣耶，何幽远动人若此。翁顾而笑，忽有人来呼余，余遂惊悟，张目四顾，则慈母在傍，促余起，余乃披衣下床，濡笔志之，时甲寅三月二日也。

《青华周刊》1915 年第 1 期

雨中游惠山

施兆贵

余南通人也,屡欲渡江南下,饱览江南名山大川之景,而读书崇川,无暇如愿,然心中未尝一日不悬悬焉。客岁暑假,转学东吴,乃乘假期之时,早与姨兄远扬,有游惠山之约。届时,游兴勃发,而阴雨霏霏。远扬谓余曰:"今日天气不佳,游乎止乎?"余曰:"阴雨其可阻吾侪游乎?"于是乘火车西行,举目窗外,大雨倾盆,如与吾二人为难者。抵无锡,雨渐小,指惠山而往焉。既抵麓,雨犹未已,而日光破云,折射山际,似与微雨争斗,而欢迎吾二人之游也者,乃拾级而登,至半山而憩焉。折西行数步,有一方池。池中游鱼,小者尺许,大者四五尺不等。旁有一石制龙首,注水池中,汩汩不已。余谓远扬曰:"今日之雨,其近山者,视吾人途中所遇,其大殆千百倍乎?观夫兹管所出之水,今犹未止,其明证也。"远扬曰:"吾君误矣。子不观夫壁上大书乎?"余乃掉头后望,则"天下第二泉"五字见焉。私自识之。复上登,跻乎山巅,纵目四顾,平沙残照,上接岚光。木末归帆,忽落云外。而空气新鲜,精神又为之一爽,盖雨初霁之时也。未几,乃就故道而归。抵家,遂作斯记,且欲再择雨日,作天下第一之游也。

《小说日报汇订》1923年总第260期

到宝界桥去!

四上 陈贯三

"江南山水甲天下",尤其无锡是傍着太湖,山明水秀,风景优美,近几年来,经过人工的点缀,声名日增,可惜以往的湖滨各名胜,非从水道不能到达,在一日中,决不能周游各处,饱览胜景。这次环湖马路兴筑,宝界长桥完工以后,把湖滨各名胜区域,连缀在一起,水陆交通,都很便利,一日内可游览完毕。

长桥的地位,在宝界山下,高车渡畔,如今环湖路未曾完成,游客还是坐人力车到高车渡,倘然要到蠡园,再到长桥,也只有二里路程。

宝界桥长一丈二十尺,横卧五里湖的中心,建筑雄伟,真是巨大工程,登临桥上,青山绿水,尽入眼底,山鸟鸣树,胡风拂衣,真似身在画图中,遥望湖波荡漾,山峦青葱,鼋头渚、中独山和小箕山,围绕四周,种种景物,雄伟秀丽!将来各处的道路联络起来,桃柳夹道,红紫满目,那情景会比西子湖边还要秀丽呢!

陈贯三:《到宝界桥去》,《儿童与教师》1934 年第 15 期附：

太湖宝界桥
为我国第三长桥

鸡群

客有自无锡归者，为述锡邑建设事业突飞孟晋。大有一日千里之势。最近太湖之宝界桥，已于上月竣工。各界人士，前往参观，叹为中国第三长桥（第一洛阳桥，第二黄河桥）。此桥自高车渡起，至宝界山止，共长一千五百余尺，环洞六十，全系水泥钢骨所造，其工程浩大，概可想见。

太湖汪洋三万六千顷，水光山色，风景宜人，左有蠡园，右有鼋头渚，皆为东南名胜之区。春秋佳日，游女如云，近复筑有环湖马路，以与此桥相衔接。全湖交通，益见便利，则凡行旅往来，既可省舟楫之烦，更无畏乎风涛之险。锡邑商业，亦因此而日渐繁盛。从可知建设事业，其裨益于社会国家，实非浅鲜。吾浙之钱塘江桥，沪上之黄浦江桥，经之营之，匪伊朝夕，亦深望其早日成功也。闻宝界桥为某实业家独资创造，并拟在桥址建一湖滨公园。湖山有美，经此一番点缀，其将来不难成为东南一风景区云。

《新闻报》1934年12月7日第17版

新游记汇刊

扬镇锡苏屐痕录（节选）

五日日曜，雨，晨七时起，盥洗毕，至大雅楼早膳，并品茗焉。十时返寓所，午膳毕，整队去车站，乘十二时五十五分钟火车东行，历新丰、丹阳、奔牛、常州、横林、洛社诸站，而至无锡。以尚须参观该邑学校，遂下车步行，入光复门，莅县教育会寓焉。

六日月曜，半晴，上午参观竞志女学校，设备颇为完整。是日为无锡地方光复纪念日，下午学校均放假，乃停参观，全群出试泉门，唤人力车，至大公图书馆，馆为荣氏私产，入门即见有生理解剖图数十幅，楼上则有图章千余幅储焉，琳琅满目，美不胜收。人多时促，未能翻阅，不无遗憾。出图书馆，沿石路前行，抵梅园，亦为荣氏私产。入内游焉，园为梅岭旧址，故仍以梅名园，示不忘旧也。园大数十亩，皆植梅树，前半方正在凿石为池，积土为阜，叠砖支木，构造未毕。入后有一室，额曰香雪海，康长素手笔也。旁有楹联三，其一云"七十二峰青未断"，"万八千株芳不孤"。其二云"树木十年，此地合名小香海"，"太湖万顷，浮生直欲若烟波"。其三云"天空白云净，数峰见江上青山"，"风送暗香来，几点动阁中诗兴"。凭栏南眺，则群山丛叠，高出重霄，惜都不识其名。西望则波涛汹涌，万顷汪洋，即太湖是也。少顷，出梅园，前行多仄径，不易识，恐误途，雇一向导而行。经东管社山，行于树林岩石间，别饶兴趣。越山，即为太湖。雨后山色迷离，湖光黯淡，逸趣横生。湖滨有一庙，题曰古项王庙，或曰本为夏王庙。因年久失修，字多剥落，后人修时，字已模糊，不能辨认，遂署为项王庙云。入内瞻像，文质彬彬，不类叱咤鸣喑之夫，则夏王庙为近似矣。庙东邻有一楼，登之有额，题曰万顷堂，杨翰西手笔也。桌椅整洁，有人招待，遂沦茗于此。据云客之游太湖者，都憩于此。四壁联语颇多，均为锡人手笔。其一云"天浮一鼋出"，"山挟万龙趋"。其二云"洗尽旧胸襟，一水平铺千顷白"，"拓开新眼界，万山合抱数峰青"。其三云"满地干戈，故老伤春作寒食"，"重湖风月，有人招隐结茅庵"。其四云"眼前图画新开，大箕山，小箕山，列岫晴湖，不数痴翁留妙笔"，"世外桃源谁是，东管社，西管社，结庐翠麓，可有渔郎来问津"。其五云"何处有桃园，且偷半日间，来享湖山清福"，"新邻接梅岭，会看十年后，定成世界名区"。其六云"箫鼓迎神，百道风帆来管社"，"咏觞修禊几人墨妙写兰亭"。其七云"如上岳阳楼，对万顷湖光，重忆希文椽笔"，"遥瞻于越界，指一帆风影，可来范蠡扁舟"。细读联语，胸襟已为之一爽。临窗远眺，七十二峰，若隐若现。惟中渎山距离最近，视之较为亲切。天将晚，买棹而归。舟行三时许，抵大字桥泊焉，遂步行返寓所，已八时矣。

七日火曜，雨，上午参观第三师范附属小学校返，余与数同志复有惠山之游，出试泉门北行，折而西，雇人力车，前行半时，抵惠山麓。麓多祠，惜门闭不得入，乃登山，及其巅，狂风刺骨，雨下沾衣。下望锡山，直培塿耳。注目旁视，为雾气所濛，不能见一物。乃下至第二泉品茗，味觉醇美。移时外出，购泥制玩具数事，乃返寓所，晚膳后即寝。

八日水曜，阴，五时即起束装，早膳毕，步行至车站，乘七时三十五分车东行，经周径巷、望亭、浒墅关而抵苏州。

《新游记汇刊》第 4 册

阳羡游览记

我一

　　江南佳山水，阳羡其一也。昔人以买田阳羡为韵事，形诸吟咏。读者神往不置。吾家阳湖，相距百里而羡耳。民国五年二月廿四日，应宜兴县教育会演讲之招，乘便游览。即晚七时，由东门外附新商轮船局小轮赴蜀山。八时半抵埠，即登湖㳇航船，十一时始达。宿于船中，宜兴至此，陆行三十六里，水程五十四里，航船每人仅收费六十文。央熟人李士嘉菊生二君为向导。翌晨早餐毕，游磬山海会寺，磬山在宜兴县东南五十余里，距湖㳇十八里，海会寺距湖㳇二十二里。游人或先至海会寺，后至磬山，或由磬山而至海会寺，道路均也。是日九时半乘舆登山，自市街十三里至桥亭庵，途皆石砌，骡马及小车转运山产。舆夫肩挑手挟，耶许而下者络绎。产品竹为大宗，木材、石灰、烧炭、松枝、竹笋之属次之。李君言斯山出品，每年值银币百数十万云。既登山，无处无竹，碧干参天，浓荫幂地。人行其间，萧然意远。自桥亭庵至崇恩寺五里。寺居山之主峰。前有石坊，题曰敕建崇恩寺。其背有第一祖庭，盖因昔有天隐和尚为开山始祖，其徒四人，第四徒名玉林，乾隆时封为国师。江南各寺多临济宗，系出天隐，如武进天宁寺、丹徒之金山寺皆是也。过石坊，越一小阜，左右乱石齿齿，树木繁茂。及门，和尚印品者出迎客，导入大殿，凡三楹，建于清宣统元年，至今尚未竣工。左入为法堂，后为厨房。自此出循山坡行，修篁万千。前隔一涧，涧水汩汩作声，四面峰峦拥翠，日光隐约于丛竹间，极清幽之致。有池曰洗钵，宽不五尺，水澄碧，深尺许，终岁不增减，相传为天隐和尚洗钵处，故名。殿后为佛堂，上为御书楼。楼三间，清康熙帝赐书藏此。现藏明版经册七十余卷，完整可诵。右屋三间为禅室，又三间为天祖堂。余等茗谈御书楼下。印品留饭，素餐颇佳。

出崇恩寺由间道行丛竹中，不半里，得大路。过土地堂，达海会寺。寺居平地，右倚西川岭，左扼凤凰山。林木葱郁，山光上衣。寺内有屋百余，大殿五间，工垂竣，后为藏经楼，亦新建。左为煦姁堂，妙参方丈居之，陈设整洁。妙参深究佛学，吐属风雅，书法亦佳。三十余岁时，自常州天宁寺遣主是山，今六十余矣。大殿及藏经楼，皆其募款建筑，洵僧界之佼佼者。香积厨出素餐四碟四碗，清且腴。吾尤爱其春笋，盖甫掘于土中，视市买者风味殊也。

五时下山，菊生君导至自营之信康南货号。适微雨，闻附近有窑，游兴未阑，复往参观。石灰窑圆形，累砖和土为壁，高出地面数丈。底有门，所烧柴料，由门送入，灰亦有门出。柴取之山中，松杉枝干价甚廉，石灰一窑，烧四日夜始成，窑顶无覆被。燃料如不甚干，或阴雨，则成灰时间须延长，用柴亦较多。大窑成灰千余片，小者数百斤。凡青石均可制灰。山民以石供给窑户。俟出灰后，视灰之斤数，偿石之值。千斤灰之石，价不过三四十千。加以凿石之工价，约六七十千，故成本并不为巨。灰之在窑中者，大半成块。惟至窑底，多为碎灰，价较廉。炭窑制略异，窑口较小而有顶，松枝或小树或竹梢均可为烧炭之材料。宜兴灰炭，运销江北及上海者为多。

宜兴山中多竹，种竹之法，冬季下根于土，其梢必削去。根即自由发育，第一年生产不茂，第二年则一根产七八株，但有大年小年之别。大年出笋，小年产竹，隔年为之。熟地之竹，必用肥料，以豆饼为最佳，灰次之。施肥若干，即出笋若干，并须翻土。三年不用肥料，则熟地等于荒山矣。荒山之生产地较广，故不用肥料。

笋之售价，以二十五斤为一石，每石百数十文，但斤数无定，有以十八斤为一石者，有以二十斤为一石者。用充燃料之竹梢，每石仅值二百余钱，且须足斤数云。

竹之种类不一，毛竹最繁，产于荒山者极肥大，产于熟地者不大，色微红，无论何产，均生毛笋，运售各地，为春时唯一之食品。其他名称，不必与学名相符。所为胖竹，可作筐筥篮筱之属，苦竹可作笔杆烟管晒衣杆之属，淡竹可作箪箕。其叶可为药材及泡饮之料。此外如江竹、蓬条竹、夹竹、大山犒、架竹、稻杆、水竹、厚竹、金竹、银竹、紫竹、罗汉竹、方竹等，不可胜数，且各地互有异同也。

宜兴瓷业家各有专长。蜀山以茶壶名，种类形式，多至千数。丁山以缸盆之属名，粗细均有之。其泥亦分多种，红泥价最昂，紫沙泥日渐缺少。以现状观之，更越若干年，将致告罄。嫩泥富有黏力，无论制作何器，必用少许，以收凝合之。夹泥最劣，仅可制作粗器。白泥用制罐钵之属。天青泥亦称绿泥，产量亦少。豆沙泥则常品也。制器既成，必加以釉，分青黄赤白黑五种。上釉之手术，颇有优劣，视其器之精美粗恶，量为注意。余尝参观利用瓷器公司，在城内大街，有工人十余，视其所长，各制一物，所用器具，不甚精密。矩车规车，以别大小方圆。笓子明针，以事剔括范律。绝无模型。故器之形状大小，欲求一律，全恃手势之适当。幸历久谙练，旋转自如，虽百十具无丝毫差误。各种泥坯，烧于蜀山窑内，公司中设一烧釉炉，用土抟筑成圆形，四周有孔，俾通空气。皿置其中，小者可数百件，大者亦数十件，积炭于上，凡烧四小时而器成矣。炉之中心有孔，自顶直贯炉底。善别火候者，立而俯视之，即知器之成否，非老于此者不能。茶壶之制，发明于明代吴氏婢名供春者，见其遗制，颇为古雅。今则王玉林最有名，一器之成，全用手指捏制，不下千余种。近亦有用模型者，然不如手制之静美。工人无养成之所，自幼实习，以迄成材。工资不等，视货之精粗为准，论件不论日，泥产于蜀丁二山，每石不过二角左右云。

　　间尝于春秋佳日，游览禹甸名胜，西湖幽秀，泰岱峥嵘，中心羡之，不能或忘。驱车而北，循京张铁道出居庸关，揽长城之胜，形势雄杰骀宕，叹观止焉，以罄山较之，直培塿耳。乃吾游阳羡，于其一丘一壑，独徘徊留念何哉？太史公传货殖曰：得势益彰，无他，以有资生者也。

《新游记汇刊》第 4 册

阳羡纪游

一澄

苏文忠尝云,我来阳羡,船入荆溪,意思豁然,似慊平生之愿。文忠深爱宜兴山水,故尝在宜购置田产,并奏乞常州居住,殊有终老是乡之意。山水之移人,亦盛矣哉。余往来宜溧间,屡过荆溪,泛西氿,而迄未一入城市,亦不暇搜岩探穴,过事深密之行,惟龙池善权洞诸胜,芒鞋竹杖,偶一随缘,并载旧日记中。摘抄数则,以供世之好游者,为先导焉。宜兴于常州无锡,均日有小轮往返,可称百里内之名区,闻者阖一踪迹之乎?

棲云寺之石观音

乙卯二月三日,晨起,由溧阳埭头村雇小舟,泛入长荡湖,约十余里,东至宜兴界之黄家山停泊,登山进棲云禅寺,绕寺之后,拾级直上,瞻礼石观音像。像就石壁雕刻而成,身立鳌鱼头上,高约丈许,凌空竦立,神采奕然。惟鱼头连在石壁,翘然而出。菩萨之身,则离壁约悬空尺许也。两旁善财龙女像较小,亦离壁突出。

惜上半身被毁，现以泥塑接续。相传此石壁雕刻之工人，轮回三世，继续来此作工，始完成其事。虽未可尽信，而其坚忍不拔，能成此艰难之雕刻工程，则固可以不朽也。如吴中龙寿山房所藏元善继法师血书《华严经》，成八十卷。转生为明相宋濂，后到兹寺，补写告成，事同一例。盖不昧前因，完成胜果，亦未始非精勤之一念充之耳。遂攀登山顶，西风甚大，湖光浩渺，来往帆船，飘摇湖上，小如飞燕。大浮山四面凌空，其圆如盂。凭眺移时，依径而下，行三里许，南至周山村，有祠山庙。香火正盛，祈祷者络绎于道，神忌猪肉，故该村人民自元旦起，至二月八日止，无敢食肉者，犯之辄病云。

龙池山观龙

久闻宜兴龙池山山水之胜，拟往游览。友人某氏有典肆在张渚镇。镇距山只十八里，愿作东道主人，约游焉。二月二十一日，午前十一时登舟，同游共三人，张渚属宜兴境，去溧阳宜兴各六十里，离戴埠只三十里。午后三时抵镇，张渚出产，以竹木石灰及各山货为大宗，兼有治坊纸厂，全镇商业甚盛，有市街数条，亦极热闹，驻有警备队一连，又有县警民团。近山多盗，尚不得逞志于此。二十二日午前九时，肩舆行十余里，入山，一路松林茂密，绿阴幽翳。再约二三里，至龙池山。过从云亭，古松修竹，苍翠夹道，髣髴云栖风景。又数转折而上，至寺门，曰澄光寺。在宋为禹门禅院。康熙间始锡今名。过览殿宇巍然，丛林规制。晤住持悟深和尚，留午饭。午后登山观龙池，石径直上，距寺约五里余。余饭饱登山，胃病大作。行不二里，呕吐狼藉，目眩腿酸，然仍得步进步，匍匐攀跻，终至山顶，有松数株，下荫六角石池，中有龙无数，方首扁尾，黑身赤腹，腹有黑点，四足，前二足四爪，后二足五爪。友人命舆夫捉取四尾，携之而下。余因已力竭，遂乘舆下坡，尤觉陡绝难行，回至寺中小憩，风雨骤至，爱看山色，未忍垂放舆帘也。

善权洞

二十三日午后，往游善权寺。寺距张渚七里，四山环抱，水竹萦回，在昔盖一巨刹焉。僧隐山导游善权洞。越山冈约一二里，至洞。洞宽约三亩。岩顶钟乳垂滴，如挂璎珞。四壁石形，刻画皴漏，洞口立石如峰，耸然独立。有横石巨额，上有"欲界仙都"四字。洞壁上有崇祯间之留题，及乾隆间唐邑令七律四首。复爇柴而进，内容纵广，与前洞相若，热气薰腾，如入浴锅。滴水注地，滑湿不易再进，遂退出。高邮李叟独居此洞，约三年余。讫不知内通若干里也。出口缘山行，见洞下复有水洞，亦宽广相若。两洞上下，如楼房。近洞山岩，有悬崖倒峡之势，奇花杂树，点缀其间。飞泉喷涌，叹为仙境。游竟回寺。寺后一洞，亦幽绝可观。此行有一感念，则善权洞之近旁，为土人开山取石，倘凿伐不止，日益逼近，必将名迹损伤，宜请邑人加意，稍加限止，划定开采之线，亦保护名胜之盛事也。尝见董文敏公有善权洞五律四首第一首之峡隐十字，尤曲尽该洞之胜。倘得善书者为之补书，勒石洞中，亦足为名山生色，是有望于当地之官绅耳。

附录

董文敏游善权洞五律四首

神功开混沌,水府吐氤氲。峡隐将飞石,岩垂欲堕云。
龙腥阴壑回,鸟道乱云分。今日摩崖记,知同藏史笔。

西风拨云尽,万象划然殊。地轴连离墨,仙宫閟药珠。
微明天有漏,大巧谷非愚。为问探奇者,曾逢石髓无?

石径幽无际,金堂永不扃。丹炉犹傍月,仙掌故扪星。
驾鹤探云笈,燃犀遁水灵。如闻淙响外,历历咏黄庭。

山霁气初澄,攀萝下复登,千峰攒积铁,百仞矗层冰。
溅雪看庐阜,随花得武陵。平生耽胜事,选胜却输僧。

余自游山归,随别溧阳而去。嗣有友自溧来,谈述同游某君携龙归,几因此受祸。盖溧阳岁旱,往往由官赴龙池,迎龙祷雨,久成习惯。此次携龙回城,出于游戏之举,乃会逢其适,霖雨连绵,乡民大哗,借口将与为难,卒致演戏备舟,礼送还山,始了此一重公案。夫灵物未必有灵,既为一乡之迷信所拘,决不可以一时戏弄之轻心。召一般乡愚之起哄,观某君兹事,可以深戒。礼曰:毋不敬。谚云:戏无益。凡游名山胜水,有类是者,其亦当知所戒已。

《新游记汇刊续编》第 2 册

阳山游记

小仲

览锡山风水景物志，阳山居其一。阳山者，我杨氏之家山也，在无锡南四十五里，周围约十八里，高约八里。三世祖购之，置祖茔于其麓，建大宗祠于山之西二里。祠凡春秋祭。今年春，予自沪赴祭，礼毕出祠门，遥望山峰插云霄，岩崖可辨。族人谓余曰：登此峰，可以俯瞰太湖，群山襟袖间矣。余久聆斯山名，欲游之而未得者，遂偕族侄某疾走二里，至祖茔。茔建于明，今已五百年，御碑翁仲石坊在焉，相率偃卧，湮没泥土间，风霜侵蚀，颓残不完，景物凄怆，荒凉不治。当始建时，不亦赫然伟观哉，子孙之不竞，有负祖德矣。循茔后小径直上数百步，有观音寺。前数年，寺僧藏盗，乡人察之，聚众歼焉，寺被毁，乡人无修葺之者。寺前有竹数百株，丛篁掩映，百鸟往还，微风绕之，清婉可听。寺后有洞，以寺名。洞底有泉，石上水涓滴不休，积为斯泉。水浅绿，不涸亦不盈，位置高，乡人无取用者，山鸟遂据为浴所。更上，岩石层叠，危不容攀。循西斜上，有羊肠道，直达老虎洞。老虎洞云者，以大石连续而成形，为脊为足为身为尾，皆毕肖。附山直下，此乃其首，洞则其口。骤观之，如虎之疾驰，下岩张口，有所乘也。洞广可二丈,高约五丈,仰视赤石森森,垂垂欲堕。心悸其崩,凛乎不敢久留。洞顶有拳印。传者曰:"昔莫天佑(编者注:元末明初将领)略地经此山,以洞为行营,一日闻敌袭,愤而抵石,遂留此迹。"予谓莫天佑力诚巨,可陷坚石。然洞高五丈许,莫足践而手抵之,且拳大于常人十倍,巨无霸无若斯伟也。不经之谈,附会相传,成为确论,天下事比比然矣。出洞攀石直上,石峻路峭,几堕者数,约五百步。至蝙蝠洞,洞口逼窄,仅容匍伏久,入则空阔可五幢屋,黑暗无光,满栖蝙蝠,故以名洞,探首其中,阴森可怖。导者曰:"长发军扰斯村,乡人入此洞,避乱者几千人,以大石掩洞口,贼满布山中不知也。忽来一猴,掀石闯入,匿人震恐,喧声达外,贼搜而杀之,无一得免。佛说劫数,此或其徵。"更上,石益奇,路益险,手足递进。仰望山巅,已近眉睫。鼓噪直上,攀登益急,及跻其巅,则祠门所见之高峰,尚拱立在数里外也。盖山有二峰,予所登者为虎尾峰,老虎洞之尾,至斯终,故名。高只前峰四之三,前峰名文笔峰,自远观之,但见高峰及傅麓。虎尾嶂于前,文笔隐于北,故不得而见也。至是力疲,止而休焉。东眺太湖,极烟波之浩荡,天水一白,纵目无边,帆船点点,如镜面着尘。湖中山蜿蜒如长蛇,间断间续,乡人能一一道其名,盖习焉。沿途南望群山如屏障,或高或亚,锡境多山,于斯为冣。俯瞰树巅戴绿,麦草一色,行人如在碧茵上。村屋鳞比,大宗祠已小如拳石矣。是时也,人与天接,心比水澄,几不知置身何所,以是知尘世扰扰,惟山水间有真趣焉。文笔峰有二,石笋直立霄汉。导者曰:"前年大雷雨,石各折其半,整齐如人工,今之所存,仅仅得其半。"予因测想其未折时,盖亦阳山胜处也。峰下岩石雄险奇瑰,突兀如鬼立。因距较远,又慭于道险不及涉,遂循山南下,道夹两石间,扶援而行，及半，有朝阳庙，华贵庄严，较之观音寺，不能同日语矣。寺后有朝阳洞，幽邃清净，瞻顾徘徊不忍去。出寺门，暮色四敛，山容顿寂，遂归。翌日由常州还沪，车经横林洛社，犹见阳山巍然屹立，出没于云雾间也。山多石少土，故不生树。观音寺前之竹，朝阳庙略有松柏，然皆瘠瘦如乏血之人，无欣荣之态。山径不修，登陟甚难。闻言北山更峭于南。村牛就草，步步而高，稍不慎，辄坠死。又言文笔峰间，有泉大如盆，好事者探之，不能穷其极，尝有鱼跃出，人谓其通太湖，予未亲见，不敢深信也。

《新游记汇刊续编》第 2 册

梅园鼋头渚游记

佩公

无锡据沪宁路之中心，交通便利，商业日繁，兼之水秀山明，盛为世人称许。近年彼地之建筑别墅者，日见增多，而荣氏之梅园，尤为个中翘楚。其次若鼋头渚杨氏之植果园，风景亦殊卓绝，并闻有无锡饭店，构造布置，为该地旅馆冠。来游者咸以此谋棲止。余久思一游，苦无间隙，昨得西节之暇，因约二三契友，于二十日乘搭车往游。车抵锡站，已逾规定时间十五分。首赴无锡饭店，定宿舍。店极宏敞，崇楼杰阁，广厦万间，厅堂尤典丽乔皇。器具书画，靡不精越绝伦。余等选定两舍，窗明几净，空气清新。即令侍者备餐，馔食非常适口。盖该店兼营中西餐馆。自与寻常旅馆烹煮不同，果腹毕，即因该店雇定橡轮车四辆，言明往返湖滨，价银一元二角。发轫于通惠路，路为邑商荣宗锦陆培之等出资合筑，平荡广坦，自站至惠，修约七里，间经吴、惠工、惠农、惠商等四桥，工程以吴桥为最，长虹卧波，雄据运水，钢铁为骨，上铺木板，系皖商吴子敬所独建。惠工等桥，构以水泥，为值当亦不资，路以初辟，房舍寥寥，惟三五工厂，烟突上矗，吐雾嘘云，一若特炷馨香，以迓远客之戾止者，扑面则龙峰九派，叠翠含青，如列屏障。惠山已数数游，故不为吾侪注意，于是迳越龙头河、秀嶂街、春申涧，转入开原干路，沿途麦浪翻青，桑芽苗翠，田间野草，黄蕊红花，洵可谓之平原如绣，而青山不断，一路迎人。浏览间，已趋河埒口、荣巷，而达梅园。园建于东山，磊石为垣，由卑趋高，地势墳起，入门有紫藤一架，已应候而花，翠幔珠璎，殊可人意。架尽为花一丛，间植顽石，上刊擘窠书梅园二大字，由此有歧路二，上达广场，石峰四五，夭矫作天女舞，天心台矗立场中，沟池为涧，环其三面，做玉玦形，荷苗三四，渐透水面，度桥有石径，蜿蜒可通。登台四瞩，太湖在望，而万顷波光，四围山色，一一尽罗眼底，胸襟陡豁，令人俗虑全消。台后遍载梅树，枝干亚叉，奚止绕屋三百，惜已绿叶成阴子满枝矣。使于春初抵此，则玉蕊冰华，真如涉香雪之海。再进地势渐高，有轩，颜为香海，系康南海所书。轩后为诵豳堂，构以楠木，堂悬书画联句颇多。其中最可传诵者，若孙寒崖之"七十二峰青未断，万八千株芳不孤"一联，足为斯园写实。余等即据此沦茗，以资少憩。堂之左右，有屋为翼，颇尽轩敞华丽之致。堂后为东山顶峰，小亭高耸，占全园之最上乘。再进有巨石横卧草坡上，刊"小罗浮"三字，园尽于此，乃共折入侧径，华厦数楹，建于崖落，闻为主人避暑之所，门常以钥，故未能游览。径石板桥，有玻璃花房，储花甚众，前有荷轩，为舍三间，轩前有池一泓，游鱼刺水，荷苗渐粗，于是一路穿梅林而出园门，登车向湖滨进发，车路较前逼仄，两车交臂，常须让道行。行三里，已达管社，山麓有清初隐侠杨紫渊墓，堙于山半，下有杨园，是其故址。逾此已达万顷堂，为杨氏所新构，负山面水，槛外一碧万顷，名副其实。时落日正映面，龙鳞万点，星星然至炫人目。堂西有项王等庙，湖滨有虞美人崖，为后人附会以名，未足为典。崖上有车盖柏，颇得形似，更买棹渡湖，绕独山以游鼋头渚。是日南风颇竞，激水生波，舟为震荡。越湖约二里而遥，已达渚下。登岸四览，风景清绝。渚为充山之一角，山脉入湖，如鼋之首，因是得名。鼋头为水冲刷，石骨毕露。东有石壁，摩崖刊"横云"及"包孕吴越"等字。回波激石，雪浪溅飞，洵奇观也。杨氏辟渚为植果园，桃树甚夥。而亭轩台榭，其间点缀，亦各适宜。湖面辽阔，远处不见崖岸，湖中岛屿起伏，螺髻烟鬟，与风帆点点，掩映成趣，俯仰宇宙，令人油然起出尘之想。奇境若斯，浏览竟日，犹嫌不足。第夕阳衔山，似为山灵代逐俗客，故吾侪不得不急登舟返岸，御车回城，比达无锡饭店，业已万家灯火，休憩片刻，各进晚餐，是日殊觉疲倦，因共据榻早眠，被褥极整洁，入夜无哗，得以稳向黑甜。迨醒，已杲杲日上矣。推枕盥洗，呼侍者进早饭毕，搭二次车返沪。泚笔此记，以志鸿爪。

《新游记汇刊续编》第2册

旅行杂志

无锡十二景

愚民

正月梅花初立春，崇安寺里闹盈盈；
周围场子出戏法，当中摆设西洋镜。
二月杏花春气足，张王庙里大蜡烛，
风雨雪落天气冷，祭筵摆起冻狗肉；
三月桃花是清明，锡山相对惠山景；
五里香塍风水好，二泉名胜天下闻；
四月蔷薇靠壁青，华藏寺里有名声，
开肚黄鳝来放生，万顷太湖蜀山门；
五月石榴满围林，黄埠墩兀峙水中央；
端阳景致龙舟看，画舫笙歌唱夕阳；
六月荷花透水香，马路开辟兴商场；
公园游客多于鲫，屋顶花园好白相；
七月凤仙天气凉，图书馆高耸在中央；
瞭望高台接霄汉，大自鸣钟叮当响；
八月木樨香阵阵，文庙学宫祭圣人；
秾璜造起石牌楼，文昌高阁接青云；

九月菊花处处开，青山寺里做佛会；
红男绿女知多少，个个参拜望乡台。
十月芙蓉应小春，南禅寺宝塔有七层；
癞疥菩萨做生日，赌拳博桔闹盈盈；
十一月山茶花满林，学堂林立是文明；
东林崶实开绝早，考取优等第一名；
十二月蜡梅雪飞天，商业发达独占先；
丝纱面粉电灯厂，国富民强在眼前。
十二月花名唱完成，唱来句句动人听；
五谷丰登升平乐，无锡人歌天下清。

《新无锡》1918年8月25日

无锡游程

无锡湖山之美，驰名江南。年来交通便利，游者益众。兹略无锡游程如次，以为未游者告。

需时二日 游览无锡，自沪前往者，往返约需时二日。早车自沪动身，约午时可到锡。择定旅馆，午后即游览惠山。翌日至太湖梅园一带游览，晚间回沪。

惠山区域 上午到无锡。午后自旅馆出发，坐人力车由通惠路吴桥直抵惠山山麓，约需时四十分钟。车资约小洋三角。惠山山麓有寄畅园，颇擅池沼林木之胜。出寄畅园后游华孝子祠，次游昭忠祠，再次游黄公涧、二泉亭。二泉亭可小驻饮茶，泉水甚甘洌。自二泉亭登惠山，山顶可望太湖。惠山凡七十二湾，长约十里。下山处为石门，即可乘车返旅馆。又惠山麓之惠泉酒甚甘美，泥人亦极精致，无锡土产之著名者也。

太湖区域 凌晨属旅馆代雇汽油船一艘，价约八元至十二元，视船之大小而定。自大洋桥边下船，直放太湖，沿途经过独山、鼋头渚、万顷堂等处。一路烟波浩淼，可称壮观。自万顷堂出，再游五里湖。由五里湖驶入支河登岸，约行二十分钟，即至梅园。时已正午,即可在梅园午饭。梅园中有香雪海、楠木厅、小浮罗亭(编者注:当为小罗浮亭,下同)等名胜。园中现代名人书画甚多。小浮罗亭为园中高处,可望太湖全景。梅园之邻为桃园,园亦甚广。二三月间,一片红云,灿烂如堆锦,洵佳境也。梅园等处游毕,仍登原船归,归途可至黄婆墩一游。到寓时约下午五时左右,可乘夜车返沪。

旅馆情形 锡地旅馆若新世界饭店、无锡饭店、华盛顿饭店等均甚清洁。新世界、无锡两饭店地处大洋桥,交通便利。而华盛顿饭店则在火车站左近,盖以幽静取胜也,上等房间价约三四元。

《旅行杂志》1927年第1卷第1期

阳羡山水纪胜

蒋维乔

宜兴古称阳羡，距吾邑武进百里而遥，山水之胜，甲于东南。忆逊清光绪末叶，轮轨未通。余曾为访友故，买棹至宜，流连于城畔之西溪。因事所羁，一日即返。未能躐屐入山。由是青山绿水之影，留诸寤寐间者，忽忽不知几十星霜矣。近岁息影沪滨，老友储南强，既经营善权张公两洞，屡次约游，亦未能践。己巳之春，中隐寺可禅退居来沪晤谈。余时忽动游山之兴，遂与之约。以孟夏某日，登沪宁车至无锡，再乘小轮赴宜兴，朝发夕至，宿于东门外之中隐寺。次晨，乘肩舆由可禅伴同入山。抵铜官山麓之芙蓉寺，居山月余，择晴和之日出游，而以芙蓉寺为出发点，游踪所及者，为铜官、芙蓉、龙池、磬山、善权、张公两洞，清水、玉女二潭。于阳羡全部之山水，不过十得二三。依次录之，名曰纪胜云尔。

芙蓉山

山在宜兴县南三十里，即铜官山之南麓，众峰攒簇，望之若芙蓉，故名。山下有芙蓉禅寺，为唐大毓禅师道场。大毓，金陵人，于元和中卓锡芙蓉。襄阳庞居士，曾三次访之，后人为筑来来亭及三到亭。今寺前东西两涧水奔流之处，尚有亭之遗址焉。寺南里许，有两洞：曰天井洞，深浚如井，今堙；曰三郎洞，洞口有半身石像，殆所谓三郎者也。寺负山面水，绿林修竹，夹涧森立，有三石梁跨东西二涧之上，宛如鼎足。游人不至桥边，初不知林木邃密之中，有深藏之古寺，其幽秀可想矣。寺于洪杨之役被毁，近始修复，至可禅住持时，始大兴土木，重整旧观。今之住持溥鉴，可禅之法子也。监院名莲开，与余相见，皆如夙契。芙蓉山顶，大石磊磊，如蹲如踞，而大势圆耸。俗乎雄鹅头，颈后有石耸起，名驼峰。鹅颈驼峰之间，相距丈余，夹立如门，中通一径，凡自芙蓉登铜官山，必绕此而上。余与莲开登芙蓉山，即取径于此。迩时山麓气温为摄氏表二十五度，顶上气温为三十一度，高五百米突，约合营造尺一千五百六十余尺。

铜官山

山在宜兴县西南二十里，原名君山，以其为一邑之主峰也。自秦以来，于此设官采铜，故名铜官。阳羡山脉，自浙之天目而来。重峦叠岭，其山之有名可指者，不下百数十，而无名者尚不知凡几，若欲穷其胜，恐累月不能尽，而以铜官山为最高。余偕莲开，自芙蓉寺后，寻小径而上，行约十里，越芙蓉山而登铜官之顶。顶平坦而东西狭长，极目远眺，心胸为之开豁。北则宜兴全城宛在足底，东西二汃夹之，历历可睹。南则万峰层叠，如障如屏，善权张公二洞，龙池石磬诸峰，皆可指数。西则句溧诸山，蜿蜒不断。东则丁蜀二山，近在咫尺，太湖亦隐约可见。山顶有茅蓬三，曰中茅蓬，额曰云雾寺，曰东茅蓬，曰西茅蓬。云雾寺屋宇尚朴古。东西二茅蓬，则仅破屋数楹而已。然山之最高顶，乃在西茅蓬。其前气象开展，了无障碍，即密云禅师悟道处也。有半月池，池中产锡邑，俗称曰龙。储南强昔年因邑中大旱，独自登山，露祷于最高峰，历三昼夜，竟得甘霖。今其坛址，山上之僧，尚能一一指点也，测其高度，约五百五十米突，合今营造尺一千八百余尺，气温摄氏表二十八度。

自山顶北下，复上攀绝壁，约行五里，至善行洞，为唐稠锡禅师之子，善行尊者，焚修之地，洞深约三四丈，其中就石为床，为昔时坐禅之地。其前为善行庵，今名选佛禅院，清同治十二年重修时所改称者，今之寺僧，乃讹称善行洞为然昂洞，可为数典忘祖矣。院后另有小洞二，其左一洞为水洞，泉流终岁不竭。县志所称右洞左池岩石如盖者也。

自院前循山径而下，有鹅子洞，洞门有二，其右另有水洞，洞顶石盖锐出，如虾蟇张口，俗呼虾蟇洞。再下数十武，有朝阳洞，一僧居之，洞深三丈余，其底有水，汲而饮之，甚甘洌。

龙池山 磬山

龙池在宜兴县西南七十里。余自芙蓉寺乘肩舆而往。可禅、恒海伴余同游，恒海即龙池山澄光寺之退居也。龙池有大森林，长约四五里，松树为多，故进山之路，称曰松巷，竹林亦极茂密，宜兴各山之森林，常推此处为最矣。登山有亭，中悬两额，前曰从云亭，后曰禹门。由此再上里许，至澄光寺，寺名乃清康熙年间敕建时所改，旧名禹门禅院，寺依山建筑，渐上渐高，房屋百余间，规模宏大，向上有上中下三庵，今之澄光寺，乃下庵也。恒海领导参观一周。大殿之后，有藏经阁，贮明代南北藏经各一部，旁有禅堂及祖师堂，堂中有幻有祖师及密云悟祖造像。方丈室，外有晓云石。此石在天阴时，有蒸气上腾，故名。恒海于石下引泉作池，其上覆以竹棚，绕以藤萝。一经点缀，便觉可观。在寺午膳，设馔甚盛。膳后，余欲登绝顶。恒海云：自龙池赴磬山，必踰巫峰岭。岭道陡峻难行，人咸畏之。今既欲登龙池之顶，复须自顶下，再登巫峰，一降一升，费力更多。不若经由龙池山顶，东北绕行，越过岭头十余而达巫峰之顶，可省一度之升降。但此路向鲜人行，荆榛蔽塞，能不惮艰险否。余曰：游山带有冒险性，方有趣味。决从其议，遂由寺右登山，经禹门祖塔。禹门者，即一源禅师，为龙池开山老祖。元至治间，于绝巘巨石间，架屋盖茅以居，有屋三楹，中塑大士像。今其遗址，犹称大士庵也。自塔右再上于路侧丛树间，攒行数十武，得一洞。洞门虽小，而其内甚宽，深可五六丈。洞前皆竹林，风景幽绝，在此静修最宜，俗呼虾蟇洞。恒海以其不典，改名空空洞，列为龙池十景之一。再上里余，为中庵。庵亦久废。今有大苍头陀，构茅屋舍之。大苍本军人，出家后专修苦行，禁语已三年。余等入内啜茗，招待甚肯切，皆以手势代语。庵之东西，各有龙池。中多蜥蜴，更上至绝顶，则有上龙池，围可二丈，岁旱则祷雨于此。铜官山顶亦有龙池，而此山乃独以龙池著称，殆以池较多，蜥蜴之产亦较多耶。

绕山顶右行，踰分宾岭而下，仰望岩石岝崿，凌空横出，层叠如云，曰白云岩。岩脚窄处，仅可容足。昔时于此架空筑阁，今则圮矣。更绕白云岩而前，有拜经台，为幻有禅师所筑。盖因其师乐庵老人，晚年居磬山，此台地势既高，遥望磬山，了了可见。老人有所须，不必呼召，但于山上举物作记号，禅师一见，即趋赴之，故恒于此拜经也。幻有禅师，名正传，明代人，有四大弟子，曰密云悟、天隐修、雪峤信、抱朴莲。密云天隐，道行于扬子江流域，抱朴道行于黄河流域，雪峤道行于珠江流域并及南洋。而为清顺治帝所尊敬之玉林国师、木陈禅师，一出天隐之门，一出密云之门，是知明末至今三百余年，佛教临济宗支派繁衍，皆自幻有一脉传流。而宜兴诸山，殆为佛教之中心，龙池尤为诸山之中心，可想见其盛矣。由拜经台绕岩腹而西，得一洞，高约五尺，阔二尺，中有老祖一源禅师碑，号伏虎岩，今俗名老虎洞。志称一源禅师居龙池山，有白虎驯伏者是也。由洞再右转，岩石断处，缚竹架石通之。俯视下方，竹树茂密，绵长十数里。万峰摺叠如浪纹，更由拜经台侧。猱升绝顶，有龙井。围不过三尺，其深则不可知。绝顶有井，且岁旱不竭，亦足奇也。顶高五百三十米突，约合营造尺一千七百尺，气温则出山麓山巅，同为摄氏表二十八度。

由龙池顶向东北绕行，路皆荆棘，高过人头，或俯首攒进，或双手劈分而过，皮肤被刺而见血，以好奇心胜，不暇顾也。恒海持镰当先，披荆斩棘以为导，有时亦误入歧途，则审察方向，折挽再行，自上而下，复自下而上，历二小时，蹿岭头十五，方达巫峰岭脊。舆人及空舆皆在焉。舆人窃窃私语，谓余瘦弱，行此险路，将不胜其苦。实则路愈险，所见之奇景愈多。余乃兴趣勃勃，而可禅体物肥重，今日为我所累，乃暗自叫苦矣。余赠恒海一联云：伊何人哉，侠骨慈肠真释种。赖有子耳，披荆斩棘到巫峰。盖此道即走遍阳羡各山之人，亦从未到过。非恒海之勇，不能辨也。稍休，即下岭。乘舆行，至普目禅院。院在磬山之下，为寂照寺之下院。住持耐东，今晨已自寂照来候于此，迎入休息。房室布置，极为清洁，出菉豆粥及素蔬馒头饷客，甚精致，而尤以竹鞭笋为最美。未几，磬山崇恩寺住持朗文，亦下山来迓，遂共登磬山，有泓化泉及限门之胜。夹道竹林之茂，亚于龙池。行里许，过慈惠桥至寺，退居汉禅，亦迎于门，由殿侧进后堂，啜茗休息。

磬山亦名石磬，在县南五十余里，其形如磬，故名。明天启间，天隐修于此建道场，今额曰敕建崇恩寺，寺在山麓，其前门则俯瞰象鼻峰，地形由阔而狭。向左湾曲下垂，极似象鼻，寺之南有洗钵池，为天隐祖师洗钵处。对面之岭，高与磬山等。松林极茂，曰万松岭。岭下为武陵溪。寺中新建大殿，甫竣工，殿右有天隐祖师造像。殿后房屋，均在拆卸后改造。汉禅导余游览毕，仍回后堂茗谈。在寺洗浴更衣，晚餐，具馔至精，菜有竹鞭笋、鸡冠蕈，皆产自本山，外间所不可得者。席散，张灯下山，宿于普目禅院。

龙池高出群峰，与铜官相伯仲，而以白云岩为最胜，磬山则幽深曲折，与龙池面目又是不同，惜余到山已迟，未能登其巅也。

善卷洞

洞在县西南五十里国山东南，其山名龙岩，由芙蓉寺西行十余里即至。洞为尧时善卷所居，因以为名，今俗作权，避萧齐宝卷讳也。洞凡三，旧称干洞、大水洞、小水洞。自吾友储南强经营数年，就天然奇景，加以人工，改称为中洞、上洞、下洞，与后水洞为四矣，昔时所不能深入之处，今皆可随意登涉。洞前新筑一讲经堂，红瓦碧窗，突现于众山之间，数里外即望见之。僧人遥指云，此即善卷也。堂后数十武，有屋两楹，为茶室，亦新盖者。游人至此，先啜茗休息，然后命童子携火把，各人秉一烛，由室后历阶而下。先至中洞，洞门高广，天光透入，不须燃炬，有巨石当门挺峙，昔称石柱。今改名小须弥山，山顶以水泥塑一接引佛。山之左旁，镌"伏虎须弥当洞口，青狮白象拥莲台"二语。山后塑地藏像，在此仰视洞顶，渠渠若夏屋。步之深可二十丈，广可四丈。足容千人，故亦称石室。今复以水泥铺之，益觉宽平。洞顶镌大会堂三字，字后复塑佛三尊。洞之左右石壁，皆钟乳结成，形状奇诡，左壁镌龙岩福地四大字，下为弥勒崖，有弥勒佛，袒腹趺坐，更有四天王像，其中一尊已毁。崖底有池，形如秋叶。更进为观音莲台，石条错落，垂垂如瓣，中间一瓣悬空直下，约长四五尺，就其上镌观音海岛四字，于其两旁，就石之姿势，塑观音六尊，中央一尊已毁。再进有巨石，酷似立象，其鼻垂至洞底，镌象王二字，上塑普贤菩萨像。再进石溪有水，滴沥而下。凿石为六小池以盛之。池畔筑平台，护以曲栏。右壁镌万古灵迹四大字。其下有二曲阿相并，前镌鹤寮二字，后镌鹿房二字。有韦陀塑像。再进为罗汉床。像已毁。再进有大石如狮张口。镌狮王二字。旁塑文殊菩萨像。狮王恰与象王对峙，真造物之化工也。狮王之下，有石如鹿，镌仙鹿二字。再进为十八罗汉，其下有池，如半月形。此左右两壁之奇景，皆在石室中，上下通明，游览至便。进大会堂后，即深黑，是为上洞。

于是各人燃炬，童子秉把为导，循石级而上，约数十武，有石柱大可数围，直接洞顶，名通天柱。更有挂石，长约六尺，横约十尺。下展如巨翼。此外就石形任意取名者，曰石蝙蝠、石龙、石凤、不可胜计。亦有数处，石乳正滴滴而下。渐结成形者，则称滴乳石。洞内为蝙蝠所栖。其大者展翅盈尺，游人至，则鸣声吱吱，掠衣而过。昔之秉烛入洞者，不过数十步，即止不复进。今则以人工开凿，就洞腹为转楼，铺以水泥，缭以石栏，其近洞口处，则架桥通之。乃由石级登楼，凭栏俯视。洞口天光射入，可窥见洞之全形。过桥向左，洞壁下亦有滴水池，就石凿十三孔。其大者径可二尺余。池前有广场，长可二十丈，广可六丈，较大会堂更宽。冬日来此，洞中有香雾蒸腾，可解衣磅礴卧其中，所谓云天雾海者此也。

自上洞而下，仍由中洞出，向西南循石级而下，约八十步，至下洞（即大水洞）。洞适当中洞之下，有如层楼。其口虽不若石室之高广，亦通天光。其前山水奔流如瀑，冲击乱石间。声若轰雷，汇而为漱，曰塾雷音。建一石梁横跨之，在此观瀑最宜。洞门有悬石若拳，长可五尺，拳端有水下滴如檐滴，曰佛拳。中洞之小须弥山，则平地拔起，此则浚空下垂，两两对照。而上洞之通天柱，则又上下接连。三者各各不同，叹为奇绝。洞之右壁下，亦天然滴乳为池。池孔层叠而上，不下数十。至此则燃炬而进。有水泥所建小桥凡三，有三级石塔及石经幢。更就洞腹，以水泥作阶级，循级而上，可向外望。自级下探，足底水声汹涌如怒涛。至洞底则全为水。此水通过岩腹而出。其出口即后水洞也。县志称下洞中，石田皆成疆畔，高高下下，水满其中。今则以水泥铺地，架桥通至洞底，游览至便。惜去年之秋，山中发蛟，大水没洞，将洞前石梁及洞内小桥，一律冲毁。石塔石幢，亦倒卧路隅。此次游洞，但见乱石堆垛，无路可寻。水流石滑，履之摇摇欲动，极难着足，反不若登铜官龙池之状快，闻此项工程，如欲修复，须五千金云。

由下洞出，再至茶室，休憩片时，即向西南行，踰一山冈。冈上建有八角亭，可游息眺望。冈下即后水洞也。洞顶飞岩突出，门如偃月。洩出下洞之水，流为长涧，溉田可数千亩。就涧上建石梁，洞左依山势筑半亭，右有四方亭，亭中竖石碑，镌碧鲜庵三大字，即相传祝英台读书处，今为善权禅院之侧门，志称祝英台与梁山伯，读书于碧鲜岩，号碧鲜庵。南齐建元中，就其故宅建善权寺，即今之善权禅院也。

善权禅院 国山碑

善权禅院，在县西南五十里国山之东，凡游洞者多憩于此。清康熙时，玉林国师曾为住持，未数月即去，以其法嗣白松为主席。因故与当地陈氏龃龉，被陈氏族人举火焚寺，白松投火以死。乐庵老人之塔亦被掘，几兴大狱，即此地也。余游洞毕，在此午餐，餐后略休，即往观孙吴时之国山碑。出院向西南行，约三里，抵国山之麓。循小径而上，碑在焉。碑高丈余，围约一丈三尺，其形椭圆如鼓，文多剥落，字体兼篆隶。今筑亭以护之。吴孙皓时，相传此山有大石自立，皓侈以为瑞，遣司徒董朝，封离墨山为国山，立石颂德，即此碑也。碑实在山之南麓，后人遂呼此地为国山。又因董朝所封，故山亦呼董山，碑呼董碑。孙吴时碑文之流传迄今者，惟此与天发神识碑耳，故为金石家所珍视焉。

张公洞

洞在张公山下，所称张公，或谓汉之张道陵，或谓道林四世孙辅光,或谓唐时张果老,传说不一。道书云:天下福地七十有二,此居五十八。庚桑公治之,又亢仓子序亦言之。道陵果老,则已在庚桑之后。此吾友储南强所著洞略,欲正名为庚桑洞也。余宿普目禅院之次晨,即游斯洞。自普目至此二十余里,耐东、朗文伴同游览。洞前为朝阳道院,其西有洞灵观遗址,规模甚大,今仅存三星石门而已。道院即洞灵观之一部分。清初有道士潘朝阳,于此得道,故改名朝阳。洞之历史,属于道家,今则僧人本修居之。洞右有会仙岩,岩下有亭。亭中植立甘泉精舍碑记。碑高约丈五,为方柱形,四面镌文字,明嘉靖间湛若水所书。亭后则甘泉池也。在朝阳道院休息后,即由本修携炬前导游洞。洞门外有亭,额曰洞天锁钥。洞分前后。今则由后洞燃炬而入,凉气透肌骨,甚于善卷。洞顶深黑处,蝙蝠亦更多。自左盘旋而下,复折而上。壁间有宋人石刻,再循石级以登,旁有石隆起,曰鳌鱼背,举首仰视右洞之顶,亦有石刻诗一首云:爇火访灵仙,虽非出洞前。他时丁令到,为报大罗天。旁署刺史卢元辅。再进扣大罗天,有石台,广可十丈,纵半之,台前三面为削壁。一面有磴道数十级。赴前洞必由此。

甫进前洞,即自狭而广,自小而大,自暗而明,气势开豁,有水有桥。石钟乳结成之景物,垂之洞顶,至为奇丽,与善卷之石室,各呈其妙。其最神妙者,即大罗天左之洞底洞及右之洞中洞也。余等先进洞底洞,洞门仅如窦,直探其底,有石柱大可数围,色泽温润如玉。柱底为泉,莫测其深。此洞系人工新开,洞底之水,则储南强祷于洞神而得者也。折而左上,为小西天,有唐人许浑石刻。复自右进洞中洞,踰一小桥,曰碧雨桥,洞口石上,镌曲径通幽四字。过小鳌鱼,背见右旁石上镌洞中洞三字,自背下,复折而右上,仰见洞顶,有小圆孔,天光透入,曰一点灵光,出洞中洞,历级上升，则锐石高下错峙，曰大缨络门，豁然开朗，已近洞之前门，门前为两片大石所成，上合而下开，曰天门，出天门，自左下，有横卧巨石七八，其中有二石相并，而中可通行者，曰夹谷。游毕，仍绕至后洞门外，由亭而出，饭于朝阳院。

就余所经之名山而言，浙之雁荡山，著名之洞，不下十数，且洞内皆通天光。其大者且可于中建造寺宇。然洞中奇景，不过一二，未若善卷张公之多而萃于一处也。至北平上方山之云水洞，凡有四进，深可六七里。内中钟乳结成之奇景，多至百余，其伟大诚非善卷张公可及，然全部黑暗，洞口甚小，须匍匐蛇行而入，游者却步。善卷张公，则前洞皆通天光，游者乐趋，此则非云水洞所及。将来宁杭汽车道筑成，交通便利，吾知二洞必将占有世界风景之资格，可无疑也。

清水潭 玉女潭

清水龙潭，在县之西南，余自芙蓉赴龙池时，绕道观之。潭之直径约三丈，其水澄澈，自池中涌出，探其上游，乃不见来源。无论旱潦，不增不减，冬日则热气升腾，灌溉之田，可数百亩。故此方人民，即遇荒年，收成总佳。

玉女潭在玉女山之巅，离张公洞约二里。余自普目赴张公洞时，先往观此潭，唐权德舆所称"阳羡佳山水"，以此为首者也。潭在绝岩之下，水作碧琉璃色。广约十余丈，深则不可穷。自唐以来，名人题咏甚多。明嘉靖时，溧阳史恭甫，建玉光阁于其上，又建玉阳山房，文徵明为之记。记中历叙之胜景，殆不下数十。当时盛况，概可想见。今则蔓草荒芜，遗迹渺不可观。仅池左有《玉女潭碑记》，壁间镌有玉女潭亭趾短文一篇。徘徊凭吊，不胜今昔之感矣。

《旅行杂志》1929年第3卷第9期

苏锡四日记（节选）

秦燮源

苏锡相距百里，车行不及小一时，即见烟突林立，青山如屏，而车人报道无锡站矣。出站数百武，度水泥大桥，趋无锡饭店，时夕阳未坠，晚霞可餐，同人游兴未阑，乃雇人力车，作公园之游。入门一冈临水，梅香沁脾，春山淡淡，隐约可见。冈北有亭榭池堤，为品茗佳处。其西则浅草平塌，碧桃吐艳。余辈登山之后，步此芳园，恍入锦绣丛中，茗谈移时，乃赴城北聚丰园，一尝乳腐汁肉、活拌虾之故乡风味。

无锡名胜，曰惠山，曰梅园，曰鼋头渚，曰万顷堂，曰蠡园，而一脉贯通，舟车直达，交通之便，远胜苏垣。翌晨乘汽车自通惠路出，一路青山迎人，朝霞若锦。过吴桥，遥望黄埠墩，宛在水中央，风景清绝，旋抵惠泉山麓，则龙峰九脉，蜿蜒如屏。锡山负塔，灿若骊珠。其形势之夭矫雄伟，远过吴山。余辈以方陟三山，无意复登，乃停车略观寄畅园之古木山色，惠山公园之亭台楼阁，小试惠泉，濯足春申涧，勾留半小时许驱车复进，沿途麦浪翻青，苍山耀日。路经东大池，折入一观，遂赴梅园，履诵幽之堂，登招鹤之亭。万顷波光，四围山色，一一收入几席。而数百株玉蕊冰华，冷香远透，尤无异香雪之海。畅游既竟，出楼数十武。登渡舟，由汽艇拖往鼋头渚。及出独山门，湖光山色，水天一碧，梅林数百株，掩映红楼碧瓦间，渚如一鼋浮水，当太湖之口，三山对峙，诸峰屏立。每当南风大作，波涛澎湃，前无锡知县廖纶手书横云及包孕吴越四大字，勒石崖际，可见其气象之雄伟。登渚为涵虚亭，为横云小筑。暮春之际，碧桃盛放，艳丽尤过于梅杏。左行过长生未央馆，至广福寺进素斋，山肴野蔬，味胜于鱼鸭，寺有退庐、陶朱阁、小南海诸胜，当湖面最阔处，登以望，三万六千顷风帆出没，尽在眼底，而两湖尤胜。自渚右行，为在山亭，为松下清斋，有旅馆以居游客，其上为花神庙，寥如旷如，自此过小函谷，即为独山门，面临五里湖，拏舟而东，可游蠡园及高子水居。闻当明清之际，五里湖楼船笙歌，仿佛杭之西湖。今虽金粉凋零，而湖山依然，风月可餐，惜未雇汽艇，不克一游，翘首名园，怅惘奚似？返渚，乃乘渡舟至万顷堂，堂在东管社山麓，凭栏眺湖，景色又殊。下麓，适有人力车，遂乘以至梅园，换汽车返程，于是稍购土物而于九时许回沪，计此行天平挹秀，灵岩吊古，惠麓试泉，鼋头观湖。举夫吴门山色，梁溪湖光，尽纳袖底，而为程不过四日，旅费不足三十番，洵短程旅行之上选也。爰志游程，以供春游者之参考。

《旅行杂志》1930第4卷第3号

周末旅行之无锡

秦理斋

星期之杪,结侣偕游,借山水之清幽,舒一周之积劳,不第赏心乐事,抑亦养生要诀。惟以一日光阴,登山临水,必其地交通便利,食宿舒适,然后始克如期往返,得旅行之乐趣而不废业务。京沪沪杭两路中,宁镇占江山之美,苏杭擅湖山之胜,然其名区,或离城过远,或东西分散,非一二日能穷其胜概,独无锡介四邑之间,居太湖之滨。自民国以来,其邑人相率收拾湖山,广辟马路,风物名区,舟车直达。如惠山、梅园、鼋头渚等。近者距城五六里,远者亦只十余里。汽车行数十分钟,汽艇人力车约行一二小时,而皆一线相贯。不难于一日之间,尽览山水之奇景,加以其地水陆四达,工商辐辏,自上海或首都前往,火车不过行三四小时。苏州常州前往,更不足一小时。他如江阴、宜兴、湖州、溧阳等处,亦有小轮相通,往返便利。其火车站附近,既多清洁之旅社菜馆,而风景之区,复有新式旅舍,可资食宿。故最宜于周末之旅行。

名胜

无锡之大观，在于太湖，故名胜多在西郊外近湖一带，以惠山、梅园、鼋头渚、蠡湖、万顷堂为最著，其地皆山明水秀，不论春夏秋冬、晴雨风雪，咸有可观。而三月初旬，梅园之梅，清明时节，鼋头渚之碧桃，尤负盛名。兹分述其概况于下。

惠山 惠山一名龙山，在城西五里许，舟车直达，以泉水甘美著称，故他邑人亦呼之惠泉山，自唐陆羽品水天下，列为第二。李德裕居中书，酷爱此泉，特置水递，饷转不绝，由是名闻全国。宋高宗南渡，饮泉而甘，筑亭其上，榜曰源头活水。邑人谓之泉亭，今亭已毁而复建，榜额亦废，仅有元赵孟頫与清王澍所书天下第二泉额，尚勒石于壁。亭前有堂曰漪澜，面泉临池，试茗胜地，汽车可直达堂下。亭之上有竹炉山房及云起楼，纳小费。登楼远眺，川原平旷，帆影可数。自亭畔拾级而登，直达山巅，是为头茅峰，有庵可憩。遥望太湖，万顷波光，若大镜悬天际，回顾城郭，闾阎栉比，烟突如林。循岭而西至三茅峰，为全山最高处，巨石盘错，有棋盘、镜光、狮子、天公足迹等名。登以眺，波光泛白，岚影浮青，七十二峰，隐约可数。近望湖滨诸山，皆在足下，临风高歌，大有振衣千仞冈，濯足万里流之概。自此下岭，径仄涧深，石级盘旋，有石门珠帘泉及白云洞诸胜。过真武殿下，路渐平坦。松风涧水，声韵清幽，深得林野之趣。及抵山麓，乘人力车东行，可复返于泉亭。

山麓旧有慧山寺，兵燹以后，僧房禅舍，类皆拓为邑人宗祠，只山门犹若硕果之仅存。门内石幢及日月池、香花桥、金莲池等，皆寺遗址。门前大道蜿蜒，直达西门。道旁有小阜曰锡山，平坦便于登临，上有龙光塔，宜眺远，山间街名秀嶂，可达梅园。

循山门而右，为寄畅园街。夹道皆泥人饼店，泥人饼店与惠泉酒、松花蕈、鲜蚕豆、桂花栗，均为山中名产。道旁洋房高耸，即为寄畅园，据一山之胜，驰誉明清之际，虽经兵燹，未复旧观，而古木荫翳，清泉潨潨，幽静秀媚，犹冠群园，旁即通惠路，直达车站，后为桃花坞。明尚德书院旧址有点易台、滴露泉、海天石屋等，犹存荒烟蔓草间。园前河塘，为游山船停泊之所，有惠山公园，在宝带桥畔，旧为李瀚章祠，隔河与紫阳书院，俱有亭白楼榭花木之观。此外泉亭前至德祠之荷花、胡文昭公祠之丹桂，亦有名。泉亭之左有春申涧，雨后急湍似瀑布。自涧前越坡而南，山谷间有忍草庵，以景物清幽称。

梅园 园在城西十五里许，水陆交通，马路四达，汽车汽艇，直抵门前。清初徐殿一进士拓桃园于此。民国元年，实业巨子荣君德生就址改建。踞东山之上，前面管社，后挹龙峰。风景之佳，天然入画。入门，过洗心泉，夹道梅林数千株。初春盛放时，玉蕊冰华，冷香四透，宛如香雪之海。其后地势渐高，度小桥，穿石洞，登天星之台。夜望一天星斗，清旷寥廓，故以为名。渡溪得砚泉，历级而升，有轩曰香雪海，望梅佳处。再进为楠木厅，额曰诵豳。遥望湖光一角在山外，清幽绝嚣，深得山水之趣，故游人品茗者多在此间。堂侧曰荷轩，曰留月村，一则曲院荷风，一则清辉常照，风致可想。堂后招鹤亭为园之最高处，凭栏遥望，万顷波光，四围山色，一一纳入襟底。自此而东，路接许山，太湖饭店即在其间，为消夏佳处。山顶有宗敬别墅，广场平衍，最宜望湖。

东大池 在开原马路之北，有启民路可通车马，池广数十亩。当嶂顾两山间，本属天然胜景。复由陆君培之筑岸建亭，植桃柳，凿白沙泉，极人工之妙。暮春之初，山明水媚，桃柳争妍，乘车赴梅园者，大可折往一游。

万顷堂 在梅园南三里许，居东管社山山麓，当太湖之口，马路相通，旧为湖神庙址，丙午岁里人集资重建，亦望湖胜地。

鼋头渚 渚在万顷堂之南，居充山之麓。以石突出湖中如鼋头，故名。与梅园及万顷堂，有渡舟往返。登渚为涵虚亭。湖光山色，水天一碧，大箕、小箕、东西管社，如拱如揖，若列锦屏。每当南风竞作，波涛澎湃，奇石壁立，气象万千。前无锡知县巴江廖纶题横云及包孕吴越六大字，勒石崖际。亭前有灯塔，以利行舟，亭后横云小筑，桃梅数百株，杨氏植果试验场也。暮春碧桃吐艳，五色绚烂，渲染湖山，尤为可观。由渚而左，为长生未央馆，飞阁迎云，风景最胜。再进广福寺，有退庐、陶朱阁、小南海诸胜。当湖面最阔处，三万六千顷风帆出没，尽罗眼底。寺僧精素馔，客多就餐于此。寺旁一勺泉，山中古迹，返自涵发亭而右，则为在山亭。亭下曰松下清斋，有旅舍以寓游客。亭之上为花神庙，倚山壁立，寥如旷如，亭旁辟径而东，于处建城楼，曰小函谷。面临五里湖，亦饶风帆之观。山下凿池植莲，建榭水际，夏日荷香轻送，消暑胜处也。

蠡园 园在青祁漳，居五里湖滨，离城十五里，人力车可通。若乘汽艇，由鼋头渚渡湖而东，一路湖山迎人，胜概无穷。园为锡人王君禹卿新建，赏五里湖最阔处，遥对石塘桥，远望之，仿佛西湖之三潭印月。濒湖筑堤，中辟莲塘，内饶亭台花木之胜。夏秋之夜，于临流玩月，最为相宜。按五里湖亦名漆湖。在明清之际，别墅楼船，不亚西子湖畔。其中杨园与高子水居，尤著盛名。今虽胜迹荒废，风流消歇，而湖山无恙，景物依然。锡人方谋兴复。斯园之设，殆其嚆矢矣。

高子水居 明高攀龙别墅，蠡园之东，赏五里湖东北滨。湖山风月，馈有胜盘，现有马路相通。

湖滨诸山　自管社以西，湖滨之华藏山、华藏寺及韩湾、杨湾、孟湾、大富、小富、盘坞、夏墓，绵延十五里而至间江，皆面湖背山，风景绝胜。惜离城过远，马路未辟，非周末旅行者所能问津。又五里湖西南，太湖以东之朱山、宝界、路耿、石塘、雪浪、军将、长泰等山，或以古迹，或饶景物，亦均有名。

黄埠墩　在北塘运河中流，原名小金山，风物清新。赴惠山时，舟出其下，车行亦自吴桥遥窥。

公园　在城中公园路，入门一冈临水，梅柳依依，遥企龙峰，青山在望。北有亭榭之胜，冈西芳草如茵，花木扶疏，暮春四月，樱花开，一片红霞，不啻锦绣丛也。园前有图书馆，其右为崇安寺，锡人方有圈入园中之议。

食宿

锡邑旅馆，不下数十家，多在马路旁，离火车站不过数百武，以工运桥左右之新世界旅社、无锡饭店，与通惠路口之铁路饭店，广勤路之华盛顿饭店为最著。房间自五角至四元不等。饭食每餐自三角至五角，新世界旅社有西菜，并附设游戏场浴池，此外城中有公园饭店，梅园有太湖饭店，鼋头渚亦有客寓之所，菜馆则以大新楼、大庆楼、聚丰园较为著名。

交通

市内交通，有汽车、人力车、汽油船、驳船、画舫等，汽车可自工运桥前过惠山至梅园，每车五六人，往返共约五六元。公共汽车在西门外迎龙桥畔，专走梅园，不经惠山，每客三角。

人力车则无锡市、开原乡、杨名乡三区，各自为政。往惠山者乘无锡市车，有二路：一由北门走通惠路，一由西门走五里街，价约二三角，若往梅园万顷堂，须乘开原乡车，或至惠山后雇车，或自西门迎龙桥换车，价约四五角，往蠡园亦有二路。（一）至南门外乘杨名乡车。（二）自西门迎龙桥乘开原乡车至仙蠡墩，过河乘杨名乡车，价共四五角。

汽油艇每日自十二元至十六元不等，可托旅馆代雇。惠山、梅园、万顷堂、鼋头渚、蠡园等处，莫不可往。且除惠山外，皆在一条路线。驳船每日三四元至七八元，画舫亦称灯船，日约三十元，其船菜极有名，每席十二元至二十元不等。

邮局在汉昌路，电报局在通汇桥。长途电话西通常州、镇江及省都，东通苏州、上海。

游程

游览无锡可分车船两种，略举数例，以供参考。

（甲）游览一日半（自首都镇江苏州或上海前往，均可适用）

（一）舟游

星期六下午乘火车到锡后，如为时尚早，可乘汽车或人力车游惠山，时晏则步行或乘人力车游公园。

星期日 乘汽油艇游梅园万顷堂而抵鼋头渚，在广福寺进素餐。下午舟入五里湖，游蠡园高子水居而返，否则小游太湖亦可，是晚则乘六时半火车离锡。

（二）车游

星期六 下午乘火车到锡后，步行或乘人力车往公园品茗。

星期日 乘人力车或汽车先游惠山，继往梅园，中途可一观东大池，即在梅园太湖饭店进餐。午后即自万顷堂乘渡舟至鼋头渚。游毕，乘渡舟径返梅园，再雇汽车或人力车回城，而乘六时半火车离锡（又先至鼋头渚，后往万顷堂亦可。但恐归途无人力车。）

（三）车游

星期六 同前（二）

星期日 乘人力车或公共汽车至梅园，再自万顷堂渡湖至鼋头渚，在渚进餐。饭后乘渡舟至梅园，雇人力车游惠山而返。

（乙）游览一日 自上海或苏州、常州赴锡，当日亦可往返，籍省旅馆宿费，其游程如下。

（一）乘早快车上午十时抵锡，在车站雇人力车或汽车（通惠路口）径往惠山。在惠山进午膳，下午二时乘人力车或汽车赴梅园，四时渡湖赴鼋头渚，六时搭渡舟返梅园，雇车或乘公共汽车回城，乘九时半特别快车离锡。

（二）早快车抵锡后，乘汽车径往梅园渡口。搭渡舟赴鼋头渚。进餐畅游毕，二时离渚，返游梅园。四时再乘汽车赴惠山，游毕即返车站。

《旅行杂志》1930 年 4 卷第 6 号

无锡观湖团记

数东南湖山之美者，必推杭之西湖。顾湖虽秀媚，而狭小势迫，不能极烟波浩瀚之大观。若求夫包孕吴越，吞天浴日，雄奇博大，无美不备者，莫如太湖。盖湖跨七县，周五百里，东南之水皆归焉。是以汪洋森茫，与海相若。而天目山自仙霞东来，群峰奔凑，争为翠嶂，余势磅礴，复溢为七十二峰，矗立三万六千顷波涛之间。其岛屿之参差似海，湖水之澄碧胜江，而山势之嵯峨，河港之曲折，岩壑之深秀，怪石之玲珑，又随在皆得山水之妙趣。昔归有光记宝界山居，有云：天下之山，得水而悦，水或束溢迫狭，不足以尽山之奇。天下之水，得山而止，山或孤子卑稚，不足以极水之趣，太湖浩渺潆洄，沉浸诸山，山多而湖之水足以贮之，意唯海外绝岛胜是，中州无有也，故凡奔涌屏列于湖之滨者，皆挟湖以为胜。第湖区过广，昔以交通之利未尽备，非探幽揽奇好游之士，踪迹罕至，又鲜名人学子为之歌咏而宣扬，遂至怀奇美而湮没不彰。最近国人知招致游人之足以繁庶地方也，始稍稍有收拾湖山之志，无锡以实业雄于江南，民殷物阜，故整理风景之成绩亦较著。滨湖胜地，先后醵资鸠工，建园林，辟马路。亭台楼榭，因势点缀，如鼋头渚，如梅园，如蠡园，如万顷堂，莫不罗湖光山色于几席之上。复有新式交通之具以为之辅，使客无跋涉之劳，而得饱览湖山之美，节光阴，省劳力，以故今日游湖者莫不舍莫鳌、光福而之锡。而园渚之名，亦以鹊起。顷闻锡人又有开辟滨湖马路之议，他日周道告成，则华藏、杨湾、石埠等处，车马既通，不仅可资春秋之清游，亦将与莫干、匡庐同为消夏之上区也。

本社以湖上风景之可观，久有组织游历团之意，会今夏太平洋联会有无锡观湖之举，委托本社代组旅行团，而沪社火车部主任胡君时渊，适为锡人，于是配制游程，预约舟车，事前布置，临时招待，一以委诸胡君，遂以最经济之部署，酌定行具膳食之费，人纳十二元，火车二等，当日往返，惟因无锡汽车无多，预定团员至多以五十人为限，所拟游程如左。

上午七时〇五分 自上海北站，乘车出发。

十时二十分 车抵无锡，即乘汽车赴梅园渡口，乘汽油船往鼋头渚。

十一时四十分 抵鼋头渚后，先往广福寺进素餐，餐后畅游长生、未央馆、横云小筑、涵虚亭，饱览太湖风景，复自在山亭、松下清斋，登小函谷，远眺五里湖山色而返。

下午一时四十分 自渚乘汽油船返梅园，登香雪海、诵豳堂、小罗浮、宗敬别墅等处，品茗小憩。

四时十分 自梅园乘汽车至惠山观天下第二泉及诸名园，选购土产。

五时四十分 自惠山乘汽车回无锡车站。

六时十五分 乘车返沪，于九时二十五分抵上海北站。

部署既竟，遂于五月十日星期六出发，团员四十二人，什九为西人，推费吴生君为领袖，本社朱社长成章，以任太平洋联会名誉司库亦加入同行，另由胡时渊、唐渭滨两君，担任途中照料导引之职。既抵锡站，即分乘汽车八辆，驰赴湖滨，途中虽因一车油罄，稍费周折，而大致尚能按照预定时刻，以此游览。是日天气晴和，熏风轻拂，一路苍山耀日，明烛天表，既抵鼋头渚，登高而眺，则水天一色，风帆出没，三万六千顷晴波荡漾，莫知天地之在湖海，湖海之在天地，远峰数点，错落白云间，益增紫青绕白之奇致。是渚虽仅湖口一角，不若马迹、洞庭诸山，有幽美之林壑，足为寻奇探胜之资，而气象之雄伟，风光之明媚，亦足以颉颃西湖。譬诸美人，西湖则浓妆艳服，仪态万方，而太湖则清夷淡宕，秀丽在骨，大有却嫌脂粉污颜色，淡扫娥眉朝至尊之概。是以团员之曾饱游西湖者，亦莫不盛道此渚之可观。及返梅园，则前望太湖，后挹龙峰，自远处领略湖光山色，又别有一种风味。既而有团员数人，素聆无锡实业之盛，因辍惠山之游，折往西门迎龙桥，参观申新茂新等纱粉诸厂，而与余众复会于车站。

按迩来轮轨交通，百度竞新，阜国裕民，不一其道。瑞士、法、意、德、西、日本等国，莫不竞事招致游客，增益国富。我国近年百业凋疲，公私交困，对外贸易，又岁入超，现金外溢，不知底止。值此金贵银贱之会，国民经济，更隐隐有濒于破产之势。补救之术，最近而易举者，莫如招致国外游客，吸收他人余资。上海为远东大埠，扼东西交通之冲。据船公司统计，每岁世界游侣，道经此间者，不下四万余人。其近郊虽无可资外宾流连之景物，而邻近苏、杭、锡、镇、宁，皆为名胜之区，交通便利，苟能每船抵沪，组织团体，导此四万余众，浏览一二日。则假定人耗百元，岁可得四百万元，若能诱其勾留十日，则岁达四千万元，裨益民生，实非浅鲜。惟兹事大，如运输之便利，军警之保护，风景之整理，马路之添辟，食宿之设备，国外之宣传等，皆有赖各方之合作，非一二人孤掌所能独鸣。本社虽有此志，而力实未逮。至于平日招待外人，游览内地名胜，数年来数已不鲜。惟组织团体，大批出发，此尚第一次。他日风气既开，外宾云集，游屐偏东南，则此日之无锡观湖团，将为此蒿矢。爰志梗概，以留纪念。

《旅行杂志》1930年第4卷第8号

锡游酬唱录

邵祖平

余性嗜游，顾未有壮浪之行。去夏过吴门，泛太湖，入洞庭林屋间，始稍自慰藉。而尤喜获交于吴汇金松岑先生。松岑好远游足迹遍域内名山大川，其于游之隙也，亦往往近拾吴越佳山水。今春三月一日，挈其友蒋竹庄来杭就余为超山游。临别，复相邀约曰无锡鼋头渚，拔立太湖中，风涛漱击，形势雄绝。方春山桃烂漫，勾吴士女咸萃于斯，子能从我游乎？余观越山水多巽曼妩媚，而托于太湖者，类能以雄秀自拔，征于洞庭林屋既可信，遂诺为鼋头渚之游而未刻以日也，适春假方来，乃于四月二日实成行。永嘉夏臞禅亦请附往。

锡游之前，先至苏。松岑主东道，并导游虎邱狮子林。四月四日之夕，张筵速吟客，费仲深、顾巽成、黄晓浦皆在座。肴馔间有鼋裙一味。因念明日常游鼋头渚，食指既动，心神亦飞越矣。苏游应别有文纪之，兹不赘。

四月五日晨九时，松岑挈其夫人及二孙男女同出，余偕臞禅夫妇候于苏站。九时二十分同上车。于车中晤梅县李续川夫妇，亦为应松岑之招而作锡游者。到锡站，憩无锡饭店，以电话速北流冯振心至。振心任无锡国学专修学校教授,此次主东道,且导游焉。此时无锡饭店聚余辈主宾凡十人,十人中男妇老幼悉集,为籍备苏浙桂粤赣五省,斯亦遇合之奇矣。

是日饮于大新楼。索饭果腹后,议游程。振心谓去鼋头渚已晚,宜游惠山。乃雇人力车,沿城根行而至惠山。惠山因西域僧慧照驻锡得名,一名九龙山,又名冠龙山。山门内外多泥人玩具肆,祠庙亦多。巡观一周,烹茗于竹炉山房,泉水极甘,即坡老所谓来试人间第二泉也。坡老漪澜堂不见榜书。倪元镇祇陀寺清閟阁藏书之所,亦无人能指点。客堂有隔红尘匾额,由来久矣。余等茗坐无所适,松岑长孙宝炬十龄,独登览头茅峰而返。渠祖父母为之诧绝,异日长成,何可限量。下山游寄畅园惠山公园。碧桃高下烂漫,竹石布置亦有致。是晚振心设饮迎宾楼。振心、续川及余饮酒甚纵,松岑至为酪酊,朦禅不能沾杯斝,端拱无为而已。

四月六日,旧历清明,预定今晨乘汽艇往游梅园、鼋头渚、蠡园。松岑昧爽即来打门呼上船。续川结褵甫旬余,不觉宴起,颇为所窘。七时自通运桥就艇,行二十里许抵梅园。振心主先看桃园。梅园桃园皆锡商荣宗敬宗锦兄弟(编者注:当为宗锦宗铨,详前注)私园,花萼相望,园势壮丽,胜陆士衡兄弟三间草屋多矣。桃园碧桃甚丽,海棠亦多,有送爽亭诸胜。其右则为梅园。梅园梅子如豆,海棠碧桃樱花之属更繁。是园据龙山正面,傍挟横山,斜睨马山。盱衡远视,则为箕山,为独山。箕山戴负万顷堂,独山一名犊山,又名中独山,在五里湖中。更远则为鼋头渚,隐约在太湖中,箕山、中独蔽之。梅园有天心台、小罗浮、香雪海、诵豳堂、念劬塔诸结构。荣氏别墅则位置尤高,眺视太湖最胜,茗坐片刻,遂登艇出五里湖至鼋头渚。

鼋头渚之由来，顾景范《江南方舆纪要》《徐霞客游记》皆不载，此盖太湖中一孤屿，形势诘奇，好事者因构亭台莳花木以张之。数年之间，踵事增华。鼋头渚之名，遂如异军苍头特起。观其巅有陶朱阁，可知富商自能污辱佳山水也。渚形狭而长，其前云根卓起，磊砢万状。湖波荡漾，若隐若现。渚外岛屿青青，若覆釜，若列戟，远近歙忽，与渚际万桃相映发。于时群女如云，衣香绰缛，来此荒岛，并倚多赀。洞庭西山之太湖，不能致此也。向午饮于横云小筑，松岑兴最豪，酒色浮颊，自咏人面桃花相映红之句，不觉绝倒。朱竹垞解珮令词云。老去填词，一本是空中传恨，几曾围燕钗蝉鬓。王半山临津绝句云：却忆金明池上路，红裙争看绿衣郎。一时寄兴而已，岂必如少年人定有本事存其间乎？罢酒起，复游七十二峰山馆、长生未央之馆、花神庙、小函谷等胜，洵尽兴矣。归舟过蠡园，园为王禹卿氏所有，位五里湖畔。奄有重湖风色、长廊曲槛，神似旧都颐和园，然而富丽矞皇，非其俦也。六时返无锡旅舍，矒禅设饮，结束游踪，松岑以是夕回苏，余与矒禅，则以七日归杭也。

　　此行同游，咸有文字纪之。振心游惠山后先作七律一首。松岑于太湖舟中即次韵和答。继而松岑作五律五首，括惠山、梅园、鼋头渚为一日，举清明以该寒食也。予亦次韵，惟为七律五首，谨避松岑四十贤人之唱云尔。续川摘文一首，矒禅填词一阕，松岑和作。而松岑长孙宝炬亦寄游记一篇来，真趣满纸，以殿于篇。余悉依成就先后为次序，印布于世。至行辈之尊卑，昆季之伦次，则存略各随其旨。昔王戎少嵇康二十岁，同游竹林，不闻以行辈相尊，故知琐琐貌敬，非吾辈所宜急务也。酬唱诸作，列如后方。

奉陪金松岑前辈邵潭秋夏臒禅李续川诸先生游无锡山水
冯振

江山未可终岑寂,点缀风光况是春。
自有神仙成眷属,最难游侣尽诗人。
清明未过花方好,小住为佳乐莫新。
明日五湖烟水阔,扁舟浮拍当垂纶。

次韵答振心即视同游诸子
金天羽

东风巷陌动车尘,醉杀觥船浩荡春。
节物于今输画稿,江山终古属诗人。
迂倪清閟楼台废,短李风流眷属新。
吴郡相逢为地主,故知冯衍善经纶。

与振心潭秋臒禅续川清明游惠山梅园鼋头渚得诗五首即呈同游诸君子政之
金天羽

飞弹光阴过,湖山及好春。
看花逗迎客,障扇避游尘,
山暖松身健,泉甘茗味真。
睠怀清閟阁,拨杖见烟榛。(惠山)

占却青山麓,名园十载完。
棠娇喜永日,梨媚怯春寒。
碾曲车轮迅,当花酒盏宽。
浮生此何时,小住且为欢。(梅园)

欲访鼋头渚，春篷过犊山。
诗心吸湖渌，远镜簇桃鬟。
浪贴危矶直，堤迎画舫弯。
投纶钓鲜鲫，酒尽暮无还。（鼋头渚）

一夜东风恶，杨花取次狂。
遨头诩老子，偷眼数红妆。
揽胜须腰脚，随宜话景光。
却思幽绝处，来讲读书堂。

阔绝他乡侣，投诗便目成。
灯前虾菜局，江上鹭鸥盟。
桂海君多艺，枫江我独行。
相期阳朔道，浮载酒船轻。（赠振心）

辛未清明同松岑振心续川朣禅游惠山梅园鼋头渚松岑作诗五首次韵和答即请同游诸君同政

邵祖平

酒人吟客例相亲，拥鼻教逢软脚春。
把盏但须呼白堕，看山况复隔红尘。（惠山有隔红尘榜书）
松根綦履行时好，茗畔烟岚现处真。
唤起梦窗寻旧梦，峭云应为锁荒榛。
（梦窗惠山酌泉词有二十年旧梦，峭云一片之句）（惠山）

名园占断重湖色，丹艧居然构架完。

婉娈棠花侬小睡，玲珑燕语诉轻寒。
平山妆镜烟鬟绝，远渚风帆岛屿宽。
已失小梅堂上约，它时邂逅肯相欢。（梅园）

看桃未作左迁客，放棹初过中独山。
啮岸春波全入画，艳堤少女半舒鬟。
春涛鼍吼时时警，夹渚鱼矶处处弯。
珍重流霞成一醉，天风吹觉暮须还。（鼋头渚）

春风浩浩非关酒，屡舞傞傞那算狂。
诗老未嗟双白鬓，（谓松岑）
桃花欲妒两红妆。（谓续川、瞿禅两夫人）
久耽簋语捐朝睡，坐厌街灯炫暮光。
三日自征糟魄退，轮扁来上读书堂。

当熊硬语自精英，（谓冯振心原唱）
老鹤飞飞句便成。（谓松岑和作，松岑一字鹤望）
海峤多才围雅集，（振心桂人，续川粤人，瞿禅瓯江籍）
锡山增重拥诗盟，
尊前语默间堪味，笔底燕云怒欲行，
他日披图还一笑，五湖心事莫相轻。

无锡游记

李崇元

余旧游鹭江，酷爱鼓浪屿山水，流连不忍去。后馆金陵，家君适移节吴会，因时往来白门三吴间。春秋暇日，颇事登临，搜幽探奇，往往乐之。顾未尝至无锡一览惠泉鼋渚之胜。辛未仲春，吴江金松岑先生自苏州贻书约游无锡，因于是月十八日黎明，欣然与吾妻黄伯珩偕往，至则有北流冯君振心主东道，且任向领。是日午后游惠泉山，山距无锡县城可七八里，势迤而中紧，世故称其大中小三峰。石多，少土，色玄，形似卵者强半。左右下迤处，远观作起伏态，陟岭可眺太湖。时日已斜，烟树屋宇密交，更远多原野，山腹间砌石为平台，有茶寮，憩于此，饮惠泉水。旋去而之寄畅园，惠山公园，复入城游城中公园，颇整洁宣朗。向晦，归逆旅。明晨自通运桥驾汽艇，行二十余里至桃园，园广约十亩，皆植桃，故以此名。其地在龙山左，或曰是东山。中有送爽亭，立视见太湖一角。而梅园则在其右，相距不及一里。梅园实据龙山形势，颇竞人工之巧。惟登天心台，观横山在右，马山在前，相为犄角，更有犊山峙立五里湖中。近瞩远眺，殊饶趣态。向午，去梅园，复就艇，经五里湖入太湖，行约一炊许达鼋头渚。远视绝似鼓浪屿，惟湖光海色异耳。湖水映日光，或青白，或金黄。海色，碧浪起，乃赤，映山影，则深黑。微风荡动，耀若彩云，不波则如镜，波激起，涛头高至丈余者，日恒见。湖流虽激起作潮势，平缓终不过二三尺，而见者已叹为奇矣。渚面不甚广，名鼋头渚以其形。鲜树木，尤罕见鸟雀。正午，饭于渚之边际，对湖天而大嚼,松岑不觉饮自豪。饭罢,周览而去。复驾艇往游蠡园。临水作长槛,差可喜。然人工所经营,好事者所题识,益卑卑矣。当振心之来会于逆旅也。出示所为诗一章,逮放艇中流,松岑已写成和诗,有短李风流眷属新之句,意盖戏余。艇行捷,虽无放棹容与之概。轻舟波浪,万顷在目,游者亦足豪焉。尝读震川文,其述吴中景物之美,白茆乡风。与震泽胥江烟波,每若在眉睫间。今可证其言矣。同兹游者,吴江金天翮松岑,其妃殷夫人,其孙宝炬,女孙某某,北流冯振振心,南昌邵祖平潭秋,永嘉夏承焘瞿禅,其妃某夫人,暨予夫妇凡十人。松岑潭秋振心皆赋诗纪游,而责余为文。潭秋更书来相促,聊次记之如此。其燕谈之乐,皆不复书。辛未仲春嘉应李崇元续川记于私省斋。

三姝媚（清明渡太湖鼋头渚同松岑潭秋振心续川作）

夏承焘

湖山经醉舞,胜寒浪春空。

当时钟吕,倦客年年。

念五湖心事,背飞沤鹭。

酒醒云归,疑梦堕昆仑玄圃。

望断人间,瑶瑟沉沉,水声东去。

同咏远游章句,有翠袖成轮,

酒狂如虎,漫讶横流,

怜王尼乱里,露车风趣,

唤起鸱夷,待商略扁舟眉妩,

依约愁痕,七十二峰清苦。

征招（春日与振心朦禅潭秋续川鼋头渚看花望湖，归棹三日，风雨恼人，念花事当凋悴矣。朦禅先为妍唱，谱此阕报之，并问讯振心渚上绿阴添几许也。）

金天羽

看花无计占晴雨，春山鹧鸪啼彻，

山影掠春帆，有画风紧掣。

年光惊水逝，纵孤艇仙源辽阔，

湖海吟朋，烟波酒舫，柳阴三月。

迟日照楼台，棠梨艳，偏对浪花生活，

尽力谴东皇，奈春愁牢镝，

东风帘底剧，算容易芳菲磨折，

倘流红漂上鼍矶，问胥涛能说。

游无锡记

吴江十龄童子金宝炬

春风如贵客，一到便繁华，此王安石之诗也。繁华之景，莫如无锡。辛未春假，父母率余往游。火车抵无锡，先在无锡饭店作憩息之所。午刻，至大新楼饮酒。下午，雇车至惠山，入竹炉山房，品茶而甘之，此天下第二泉也。余乃独登惠山之巅，至头茅峰，则见信佛妇女哞经膜拜，为状至虔。余独至庙后，远望太湖，平如镜面。七十二峰，沈浸其间，洵海内之奇观也。下山游寄畅园，则在惠山之背，桃花甚丽。归宿旅舍。明日乘汽船至桃园，桃花海棠更多。复至梅园，而花乃富丽极矣。山径曲折，行万花中，花若桃，若李，若山茶，若紫荆，若海棠，若梨，若樱。樱之淡绿色者为尤佳也。此真锦绣之山河也。汽船出五里湖，至鼋头渚。地在太湖之滨，浪花四溅，见湖中岛屿星罗，渔舟上下，浩浩汤汤，横无际涯，而桃花如锦，真世外之桃源矣。乃饮酒于湖边草地，烹鲜鱼而食之，曰乐哉游乎。徘徊多时，乃乘船至蠡园，售票而进，仅游半小时，即相率回旅舍作返苏之计。此次同游，有祖父母及梅县李先生续川夫妇，永嘉夏先生瞙禅夫妇，南昌邵先生潭秋，北流冯先生振心，及余姊弟二人。邵先生曰子归宜为文寄我，是以记之。

《旅行杂志》1931年第5卷第7号

马迹山纪游

蒋维乔

马迹山在武进县东南九十里，四面环太湖，七十二峰之一也。余生平好游名山大川，足迹遍十五行省，独于吾邑则缺然。固非舍近图远，实因故乡无好湖山，此念横亘胸中而未去也。池君宗墨，瓯海人，独与吾常有缘，在戚墅堰办通成纺织厂十年。每抵沪，辄谈马迹山之胜。邀余往游，余诺而未行。癸酉之夏，校中暑假，池君以车来，接余共登京沪车，赴戚墅堰。信宿厂中，得以参观制棉、纺纱、织物、漂染、修理、准备、摇纱、整理各间，纯然利用废棉、废丝、废毛，制成日用物品。备极优良，管理完密，处处合乎科学。而尤注意于劳工福利。有医室、学校、合作社、公园，余别为文记之，此篇之作，则专记马迹山风景也。

七月四日晴。晨七时一刻，乘厂中汽船行。同行者池宗墨、汪惺时、丁雨亭、章则汶四君。汪君自温州来厂参观，临时加入者。丁、章两君，厂中职员。丁习林学，章善摄影。自通成至雪墙桥，计六十里。经虞桥、洛阳、戴溪桥、天井桥、周桥，计三小时可达。乃因临行时，遗忘大皮箧一件。至戚墅堰，船乃开回。故至雪堰桥，已十一时一刻，多费去一小时。登岸，至吴顺兴饭馆午膳。此镇旧属常州阳湖县（今并入武进），吴君稚晖之故居在焉。其地人民口音，已近无锡。稚晖少时，至阳湖应童子试，邑人疑为冒籍，群起殴之，稚晖憾甚！终身口称我里无锡，此事甚趣，世人多不知之也！镇上市街窄溢污秽，一刻不可留！匆匆饭罢，雇湖船渡湖，船价一元二角。午后一时开船，雪堰桥至湖边，地名新村。计九里。湖边至马迹山之古竹湾，亦九里。今日因风不顺，至三时半始到。雨亭先往区公所接洽，区长丁君稚圭适赴常州，由职员许君自新招待，派役人来取行李。余等即至区公所，盥洗休息。拟即刻登冠嶂峰，嘱区役导往。出公所，向西南行，抵水平王庙。庙在分水岭。相传水平王为后稷庶子，佐禹治水，诲人浚道，后世祠之。自此登三冠嶂，乃樵者所行小路，荆榛塞途，刺足出血。山腰岩石陡削，更难着足！及顶，乱草丛生，没及膝盖，无路可寻。导者云："游人多不至此！"然登顶望太湖，则心胸渐为开拓。复鼓勇登二冠嶂。其难行如前。及顶，则望见太湖，境界愈阔！同人有欲折回者，余曰："登山必至最高峰。"然时已将暮，乃疾登头冠嶂，至此则全湖在目。北之古竹湾，南之庙渎，东之雄王嘴，西之西青嘴，了了可数！全山略为半圆形，其南面皆水田，湖沙所冲积也。盖冠嶂乃马迹山之主峰，自麓至顶，计六里。惜余所携测高器损坏，不能测其高度，至为遗憾！由头冠嶂而下，抵新城，经水平小学，此校为公立，有初、高两级，规模较完备。校旁为大有公司第六制种场。归区公所时，月已东升矣。丁区长之兄礼庭，特来招待，引余等至区长家中晚膳，肴馔甚丰，并出陈酿。宗墨饮之大乐。余出罐头素菜食之，膳毕还所。因蚊虫甚多，即在厅事张行军床五架，燃蚊虫香而卧。

七月五日晴。晨七时出发，丁君礼庭引导。循水平王庙，折至神骏寺。寺在秦履峰麓，唐贞观间杭将军恽，舍山建刹，名小灵山。宋改称祥符寺。清康熙时御赐神骏寺额。今有康熙、乾隆御书各一幅，及御赐绿端砚，存方丈室中。寺左有宋代榉树，高十余丈。在寺前稍坐品泉，折回柴泉。泉旧名吴井，深尺许，旁有潭，径可五尺许。井高于潭约二尺，皆不盈不涸，下流入大溇。由柴泉向西行，水田千余亩，秧针新绿，碧树间之，戽水茅亭，疏疏落落，天然一幅图画也！逾昼山，至嶂青，登韩山岭。折而北，至养鸡场。场为沙某所经营，其人不在山，仅用工役管理，闻开办费一千余元，鸡为中外交杂种，皆白色，共四百只。嶂青人口约三百，柴泉约二百，地当马迹山之中心，为繁盛之区。逾岭赴西村，山岚重叠环抱，有高大之森林，行其中，虽夏日炎炎，并不觉热。云居道院，红墙隐隐，藏深树间。今俗称神仙庵。相传为葛洪丹室。院东有葛仙井。广约三尺，深倍之。余等在大树荫中草地，铺席而坐，合摄一影。遥见老树根前，系有农家所畜山羊两头，乃牵之来，摄入影中。礼庭云："山中大姓：丁、杭、秦、张，杭姓人口较少，其余三姓，则人口较繁。"由西村登蜈蚣岭，右为当武山，左为龟山，其下即雁门湾。湾南为蛇山，与龟山连接。湾为山之最西境，其内水田百余亩。马迹山以杨梅著名，余与宗墨并坐树荫，恣啖杨梅。沿湾行，至湖口，望太湖。由雁门经牛塘湾，折西南行，过小桥，桥名牛塘，亦称福德。循岭脚高下而行，至吴王擂鼓墩。世传吴王督战于此。骤看不过一土堆，然以足踏之，空空然有声。立墩上望太湖，远可见无锡沿湖诸山，近则小椒山，乃在足底，形似覆箕，故俗呼称箸箕山。其东北有夫椒山，及夫山。传称吴败越于夫椒即此。时已正午，礼庭约至柴泉吴君平斋家午膳。马迹山既无旅馆，又无商店，凡有食宿，非至区公所及人家不可。余等来时，绕行山麓，注意风景，及回柴泉，则由捷径过牛塘湾，即不遵原路，履田中阡陌而行，经西村，逾庙山，度迎春桥、大渎桥，而抵柴泉吴君平斋家，已午后二时矣。吴君与区长丁君稚圭皆常州东门师范毕业生，为马山人望所归。吴君为人亢爽切直，曾任区长。因不能如其志，途退职家居。与余谈，一见如故，供肴馔极丰美，并有枣子浸膏粱酒，其味醰醰！宗墨取而痛饮，并强饮雨亭。余则因戒酒，略一沾唇，已觉其醇厚，绝无膏粱之烈性矣。膳毕，宗墨与平斋耳语，说余起最早，饭后宜少睡。平斋导余入寝室，余睡半小时而起。不见宗墨诸人，而隔室则惺时方高卧未醒，遂出门寻宗墨。门前邻儿云："皆在吴氏宗祠。"欣然领余往，则宗墨、雨亭、则汶皆在。平斋缕述宗祠兴废，并要余作匾对，余允之。黄君辟尘来此购地办林垦，其办事处即租此祠。经理其事者，雨亭也。余等拟觅风景佳处，席地欣赏。平斋导往大渎之坝嘴，嘴形狭而尖，伸入渎中。碧水三面环之。嘴端有树，大小两株，荫可蔽日。清风徐来，披襟当之，快甚！遂共坐闲谈，出汽水饮之。未几，惺时从容徐步而来，盖卧醒而精神爽健也。则汶架快镜摄影。乡农大小六七人，咸来围观，宗墨招之坐，共摄入之。在此休息二小时，至五时，方由柴泉向东南行，经东村，松林高而密，风送涛声，鸟语时来，蝉鸣深树，此天籁也！至庙下，沿湖边向南，仰见土地庙，隐于古树间，树皆高大，松树有高逾十丈者，年龄皆百年以上。此外榉、柏、枫、杨、檀、栗、朴、榆，种类至多。登庙左山麓，即沿湖边曲折而行。大渎在土地庙以下，亦称庙渎，为马迹山南大港。形势险要，古来攻守重地也。大船驶入，可直抵大渎桥。若山北之古竹湾，则船只只能泊于口外耳。山中所产柴、米麦、蚕茧、杨梅，输出无锡。及无锡货物之输入，皆由此渎。登火石岭，在此望太湖，正对东、西洞庭山，西南可远望浙之湖州。火石岭下为点山，濒湖为西垭湾。有古银杏，在观音堂前，两株合抱，余与同人各展双手围之，大可六围。平斋在此握别，回柴泉。逾岭，即东垭湾。闻赵翼墓在此，以时促未及探访。登桃坞岭，岭颇高，有三折。顶有北极行宫，宫前湖面，有矗立之小山，曰笔山。东望则无锡之军将山也。自岭下，复登小墅岭，其下为小墅湾，有古橿树。相传宋初许姓所手植，共三株，今存其二，二株合一根，左右上出各十余丈。此时红日西沉，未暇细观。幸月色甚佳，路径可辨。余生平所至各山多矣，至乘月夜游，此尚第一次也。登鸦鹊岭，而至大墅湾。自土地庙以东，每登一岭，必望见太湖。地势愈高，所见湖面，境界愈阔大。至大墅而益觉宽阔，且日暮起风，波涛汹浦拍岸，岸之逼窄处，径仅容足，各人鱼贯，懍懍前行。皓月渐上，清光映入波纹间，正如水银泻地，洸漾不定！登山望湖，至此最为痛快！忽见小舟，张帆近岸，为怒涛簸弄，首起则尾落，尾落则首起。宗墨云："此舟何来，得毋盗乎？"礼庭云："否，此渔舟也，乘涛取白鱼耳。"盖太湖白鱼，每随潮结队而至也。复逾对面山而下，至蓬坑。地低而洼，上覆茂树，不见月光。循田间小陌，缓缓而行，窄隘异常，偶失足则有堕水之虑。陌尽为小径，草深没踝，昏暗中，彼此不见，前呼后应而进，乃登窑荡岭。礼庭云："自此至檀溪，路较平矣。"檀溪以隐君泉而得名。泉出石壁，泻入石池，甘冽异常。相传宋邵协罢官隐此，故名。地又产茗，瀹茗品泉，食味独绝！余等择溪旁树下月光佳处，或椅坐，或席地坐，恣意欣赏。礼庭问村人："有佳茗否？"则曰："佳者已售罄，只有其次耳。"宗墨云："但担泉来，不需茗也。"泉在村后约里许。未几，村人担两桶来，即取而饮之。宗墨尽两杯，余尽一杯，甘生舌底，津津有味！礼庭云："马山杨梅，以檀溪产为最佳，因地当正东，得日光较多之故。"遂向村人购一篓，果然实大而圆，极其甘美，各取啖之，顷刻而尽。余齿素畏酸，多年不敢啖杨梅，昨今两日，必日尽数十颗，而齿无恙也。因嘱村人，明晨送十余篓至区公所，以便携归。惺时明日必赶回上海，余乘此便，以红白杨梅各一篓，托带至家中。马山杨梅，每年销出价值万元，然不能经久，故销行不远。今得以二十四小时，藉惺时之便，运回上海，亦一有味之事也。礼庭向村人借一灯，导余等行，经栖云庵下，而登胜子岭。庵建于宋宝庆元年，隐蔽森林中。庵后有大榉树，前有桃园。胜子岭者，马迹东部之胜地也。右古竹，左檀溪，南对三冠嶂，蹬道皆乱石砌成，崚嶒曲折，夜行尤难！顶有小武当庙，亦称北极行宫。礼庭云："庙神最灵，村人有求必应，庙前石凳，不可坐，坐必获咎，平时村人担粪者，不敢过庙门，必绕其后而行。"然同人者已有溺于庙前者，闻之默然。余等在此稍憩，即由岭北下，杨梅成林，高当丈余，拟明晨来此摄影，及回区公所，已十时矣。今日自西山绕至东山，往来步行，约四十余里。雨亭习农，健步如飞，余所勿及！宗墨、则汶腰脚皆健，惺时稍逊，然态度闲静，初不觉苦。丁区长家中，具晚膳，礼庭作陪。各入饱啖，宗墨尤喜饮，雨亭不得已亦应之，辄尽一壶。及卧，已十二时矣。今夕蚊虫，较昨夕更猛，虽有蚊香，亦不退怯。诸君皆疲，鼾声大作。余则无论早睡迟睡，辄一小时即醒，蚊来，则以巾掩面避之。惺时秀顶光滑，无乱发障碍，蚊若以其易与而麇集之，迨天明，则红星点点满头矣！

七月六日。晨七时，吴君平斋来。八时，与宗墨等偕赴胜子岭杨梅林下。由则汶摄影毕，时村妇正摘取野杨梅。两日以来，则汶过杨梅树下，辄思摘食，宗墨以树有主止之，此次因平斋来，村妇识之，乃许则汶就树头摘食，则汶大喜。诸人亦各取数颗。虽系野生，味极鲜美，与购买者不同！余等出门时，惺时言稍迟即来，皆以为昨日过于疲劳，托辞不出耳。乃未移时，又见惺时手摇蒲扇，大步而来，乃招之共啖，谈笑而归。早食毕，八时登舟。平斋、礼庭等，均送至古竹湾。开行时，一帆风顺。九时，已抵雪堰桥之万寿亭。对面舟中，忽有与雨亭招呼者，则区长丁稚圭也。乃共停舟，登万寿亭谈话。丁君必欲送余等至雪堰桥，谢之不允。乃告以雪堰桥市街污秽，一到即拟过汽船，不再停留，遂郑重握别而去。及抵雪堰桥，汽船早至，即登之。九时开行，及半途，机件忽坏，停轮修理。修后，行未久，又坏。于是屡停屡修，至午后三时，方抵戚壁堰。因惺时须回沪，遂在市楼午餐。餐毕，由宗墨导往刘氏花园游息。五时半，送惺时登车后，乘船返通成，已六时半矣。方停舟时，惺时等要求余各赠一联，余即口占，赠惺时云："倾盖汪伦，与子苏亭（通成同乐园中亭名）相见；扁舟范蠡，同游马迹归来。"赠雨亭云："殚心造林民所赖，健步登山我不如！"赠则汶云："废物成材娴漂染（则汶为通成漂染间主任，以油污脚花，漂成白絮），闲来筑舍畜鸡豚。"题通成纺织厂同乐园云："拓地数弓，劳资同乐；方塘半亩，鱼鸟亲人。"题园中苏亭云："出死入生，几以身殉厂；摩顶放踵，将永念斯亭！"宗墨尽瘁通成十年，己巳之秋，因积劳猝患伤寒几殆，缠绵半载方愈。回厂时，全体职工大慰。醵资建亭，以庆更生，苏亭之所以名也。

马迹山周百二十余里，东西相距三十里，南北半之，若欲遍览全山，宜分两日：第一日游东部诸山，第二日游西部诸山。此行以惺时须限日返沪，兼程并进，以半日登三冠嶂，又尽一日之力，西至雁门，东达檀溪。然西之西青嘴，东之雄王嘴，皆未能到，所探胜景，仅十之六七耳！山中人口五千六百余人，田二万二千六百数十亩。平均每人约占四亩。无大富，亦无游民。故山中有"富不过万，贫不讨饭"之谚。学校有公立者三所，私立者二所。学龄儿童一千一百五十二人。已入学者五百六十四人，不及百分之五十。地因四面环水，与他方隔离，风俗淳厚，人多土著，虽夜不闭户，亦无窃盗发生。游客戾止，无论识与不识，一见欢然，辄为导行。余等此来，如入桃源，印象甚深，故乡缺乏佳山水之观念，焕然冰释矣！既回沪，邮赠礼庭以联云："登山赖子为先导，夜月穿林送客归。"赠吴氏宗祠匾曰："三让遗风。"赠平斋联云："肝胆照人，豪气不输陈同甫；药瓣款客，风味何如张季鹰。"赠稚圭联云："入山未逢，秋水伊人劳回溯；归舟相遇，旗亭留客不胜情！"

《旅行杂志》1934年第8卷第1期

忆惠山

桂芳

我离开无锡的惠山许久了,但惠山还活在我的印象里,记得在我们去欣赏她的当年,还像一个怕羞的姑娘似的:温柔而且美丽,她是展开了笑脸来迎接我们的。可是如今,血腥染上了她,她的健康被破坏了,白净的脸上蒙着斑口黑点。

这教我对于过去的浏览,怎不留恋依依?趁现在,我来追记一下旧游。

惠山,一座并不高大壮观的山,但她却有一条飞蛇似的泉水——雄伟,奇丽。

在一片草黄和嫩绿的中间,你如果仰望上去,会感到那水流是从天上凭空掉下来的;但只要稍稍走前几步;那细细的水沫就溅得你满脸都是。你要说这些水沫是她在跳舞会上装饰着的珍宝?或在搏斗后的汗珠?都随你的高兴。她像战争时的濠沟一样,陷落在山的面下,这么狭狭地尺把宽,一人深,底里是或大或小的几块高几块低的碎石级,泉流奔涌的直泻而下,激着石块,唱出清脆的歌声。两边呢?是一片温柔的入睡了的原野,极目远眺,那笼罩在朦胧下的天边,却是不规则的山的曲线。

我游过杭州的西湖，南京的玄武湖，和别的许多湖，也看过许多瀑布和泉水，但是我爱泉更甚于湖，因为湖是静的，泉却是动的；湖是忧郁的深思的，泉却是愉快活泼的；湖水看上去厚腻，沉淀，但泉水却激动而明朗，湖像一个古代的闺女：窈窕静娴，泉呢，她却拥着现代的健康美。

我和妹妹都乐了，回头喊着妈："妈，快来！妈……"妈走得慢，落在我们的后面。可是——泉水忽然的迟缓了，仿佛生着病，我们疑惑起来："为什么呢？"

"你看这些野孩子！"妹妹气愤地指着上面向我说，很有些怪他们不该多事的神色。

一群野孩子把脚管撩得高高的，裸着结实的红熟的腿在水中嬉戏，他们的甜密的笑涡似乎在告诉人家："我们有的是快乐。"有几个顽皮的聚在一起手忙脚乱地搬弄石块，把石块叠得高高的，阻止水的进行。石块越叠越高，水越积越多，下面也就越流越少，病仿佛厉害起来了，但突然一下子把石块一齐推倒，水像几千匹疯狂了的野兽在竞赛似的急拥而下，只见白茫茫的一片在太阳光下，更显得闪耀炫目。

"呵！好极了，你们这些聪明的天使，谢谢你们！"我们都快活得跳起来。

我眼此了，由羡慕他们想去参加他们。

"让我们也跳到水里去吧！什么？你不高兴？"

我巴望妹妹做我的水中的伴侣，但她表示不愿意！伤风怕泉水冷，叫我一个人去。

"我一个人不好意思！"

这样我的提议在无形中被取消了，跟着孩子们在水中的玩耍，我们只能沿着水边在草地上行走。

两种相反的意思在我的心头交战：

在水里玩着的都是十几岁的男孩子，连一个女的都没有，旁边站着这许多看客，莫明其妙的羞涩使我不敢像他们一样的赤脚裸腿。可是一方面我意识到赤脚跟赤手赤头不是一样的平凡？为什么只让给男人？难道在大自然的怀抱中还有这许多不必要的顾忌？何况错过了机会，以后也许永远没有了！

"我一个去也行。"在这重重的心理争斗里，我决定不管那些旧的观念的束缚。

我投在泉水里，水从上面奔来，穿过我的脚流到下面去。有的地方，高低差得很多，要攀住旁边的树木才能跨过去。我轻轻地哼着歌儿，那些不协和的生涩的歌辞经过春天的微风的荡漾和泉水的伴奏，飘到我的耳鼓的时候已经不单是哼声而混着微风和泉水的酬和了，这是自然界的音乐！

我忘形地一步步踏着石子上去，越跨越下，山麓下的人们在这时的我看来，像蟑螂似的一个个的黑点连成一线。

驯服地接受泉水的抚慰，我第一次感到身心的轻松和生命的清新，呵，我的泉，我愿意天天这样亲近你，我不要求你爱我，可是，你能否容纳我的友情？允许我，做我最忠实的朋友。

"当心冷"，孩子们顽皮地向我叫起来，看客好奇地互相私语着，"吓，一个女的"，年纪老些的说，"现在的女人越发不像样拉"但母亲却频频地催促我。"回来吧，看跌倒哪。"

我拿着湿的袜子递给母亲和妹妹说。

"你们瞧我连袜子都洗净了。"

《旅行杂志》1939 年第 13 卷第 1 期

梁溪揽胜志

沈杏初

无锡居沪宁铁路之中心，交通便利，商业繁盛。战国时为春申君城，汉初置无锡县，新莽时改为有锡，后汉复为无锡，元升为州，明初降为县。清雍正时，分县东境为金匮县。民国元年，并为无锡县。地滨运河，向为转运重地，加以山明水净，久为世人所称道。

余往游凡四次，民国十五年中秋佳节，又率长女并约团友孙君鹏飞及其介弟爱德等并复往游焉。盖当此银蟾正满，玉律司中，不有游览，何申雅怀。余等于十四日晚搭夜半十一时三十分车往。时则月镜高挂，皎光四射。车行月亦行，一若作余等向导者。天明二时半抵无锡，笑言出站于月光乍明乍暗间。而使余最欣幸最羡慕而尤为我国前途造无限幸福者，即视线所及，见烟囱十，错列天空，是皆实业工厂也。全中国要寻一工业如此发达之地方，恐不多觏。

未几达无锡饭店，崇楼杰阁一有名之旅舍也。下榻于二十三号房间，颇清洁。时已三下。推窗四顾，见前面运河舟楫夜渡，一篙起处，悠然神往。而月光射河面，骤现倒影，光华灿烂，几疑真月，是水是天，不可复辨。觉幽闲清冷，飘然欲仙。倦情催客，闭窗睡矣。翌日五时三刻起身，盥洗既终，于六时一刻，驱车至万顷堂。

发轫于通惠路，经吴桥及惠工、惠农、惠商桥等等。工程以吴桥为最大。民国五年，为上海求新厂所造，钢铁为骨，上铺木板。自旁观之，酷似上海之外白渡桥。长虹卧波，雄据运水。其左为黄埠墩，或作黄婆墩。回禄后，新建者也。其余各桥，构以水泥，为值当亦不资。六时三刻过惠山，入开原路。其田除盗外，多种桑树，盖无锡亦为养蚕之区也。然尔时老干嵯岈，菜多咀悴。盖月届中秋，蚕事已过矣。车过梅园，路较逼仄。两车交臂，当须让道行。

八时至万顷堂。堂负山面水，槛外一碧万顷，询名副其实也。时红轮衔山，惺忪而起，霞光万道，天半俱赤如琥珀，光景迷离。时堂门犹未启，乃买舟渡湖，绕独山以游鼋头渚，风平浪静，水不扬波。惟湖面辽阔，较之杭州西湖，奚啻百倍。湖分内外，内曰五里湖，外湖即太湖，余舟所过也。南通浙江，巨舟可往来。湖中岛屿林列，自昔为剧盗出没之区，风高放火，月黑杀人，鼠目獐头，都非善类。风景虽佳，然寺院与古迹不多，故游客亦少，近今盗迹渐泯，风景亦逐渐布置，故凡游无锡者，必泛舟游湖。舟行约四十分，达渚下。登岸四览，风景清绝，渚为充山一角，山脉入湖如鼋首，远望之如鼋浮水际，因又名鼋头嘴。有大石独立水际，攀援而上，纵目远瞩，太湖风景，可以领略不少。而崇山峻岭，世称七十二峰者，皆载沉载浮于沧波碧水间。俯首下盼，惊涛骇波，气势汹汹，苍崖为响，又因为水冲刷，石骨毕露。东边石壁，刻包孕吴越四大字，烟霏开合，顷刻万状。未几下石，至飞云阁，似为新建者，看鼋头嘴尤肖。由此往一勺泉，题曰源头一勺。旁有石壁，刻曰天开峭壁。前行数步见石壁刻有落雁与孤鹜齐飞，秋水共长天一色。滕王阁前之景，不觉移置于此。奇景若斯，虽浏览终日，尚嫌不足，无如作嫁海上，不克久驻，遂致此种名山秀水未能尽意畅游，又因枯肠俭腹，不能赋之以诗，为免为山灵所笑耳。

时已九时十分，乃匆匆解维，载湖光山色以俱归。桨枝乱划，水溅衣襟。抵万顷堂已九时四十分矣。堂西有项王庙，或曰本为夏王庙。因年久失修，字多剥落。后人修时，字已模糊不能辨认，遂署为项王庙。惟门前有对一副曰：

拔地山雄旧迹犹留霸王庙
平河浪静名区近接美人岸

入内见项王面目清秀，和蔼可亲，颇似书生，不类叱咤呜喑者，审是，则夏王庙为近似矣。然观上对又为项王庙，究竟夏王乎，抑项王乎？小子学浅，未能断矣。或曰项王实顼王之误，姑并识之，以待世之考古者辩正。后边有楼，颜曰小岳阳楼，为康有为所书。四壁题歪诗甚多，不堪诵。后至万顷堂，游鼋头渚者，多啜茗稍憩于其中。有对曰：

天浮一鼋出
山拔万龙趋

又有联曰：

洗尽旧胸襟一水平铺千顷白
拓开新眼界万山合抱数峰青

十时由万顷堂动身，约三十分而至石埠。石埠为乡村，位滨太湖，风景亦不恶。地上有台曰湖上风亭。是日有戏，近地居民多集观，颇形热闹。惟余等到此，为时尚早，故犹未启幕。台之对面有吴许庙，不知何典，门首有对一副，为该庙经董徐承绍撰书，足以警惕人心。其辞曰：

刻薄成家难免儿孙荡费
奸淫造孽焉能妻女清贞

入内有额，曰一天熙春。庙基荒芜，墙亦倾圮，不堪浏览。十一时回梅园，园建于东山，磊石为垣，田卑趋高，地势墳起。入门有紫藤一架，花已憔矣。架后立一石，刊梅园二大字。行数十步，有平地数弓，中间石峰林立，错秀争势。夹路皆种梅树，浓阴欲滴。号称万株，实只三千。惜予辈来迟，不能于梅花香阴里，领略幽趣。今也绿叶成阴，子实满枝。仰天搔首，徒呼负负也。复前行而至天心台，台三面环池。荷花透水，虽中秋而犹有余芬。其一面通路。登台四瞩，太湖在望。而万顷波光，与夫四围山色，一一尽罗眼底，胸襟陡豁，令人尘浊全消。再后为诵豳堂，洁丽乔皇，器具书画，无不精越绝伦。再后有石曰小罗浮，横卧草坡上。其与他山比连者，有新建房屋，想为主人住所。十一时十五分出梅园，在途购点充饥。

十二时三刻，回抵锡山，无锡之主山也，周秦间产锡故名。古语曰：有锡争，无锡宁。因以无锡名县。山巅有龙光禅寺，及龙光塔，为新修葺。时秋日当空，熏风吹暖，大有盛夏气象，加以昨夜未安眠，倍极劳顿，然亦不愿失之交臂。乃枢衣而上，山途崎岖，有似栈道蚕丛之艰。挥汗如雨，仅半山已喘不能行，乃择绿阴深处，脱襟露坐。凉风吹我，如服一剂清凉散也。旋下山而至惠山，宋名历山，一名九龙山，西域僧慧照居之，因名慧山，讹为惠山。上有九峰，下有九涧。第二泉在惠山第一峰白石坞下，唐陆羽品为天下第二泉，有赵孟𫖯书天下第二泉五字刻于石。泉分三池，上圆中方，中隔尺许，泉清澈见底。游客竞投钱于池，字迹多可辨。下池在漪澜堂前，围以石栏，中蓄五色鱼，若杭州之玉泉。泉内有龙首，水㶁㶁自口出，土人谓之泉源也。余等于漪澜堂前啜茗稍憩，味香盈，蓝足以洗心。堂前悬有一联曰：

试第二泉且对明亭黯窦
携小团月分尝山茗溪茶

惠山巅本有头二三卯峰之胜，余已到过二次。孙君昆仲本欲上登，旋以天炎未果。

三时至尊贤祠，内供明清诸贤碑，颇齐整。两壁有四大字曰整齐严肃，笔力雄劲。旋至齐代孝子华宝亭。其一家之名儒，均列名于上。惟是亭仅有四面而顶秃，或曰华家仅有鼎甲解元会元传胪，独无状元，故不顶。或曰华孝子终身不冠，故亭亦不冠，以副其志，未知孰是。亭对面为孝子祠，唐时所立也。第一进左为旌义祠，第二进为节愍公祠，及旌表节母祠。右边有石碑不少，未暇细观，想为旌表华姓历代名人者。庭中有井，作方形，环以石栏。井内有石刻二龙首相对，其泉一纳一吐，故曰出入井，亦奇观也。末棣供孝子像，颜曰孺慕终身。童髻长须，衣袍咸备，足履朝靴而独不冠盖。晋义熙末，孝子父名豪出征，时孝子年仅八岁。父临行谓之曰：吾归然后冠汝。其父卒不归，孝子遂终身不冠，亦不娶。此虽小节，然其父尽忠于上，彼亦守命于下。历数十年如一日，其志可愍又可嘉，故能传颂迄今。以视彼阳奉阴违，甚且大逆不道，以贻父羞者，相去安可以道里计。可羡哉华孝子，可敬哉华孝子。祠之第一进及第二进右边之一部，为姑侄二人所开之泥物店。其出品颇精致，为无锡冠。价亦较廉，略购少许，作游锡一纪念。泥物为无锡特产，制作颇工，然多古手，守成法而不思变通，多取旧剧中黄鹤楼、独木关等为仿本，故不足为教育上有价值之玩具。深望当地人士，能注重此项工艺，既合地方需要，又借以改良旧观。将来于儿童玩具中，必能得一重要位子。泊来品当不能专利于前也，锡人其勉诸。

三时三十分至淮军昭忠祠，入内见石桥高跨，桥尽有亭曰听松，内有碑为乾隆御书。再行数十步，有听松石，俗称偃人石，式如床。人之长短卧之，皆与此石等。在先颇验，后因一妇人于经期内卧之，触犯石神，遂不灵。其言荒诞不经。有李阳冰篆文听松二字。皮日休诗松子声声打石床，即指此也。今以小亭覆之。三时三刻至寄畅园，在惠山寺侧。明正德中，秦端明公所建。垒石为山，引涧作池，绿树成阴，清静可爱。而亭台楼榭，布置得宜，询无锡有价值之名胜也。四时动身返栈。部署一切，复乘车进光复门而至公园。城周围约十五里，高约二丈。方今各地盛倡拆城，吾愿锡民步效之。就城之原址以筑马路，则交通更为便利，其商业亦当更形发达也。

公园在城内，就崇安寺万松院禅房隙地为之。游人如织，或倚石而品茗，或坐花以清谈，丝柳垂阴，碧草如茵，虽饰置不甚幽曲，然园之宽敞，林木之多，较之沪地园林优胜已多矣。余等至池边小坐，品茗纵谈，清气溢入眉宇，且用小点充饥。时日堕崦嵫，暝烟障野，不能久留，乃步至大庆馆用晚餐，则六时一刻也。计自晨迄今，凡十二小时。其间所果腹之杂物，均不足以供一饱，今得香餐花膳，宜乎口涎欲滴，兰有余芬矣。车本当于八时十八分到，乃于七时三刻到栈，携摄影具到车站。就知火车于九时三刻始到，于是相率登车，拥挤不堪。古谚谓月到中秋分外明，是夜适为中秋，故皎月悬云表，下照四方，而折入窗里，几夺尽车中电灯。凭窗四顾，见天空地旷，一白千里。村庄几处，茅星数舍，一抹烟横，万树参差，均在月色中，宛似银花世界。孙君执余手曰：余等久困于绮罗丛里、锦绣场中，殊乏佳趣，幸不至埋没灵性，于令夕见此清景，人间天上，共庆团圆，务当共揽明辉，清赏永夜。余曰："春月浓，夏月旷，冬月幽而秋月则皎。当此中秋，宜乎足下乐以忘忧也。然彩云易散，好月不常。再过几时，则大地茫茫。向之皎皎，将尽沦于黑暗矣。"乃相与扼腕者久之。时车声隆隆，酷以佛界所谓色即是空。车过苏州南翔等站，抵申已十二时一刻矣。

《友声》1927年第2—5期连载

庚桑洞

陈师诚

客有自巴蜀来者,为余言洞天之胜曰:"吾尝陟青城,登峨眉。访罗浮,朝五岳,徘徊乎天台,徜徉乎雁宕,观云海于黄山,探仙迹于终南;凡洞之幽而深窅而邃者,不可胜计也。然未有若庚桑之奇而伟者。"余矍然曰:"有是哉,此不可以不游也。"适简翁柬以邀,结伴往。车抵宜,简翁迓于站。曰:"洞在邑东南境之盂峰,距城三十里,步行,毋乃劳乎?"肃之登。余请曰:"洞曷为而以庚桑名也?"翁曰:"亢仓子序曰:'畏垒之居其朔焉,三年而游吴,隐毗陵盂峰。著九篇书而仙去。'亢仓即庚桑子,去畏垒而来盂峰者,避尸祝也。阳羡古毗陵地,洞孕于盂峰;名之,不亦宜乎?"余曰:"此洞灵真人之故居也,俗以张公名者,非道陵,果老,亦尝隐于此耶?"然则翁之易名当也。洞,洼也。有石名大鳌背;壁立撑空,划全洞为二,若堂之有屏然。由后洞入,门于峰之跌,圆如三五之月。级而降,宽广平坦,纵横各十余丈;而占地仅六之一耳!傍有小洞曰袖管。黝不能见物。烛以电炬,光暗淡若燐火,升隆曲折,伛偻以行,其不颠而蹶直,幸也。出,绕大鳌背而至前洞,曰海王厅。高广宽爽,虽大厦弗能及。石桌罗列,中有大者长数丈。

洞顶钟乳下垂，静明皎洁，大者数抱，小亦盈握；如璎珞，如流苏，如冰筋，如珠幡。阳光自洞口下漏，反映作五彩色，缤纷错落，蔚为奇观。名之曰大璎珞天，当也。闻之善游者曰："洞之胜，在幽，在邃，在险，在奇。举凡却曲颠踬扪索之苦，不能免焉。反是，境必庸。"其言是矣。然非所以语庚桑也。庚桑广矣，广而不失其险；高矣，高而不失其奇。两腋小洞累累：左水鼻，右盘肠，前旱鼻，台脐。都凡三十有六，其名不可胜举也。脉络通贯，迴环曲折，窅冥昏黝，微翁导，迷且不能出。虽洞之素以幽邃鸣者，弗能胜也。水鼻洞底，有石柱二，挺直撑空，如中流砥柱。旁有泉水，清可见底，先是洞苦无饮料取给处。百计觅之弗得，悬千金赏以求之，弥月无应者。翁乃斋戒而祷焉。忽有作工人装者进曰："曷凿此。"从之，果得泉，即柱旁水也，翁欲践宿诺，酬以金。觅其人，不复见。众疑其神也。神耶？人耶？不可得而知矣！厅前石级宽数丈，虽康庄弗及也，级而升，洞门于峰巅。天光如笠，石态嶙嶒，亭翼然峙左右。杂树葱郁，岚翠杂暗香扑襟袖，峰以盂名，信乎其为盂也。

作庚桑洞记。

《友声》1935 年第 6 期

宜锡道中

火雪明

凄微秋雨，荫湿了暗淡的晨街。从第二旅社轻手轻脚地溜出来，似乎不怕风雨的车夫，全蜂拥过来，在叫："先生鼋头渚？哦，小箕山？梅园？"那声音有一点战抖，也有一点轻薄。

照例摇了摇头，拉起了自己的衣领，向这无限恬静凉爽的石马璐上走。虽然心里憧憬着宜兴的双洞，因而叱起了坚强的勇气。但万一雨越下越猛，倒底不是旅行家的幸福。

"可是，停留在无锡城里看雨，有什么意思呢？雨再大一点，也得上宜兴去呢？"最后这样坚定了彷徨的意志。

就在通运桥下江南汽车公司对面的一家茶铺子里吃了一碗汤面，向站上买得了一元一角的来回票，坐上第四次车，在正七点钟离开了这城市。当经过西北部的黄埠墩，那样妩媚地镇坐在运河的中流，垂杨隙处，漏出红墙，兼有渔帆在水风里飞驶，倒本能地想起了南湖烟雨楼的丰姿。现在不正漫天扬着散丝？

我们底汽车窜进了荣巷，喇叭不断地吼着。车顶几乎齐了两边的屋檐，车身也正适可地掠过两边的阶沿；如果转弯时太快，或者对面的行人退让得较慢一点的话，我想这里非常容易发生碾毙的危险。根本在小市集上不适宜有交通车的来往,而这市集的街道又是那样狭;我真想不出荣巷地方的人士,为什么不替自己的生命珍惜而加以反对!

三十分钟到梅园,停了一刻。那再待百多天将以香雪海著名的园林,此刻还招不到雅人来踏雪寻诗,而且蓊郁的木叶丛中,一声山鸟都听不着。再从杨湾到雪堰桥,车子靠着右面的山峦,蜿蜒西行;左面那个太湖的银波光影,尽像流乘似的闪亮了忧郁的病眼。水挂在天边,天衔在水上,一片苍茫。连一丝浅蓝的界限都辨不出来。湖中的山,眠在白缎子上,拥了几个媚人的螺髻,那些游艇和乌篷船,只苍蝇那么点点黑,迟缓地爬着。

这车不仅是左湖右山,而且转曲高下得厉害,往往车子靠近湖边,前面好像无路可走了。但峰回径转,马上驶进山腹去,湖面就远了小了;不上几时,山径又向外展开,仍把湖波送还来。正像一条蜷曲的长龙,伸展着肢体,盘盘囷囷地从山顶挂下来,又从湖面飞上去。如果你乘过富杭路车,从梵村到六和塔一段;你一定会说和这儿的风景绝相类似。但我以为二龙头的山色湖光,因了之江不及太湖,伟大还是属于这儿的。

潘家桥以西,太湖离开了我们,不复可见。山色也缺少了掩映,不像先前的灵秀飞动了。倒是天雨已止,晴云放碧,太阳也慢慢地开朗,照得密缀着珍珠的松岩石,特别鲜丽。远峰近峰,依次从银灰的烟雾里探出头来。在和桥站边,濒河有渔人披着棕蓑,在晒湿网,有的掷着钓竿,凝眸在窥探我们的车子飞过,真是一首曼妙的诗篇!

同车的乡人,衣冠非常朴素。他们会客气地告诉你以独山的陶器,茗岭的茶叶那一家的最好;常州通和桥的交通车,什么时候可以开驶；然而一问庚桑和善卷，就都瞠目不能置答了。越是近城的人，为了劳作的累赘，都不曾拜访他们本地的风光，这或者也由于意趣不同。可以城里人偏羡慕山中人的生活，不辞老远去登峰探洞；而樵夫桑妇，一见了城里人的罗绫车马，又是那样的羡慕着了！

不知不觉，把看山的时间，消费在闲谈之中。突地车厢里的乘客起了骚动，都在整理行装；抬头一看，又发现了一片城河，搂抱红色屋顶的车站，站屋上显然标明着大字，指示以宜兴果然到了！

《友声》1935 年第 8 期

梅园雅集记

百熙

秋英社诸子，太湖秋泛，西神先生已志其详。翌日，复作梅园之游，仍以汽艇往。时方卓午，园主人荣德生先生，已迟于诵幽堂，由余与公展、条甫，导诸子相见，茗坐片时，即自右廊出小罗浮，拾级而至宗敬别墅，此为全园最高处。凭栏纵目，万顷波光，九峰秀色，扑人眉宇，豁人性灵。云鹤至是，技痒难搔，亟出箧中所携笔砚，据案弄色，应小春之时令，绘岭上之梅花。铁平先生，亦动清兴，解衣盘礴，走笔为大松一株，于是公展之菊、虎卿之竹、瘦铁之石、曼青之草、万里之芝，异曲同工，离披满纸。玉岑、介子，吟情勃发，或词以书眉，或诗以增色。梦蝶与余，亦各短句补白。春澍、宾鸿、冷月、雪泥、病鹤、瘦铁，皆擅山水，含毫商略，汇作梅园全景之图，而引才先生，更篆其额。主人因时已逾午，命以酒肴进，诸子雅兴更豪，且饮且画，不移时而成大幅二、小幅二，群议以大者赠主人，小者归余与条甫、介子。集众长于一纸，书斋作对，如见故人，至可宾也。书竟，由主人导游园后之豁然洞。洞为人工开凿而成，既深且广，中有横穴，嵌牖通光，以窥园外诸景，五湖烟帆，历历可数。园主人经营私洞之匠心，具见一斑。铁平素擅皮簧，但与之久善者，恒数载而不能聆其一曲。今日好景当前，兴之所至，情难自禁，引吭高歌，则断臂一则，得汪之韵、谭之味，矜练名贵，觉叔岩菊朋，且在床下矣。薄暮，玉岑、万里、考祥、雪泥、瘦铁、曼青、铁牛，皆为客务所羁，匆匆分袂，遄返申江。引才、宾虹、冷月、云鹤、公展、介子，则不忍遽与湖山别，即止于园内之太湖饭店。余与春澍、虎卿、梦蝶、条甫，缓步下山，相携返棹。夕阳未尽，新月初来，远岫将殷，晚烟四起，人归金谷，可云宾主尽欢，舟泊西溪，犹忆湖山胜概，羡诸公之多艺，胸中都画稿新添，愧贱子之不文，灯下更游踪续记。

《无锡旅刊》1929 年第 134 期

小罗浮记

蒋新一

小罗浮在招鹤亭北，丘顶一旷场耳，名之曰小罗浮者，以粤有罗浮山，多梅花。今兹丘亦环植梅花而地仅一角，故名之曰小罗浮焉。当梅花盛时，微风拂被，香气馥郁，纤雨湿润，花飞落地，清雅尤为绝俗，游者多于此时流连不去焉。丘巅小树蓊翳，气候温和，适于避暑。中秋之时，尤为观月为宜。冬日则宜宽衣解带，拔剑起舞，寒风拂拂，剑光如虹，可以祛寒、有石生焉，有竹屏焉。入其境可以眺望四山苍翠，万顷波涛，默坐其地，第觉飘飘身入仙境，不似在人寰间矣。夫罗浮为粤之名山，已千年矣。今小罗浮之开辟不过十数年，而四方名人多不远千里之遥而来游者，殆以其地之旷，气之芬，时之温和，有过于罗浮者在也。余闻小罗浮之名于世也，遂借屋梅园小住。黎明，辄登丘以观星残月落。将晚，则邀至友舞剑为戏。朋辈亦乐此而常莅焉。余不能久居园中，恐其日远而忘乎此乐也，故记之以自释焉。

《无锡杂志》特刊《杖乡导游录》1932年版

无锡

芳草

当京沪路的火车经过了丹阳和出产篦子著名的常州后,只要再八十多分钟,车又停住了。假使我们由车窗里向外望去,便可看到不齐的烟突耸立着,也许有几处正在冒着灰黑色的烟雾,那便是已到了素以泥塑玩具出名的无锡了。

无锡今年来也受尽了世界经济衰敝的影响,工厂的烟突已有大多数多时不吐黑烟了,但是教育事业和交通事业两方面也很有进步。长途汽车现在可通宜兴、江阴、常熟,还有一条正在修铺路面的,大约明年的春光明媚中,便可通车达上海唎。戏院现时计有六家,广播无线电台计有五处,商业的实际虽亦很是萧条,表面倒也还可看得呢。

无锡景,普通的一只曲名,由此而观无锡景物之多可想而知,尤其是因着交通的便利,所以每值春秋佳节,终是游屐不绝。借此在形将破产的农村经济方面也不无小补。并且这里的一般小规模的手工业者,更能精益求精,若惠山的泥塑玩具,就是一例。最近有个朋友带了个那里的泥塑裸女来赠我,艺术上的进步确有些西洋雕刻家手里出来的模型色彩。

在历史上很负盛名的古迹,有管社山上的项羽庙,相传楚霸王项羽曾在这里避仇多时。项羽力能拔山,我们到了庙里便觉得有一幕英雄气象,犹在眼前。

春秋楚国的范蠡,当他与越王勾践共灭了吴国,他因为知道可与人共患难,而不可共安乐,在灭吴后,他便隐名入齐,易姓名为鸱夷子皮,别号亦曰陶朱公,常在五里湖泛舟遨游,所以后人有联语曰:"范蠡泛舟徐孺下榻;公孙跃马诸葛卧龙。"在五里湖畔,现有蠡园一角,曲栏萦绕,楼阁参天,传说范大夫曾隐居于此,确实为江南的绝妙逭暑胜地。

龙山上,有一所雅致绝伦的私人花园,那便是梅园。园景甚多,若香雪海、小罗浮,考罗浮两字的意义,《元和志》上说:"盖蓬莱之一阜,浮海而至,与罗山(在广东增成县)并体,故曰罗浮。"此地取名曰小罗浮,顾名思义,那是可与仙境媲美的。经小罗浮而上,在宗敬别墅前耸立着一座浮屠,如其我们来登塔俯视,太湖风景,真是一幅美无与比的轻舟绿波图呢。

鼋头渚是太湖中孤立着的一个岛屿,青山绿水,柳暗花明。当我们驾了一叶扁舟,荡漾湖心,凭眺远瞩,真能使胸怀顿时一爽;加以渚周小屿错杂,偶然集友到那儿去野餐,确实别有风味。

惠山的泉是很有名的,简直可与虎跑泉并驾。当我们进了惠山山门,可在壁下看到"天下第二泉"的题额,相传那是赵孟頫的手笔。在泉的北部有两口井,一方一圆,虽则相距不到一步路,而井里的水竟清浊大大不同,圆的清而甘,方的竟浊不能饮,杜少陵诗上说:"在山泉水清,出山泉水浊。"岂真的么?

《礼拜六》1934 年第 584 期

惠山太湖纪游

袭钺

吴越山水之明秀名天下，其间为水以数十计，太湖为大。为山以百数，惠山为著。二者相去不过十里而遥。其始也，余足迹不出于里闬，年且幼，慕惠山太湖之胜。而未之能往也。盖神游于其间焉。去年，就学于海上。其冬以事乞假之梁溪。梁溪之为郡。隶惠山而滨太湖。余既至，息装旅舍，登其层楼。宿雨下霁，暮霭苍苍。导者指点而告余曰：爨爨者山容也，浩渺者湖光也。余顾而乐之，以为湖山在肘腋间矣。会以俗事羁绊，假满遄旋，又不克往，盖目游于其间焉。至今年夏，始得往游，一瞻向之所心焉而未能往者，盖至是乃身历焉。行装甫卸，舍馆既定。余乃皇皇然，访土著，觅乡导，存问戚属之在其地者，使导往游。雇画舫，俗名无锡快，舣舟惠麓。登岸，憩于潜庐。用膳毕，游寄畅园。清高宗南下行宫之故址也，残碑断碣，多用御笔。细拭苔藓，犹堪别识。有漪曰锦汇，有槛曰知鱼。累石为层岚幽壑，相传出云间张涟之手。中有涧曰八音，盖清泉激石作铿锵鸣，识者谓宫商备焉。然而承明金马，纵游观于当年，荆棘铜驼，剩荒凉于此日，故宫禾黍。懔乎其不可久留也。出园门，舍石级，抵惠山寺，谒昭忠祠。祀咸同中兴有功之人。

主位为李文忠公，额曰淮军昭忠祠。祠中有金莲池、听松石、龙眼泉诸胜。皆遍历焉。绕寺后，经泉楼，则惠泉在焉。方涩而圆甘。上有御题，亦乾隆年号。覆以瓦椽，不知卜筑者，为御碑耶，抑护此涓涓者耶？

惠泉之侧，漪澜堂之前，有池一方，俗呼下泉，实非泉也。天下第二泉五字，为赵子昂所书。此外乾隆题字殆遍，几乎山无完石。寺僧请购其拓本，余择其四五种。品茗泉畔，一试新泉，令人心肺都清。流连及晡，遂尔言旋。复便道游名园数区，惜不能追忆矣。翌日，作太湖游。其往返以汽船取其捷也。一路高邱大壑，排闼而来。所经曰蓉湖，曰五重湖，或曰范大夫泛舟之故迹也。（按五湖相去辄数百里，所谓泛舟五湖，非具言也，明矣。太湖处吴越之荟，而五里有谐声之称，此说近似。记之以待世之考古者。）中流有西施墓，谓西施自经之处，一抔黄土，而枯枝挺于其上耳。谈者神其说，谓其随潮起落，无复汩没时也。无所据，亦齐东野语之流耳。船益前驶，而全湖溪其盈晦矣。迤东有邱，作半岛形。上有小筑，曰万顷堂。余登焉，全湖在目，盱其骇视，而不知其几何里也。堂畔有兰若，曰项王庙，或曰项王庙之讹。徘徊瞻仰，想见当年暗呜叱咤之风焉。有岸岬曰美人崖，虞姬岬。虞兮奈何，其殆以项王有庙，虞不可无岬，故而附会其地耶。乡人神其神，香火甚盛。流憩移时，日薄崦嵫，苍然暮矣。归舟荡漾，载湖光山色以俱。静言思之，犹有不能已者，因记之。

《地学杂志》1920 年第 6 期

附：

字林报记者星期日快游无锡纪

京沪铁路现每星期尾开驶苏州无锡游览快车。上海北站开，约在星期日上午七点钟，同日下午十一点钟左右回至上海。

无锡虽离沪不远，而往游览者尚不多见。其城市固无足留览，惟太湖边之梅园，有汽车可以直达，瞬时即至。内有太湖饭店，清洁舒爽，堪供旅客留顿，并有高而夫小球场及网球场。

自此至鼋头渚路程绝近，可乘汽油船为渡。登临一览则湖光山色，冠绝江苏全省。

凡旅锡游览人士，现时最好在火车上进食或未离车站前进食，然后前去游览，将来便可在太湖饭店得食，现时太湖饭店，只有冷饮可得。

居于红尘十丈中之上海士女，一旦身临烟波浩渺之太湖山巅，其心中之愉快，当有出于想像之外者也。

《京沪沪杭甬铁路日刊》1934 年第 972 期

惠山秋游

苏醒秋

镇天在人堆里被缠绕的我，久思找一个比较幽静的地处去散散心，吸一口新鲜的空气。

我们无锡，是享有山明水秀的盛名的，像西外有惠泉山、梅园，南外有蠡园、渔庄等，风景绝佳，足以怡情悦性；而离城就近的去处，舍古色古香的惠泉山莫属了。

我于前天的下午，独自悄悄的溜出了这个混浊的城市，投入了惠泉山的怀抱。这时虽已八月，一个人在五里街上走着，那太阳晒在身上，仍有些热辣辣的渗出汗来。

往游的人虽无三月里那般拥挤，仕女们也络绎不断的姗姗而来。我缓步走过了锡山麓五里香塍，便先转进了"寄畅园"。时值中午，游人特别的多，沿廊一带，十九满座，红男绿女，低徊在曲径幽处，我就在"知鱼槛"找了个座位，憩息品茗。"知鱼槛"位在那池沼的北面，对岸二株高大茏葱的古树，浓密的枝叶，似华盖一般的把整个的寄畅园，遮蔽得绿荫满地。树下有着小巧的青石桥和滑洁的大石，年青的情侣们，她俩正并坐在那里，喁喁细语，促膝谈心，身上好似披上了一袭薄薄的绿纱。此情此景，真太美丽了。

我歇息了些时，才离座走过"七星桥"转入"八音洞"。近日来天公未下雨的关系，洞水涓滴，名称"八音洞"，却变作了无音洞。出"八音洞"，慢慢地在那曲折的小道上走过去，那里是野草芊芊，长及人头，茅亭倾圮，御碑眠地，未见修复，依然如昔。我深深的为这个寄畅园叹息！

少许我就离开寄畅园，进古华山直至二泉亭。当我步下石阶，就有不少的小贩们跑上来，兜售着惠山的名产"桂花大栗和四角菱"，口中的称呼如先生啦！什么小开啦！叫得相当的热络，但我却只购了一斤的四角菱，给了他们一个失望。这里的游人较寄畅园是更多了。我因为不喜欢凑热闹，所以就一个人爬到黄公涧畔的卧云石上，看看景致，吃吃四角菱，真是其味无穷，觉得这儿真是一个好地方，胸襟为之一畅。

偶尔还听得有钟鼓的声音传来，使人因之心神逸远，飘飘然有出俗之慨。惠泉山是我唯一的良友，它能消人的积劳，寄人无上的好感。我在久渴相逢的惠泉山，玩到了斜阳西垂，遂慢慢的走上归途。

《锡报》1947 年 9 月 25 日

游无锡鼋头渚记

金国霆

夫自古名人贤士，每欲遍览山川，以广见闻；或寻古迹于幽谷之中，或驾扁叶于江湖之内，此为开豁胸襟者也。庚午季春，适逢春假。时风和日暖，鸟啭花香。所谓增长兴趣，舒畅心襟者，正斯时也。乃于假期之第二日，约四五知己，作锡地之游。是日，天气清朗，惠风和畅。晨六时出发，步行至火车站，红男绿女，争先恐后。余等依次购票出月台而登火车。少顷，觉车身微动，车轮轧轧，知车已行驶矣。一路凉风拂拂，四望狂野，树木荫浓，菜花金黄，良足快慰。九时许至无锡站，遂雇人力车往万顷堂，约二十里，时已十一点矣。鼋头渚在太湖之中，故唤鸭头泛去。十一时一刻至目的地，时觉腹中饥饿，遂访得一饭馆，入内充饥，杯盘狼藉，谈笑自若，旁若无人，然饭后相皆携手同游。凹凸幽境，忽高忽低，步行殊觉艰难，幸有石级，少平坦耳。至一地是为新筑之灯塔，沿湖而独立，惟不能登高以穷千里。行前数武，徜徉柳阴之中，绿阴如画，啸嗷桃李之野；红绵为裳，如身入画景也。湖中则小舟荡漾，风帆云树，飞鸟翔集于天空，真令人心旷神怡。远望则波澜不惊，上下天光，万顷茫然。一路穿径越树，互相谈说。余问曰：此鼋头渚何以得名？友人曰：此惟由其形状而名之。遂迤逦至该地，遥望石矶，耸然叠出，颇似鼋头。既至其下，仰望则鼋头，凹然而特耸，俯视则幽谷，窈然而深藏。旁凿石则题四大字，曰"包孕吴越"。望之俨然，俯仰左右，顾而乐之。飘飘乎如遗世独立，羽化而登仙，几忘过客光阴，依依难离。既则夕阳西下，方怅怅由原道而归。灯下无事，濡笔记之。

《旅行月刊》1930年第五卷第六号

游锡一日记

叶祥本

花朝前三日,与张扶纲、尤乐君、严山农同游锡山。侵晓启程,十时半抵锡,登舟前进,先则河道狭隘,小舟往来如梭。未几,抵山麓,遥望林蔽间,亭楼隐然。登其上,则长廊曲折,围以朱栏,山色湖光,相映成趣,曰蠡园,盖春秋时范蠡溺水处也,因以名园。园临水面山而筑,有莲池,有柳堤,清溪泻玉,奇石行山,极幽逸之致。绕游一周,下船午餐。再前进,豁然开朗,两山对峙中,极目视之,水光接天,鸥鸟翔集,盖太湖也。左为小箕山,右为鼋头渚。渚乃依山作堤,就形架屋。登岸缘堤而前,有一阁,曰飞云。阁俯据太湖,浩瀚曼衍,一望无际,纵目骋怀,信可乐也。煮茗小憩,复拾级登山,有寺曰广福,气象巍然。再上,曰万方楼,明窗净几,精雅绝伦。太湖别墅,在山之巅,炎夏避暑,无过于此者。周视之,三面环列皆山,冈峦起伏,亘绵不绝;苍松翠竹,塔影古寺,诚一幅绝妙天然图画。有此佳山水颐养陶写,宜乎云林居士之成有元一代大画家也。南望诸山,散列湖中,隐约间,更莫辨何者为东西洞庭,思乡有感,不禁黯然。下山,由小径迤逦而行,湖涯皆栽莲,溽暑到此,胸襟纵有块垒,亦当荡涤殆尽。归舟渡登小箕山,趋车赴梅园,小萼缄红,寒苞孕绿,盖今春节候稍迟,故犹未怒花也。下山时,已夕春西下,明月挂树矣。夜半回沪,惘然若有所失,盖豪兴犹未尽焉。

《苏行旬刊》1936年第3卷第10期

惠山揽胜记

韦父

余耳闻惠山之胜也久矣，每以不得一游为憾。民国四年秋，重阳既届，风雨满城，愁心欲绝，连日不开，闷坐无聊。忽有挚友卧云来访曰："今日乍霁，吾人何不牺牲二日光阴，作梁溪之游乎？"余曰："善！"乃约三日后同往，因驰书陆子文毅。陆子，余五载前之学友也，世居锡山。书中告以余等游期，并倩为引导。至期，余偕卧云乘坐火车遄往，遥见陆子立栅外鹄候。及余等下车，与陆子欣然道故。盖余等初至锡山，莫辨东西，得遇陆子，不啻他乡遇故知也。离站步行数十武，临河滨，雇一叶扁舟，兰桡容与，橹声欸乃。望惠山而进，绿波叩舷，清风拂面。遥见名山在望，碑碣参差，山明水秀，画意诗情，心目怡然，斯乐何极！古人秉烛夜游，良有以也。舟临惠麓，夕阳在山。一古碑迎面而立，碑上有"人杰地灵"四大字。既登岸，厉杨公祠。祠中荷池清泚，庭宇昳丽；假石为山，因泉成池；羊肠曲径，可以通幽。辗转入室，床椅具备，居之颇适。促膝闲谈，谐笑杂出。晚膳既进，明月横空。陆子曰："月明风清，如此良夜何？吾人盍一游芙蓉湖乎？"佥曰："善。"乃步行经宝带桥，仰视天空，月明如洗，清凉世界，不染尘氛，胸襟为之一爽。既临蓉湖，雇舟徐泛。陆子言，蓉湖自夏初以迄秋中，画舫最盛，昼则作惠麓游，帘幕毕钩，倩桩倚窗；晚间尽泊湖中，环绕波心，作避暑计。清风徐来，明月满窗。游客则酒泛红螺，佳人皆歌徵《金缕》。此情此景，大有天上人间是耶非耶之概。方谈笑间，舟已至湖中小金山，俗名黄埠墩，亦锡之名胜也。亭立河心，三层巘巘。舍舟上登，俯视则月光映波，碧水荡漾，皓魄中天，千顷一碧。盖湖际秋而益澄，月至秋而逾洁。合水月以观，恍如置身琼楼玉宇，诚可濯魄醒心，顿遣尘虑。犹忆俞曲园先生题西湖九曲桥联，有"到此地宜邀明月"之句，余于斯地亦云然。仰视则龙山在前，雉堞在后，河水左右分流，环于墩址。楼中炉台居中，几案整列，奉一神位，顶横一额，为前清李文忠公鸿章书。游览既毕，兴尽而归。翌晨，东方既白，披衣而兴，推窗下视，则天高气清，朝暾初上，西向则一野庙踞山巅，出重霄外，云气蒸蒸而上，岗岚蝉嫣，山色变幻，神意俱爽，快何如之。惠山佳秀，信不诬也。联袂出祠，且言且行。入古山门，上有题匾，额曰"江南第一山"。更进二门，墙上列五大字，曰"天下第二泉"，一名"陆子泉"，唐陆羽所品列焉。陆羽，字鸿渐，一名疾，字季疵，竟陵人。幼未知所生，及长，以《易》自筮，得"蹇"之"渐"，曰："鸿渐于陆，其羽可用为仪，吉。"乃以陆为姓，名而字之。隐居苕溪，自称桑苎翁，性嗜茶，著《茶经》三篇，尝品列天下泉水，以惠山之泉为第二。李德裕在中书时，好饮惠山泉，置水递以进。皮日休尝为诗讥之曰："丞相常思煮茗时，郡侯催发只嫌迟。吴关去国三千里，莫笑杨妃爱荔枝。"泉区分为三，曰上池，曰下池，曰中池。中池方形，味涩不可饮。与中池仅离尺许，为上池，池作六角圆形，宋高宗南渡，饮而甘之，筑亭覆池上，题曰"源头活水"，相传为陈淮隶书,今已颓废,不留片影,惟清乾隆御书碑巍然下临,若将压焉。碑嵌北壁中,字迹夭矫,不可一世。循壁环列怪石,蹲者偃者,错若置棋,突怒耸骞,争为奇状。下池则在中池之南,池作方形,围以石栏,水自螭吻喷薄而出,源源不绝,中畜金鱼,大小数十尾,洋洋游泳,颇得其所。游人每以饼饵投之,博鱼争食之戏。雪盦《惠山冶游竹枝词》有云:"任意徘徊兴最狂,鬟花倒影入池塘。波光乱样花痕碎,勾引鱼儿唼喋忙。"即咏此也。上有漪澜堂,翼然高临,游人皆于是品茗。余等亦入堂一尝异味,觉泉甘而洁,味清而凉,与井水大相迥异,至沪上之自来水,则尤不可比拟。不知所谓"天下第一泉"者,其味又当何如甘美,惜不获一尝之耳。

俯视池中游鱼,作黄青色,新水泠泠,如鼓琴音,歌兴勃发,歌曰:"泉水清澄兮,可以濯吾缨,清风疎畅兮,可以振我襟。"卧云曰:"此老生常谈耳,何足雄壮名山?"乃亦歌曰:"英雄造世兮切莫虚生,大好青年兮猛力进行。"陆子曰:"此足以针砭厌世之派矣。"已而携手再游,谒胡文昭公祠,经忠烈祠,想诸烈士雷厉风行,一扫从前专制之毒焰,如吸收新鲜空气,眉宇为之一爽。然而转念今日又不觉感慨系之,翻手为云,覆手为雨,能毋兴沧桑之叹?至华宝祠,科头白发,纯孝之容,晬然面上,可作家庭教育之模范。游湖山第一区,当仰湖山第一人,庶不愧读书养气,尚友古人。游稍倦,佛祠午膳。膳罢,复往谒张中丞庙,貌以一书生为国杀贼,作江淮之保障,洵男儿豪举哉。庙在惠山之麓,规模宏壮,为他庙冠。殿前庭中,铸贺兰进明铁足,作跪状。游人至者,必践其膝,铁光晶莹,与西湖岳墓前长舌妇双乳遥为辉映,慨然于忠奸之流芳遗臭,公理自在人心。其下戏台皆砌楹以石,有楹联云:"月近云深,想见孤城横笛;天心风色,共听台上高歌。"用夜闻笛一律本事而成，工切不移。殿后假山，或卧或仰，为虎豹狮象之形，每当远山日落，风雨晦暝，气象勃郁，灵爽如凭。惟神龛中塑中丞像，土人泥于厉鬼之说，青面赤发，貌极狞恶。学之不讲，可胜浩叹。复行经春申洞，在龙山下，掬以漱齿，清爽宜人。由古寺门进而直上，小径翠微，崎岖纷错。陆子为导，余等随之而登，攀藤附葛，猿踔猱升，时行时歇。继登头茅峰，峰巅高出云表，为诸峰冠。南望太湖，浩森无际；东窥锡城，形如仰盂。诸山环绕于西北，小如拳石，若子弟之侍长者。昔杜工部《望岳》诗曰："会当凌绝顶，一览众山小。"不觉同此景象。河水若带，田畴如砚，阡陌沟洫如蛛丝，祠宇瓦屋如鱼鳞。四野茫茫，云山叠叠，长江隐见于北，如匹练然。当斯时也，心旷神怡，乐而忘返矣。有顷下山，经石门洞，洞高势阻，怪石矗立，势欲倾奔。洞水滴滴不已，地潮湿，多生异草，不类寻常。洞门深闭，门上镌十大字曰："若得石门开，等候邵宝来。"相传邵宝为无锡县令，偶游惠山，至洞口，石门忽辟，邵入而门复闭。土人以为成道，故镌二语于门上。无稽之谈，不足尽信。行不数武，为白云洞，复下，则有邵文忠易台，狼藉于荆棘蔓草间。棋盘砚影，犹仿佛可寻。时已红轮西倾，乃寻道归寓。习习清风生于两腋，令人忘忧。既归，与陆子畅谈良久。夜深就寝，次晨，乘火车返沪，因志其所游历者，题曰《惠山揽胜记》，聊以作雪泥鸿爪云尔。

《余兴》1917年第26期

无锡之游

逸瑜

在上海被生活压得气都透不得的人们,今年因为铁路交通便利,都想利用假日到京沪杭铁路沿线各城市去旅行,换换空气,所以今年各公司组织旅行团到各处旅行的很多。我很赞成这种集团的组织,一可以训练我们集团生活,二旅费经济。日前太平洋保险业公司同仁组织保联旅行团游历无锡,我们一行三人,欣然加入。

清早五点半钟,闹钟一响,赶快跳下床来。天上还有稀稀的星光四散着,匆匆地收拾一下,坐了车子到北站。火车站照例是拥挤不堪,杂乱得很。我们到了站,便看见保联旅行团的团旗,连忙走过去。有位先生给我们每人一只圆的红牌挂在身上。凭着牌子去拿车票,车上是对号入座的,但是为了都是熟人,大家也就不按着号码坐了。这次准备有一百二十人去,但是只到了一百〇七人。一列车一会儿坐满了人,车子七点开了。车刚刚开始移动,人们也开始工作了:有的阅读报纸,有的谈话,有的打纸牌游戏。车厢里很热闹,每个人都精神抖擞。

车进了无锡站了,人们慢慢地下车,查过票,进了无锡城。今天的游人很多,所以狭小的石子路拥挤得很。我们跟了领队的走,不到十分钟已经走到河边,各式各样的船只都停留在岸边。河水清漪,悠悠的流着,不像黄浦滩口之苏州河,老是乌黑黑的,令人看了作呕。我们已经预先定好了三只船,领队的一位先生站在船顶上向我们说叫我们按着号数坐船。但是,客人们并不按他的意思做,那些手脚快的人,早跳到那两只汽油船上,剩下那些人只得坐大木船。另一只汽油船独自开去,河水狭了,而且两边排满了船只,所以走很困难而且很慢。好容易从船堆里驶出了,小河豁然开朗,两边拥挤的小船已换上了绿杨垂柳,参差地排列在两岸,岸边有渔夫在河中捞草,菱塘深处,则有三五成群的采菱的小姑娘坐在一只小木盆里悠闲的采着菱。在都市里住惯的人,看见这深蓝的水,这些绿悠悠的树,以及这些朴实的渔夫,天真的采菱女,似会感觉到大自然的美妙,恨不得能和这些渔夫以及采菱女一样过着这逍遥自在的生活。

船很从容地向前驶进,远远看见高山环绕在四周,山腰上隐约地可以看见一些很小而精致的房子,大概是人家的别墅,有的是疗养院。高山底下,一丛一丛的芦苇围绕着一片湖水,里面种满了菱,那里采菱的姑娘们以及他们的小木盆同样的点缀在菱湖中。船将近驶到鼋头渚,我们开始吃中饭,每桌坐十位,共有六菜,吃惯都市的荤腥,吃吃船菜是别有风味的。船靠了岸,鼋头渚上游人不绝。柳荫底下,一堆一堆的人在取景拍照。在路旁,一些人在买菱,还有一群人拥在一家饭店门口等饭吃。到了鼋头渚各人自由去玩,我们跟别的游人一同走,上了一个小坡,庞大的太湖便呈现在我们眼前。湖很大,水很清。湖面上还有几只帆船在闲荡着。我们被这美丽的湖吸引住了,便不往前走,而向下走,走到湖边。湖滩上有许多小碎石,走过这些搁脚的小石,爬上一块大石上,正想脱了鞋袜,在这清凉的湖水里洗去脚上的尘土，但是一看水里布满了水藻，只得作罢了。

　　四点半到船，开始开到无锡城里去吃晚饭。晚霞照在湖面上，映着金黄色的太阳，五彩缤纷，十分可爱。一刹那间，霞光日色已经收敛起来，好像对我们表示彩云易散，美景不常。一时天渐渐黑下来了，渔船也都摇回岸边，渔船上的人们收下了帆，开始用他们的晚饭。有几只船上有捕鱼鸟，它们轻轻地立在船边，用嘴在擦它们的黑得发亮的羽毛。渔夫把网挂在船上，一天的工作完毕，他们很高兴地摇着船，预备回家安息了。

　　匆匆地在太湖园吃完晚饭，我们急忙到车站候车。十点十分，车终于到了上海了。下了车，除了坐了六点钟的火车感觉有点疲惫之外，玩得实在痛快！

《金声》1947年11月4日第3版

无锡丽新协新两厂参观记

柏励生

说起无锡，枕九龙，临太湖，山水甲东南，风景美妙，尝有小瑞士之称，而烟囱多，机器多，工人多，具此三多，又有小上海之美誉。说起无锡，真是多么令人低徊留恋啊！

具有十六年历史的丽新纺织厂，和新兴的毛织工业的协新厂，为了发扬其事业的广大，邀请上海中国国货联办处，暨各地中国国货公司驻申人员往锡参观，我们一行十二人，在一个细雨濛濛的午后，从北站登车，于四时许到临了无锡。由夏荣清、鲍甫康二君伴至铁路饭店略事休息，随即乘车导往协新、丽新二厂参观。

衣，是估据了人们四大需要的第二位，在现时代人们对于衣料的取材，是需要经济、坚叙、美观的三种条件的；毛织品自然是占了人们衣的质料的重要部份。我国的毛织品，在过去是完全仰给于舶来的，在最近数年，方渐渐略有制造，然而又大都供不应求，每年输入的外货毛织品，依然是数可惊人。协新是无锡的一个自纺自制自染自整的毛织品工厂，于二十四年创办，二十五年二月始正式出货，资本由三十万元增加到八十万元，在丽新路自建最新式厂房，占地四十余亩，与丽新、丽华二厂鼎足而三，门口有五道叉河，风景清幽，空气新鲜。纺绽有五千余绽，织机有一百余台，纺织部份多为女工，工作指导员亦多由女子担任，全厂工人约四百余人，女工占据了百分之七十以上，现在每日可以出货一千五百码，计划着下半年可以扩充到每日出货四千码以上。去年全年营业约一百万元，盈余约二十万元。工人待遇，亦颇优厚，每人每月可以得到十五元至二十余元。一疋毛呢的完成，是要经过了纺织，洗，烘，修，缩，烫，剪毛，蒸，电压等工作的程序，才能成功了人们的衣料。在工厂要充满着紧张的空气，和严肃的秩序，尤其是整齐清洁，地无纤尘，充分显示着一种新兴事业的精神。余笑向该厂经理唐君远先生云："这里的地板滑洁得可以跳舞了。"唐先生合首微笑，这种精神是多么值得夸耀的啊。

该厂的组织，为经协理之下，分设四部，每部各设主任一人，以统管各该部的事务。经理唐君远，协理兼厂长唐熊源，总务部主任王荫千，织部主任葛翊如，染整部主任潘炳兴，沪发行部主任唐斌安。出品有各色华达呢，花呢，哔叽，法兰绒，等数百种。商标有五福临门，三阳开泰等。分别编列货号，大概十一号十二号为色子贡，五十号起为马裤呢，纹丝锦，巧克丁，灯蕊绒等，一百号起为各色华达呢，二百号起为各色人字呢，三百号为各色女大衣呢，四百号起为各色法兰绒，五百号起为各色哔叽，六百号起为各色花呢，七百号起为凡立丁，八百号起为粗呢等。出品新颖，织造细密，和舶来品相较，有过之无不及，而该厂前途的光明和发展，更是未可限量啊。

协新参观既竟，乃折回再到丽新纺织厂参观，丽新是具有甚久历史，规模完备的纺织印染厂，经理唐骧廷，协理程敬堂，厂长唐君远，组织总管理处，总管理处下分设总务，原动，纺，织，染，印，六部，及人事科，工人福利科等。创办于民国九年，最初资本只有二十两元，现已充到四百万元，去年营业一千余万元，盈余达一百九十万元，亦可渭豪矣。该厂与协新厂相隔不足一里，自建新式厂房，占地二百三十余亩，纱绽初只一万六千余绽，现在增加到四万一千余绽，线绽一万二千余绽，织机一千二百台，每日可出货四千余疋，尚拟扩展到日出万疋的目的。自备新式发电机，印花机每分钟可印四百八十码，每日可印六千疋。全厂工人有三千余人，女工占全数百分之七十以上。工人待遇每人每日可以得到四角至一元三角的工资。工人福利事业，特设专科负责，现在已办理者有职工宿舍，膳堂，卫生室补习夜校、工人子弟学校、托儿所、书报室、消费合作社，消防队等。劳资感情，很为融洽，厂主工人，咸视同家人父子，这是件最难得的事情，还有件值得记载的事：即厂方每年盈余，须得先分给工人百分之五的红利，然后再分配股息公积金股东红利等，自然这也是得到工人感情的方策之一种。同时我们看到该厂厂训的真切确实，也可以感想到该厂管理和训练的严密得体，厂训是智，爱，勤，慎，四字。智：观察深远，研究精密，辨别明了，判断正确，计划周详，知行合一。爱：待人诚敬和平，对物怜惜爱护，作事必灌以强烈之兴趣，及正当之同情心。勤：一寸光阴，勿可荒废；一分精神，勿可虚掷；努力工作，耐劳有恒。慎：行为切守规矩，作事宜依方法；勿因小利而苟且，忌存轻视而疏忽。

该厂商标有鲤星，双鲤，司马光，惠泉山，千年如意，天孙织锦等牌，出品有直贡呢，直贡缎，华达呢，细哔叽，绉纱呢，格子呢，花线呢，冲毛葛，冲西缎，斜羽绸，条板绫，条漂布，条府绸，条麻纱，条雪丁，透凉罗，十字布，席法布，自由布，维新布，黄斜纹，蓝细布，洋纱，绉布，竹布，红标等数十种。行销全国，而于长江流域及京沪豫楚粤桂等省尤为畅销。参观既竟，二厂主人复邀宴于宴宾楼。程敬堂、唐君远、唐斌安、王荫千诸先生均亲临招待，席丰酒厚，主人情殷，洵足称谢焉！

翌晨余与雅农同往申新三厂参观，请夏荣清君导往，晤该厂总经理荣德生先生暨薛明剑、丁春舫君；荣君态度诚恳，和蔼可亲，语余等云"日本原为小国，人民生活情形，较我国苦甚，然惟其能刻苦耐劳，故能跻于富强之域。我国虽为大国，人民生活优裕，故养成因循骄惰风气，以致贫弱，欲图自救，惟有养成全国人民刻苦耐劳，勤于工作之习惯。本厂对上希望求得助力，对下诚恳求得合作"云，洞察时弊，旨哉斯言。该厂资本五百万元，去年盈余一百五十余万元，规模宏伟，组织完备，对于工人福利事业，尤属特别重视，厂内设有劳工自治区，委胡鸣虎君为自治区区长。办理有托儿所，补习学校，职工子弟学校，劳工医院，功德祠，大礼堂，剧社，养兔副业等。惜以时间关系，匆匆一过而已。随与夏君等乘车直驶梅园，会合全体登汽轮驶往鼋头渚游览，是日天朗气清，惠风和畅，游人杂踏，仕女如云，更有日人数十，亦来览胜，余等在隔湖之鼋头渚石上摄影时，一日人语其同伴云："这里是顶顶鼋头渚。"引得众人哄然大笑，日人亦笑，亦趣话也。在鼋头渚午餐后再兜往蠡园一游，即匆匆登轮驶返旅邸，回忆太湖苍茫之水，浩淼无际，鼋头渚之嵯峨怪石，起伏峥嵘，蠡园媚丽之杜鹃花，红紫争妍，于午夜梦回时，犹觉深印脑际也。

《中华国货产销协会每周汇报》1937年第3卷第15期

无锡县图书馆参观记

涂祝颜

这次来无锡的目的，是喝亲戚的喜酒，连带参观园和玩。我每到一个新的地方，总是找机会，抽时间去参观当地的图书馆。不管那个图书馆大不大，好不好，值不值得一参观，只要有，总是要去看看才能了心愿。这会到无锡来玩游些名胜地方，倒也不觉得比别处我所玩游过的名胜好过多少，可是这里的无锡县立图书馆，给我的印象，的确是好。这个无锡县立图书馆，是无锡最大的图书馆。据馆长陈然先生告诉我，无锡全县共有图书馆二十几个，有图书馆协会一，于此我们知道无锡的图书馆事业，是比别的县份发展得更快了。

无锡县团的地点，在城内公园对面图书馆路上，馆屋式样是三层楼的西式建筑，前面加一钟塔，建设年代，还在二十年前。室内布置第一层为图书阅贸室，儿童阅览室，阅报室，办公室，第二三层为书库，日报储藏室，及办公室，共有图书馆书二万五千余种，七万余册。图书内容，大部份是线装书，这和各地图书馆的情形差不多，报纸的保存，每月汇订一次，平放在特制的木架上，取放尚觉便利，存有二十年来的上海申新时事各报全份，据说时有上海南京两地的学术机关到来查阅旧报，图书的分类，采用杜定友氏的世界图书分类法，著者号码则用王云五氏的四角号码检字法，每日到馆看书的人，平均约二百人左右，共有馆员六人，常年经费，约在四千元左右，购书费，约占全经费三分之一，关于书籍的流通方而，凡新到的图书，先在阅览室内展览，等第二次的新书到馆后，才收进去做分类和编目的工作，借书的手续，只消填写阅览券一张，就可也读到自己爱读的书，如欲借回家去，则须先期到馆登记，并缴保证金二元（此项保证金由指定的银行代收）手续完毕后，由馆发一借书证给阅览人，阅览人有了这张借书证，即可凭证把书借回家去阅读，阅览时间，分上午下午晚上三个时期，由上午到下午，当中有一小时是停止阅览的，由下午到晚上，则有二小时是停止阅览，这种不整天开放的办法，是一种美中不足的缺陷，尚希望该馆以后能把这点改进，那给予阅览人的方便，就更加不小了。关于儿童部，有读书会的组织，以鼓励及增加儿童读书的兴趣为宗旨，有女管理员一人，任管理图书和指导儿童读书的责任。书籍的流通，除由阅览人自动来馆借阅外，复设有巡回文库，使离馆稍近，或因职业的关系，不能到馆阅览的人，都能享有图书馆的各种利益。这种办法，实是我们图书馆员应该多加注意和研究的。本来书虽说是人生精神上的养料，但究是一种不能自己行动的东西，假使我们图书馆员，不去想种种的法子，使他活动起来，使他多和阅览人接触，那末这好的养料实和废物无异，故在我个人深觉得目前办理图书馆，倒不在书籍数量方面，而在质和质的流通方面了。书籍流通的次数愈多，则书籍的效用愈显，而图书馆教育的效果也才会有收得的希望。这是个人参观无锡图书馆后的一点感想，尚望读者及该馆诸位先生指正为幸。

二三年十月二十六日补记于上海

《中国出版月刊》1934年第3卷第56期

英文无锡游记

译者：冯闻闻

Three Days Visit in Wusih

By Sze Tao Chow（江苏省立第二师范学校施道周）

One October day I made an excursion by rail to Wusih. It is a great walled city and lies eighty miles from Shanghai, Around the city is an immense mulberry plantation interspersed with fine bean fields.

On the morrow I took a house-boat to Tahu Lake (太湖). It is only a short distance from the railway station. I spent two hours in the northern corler of the lake. I felt the breeze blowing gently but saw no rippling on the water. Many fishers in their fishing-boats were angling along the bank, and many passenger-boats were sailing to and fro. Indeed; it was a place worthy to be visited. The scenery on the lake made me very happy. In the afternoon, I visited the Public Garden in the Chung An Monastery (崇安寺). The various kinds of flowers and trees planted here and there were very beautiful and pleasing to the eye, and I saw many bowers and tea-houses there. The gardener told me that on holidays crowds of people go there to enjoy themselves.

The day after the next, I visited Hwei Shan (惠山), a rather beautiful hill near the city. It takes thirty minutes to go there from the city. This hill has two famous things: the Seventy Two Steps (七十二级) and the Three Peaks (三茅峰). Having climbed up to the highest peak, I looked down and saw the people walking below like many ants crawling on the ground, and Tahu Lake far off on the right like a vast ocean without shore, but dotted with islets. After having sat on the rocks for a long time, I came down to the Patriots' Temple (昭忠寺). It is situated at the foot of the hill. In it there are two springs, one hexagonal and the other square. The hexagonal one is several feet deep and its water is very clear and tastes sweeter than that in the square. It is said that if we throw a cash into the spring, it will sink down spirally; and I myself tried that to prove the truth. Opposite to the spring is a wall. On it are these five words, "The Second Spring of China," which were written by Mr. Tsao Mêng Foo(赵孟頫)and annotated by Mr. Loh Yü (陆羽).

After this, I visited the two old buildings belonging to the Patriots' Temple, the Ting Tsung Ting (听松亭) and the Yün Chi Iu (云起楼), and walked round the famous tea-house, Wu Yuan (胡园) once. My last visit was to Shih Shan (锡山). This hill is lower than Hwei Shan. There is a pagoda on its top and an old monastery beside it. Having stayed there for a little while, I came down. As the time was early I wandered about to see the beautiful scenery. The leaves of the trees were already affected with the tint of autumn, and were about to fall. I enjoyed myself very much till sunset. Then I returned to the city. In the evening I took the night train for Shanghai.

《学生》1915年第2卷第9期

译文：

无锡三日游

江苏省立第二师范学校施道周

十月的一天，我乘火车去无锡。这是一座很好的有城墙的城市，距离上海八十英里，城市周围是一个巨大的桑树种植园，点缀着精美的豆田。

第二天，我乘船前往太湖，距离火车站只有很短的路程。我在湖的北边待了两个小时。我感到微风轻轻地吹过，但没有看到水面上的涟漪。许多渔民乘渔船在岸边垂钓，许多客船来回航行。事实上，这是一个值得一游的地方。湖上的风景让我非常高兴。下午，我参观了崇安寺的公花园。处处种植的各种花草树木非常美丽和赏心悦目，我在那里看到了许多凉亭和茶馆。园丁告诉我，在假期里，成群结队的人去那里玩乐。

第二天，我参观了惠山，这是城市附近一座相当美丽的山丘。从市区到那里需要三十分钟。这座山有两座著名的景观：七十二级和三茅峰。爬上了最高峰，我往下看，只见下面走的人像许多蚂蚁在地上爬行，右边远处的塔湖像一片没有岸边的汪洋大海，却点缀着小岛。在岩石上坐了很久之后，我来到了昭忠祠。它坐落在山脚下。里面有两口泉，一个是六角形的，另一个是正方形的。六角形的有几英尺深，它的水非常清澈，味道比方形的水更甜。据说，如果我们把钱扔进井里，它会螺旋式下降；我自己也尝试证实。泉水的对面是一堵墙。上面写着这五个字"天下第二泉"，由赵孟頫先生撰写，陆羽先生注释。

之后，我参观了昭忠祠的两座旧建筑：听松亭和云起楼，并绕着著名的茶室胡园走了一圈。我最后访问的是锡山。这座山比惠山矮。它的顶部有一座宝塔，旁边有一座古老的寺院。在那里待了一会儿，我下来了。由于时间还早，我四处闲逛，去看美丽的风景。树叶已经受到秋天的些微影响，即将落下。我非常享受，直到日落。然后我回到了城市。晚上，我坐夜行列车去上海。

Two Days in Wusih

By Koo Kwun-Yoan (过昆源)

Wusih is one of the flourishing cities of Kiangsu. It is along the line of the Shanghai-Nanking Railway and on the Grand Canal. Therefore it is one of the commercial centres of South China. There are many fine places and handsome buildings in Wusih. Travelers from all parts of our country frequently go to see them,

In the seventh new year of our republic, we had a three days' recess. Some of my friends and I went to Wusih at nine o'clock in the morning, I showed them the "Great New Bridge" which was crowded with men. We saw a number of barges and boats sailing up and down the Grand Canal.

When we were walking on the road, we saw many men riding on horseback or driving in cabs as if they were greeting the New Year. On each side of the road there were many great shops and splendid buildings; for it is the busiest place in Wusih.

On our way to the city we passed through the "kwang Voh Gate" (光复门), which was built in memory of our first revolution at

Wuchang in 1911.

Then we went to the park, and on our way we saw many rainbow flags flying in the air. In the park there are many rocks, ponds, bowers, and some fine houses several stories high. The trees and the flowers, though few in number, are very beautiful, The birds sing in the trees, and the fish swim in the ponds, and a great number of people play every day in the park.

Opposite the park stands the City Library, which is one of the greatest buildings in Wusih. There are many books in it. Every schoolboy and schoolgirl may read in it every week day at certain times. So it gives much benefit to young students.

The next day we climbed up Hwei Zien Hill (惠泉山), which. is the highest hill' in Wusih. It is noted for its natural beautiful scenes, such as the "Stone Gate" (石门), and the "Wong Kung Stream" (黄公涧). Standing on its top and looking towards the north we saw the Grand Canal, which looked like a ribbon ; and when we turned back, we found the Tai Hu (太湖) lying before us like a great looking-glass on the ground. The boats, sailing to and fro in the lake, looked like the leaves of a tree. Just at that time the wind blew gently, and the clouds moved over our heads slowly. It seemed that all our sorrows vanished. Though we had spent about six hours on the hill, yet we were in no great haste to return.

In the afternoon we hired a boat to have a view from the Grand Canal. On each side of the canal there are many rice shops. So the canal is nearly filled with rice ships from all parts of Kiangsu. At last we came to the Wong Boo Tung (黄婆墩), which stands on a small island in the canal. What a handsome building it is!

We spent two days in Wusih, and returned to our school on the evening of the 2nd, and on the next day I wrote this essay concerning the trip.

三年级学生作业,《江苏省立第五中学校杂志》1918年第7期

译文:

无锡两日游

过昆源

无锡是江苏省的一座繁华城市。它位于沪宁铁路沿线和大运河上。因此,它是华南地区的商业中心之一。无锡有很多好地方和漂亮的建筑。来自我们全国各地的旅行者经常去观赏它们,

民国七年的新年,我们休假三天。我和我的一些朋友早上九点钟去了无锡,我给他们展示了新建的大桥,那里挤满了人。我们看到许多驳船和船只在大运河上航行。

当我们走在路上时,我们看到许多人骑马或乘着出租马车,好像在迎接新年。在道路的两边有许多很棒的商店和华丽的建筑;因为它是无锡最繁忙的地方。

在前往城市的路上,我们经过了"光复门",这是为纪念1911年在武昌的第一次革命而建造的。

然后我们去了公园,在路上我们看到许多彩旗在空中飘扬。公园里有许多岩石,池塘,凉亭和一些几层楼高的精美房屋。树木和花朵虽然数量不多,但非常美丽,鸟儿在树上唱歌,鱼在池塘里游泳,每天都有很多人在公园里玩耍。

公园对面矗立着市图书馆,这是无锡最伟大的建筑之一。里面

有很多书。每个男生和女生都可以在每个工作日的特定时间阅读它们。因此，它们给年轻学生带来了很多好处。

第二天，我们爬上了惠泉山。是无锡最高的山。它以其自然美丽的景色而闻名，例如石门和黄公涧。站在它的顶部，向北看，我们看到了大运河，它看起来像一条丝带；当我们回头时，我们发现太湖像地上的一面大镜子一样躺在我们面前。船只在湖中来回航行，看起来像一棵树的叶子。就在这时，风轻轻地吹过，云层在我们头顶缓缓移动。似乎我们所有的悲伤都消失了。虽然我们在山上待了大约六个小时，但我们并不急于返回。

下午，我们租了一艘船，从大运河看风景。运河两岸有许多米店。因此，运河几乎充满了来自江苏各地的米船。在最后，我们来到了黄婆墩，它位于运河的一个小岛上。真是一座漂亮的建筑！

我们在无锡待了两天，第2日晚上回到学校，第二天我写了这篇关于这次旅行的文章。

An Excursion to Wusih

By Z. Q. Parker (潘子延)

Chinese Post Office, Soochow

On the 16th of March, 1919, the weather being bright and serene, some friends of mine and I planned to make an excursion to Wusih. We set off by the forenoon express and decided to come back by the latest possible train on the same day. The journey is indeed not a long one, but should arrangements not be made beforehand, we might find it difficult even to visit hurriedly some of the most popular places of that city within the prescribed limit of time.

Wusih has recently introduced vehicular traffic, which benefits travelers to a marked degree. The rickshaw fare is moderate; for example, it requires eight coppers to proceed from the station to Simen, twenty cents from Simen to Meiyuan, and also twenty cents from Meiyuan to Weishan, We made use of rickshas almost all the time ; we did not experience the least trouble or weariness. According to our program, we first visited Meiyuan, later Weishan, and then the Public Garden, Briefly stated, below are descriptions of these three places, from which a general idea of the leading features of each may be obtained.

Meiyuan, or Plum Garden, is a private garden, about sixteen li from Wusih. It is situated on a hill and was so built as to agree in every respect with the natural features of the hill, which overlooks the surrounding country and commands a front view of Taihu. Upon ascending to the summit of the hill, visitors may enjoy themselves in every way possible. Plum trees are thickly planted here and there, from which the name of the garden has been derived. Pavilions and ponds, grotesque rockeries and fragrant flowers, and excellent penmanships and drawings of famous artists --all contribute to lend luster to the garden. This is a delightful spot to take a party of friends for picnics, etc., and also a favorite retreat in hot weather, being so situated as to catch any breeze that may be blowing. It was built by a wealthy merchant, Mr. Young Tuk-sheng, who is one of the pioneers in the industrial activity at Wusih and has acquired a handsome fortune by having achieved success in his various enterprises. He has devoted a large sum of money to the erection of the garden as well as a long road, which is well paved with cobblestones, leading to the garden from the city. He is very hospitable, and his hospitality shows that unlike the ordinary private gardens, admission to his garden is free to all. We made a short stay here, took tea and our meal, and left for Weishan at about two o'clock in the afternoon.

Weishan, one of the high hills in the neighborhood, is situated in the suburbs, and not far from the city. At the foot of the hill there lies the well-known spring called " The Second Spring in the World," for which Weishan is highly noted and has been frequented by pleasure seekers for centuries. The crystal water of the spring is an excellent beverage. It contains some minerals, and therefore its quality is slightly insipid as compared with any other kind of water. It has been made more popular by the fact that it has been the theme of song and poetry since olden times, and that famous literati have paid tribute to it. On warm spring days, Weishan is crowded with visitors. Some of them are natives, while others hail from various regions. They are all in high spirits and may be seen strolling about hither and thither, or sitting at the tea houses to gossip by twos and threes. Before turning homeward, some of them may be found lingering on the way to buy several clay puppets of various shapes and designs for their children. Having spent nearly an hour in taking tea and refreshment at this delightful spot, we proceeded to the Public Garden,

In the center of the city and close to the old Zung An Temple is the Public Garden, It was built partly in Chinese and partly in foreign style. The promenades and alleys which lead to the many arbors, pavilions, and halls of the garden are well paved and well kept. Parties of visitors like to assemble here to spend their leisure hours, as tea and refreshment are served at moderate prices. The multifarious kinds of trees lavishly planted throughout the garden make it agreeable for the pleasure seekers to pass happily the long, tedious spell of summer days by enjoying themselves under their shades, Just opposite the garden there stands the Public Library, which contains thousands of volumes, and is open to those who are interested. We left the garden at about 5:30 P.M., but found no time to pay a visit to the library.

We lost no time in hastening to the station to catch the afternoon express, which leaves Wusih at 6:29 P.M. and arrives at Soochow at 7:14 P.M. After taking supper in the Railway Hotel, Soochow, we bade adieu to each other and returned to our respective homes.

《英文杂志》1919年第5卷第5期

译文：

无锡远足

潘子延

1919年3月16日，天气晴朗祥和，我和我的一些朋友计划去无锡郊游。我们乘坐中午快车出发，并决定在同一天乘坐最晚的火车回来。旅程确实不长，但如果没有事先安排，我们甚至可能很难在规定的时间内匆忙地访问该城市的一些最受欢迎的地方。

无锡最近推出了马路交通，这在很大程度上使旅行者受益。人力车价格适中；比如从车站到西门需要八分钱，从西门到梅园需要二十分钱，从梅园到惠山也需要二十分钱，我们几乎一直都在使用人力车；我们没有遇到丝毫麻烦或感到倦怠。根据我们的计划，我们先参观了梅园，后来参观了惠山，然后参观了公花园，简言之，下面对这三个地方进行描述，从中可以大致了解每个地方的主要特征。

梅园，又称梅花之园，是私家花园，距离无锡城约十六里。它坐落在一座小山上，其建造在各个方面都与山丘的自然特征相吻合，俯瞰周围的乡村，并享有太湖的正面景色。登上山顶后，游客可以尽一切可能感受快乐。处处茂密地种植着梅树，花园的名字由此而来。亭台楼阁和池塘，怪诞的假山和芬芳的花朵，以及著名艺术家的出色笔法和描摹——都为花园增添了光彩。这是一个令人愉快的地方，可以与朋友聚会野餐等，也是炎热天气时最适宜的度假胜地，其位置如此之好，可以捕捉到任何可能吹来的微风。它是由一位富有的商人荣德生先生建造的，他是无锡工业活动的先驱之一，并通过在他的各种企业中取得成功而获得了可观的财富。他投入了一大笔钱来建造花园，以及一条长长的路，这条路用鹅卵石铺得很好，从城市通往花园。他非常好客，他的热情好客表明，与普通的私人花园不同，他的花园对所有人都是免费的。我们在这里短暂停留，喝茶吃饭，下午两点左右就去了惠山。

惠山是附近的一座高山，位于郊区，离市区不远。山脚下有著名的泉水，称为"天下第二泉"，惠山因此而备受瞩目，数百年来一直为寻求欢乐的人们所光顾。泉水是一种极好的饮料。它含有一些矿物质，因此与任何其他类型的水相比，其质量略显平淡。它自古以来就是诗词的主题，著名的文人也向它致敬，因此它变得更加受欢迎。在温暖的春日，惠山挤满了游客。他们中的一些人是当地人，而另一些人则来自不同的地区。他们都兴高采烈，可以看到他们四处闲逛，或者坐在茶馆里三三两两地八卦。在回家之前，可能会发现他们中的一些人为了给孩子购买几个不同形状和设计的粘土木偶而在路上徘徊。在这个令人愉快的地方花了将近一个小时喝茶和吃点心，我们前往公花园，

公花园在市中心，靠近古老的崇安寺，它部分以中国风格建造，部分以外国风格建造。通往花园的许多亭榭和大厅的长廊和小巷铺砌得很好，保存得很好。游客们喜欢聚集在这里度过闲暇时光，因为茶和点心以适中的价格供应。花园里种植着各种各样的树木，使

寻求乐趣的人在树荫下享受自己，愉快地度过漫长而乏味的夏日，花园对面是公共图书馆，里面有数千册藏书，向有兴趣的人开放。我们在下午 5 点 30 分左右离开花园，但没有时间去图书馆。

我们不失时机地赶到车站赶下午的快车，下午 6 点 29 分从无锡出发，晚上 7 点 14 分到达苏州。在苏州铁路饭店吃过晚饭后，我们互相告别，回到了各自的家。

A Trip To Wusih

By Yang Tsai Zoo (杨秩然)

A vacation of seven days was granted us for the Middle Autumn Festival. I took the opportunity to make a trip to some of the resorts of historical interest which I will now describe.

On the 7th of October in the afternoon by five o'clock I started out by the boat. As it was already dark, there was nothing to be seen on the way. Next morning I reached Wusih. After landing I visited some famous places, as the Wei Shan, and the Mai Yuen, The Wei Shan is a very interesting place and its scenery is very fine, such as the Second Spring of the world, the waterfall of Huang Kung Chien. The Mai Yuen is a very pretty garden which was built by a rich merchant Mr. T. S. Young.

On the 9th of October, I came back to my home, refreshed and happy.

译文：

无锡之旅

杨秩然

中秋节给了我们七天的假期。我借此机会前往一些具有历史意义的度假胜地，我现在将描述这些度假胜地。

10月7日下午五点钟，我乘船出发。由于天已经黑了，路上什么也看不见。第二天早上，我到达了无锡。抵达后，我参观了一些著名的地方，如惠山和梅园，惠山是一个非常有趣的地方，它的风景非常好，比如天下第二泉，黄公涧瀑布。梅园是一个非常漂亮的花园，由富商荣德生先生建造。

10月9日，我回到家，神清气爽，心里快乐。

Senior's Trip to Wusih

April 7th. was a special holiday to the Senior class. They arranged beforehand to visit Wusih. The weather was very fine, though it rained before their start and after their return.

They left Soochow by the 8:59 train in the morning and arrived in Wusih by ten o'clock. A motor boat was borrowed from St. Andrew's hospital with the kind consent of Dr. Clande M. Lee. It towed a boat and sailed quickly toward the Tai-Hu.

They visited Mei Yuen, a private garden situated on a hill. They found great interest there. Then walking three miles to the Lake shore, they called three fishing boats to ferry to Nyoen Dai Tse, a small island in the Lake. The scenery there was very gorgeous and fascinating. But having limited time, they were obliged to leave without a long stay.

The public garden, Wei Shan, and many famous relics in or near the city were not visited, because the seniors had to return by the night express train.

译文：

高年级的无锡之旅

4月7日，对高年级班来说是一个特别的假期。他们事先安排去参观无锡。天气非常好，虽然在他们开始之前和回来之后下雨了。

他们早上8点59分乘火车离开苏州，十点钟到达无锡。一艘摩托艇是在Clande M. Lee博士的同意下从圣安德鲁医院借来的。它拖着一艘船，迅速驶向太湖。

他们参观了位于山上的私人花园——梅园。他们对那里引发了极大的兴趣。然后步行三英里到湖岸，他们叫了三艘渔船，渡到湖中的小岛鼋头渚。那里的风景非常美丽和迷人。但由于时间有限，他们不得不在短暂停留的情况下离开。

公花园、惠山以及城内或附近的许多著名文物都没有参观，因为高年级不得不乘坐夜间特快列车返回。

The City of Wusih

By T.Y. Shieh(谢节印)

Wusih is located in the south-eastern part of the Kiangsu province, about halfway between Nanking and Shanghai. The population of Wusih is estimated at several hundred thousand. Most of the people are engaged in industry or commerce; only a small part is engaged in agriculture. As to its communication, Wusih is fortunate in having the Nanking Shanghai Railway pass through it, together with a number of motor roads and the Grand Canal, on which launches and boats sail in succession. These facilities give Wusih splendid means of transportation. Since, in the eleventh year of the Republic, our Government made it a commercial city, its commerce and industry have been rapidly progressing day after day. The main manufacturing enterprises are cotton spinning and weaving, silk spinning and weaving, and some such kinds of industries as those we find in Shanghai. It is not an open port, but sends its products to all parts, of the province and to Shanghai for export. The fertile soil of Wusih and the broad river valleys naturally make the city very productive. Rice, silk, and wheat are its important exports. As for its climate, it has a mild temperature all the year round, neither so hot as Canton, nor so cold as Peiping.

The Tai Lake lies 18 miles south of the city. It is deep enough for the navigation of steamers. So communication in Wusih is very convenient. There are many fine hotels, res- taurants, and hospitals along the lake. They are all furnished with every modern means of comfort. In the neighborhood of the Tai Lake there are many famous places, such as Li Yuan, Yuan Tou Jun, Mei Yuan, Jin Yuan, Wann Ching Tarng, Sheau Perng Lai, Yu Jung, Sheue Lang Shan, Jih Chang Yuang, Loug Guang Taa, etc. The scenery of these places in the spring season is very beautiful and unparalleled. Besides, there are many other places, in and about the city, famous for their scenic beauty and historical meaning; such as the Wusih Garden, Huey Shan, Chorn, Au Syu, Huang Buh Duen, Fun Yong Hwu. There are many fine trees, beautiful flowers, tea shops, artificial hills, and pagodas in these places.

Wusih has many large streets; the best street is Garden Street extending from the West Gate to the East Gate. It is a market street. There are many hotels, restaurants, shops, book stores, and theaters on both sides of the street. There is a great deal of traffic in this street.

How glorious, wealthy, and magnificent the city of Wusih is! Not only has it many beautiful landscapes, but also it is an important center of industry and commerce in China. So some people call it "Little Shanghai."

译文：

无锡市

谢节印

无锡位于江苏省东南部，大约在南京和上海之间。无锡的人口估计有几十万。大多数人从事工商业；只有一小部分从事农业。至于它的交通，无锡有幸拥有京（南京）沪（上海）铁路从这里穿过，还有多条汽车道和大运河，舳舻相继航行。这些设施为无锡提供了绝佳的交通工具。自从民国十一年，我国政府确立其为商业城市以来，无锡的商业和工业迅速发展。主要生产企业有棉、丝纺织等行业，和上海的情况一样。它不是一个开放的港口，而是将其产品运往全省各地和上海出口。无锡的肥沃土壤和宽阔的河谷自然使这座城市非常多产。大米、丝绸和小麦是其重要的出口产品。至于它的气候，一年四季气温温和，既不像广州那么炎热，也没有像北平那么寒冷。

太湖位于城市以南 18 英里处。它足够深，可以容纳轮船航行。所以无锡的交通非常方便。沿湖有许多高级酒店、餐馆和医院。所有客房都配备了各种现代化的舒适设施。太湖附近有许多著名的景点，如蠡园、鼋头渚、梅园、锦园、万顷堂、小蓬莱、渔庄、雪浪山、寄畅园、龙光塔等。这些地方在春天的风景非常美丽，无与伦比。此外，在城市内和周围还有许多其他地方，以其风景秀丽和历史意义而闻名；如无锡公花园、惠山、黄埠墩等。这些地方有许多美丽的树木，美丽的花朵，茶馆，假山和宝塔。

无锡有许多大道；最好的街道是从西门延伸到东门的花园街。这是一条市场街。街道两旁有许多酒店、餐馆、商店、书店和剧院。这条街上交通繁忙。

无锡城是多么辉煌、富足、宏伟啊!它不仅拥有许多美丽的风景,而且是中国重要的工商业中心。所以有人叫它"小上海"。

A Trip to Wusih

By Ting Hsin Ken(丁祥赓)

I made a trip to Wusih with some of my friends on a Sunday.

We had already gathered at the Shanghai North Station before eight o'clock in the morning. All of us had taken our 'seats before the train started. After a while, it carried us to Wusih.

We found ourselves at Wusih at ten o'clock, and spent about ten minutes planning the trip.

We went to Lee Yuan (蠡园) in a small steam launch. There we saw many flowers and ponds. Having spent half an hour there, we went to New T'ou Chu(牛头渚, 编者注：当为鼋头渚)in the same launch, We had a gentle breeze when we were just crossing the lake named T'ai Wu(太湖).

On arriving at New T'ou Chu, we found that it was really a fine place. It was surrounded by T'ai Wu.

We left for May Yuan (梅园) at five o'clock. We stood near a tree and had a photograph taken.

We arrived at Shanghai by train at ten o'clock.

《竞文英文杂志》1938 年第 15 期

译文：

无锡之旅

丁祥赓

星期天，我和我的一些朋友去了无锡。

早上八点之前，我们已经在上海北站集合了。我们所有人都在火车开动之前就已经坐好了。过了一会儿，它把我们带到了无锡。

我们在十点钟到达了无锡，花了大约十分钟来计划这次旅行。

我们乘坐小型汽船前往蠡园。在那里，我们看到了许多花卉和池塘。在那里待了半个小时后，我们乘坐同一艘汽船去了鼋头渚，当我们刚刚穿过太湖时，我们吹着微风。

到达鼋头渚后，我们发现这真的是一个不错的地方。它被太湖包围。

我们五点钟出发去梅园。我们站在一棵树附近，拍了一张照片。

我们十点钟坐火车到达上海。

Idol Processions in Wusih
Population's Need for Amusement

From Our Own Correspondent

Wusih Nov.21

For the past two Sunday afternoons the city has been completely given over to enormous idol processions which have been witnessed with the greatest enthusiasm by thousands of people, and have incidentally seriously incommoded various foreigners, week-ending in Wusih and who either barely caught their trains, or were held over till the next one, by the destiny of crowds.

The greatest idol procession ever held in Wusih, was the one yesterday afternoon in honour of the god who is believed to preside over the northern district of the city, which is the busiest and richest part, where all the big rice hongs are situated. Each hong contributed between $5 and $10 besides private contributions, so that the sum of $3,000 was collected. All the costumes used were new and splendid, and an entirely new feature, which one is prepared to believe is quite original was a radio on a table carried by four people. Strange to say this radio operated satisfactorily, and furnished music, in addition to that provided by the numerous bands.

People came from all the surrounding country and the hotels were overflowing.

These processions do not seem to have had honoring the idol as other than an ostensible reason. The educated Chinese say that the real reason is the dearth of amusement and excitement, which causes such a craving that these processions were designed to satisfy it, and these educated men refer to it as play for men.

The North-China Daily News，1932年11月26日，第7版

译文：

无锡的偶像游行

人们对娱乐的渴求

来自本报记者

无锡11月21日

在过去的两个星期天下午，这座城市已经完全交托给了巨大的偶像游行，数千人怀抱最大的热情见证这一活动，并且偶然地给很多在无锡度过周末的外国人带来困扰，他们要么勉强赶上火车，要么被人群拖到了下一趟。

昨天下午在无锡举行的大型偶像游行是为了致敬掌管该市北部地区的神祇，那里是无锡最繁忙，最富有的地区，所有大的米行都坐落在该地区。每个米行除了私人捐款外，还贡献了5到10美元，

因此，总共收取了 3000 美元。所有使用的服装都是新奇而美丽的，而且是一个全新的特点，它是原创的，就是由四个人抬着桌子上的收音机。奇怪的是，除了众多乐队提供的音乐外，这台收音机也提供了音乐，它的工作令人满意。

人们来自周围的所有村落，旅馆人满为患。

这些游行似乎只是基于表面上的原因，而不是真正尊敬偶像。受过良好教育的中国人说，游行真正的原因是缺乏娱乐和刺激，这引起了他们的渴望，而这些游行被设计来满足人们的需求，这些受过良好教育的人称之为人的游戏。

Trips for Griffins
Doing Wusih in a Day

By West Houghton

When life in the city palls, ride in a mail car through the hill country around Soochow to the Temple City. Climb a few hills, if you would grapple with the forces of Nature, and stop for tea in a deserted temple. Or take some blankets and camp in one of them. The young Shanghailander who made this trip tells how to fill a day with a great variety of experiences, all for a very nominal sum.

Spring and sunshine inevitably turn our thoughts to the countryside, and many of us wander in imagination to the homeside downs and moors, wishing impatiently that the three or four more years of the contract would magically expire. Shanghai does get on one's nerves after a while. The same old streets, and Settlement limits, the old same traffic jam, dust and noise. But there are others who not only feel the call of the open spaces, but who actually indulge it to its fullest extent. They go farther. They appreciate Shang-hai for its opportunities for cheap access to a countryside not only beautiful in scenery, but rich in artistic and historical interest.

Anytime after two o'clock on Saturday afternoon, or six o'clock Sunday morning, one may observe a considerable number, an increasing number, of foreigners at the Shanghai North Station, bound for the open. Some of them carry sporting guns, some fishing tackle, all of them rucksacks full of grub, a flask and blankets if an over-night trip is intended.

The following is the itinerary of a trip to Wusih, and is given because someone may feel the desire to gird on the old hiking boots, and take the trail. I shall describe the actual experience of a party of half a dozen foreigners, and will conclude with suggestions for improvements on the trip.

We left Shanghai on the 7-15 train on Sunday morning. We should have been at the station at least half an hour before the train left to get a seat. As it turned out we were fortunately able to get into an unused mail car on the floor of which we made ourselves at home. Experience has taught us that traveling conditions in the more expensive classes are disproportionate to the cost, and we booked third class tickets $1.20 for the eighty mile journey.

At Kunshan the engine broke down, and we had to wait nearly two hours for an auxiliary engine from Shanghai. We had our breakfast during the wait, and got off again about ten-thirty. An official of the Railway apologised to us for the fact that we had no seats. Actually we congratulated ourselves on our segregated quarters.

Very soon the pagodas of Soochow came in sight, and every mile brought us nearer to the hills which were our destination. Then Soochow itself, with its outlying nurseries and orchards and medieval-looking wall, remarkably intact for its thousand years of history. Vandals have plastered a part of the wall with huge advertisements, but inspite of this, Soochow is a wonderful sight from the railway which passes its flank and gives the traveller a silhouette of tessellated battlements and towering pagodas framed in the surrounding hills. A modern bridge carrying the road over the moat to the main gate is happily in keeping with the general dignity of the city's aspect. From Soochow we had splendid hill scenery until we reached Wusih at twelve o'clock, more than two hours behind schedule.

From the station we took the road to the right of the Railway Hotel. It skirts the city, and soon leads onto a newly made dirt road that stretches for about two miles to the foot of the hills in a perfectly straight line. Here there is a small city consisting almost entirely of temples, many of which contain valuable and unique treasures, and provide excellent study for the camera. Apparently the sole occupation of the people is making, small objects, toys or copies of temple images. They are molded with a kind of mud, and painted with a skill that leads one , to regret the object of such precise artistry.

We immediately began the ascent of the highest hill to the right of the Temple City. It is no mean climb, and we were glad to rest a while on the temple crowned summit. The view from here amply repaid us for the efforts put forward.

At our feet nestled the small city just described, the sunlight glinting on the exquisitely carved roofs of the temples. Beyond was Wusih, the Awakened, distance lending it a striking, resemblance to Manchester, with its belching forest of chimneys and large manufacturing plants, for Wusih is an important industrial city. Before us were the innumerable inlets of the island spotted Taihu lake, and all around the rugged hill slopes, bare for the most part, but patched here and there with clump of small fir. A keen, refreshing wind, the lake, and an overcast sky vividly recalled the grandeur of the Yorkshire moors, plus the water of the Lake District. The hills have a granite foundation, and the sparse growing grass is very reminiscent of moorland.

After a halt, we continued along the ridge of the chain of hills, each mile adding fresh vistas of enchanting scenery. There are many temples on the ridge, most of them in a dilapidated state, and we had our second meal in one of them.

At the end of this chain, we came upon a temple that has a striking resemblance to a Border Keep, and here we turned to the left towards the lake on a very ill-defined track that kept always to the crest of the hills, The Chinese apparently use the English method of taking roads over the tops of the hills. One pushes on farther and it is harder going, but the scenery is worth it.

At last, a final downward sweep brought us through a forest of dwarf pines to the lower levels of the lakeshore. The track grows better defined, and becomes a paved barrow road that passes through agricultural country. Soon we were on a good road that skirts the lake, and takes a considerable amount of motor traffic. Busses run frequently.

serving the small towns along the way to Wusih.

To the left, the road took us back to the Temple City from which we started, and we halted for tea and our final meal in a temple that has been converted to this use. We saw as much of the city as we could manage in the time, and then made our way on to the station to get the 6-15 train back to Shanghai.

Such was our experience. There is ricsha and hire-car connection between Wusih station and the Temple City for the less strenuously inclined, and if the tramp over the hill is taken, there is the bus service from the lakeshore as I have described. We walked the whole way-- at least the others did--a wonky shoe drove me to take a ricsha from the Temple City to the station, as we were compelled to make good time.

Dare I suggest that ladies would find the tramp as outlined rather difficult going because of the rugged character of the hill country? on second thought, I dare not. But even for those who do not appreciate the joys of the road the trip to the Temple City is well worth while, for a matchless view can be obtained from the crest of the first hill which is only a quarter of an hour's climb. and the city itself teems with interest.

On my next trip to Wusih, I shall certainly go over-night, and camp in one of the temples on the hills. The train journey is over long for a one day's outing, and more time could be spent in following the bent of interest. I do not wish to be facetious. but What's Wrong With China? I could answer by saying that its too darned interesting for Griffins who can only spare a short week-end from their strenuous labours in the city office.

译文：

格里芬斯之旅
无锡一日行

如果城市生活令人厌倦，请乘坐邮车穿越苏州周围的丘陵地带到惠山古镇。如果您想与自然的力量搏斗，爬几座山，然后在空无一人的庙宇中停下来喝茶。或带一些毯子在其中一座庙中扎营。参加这次旅行的年轻上海客以其丰富的经验告诉我们如何用少量金额的钱度过充实的一天。

春日和阳光使我们的思想不可避免地转向乡村，我们许多人在想象中徘徊在家乡的丘陵和荒原上，不耐烦地希望合同的三年或四年会魔术般到期。一段时间过后，上海确实会令人感到不安。相同的旧街道和租界范围，相同的交通拥堵，灰尘和噪音。但是，还有其他一些人走得更远，他们不仅感受到开放空间的召唤，而且实际上最大限度地纵情于此。他们赞赏上海具有能以便宜的价格前往往乡村的机会，那里不仅风景秀丽，而且具有浓厚的艺术气息和历史意义。

在周六下午两点或周日早晨六点之后的任何时间，人们可能会在上海北站看到大量的而且越来越多的外国人，以前往开阔地带。他们中的一些人携带猎枪，一些渔具，如果打算过夜旅行，那么所有人都背着装满食物的帆布包，保温瓶和毯子。

以下是前往无锡的行程。之所以做如此介绍，是因为有些人可能会想穿上旧的远足靴，然后走这条线路。我将描述一个由六个外国人组成的聚会的真实经历，并以改善旅行的建议来结尾。

我们周日早上乘坐 7 点 15 的火车离开了上海。我们应该在火车开行前至少半小时到车站，从而找到座位。事实证明，我们很幸运地进入一辆未使用的邮车，我们安坐在地板上，十分自在。经验告诉我们，更昂贵的座位，其旅行条件与费用不成正比，我们为80英里的路程预订了三等座的票，价格为1.20美元。

在昆山，发动机坏了，我们不得不为上海送来一台辅助发动机而等待将近两个小时。我们在此期间吃了早餐，然后大约十点三十分下车。铁路官员因为我们没有座位向我们道歉。实际上，我们为拥有独享的空间而高兴。

很快，苏州的宝塔映入眼帘，每行一英里都使我们离我们的目的地更近了。而苏州本身，其外围的苗圃和果园，以及具有中世纪外观的城墙，在其数千年的历史中都完好无损。破坏者在一部分墙壁上贴满了巨大的广告，尽管如此，苏州还是铁路沿途的一道亮丽景象，铁轨经过了它的侧面，为旅行者提供了轮廓分明的城垛和周围山丘中耸立的宝塔的剪影。一条现代的桥梁越过护城河的路，很高兴地与这座城市总体尊严的形象保持一致。从苏州出发，我们一直欣赏着壮丽的山峦景色，直到我们十二点钟到达无锡，比原定计划晚了两个多小时。

从车站出发，我们走到了铁路饭店右边的路。它绕过城市，不久便通向一条新修的土路，一条完美的直线延伸至山脚约两英里。这里有一个几乎完全由庙宇组成的小镇，其中许多庙宇包含着宝贵而独特的宝藏，为照相机提供了绝佳的学习机会。显然，在这里人们唯一的职业是制造小物件，玩具或庙宇形象的副本。它们是用一种泥浆模制而成，他们用一种使人印象深刻的技巧进行绘画。

我们立即开始在古镇右边的最高山峰往上走，这绝非攀登，我们很高兴在山顶上休息了一会儿。这里的视野充分回报了我们所做的努力。

在我们脚下，坐落着刚刚描述的小城，阳光照在精美雕刻的庙宇屋顶上。远处是无锡，距离使它与曼彻斯特（Manchester）有着惊人的相似之处，那里有烟囱茂密的烟囱和大型制造工厂，因为无锡是重要的工业城市。在我们面前是无数岛屿星布的太湖的水湾，到处都是崎岖的山坡，大部分都光秃秃的，但间或有丛生的小杉树。强烈而清新的风，湖泊和阴暗的天空生动地唤起了对壮观的约克郡高沼，再加上湖区的水的回忆。丘陵以花岗岩为质地，稀疏的草丛使人想起高沼地。

稍事停顿后，我们沿着山峦连绵的山脊继续前进，每一英里都增添了令人陶醉的迷人景色。山脊上有许多寺庙，其中大多数都处于残旧状态，我们在其中一间吃了第二顿饭。

在这条线路的尽头，我们来到了一座庙宇，它与边防要塞极为相似，在这里，我们沿着一条非常不规则的路向左转到湖边，一直走到山顶，中国人显然使用英国的方法在山顶上修路。向前越远越难走，但是风景值得我们这么做。

最终，最后一次向下巡行使我们穿过了矮小的松树林，到达了湖岸的低层。这条路更加分明，并成为一条穿过农业村落的铺砌的小道。不久，我们走在一条沿湖有大量机动车通行的道路上。公交车频繁运行。为小镇通往无锡服务。

左转，这条路带我们回到了我们开始的古镇，我们在一个已经被转变为餐饮用途的庙宇中停下来喝茶和吃最后一顿饭。我们用有限的时间尽可能多地了解这个城市，然后前往车站乘坐 6 点 15 的列车回上海。

这就是我们的经历。无锡站和古镇之间的人力车和出租汽车不那么费劲，如果免去山坡的徒步旅行，如我所描述的，湖岸有巴士服务。我们走了整条路——至少其他人都走了——一只摇摇欲坠的鞋子使我从古镇乘坐人力车到车站，所以我们不得不度过美好时光。

我敢说，由于山丘村落的崎岖，女士们会发现徒步旅行很困难吗？再三考虑，我不敢。但是，即使对于那些不能从这条路感受乐趣的人而言，去古镇旅行也是值得的，因为可以从十五分钟爬升的第一座山峰上欣赏到无与伦比的风景。城市本身充满了趣味。

如果下一次去往无锡，我肯定会过夜，并在山上的一座寺庙中扎营。铁路旅行对于短短一天的旅程太过漫长，人们可能会花更多的时间来关注兴趣点。我不想开玩笑。但是中国怎么了？我可以回答，这对于格里芬斯（编者注：欧洲初到远东的人）来说她实在太令人着迷了，他们只能在市政府辛勤的工作中度过一个短暂的周末。

REMINISCENT OF A BORDER KEEP

TEMPLE-CROWNED HILLSIDES.

EXCELLENT STUDY FOR THE CAMERA.

Trips for Griffins, The North-China Sunday News Magazine Supplement,
1931年3月29日第3版

整理风景

无锡名胜古迹调查报告

无锡县社会调查处

无锡山峰巍峨，湖水清涟，风骨秀甲东南。泰伯端委，江南文明，于以发祥。嗣后代有闻人高士，或避地隐居，或生长于斯，遗迹彪炳，在在有之；近年邑内高士，凭山藉湖，布置园林亦甚多，苟欲一一加以详叙，实非仓猝间所能集事。兹取其声名较著，而规模稍巨者：

一、惠山寺 在县城西五里之惠山镇，系刘宋司徒长史湛茂之别业历山草堂后改建，惠山寺初名华山精舍，故山门额古华山门。旧基自古华山门至山麓。今山门内两旁，尽为私祠及居民侵占；中部为忠烈祠占用；所岿然独存者，仅古华山门及不二法门而已。

二、忠烈祠 清时洪杨事平，李鸿章奏请割惠山寺大雄宝殿以后，至大悲阁止，旁及竹炉山门，改建淮军昭忠祠，以祀死难者。改革后，有议将祠废归公用者，不果，民国十七年，始改今名，祀有功党国之人士。亭堂为白云堂旧址，风景幽胜，大足供人觞咏也。

三、竹炉山房 在忠烈祠右，二泉亭上，明洪武间，湖州竹工为僧性海编竹为炉，规制精密，一时名流唱和之时极多。今所有之房屋，为洪杨后改建，王绂画竹及名人题咏嵌壁间。

四、听松石床 在忠烈祠门内，金莲池上长约六尺，阔厚半之；篆刻听松二字，相传为唐李冰阳所书。唐皮日休诗所谓"松子声声打石床"即指此。旁有宋政和间张回仲题字十行；其平面有嘉熙三年赵希衮题字三行。清道光十五年，知县曾承筑亭覆之。

五、云起楼 在竹垆山房左，忠烈祠后。危楼一角，耸出山麓，隔绝尘嚣，楼上四面开窗，楼下假山曲折，风景幽绝，巴江廖纶有联曰："腾两邑之欢，千村稻熟；据一山之胜，四照花开。"

六、第二泉 在竹垆山房前。唐陆羽定天下水品二十种，以惠山石泉水为第二，故又名陆子泉。又张又新记水品，其说与羽不同，惠泉则仍居第二。第二泉伏涌潜洩，略无形声。池二：圆为上池，方为中池。两池中隔尺许，有穴相通，挠之则俱动；而中池之味，远不逮上池。汲泉者瓶罂负担，不舍昼夜，皆上池独给之也。

七、黄公涧 在二泉亭右，惠山与锡山之间，亦名春申涧，其初祠春申君于此。春秋间山水涨时，其流常急，冲决而下，如瀑布，如晶帘，澎湃之声，如万马奔腾，游人均搴裳跣足，涉其间以为乐。山峰有大石，镌卧云二字，径尺许，邵文庄宝所书也。

八、忍草庵 由春申涧循新辟小石道越坡而南，约半里许，抵章家坞，忍草庵在焉。庵建于明万历间，庵旁有贯华阁，清初顾贞观、陈维崧、姜宸英、严绳、孙犖结诗社于此。今所存者，杨味云所重修也。

九、点易台 在邵祠后，明邵宝筑二泉书院旧址也。荒烟蔓草，乱石数堆，无复当时胜景；惟台石尚存，拨茅可寻耳。台之下有滴露泉，瘗卷丘；台之上为海天石屋，屋中有石刻五贤遗像。余如望阙岩等十五景，俱已不复存矣。

十、石浪庵 在锡山巅，龙光寺之西南，门向西南辟。山半巨石耸峙，如层波叠浪，故以名庵。登街远跳，湖山在望，清幽入画，游惠麓者，不可不一登临也。

十一、寄畅园　为秦氏之旧园墅，又称秦园。园初名凤谷行窝，后称寄畅。姜西溟有记曰："古木轮囷离奇，计数十百章，长松偃盖，作虬龙攫舞势，有泉从惠山，淙淙潓潓，注为清渠，日夜流不洞，小水澄泓，分为细涧，并涓洁可爱，大地一望浩森，上为飞梁，蜿蜒曲折，朱栏画楯，下映绿波，缘提行，草树蒙茸；至山穷水尽处，忽折而别开一径，景物俨然。至于峰峦之奇拔，岩洞之深靓，林樾之葱倩，花竹之秀媚，厅堂之华敞，楼榭之疎峙；杖履所之，无乎不具。"当时胜概，可以想见。清高宗南巡，数驻跸于此；题咏极多。洪杨之役，亭榭全毁。民国以还，秦氏后裔，稍稍修葺，然而桃柳凋残，美石欹侧，非复当时大观矣。

十二、白云洞　在惠山麓望公坞，洞为天生小石龛，龛中供奉吕祖像；洞外怪石林立，惠麓之胜地也。

十三、石门　在白云洞后，峭壁悬崖，孤绝奇险，石门翼峙，中虚一隙；明邵宝摩崖所书之石门二字，及清廖纶之叠峰栖云等字皆在焉。石罅中常流微水；明俞宪有诗之："地脉逢溪断，双门据险关；朝昏常不掩，疑有玉人来。"

十四、惠山公园　在惠山镇河塘右岸，旧李鸿章祠也。民元，收归公有；循发还。北伐成功，又收为公，先办警查教练所；民国十年，应地方需要，改建惠山公园，规模壮丽，颇足供人游览也。

十五、龙光塔　在锡山巅龙光寺内，为明时创建，初可以梯而登，后因年久失修，渐致不能涉足；顷又经修葺，可以拾级而上矣。

十六、太湖　太湖广三万六千顷，跨江浙二省之交。湖中岛屿点点，著名者有七十二峰。近有杨君翰西，在湖滨鼋头，辟一植果试验场，场中建有亭榭。鼋头渚当太湖出口之处，每值南风，波涛澎湃，奇石壁立，气象万千；有前无锡知县巴江廖纶书横云及包孕吴越窠擘大字。现杨瀚西在渚上建有灯塔，横云小筑，涵虚、在山亭等。杨氏植果试验场旁，有广福寺、陶朱阁等。

十七、五里湖 一名漆湖，一名小五湖。跨扬名开化二乡，北通梁溪，南通长广溪，西通太湖，湖中水甚清澈，光明如镜。湖周向多名胜，惜俱荒废。民国十六年，王君尧臣、禹卿昆季在湖北青祁地方，建一蠡园，濒湖筑堤，中辟莲塘，塘旁亭台花石，布置极宜。兹继起者尚有人，异日布置完全，会见西子湖盛名，未能独擅也。

十八、梅园 在荣巷镇西约五里。民国元年，由荣君德生就清初徐殿一进士桃园遗址改建。园百数十亩；园外短墙缭绕；园内广植梅花；勒石于门，题曰梅园。园内胜景，有天星台香雪海，诵幽堂，荷轩，留月村，招鹤亭等；登小罗浮，可望太湖，为园中最胜处。园东北有太湖饭店，陈设雅洁。专供游人餐宿。

十九、华藏寺 址富安乡，距梅园约十里。宋绍兴间，太师张俊敕葬于此，因建寺墓左，以奉岁记。寺背山面湖，风景绝佳，每年四月八日浴佛节，诱人极众。

二十、管社山 在梅园西南约三里，面湖屹立，风景殊胜，下有项王庙，或云本夏王庙；庙左为万顷堂，由邑人杨翰西等集资就湖神庙旧址改建；东北百数十武即杨园旧址，园今荒废，仅由其后裔就遗址建屋三楹，供岁时享祀而已。

《无锡市政》1929年第3期

整理锡山风景计划

锡山在城西五里，惠山之支脉也。山之东峰，当周秦间，大产铅锡，至汉时方衰，故置无锡县，此锡山之名所由来也。此山为一邑之主山，胜迹颇多，山南有仙人洗面池，仙人童子石等，山西有锡泉，山巅有龙光塔，皆以古迹称。惟因保护乏人，又少修理，频多颓圮不堪，甚或因以湮没，殊堪惋惜。山西有秦皇坞，山坡平坦，与惠山相连，东有乌腰坞，北环小河，风景天然，惟历年未就葬者日多，以致坟墓累累，长此不加整理，则大好胜景，将全沦为荒草荆棘之地，此本处所以有改造之动议也。兹就可能范围，略拟整理办法一二于后：

一、修筑道路

锡山风景，颇有足资流连者。惟因山路崎岖，交通不便，重以缺乏整理，遂使游人裹足，而锡山之名，遂不如惠山远甚。今者本处既有整理之准备，自宜先从整理道路始。考锡山上下道路，原有二处：一在山西秦皇坞，羊肠曲径，间有石级，幸山坡平坦，上下尚称便利，为自锡山至惠山之捷径；一在山北，自龙光寺直达山麓五里香塍，有石级可通，上下较易。晚近复经邑人重加修理，改筑金山石路，颇平坦整齐。道路间置石凳，以便游人休息，冬青夹道而列，曲折有致，大似西湖灵隐佳景。惟近一二年间，未加注意，又呈衰芜景象。兹就附近地势及交通情形，拟筑道路三段，以辅助锡山之交通，列述于后：

（一）公园支道

锡山位处城西，居公园道旁，梅园及鼋头渚等胜景，在其西南。今自车站往梅园者，均取道惠麓庙巷，故经锡山麓时，天率走马看花，以致辜负胜景不少。且惠麓道路窄狭，房屋栉比，拓宽为难，不便殊甚。今公园道计划，经费善桥五里街而入城，故自车站往梅园者，苟仍取道庙巷，则更感不便。兹拟于锡山东麓筑路，自五里街往南，直达开原路，为公园支道，宽十二公尺，沿途已经察勘，尚无妨碍房屋情事。此道果成，凡自惠麓往梅园等处者，均可由宽坦大道以环绕锡麓，从此锡山为必由之路，而锡山之名亦可由此显著矣。

（二）锡山路

锡山四麓，除西有庙巷，北有五里街可通车辆外，其东南二面，则止有曲径可通，有人至此，辄以交通不便，不获窥全景为憾，且山南树林荫蔽，溪水潺潺，颇具幽情，尤不宜任其荒废。兹拟环山麓筑一环形路，即以锡山为名，路面不必过宽，以能通行人力车辆为度。路旁遍植树木，以阔叶类或富于荫蔽者为佳，树下间置石凳或铁椅，以便游人休息。溪水经过处，设金山石小桥，布置宜曲折，缀以铁栏，使游人不觉身在山林，而有园亭感想。且此路环绕山麓，又可借此多筑登山道路，以便山上下之交通焉。

（三）筑登山路

锡山上下通道，已如前述，除山北及山西二道尚易涉足外，其余悉系羊肠小径，非山居或樵夫不敢举步。今山路既有环形路之计划，可于山路平均择三四处筑登山道路，分回旋或之字形二种，或砌石级，或筑马路，以便游踪上下。途径宜就山石而曲折，多植松柏冬青等常绿树，务使路径荫蔽，极尽迂回曲折之妙。游人到此，曲径通幽，自有一番兴趣，使锡山风景，又可多一点缀，固不仅便利交通而已也。

二、整理名胜古迹

锡山名胜，颇有足述者。惟因荒芜日久，渐将湮没，自宜亟加整理。惟需款浩繁，一时无相当巨款，宜其择轻而易举者，逐一修葺，兹分述于下：

（一）龙光寺

在锡山之巅，自寺门迄山麓，有石级可通，晚近由邑人捐资重修，焕然一新。寺中房屋，亦颇整洁，惟大门常闭，非熟识者不易入内，故宜全部开放，另布置一二精舍，陈列经典，设备琴棋，游人到此，其性好者，可得一流连之所，在寺僧又可借以结交风雅，此故一举两得之道也。

（二）石浪禅院

在龙光寺之西南，建于明代，有正殿三间，楼六间。其上为三茅殿，有石阶可通，均因年久失修，渐至荒芜，宜亟加修理，于幽静处所，松漆数间，悬挂字画，陈列花草，备陈佳茗，以便游人驻足。院前有巨石耸峙起伏，此乃石浪之所由名，宜护以木栏。加以标语。使游人一望而知，无向隅之叹。

（三）龙光塔

在龙光寺内，本为石塔，明万历时改建砖塔，可缘梯而升。后因年久失修，渐至荒废，近由邑人出资重建，参用钢骨水泥，颇为坚固，塔顶稍加修改，可用作气候观测之所。

（四）锡泉

在锡山北面半山中，前邑令吴钺掘地得之。有巨石一，上镌锡泉二字，擘窠大字，笔划雄伟，不知系出谁氏之手笔。惟外面并无保护，渐沦入土中，殊为惋惜。今可就石筑小亭荫蔽之，以存古迹，又可作涉山半途休息之所。

（五）仙人洗面池

在石浪禅院前石级下，为山石裂缝所成，不易干涸。惟四周岩石峥嵘，不易逼视，可加硃漆栏杆。池旁山坡平坦，周围面积有四十方，可布置花草，围以冬青，间置石凳，东行数十步有高阜，上有六角石基，是即古望远亭旧址。

（六）望远亭

在龙光寺西，建于明嘉靖年间，后因失修，遂致倾圮，至今迄未重建。兹拟就原址重行建筑六角亭一，圈以栏杆，凭栏远望，惠山全景，历历在目。附近若锡泉、仙人池等，皆俯视即得，形胜天然。

以上数则，皆为固有之胜迹，如能一一加以整理，锡山已颇可观。此外如气候观测所之建筑，动植物场之设置能逐渐完成，则锡山之名，或可驾二泉之上矣。

三、建筑气候观测所

锡邑文化，素称发达，然各项事业，除图书馆、体育场等外，其他尚未设备。今筹备改市，各种调查綦繁，而调查雨量及风速等，又非设立较完备之气候观测所不可。惠山高冠全邑，四望凌空，其上建筑气候观测所，本甚相宜，惟因山路崎岖，跋涉为难，故不甚适当。锡山峰虽低而孤立耸然，且山路整齐，上下便利，甚合需要，故拟就锡山建筑。山巅有龙光塔，即于塔顶略事布置，用以瞭望，最为相宜。塔旁有西式楼层五间，颇宽大，用以储藏书籍，辟室研究，亦颇幽静。屋顶加以修葺，改建二层或三层，平台中置仪器。若量雨计或风速计、气压计等，均可酌量置备，另设专员管理，使每日气象之变迁，均有较精密之报告，学者于公余之暇，又可多一实地研究之机会，而锡山胜迹，又可多一点缀，未始非锡人之福也。

四、建筑动植物场

锡邑山明水丽，人物优秀，故教育事业，亦颇发达，为全省冠。惟辅助文化设备，尚未见十分发达。如博物陈列馆，动植物园等一切可作学校儿童之参考者，均付阙如。兹拟于锡山北麓辟一动物场，分为野兽，飞禽，鳞介三部。野兽部就山凿穴，围以铁棚，筑成山室，搜集各种走兽陈列其中。每室门前志以说明，使游人至此，一目了然。飞禽部分室内室外两种：室内陈列者，可应用三官殿原址。该殿有正厅四间，葺而新之，略事更改装修，已能敷用。其中设置铁丝笼若干，将各种飞禽分类陈列。屋后有小院，用以饲养鸡禽，亦颇足用。其宜于室外阵列者，则就屋旁近山麓处用铁门筑一高大范笼，笼中略事布置，用以饲养雀类及鹤类。由此往下，开山麓成巨穴，取出泥土，即以之填筑通惠路，然后引春申涧之水，即为鳞介部，用以饲养鱼类，池旁作斜坡形，上覆铁丝笼，中饲两栖类动物。三官殿向下，本有石径可通，稍加修理，即可上下裕如，使游人无跋涉之苦。三官殿旁有于忠肃公祠，俗称梦神殿，中有正屋十间，用以改建作讲堂式，置备坐位及演讲席，以便学者之讲演。此外另备专门书籍若干，以备游览者之参考。祠后有余屋数间，即作为管理处及伕役室，以便管理。至于动物之搜集等，纯出购买，则所费甚巨，断非短时间所能担负，故须随时征求，捐助搜集，而工程方面，因搜集时间关系，亦可逐项备置，逐渐进行。此外又拟于锡山之南麓，辟植物场。该处山坡平坦，前环小河，地土肥沃，适于种植，可辟若干亩，分划成区，种植各项树木。吸水性弱者，可较近山麓，吸水性强者，植近河边。并于地点适宜处筑一二花房，以培养花草。将来经费充足，更可扩大范围，辟田若干亩，以之试种稻麦，而裕收入，并筑厫舍一二，广为搜集植物标本及模型，分部陈列，以供展览。至于管理方面，可合并于动物场，借以节省经费。且植物场为生利之处所，除开办费外，苟经营得宜，将来利益甚大。即动物场之经常费，亦可取给于是焉。

《无锡市政》1930年第6期

整理惠山风景计划

一、惠山之价值

山水之胜，毓秀钟灵，一丘一壑，亦堪不朽。惠山为锡邑附廓名胜，数千年来，供人游览，不独以风景著称，抑且与文化之开发，与工商业之发展，至有关系，锡邑之所以有今日，不能不谓非惠山之赐也。夫石头城以龙蟠虎踞，蔚为名都，西子湖以风景明媚，视为乐土，山水与地方兴衰之关系，于兹可见。锡邑苟欲不落人后，自非发扬其名胜不可，则惠山之价值，讵容忽视哉！

二、胜迹之修葺

逊清以来，变乱频仍，惠山胜迹，年久失修者有之，废圮者有之，湮没无闻者亦有之，兹值训政伊始，建设方殷，亟宜考据志书，穷搜竭研，逐加整理，筹集巨款，广事修葺，虽一石之微，亦不能忽其历史上之价值，并宜标识详明，观者可以兴趣盎盎，而一不致索然寡味也。再修葺之后，尤应养护有人，以维不弊，而垂久远。

三、道路之整理

道路为交通命脉，名胜之区，而交通梗阻，纵能有其史乘上之价值，亦必减色不少。故整理惠山，应以交通为前提。道路狭隘者拓宽之，崎岖者筑平之。本处现已有惠山公园道之修筑，沿惠山浜之小道，亦经加以整理，使可通车。至于惠山道路之整个计划，拟先事测量，再行规划，务使游山者，无攀登之劳，而有驱驰之便。

吴稚晖先生之惠山道路计划，稚晖先生对于整理惠山之计划，论之綦详。并曾跋涉山涯，亲往查勘，发扬名胜，规划周至。其对于惠山道路之计划有二：其一，主张由惠山公园之门前，筑路直达王文正公祠，通五里街，折而西向，经圣帝殿，绕山麓达春申涧。更就现在山门筑路，经香花桥，通华孝子祠，折至泉亭附近，更折至春申涧。此路因地势所限、稍加扩充，以能通驶汽车为度。其二，主张在惠山斜坡盘旋筑之字形大道，路线接由春申涧起。向西直达石门，又由石门折而东向，达白云场，折向山后，通至青山，一端与山麓路会合春申涧联接，一端直达青山全路，贯通山之前后，东西成一联锁云。

按本处惠山全部测量，尚未实施，所有小坡斜度与辟路通车，关系至钜，将来全山道路如何蜿蜒上下，拟按照平面图再行规划。自当参考吴先生之主张，详为设计，一俟测量完毕，计划完成，再当就正于地方明哲焉。

四、树木之栽植

树木足以点缀风景，尽人皆知，而造林之功用更足调节雨量，有益水利农田，增进地方收益，故惠山所有道路两傍，均应广植树木。将来绿树成荫，道路自呈美化之象。一俟路线勘定，即当先事栽植树木也。

五、工程之次第实施

惠山之整理工程，亟待实施。孙县长改造惠山公园，即为整理工程之一。通惠路与五里街贯通之公园道，已由本处填土铺筑，业已完成。惠山浜沿河车道，亦经整理工竣，可以通车。又通惠山路为通惠山之干路，本处拟重加修筑，增高路面，削平桥坡，亦经测量制图，招工投标，从事整理，全部工程费约三万元左右。至于惠山全部工程，姑就经济能力之所及，分其缓急，次第实施之。兹将工程之程序及工作之概要，分述如下：

（甲）开放忠烈祠

忠烈祠所以表彰先烈，先烈为革命而牺牲，吾人设祠以祭之，非但崇德报功，亦所以资后来者之景仰也。故忠烈祠亟应时常开放，任人游览，对于先烈之功勋，亦须勒石志之，以备追念。至祠之前部，有空地一方，向来堆积泥土，杂种桑树，芜秽不治，殊失庄严之象。现已由本处将土堆犁平，拟再将石栏修整，多种名花佳树，为游人休息之所。该处原有金莲池，听松石床及数百年之银杏古树，倘有加整理，必能化朽腐为神奇也。按忠烈祠向有祠田，年有收入，足供修葺之费，故此项整理工程，不难擘划，似可最先实施之。

（乙）改造圣帝殿

惠山圣帝殿，即古东岳行宫。其先本在城内中市桥南，后唐时由山人周太乙募资徙建于锡山之麓。自宋至明，建而毁者屡矣。前清乾隆时，邑人集资重修，咸丰十年，又毁于火，至同治八年，始将正殿重行建造。民国肇建，取缔神偶，该庙遂日就衰败，两庑房屋及戏台等处，年久失修，渐致倾圮。加以长期驻军，损坏益甚。数年前，邑人唐氏曾将正殿及偏殿略加修葺，至今尚存旧观，惟两庑房屋，窗牖尽失，变作沿门托钵者之大本营。戏台自倾圮后，无人注意，始则木料被人变卖，继则砖瓦被人偷窃，渐致墙败垣残，几将湮没，游踪及此，举目荒凉，惠山胜景，因之减色，故宜亟加整理。盖利用荒芜之庙产，作有益于公众之事业，又可使游人多一休憩之所，固一举两得也。

1. 设立惠山博物陈列馆

惠麓土产甚多，如惠泉之酒，孙巷之菱，灿山之菌，二坞之栗，水田之蚕豆，均皆有名。此外如泥塑之人物，油酥之饼饵，亦皆声闻遐迩，凡游斯土者，无不以满载而归为快。惟当地人民，无联合之组织，缺精密之研究，故数百年来，一仍旧贯，销数狭小，泥人一项，晚近虽略加改造，然尚不如天津出品远甚。长此以往，大好名产，恐将湮没无闻，非亟加补救不可。兹拟辟圣帝殿之两庑为惠山博物陈列馆，将旧屋葺而新之，一面联合各土产出品者，将出品分别陈列。至于制造品，则宜将自原料以至成品逐段配置，并加以详细说明，如何制造，如何运输，有何特长，使游人至此，一目了然。在售品者亦可得畅销之机会。且同业联合，可减少竞争之损失，可研究改良之新法，固有益而无损也。殿前戏台，现已倾圮，可重修之，中置惠山全部模型，举凡丘壑林泉，亭台楼阁，均一一列入。其涉及名胜古迹者，详细说明之，使游者观此，胸有成竹，随后按址访寻，自觉兴趣盎然矣。

2. 设立民乐茶园

惠山以泉水著名，故游者均以品茗为唯一目的。无如山麓茶肆，除一二稍幽静外，其余或辟祠堂之门庭，或借沿河之矮屋，因陋就简。入室则涕唾满地，烟气熏天，偶坐则腰酸足疲，精神怠倦，以之衬托惠泉，有何佳趣。兹拟就该殿余屋改作民众茶园，置备较完备之桌椅，较风雅之字画，陈列花草，布置琴棋，使游人得鉴赏幽情，细品佳泉，惟售价宜廉，以收民众同乐之效。

3.布置小花园

圣帝殿除正殿及两庑房屋外，空地尚多，惟因地近锡山麓，故悉作斜坡式。原有阶石多层，拾级而登，颇觉引人入胜。惟年久失修，荒芜满目，今就此可辟为若干区，中植花草，或耐冬树木，布置成螺旋形或成圆形，正中凿一小池，引涧水入之，饲养鱼类。四周围以石栏，间设铁椅，以便游人作惠山游者，可多得一休憩之所，宁非佳事。况圣帝殿与毗邻张中丞庙相通，将来正可逐渐扩充，就原有假山花木加以点缀，其他屋宇，或储书籍，或陈报纸。至于中丞灵位，则另辟一室专祠之，并将一生之历史，逐一详载，陈列其间，使游人至此，得追思先贤，此亦未始非纪念之道，固不必斤斤于庙堂之显赫也。以上所述，不过因地制宜，约略言之。至于经费一层，或出之地方捐助，或由公家拨付。总之，此种事业，宜由公家提倡，人民协助，始克早观厥成也

（丙）整理春申涧

春申涧亦名黄公涧，在惠山望湖阁之西，其初祠春申君于此，故名，今则春申君已移祠于庙巷，而涧名则仍沿其旧，为惠麓胜迹之一。涧身蜿蜒曲折，水声潺潺，碎石杂陈，颇饶静趣。游人抵此，苟披襟当风，临涧高卧，则尘俗尽消，有飘飘欲仙之概，夏日霉雨之秋，山水暴发，则击石起波，其流湍急，澎湃之声，若万马奔腾，顿成巨观。惟附近山坡童秃，缺乏建筑物，偶遇大雨，游人之兴佳者，每冒雨而寻之，否则不能一沾眼福，是嫌美中不足。且涧石平平，虽擅曲折迂回之胜，而缺高下峥嵘之势，故除雨季或暴雨外，恒少突兀奇景，是宜以人工整理之。兹拟就卧云石下方约五六公尺处，辟一池以承涧水，溯源而上，凿石成壁，斧斤不易，可借重于炸药，高以六七公尺为度。使涧水至此，倾泻而下，有如匹练下注，

池中浪花飞溅，蔚成奇观。池周围以石栏，一面连以水管，上缀龙首或其他装饰品，使涧水由此流出，池旁山下约三十公尺处，择地辟一广场，纵横分区，铺以草皮，植以花木，围以冬青。正中设一喷水池，喷水之管，由地下直通至涧内池底，池内积水一部份即可由管内喷出，应用天然水压力以筑此喷水池，至为经济。广场内置铁椅若干，建筑精舍一二，俾作游人休息之所，可名春申涧公园，以作胜迹之点缀。复于洞旁作一长廊，直达公园精舍，随涧蜿蜒而上，至池旁削壁处。临池建水阁，明窗净几，以供游赏。偶值淫雨之秋，山水洪发，偕二三知己，登临闲眺，把酒当风，但见匹练当空，倾泻而下，此景此情，其乐何极。春申涧西南数百步，有忍草庵，其旁有贯华阁，由邑人杨君修建，均擅幽胜。目今虽有曲径可通，然尚嫌其仄，将来可就原路拓宽，使车辆得直达，与春申涧连贯一气，借此扩大范围，以饱游人眼福。凡此数端，均整理中荦荦之大者也。

（丁）开放各私祠

俎豆千秋，所以追念先人，自贵清静之地，所以惠麓私祠，栉比皆是。然均门设常扃，逢春秋二祭，始事整理，平时则尘垢盈积，秽气触鼻，屋宇每易蠹毁，殊违清洁隆崇之意。故各私祠似宜一律开放，供人游览，其先人之功业彪炳，有足供人钦慕者，亦可叙其已往，以表彰之。后裔之游往其地者，更可随时追念其先人，初不待春秋二祀之日也。再各私祠互相贯通，亦不减园林之胜，只须启闭以时耳。

（戊）修葺秦园

园林足为山水生色，引人入胜，相得益彰，环惠之麓，园如棋布，而秦氏之园，尤独擅胜场，允为巨擘。惟年湮代远，芜颓日甚，已非昔比，亭榭减色，花木亦少生气，大好名园，斧斤以拾薪者有之，窭人据以栖息者有之，良堪惋惜。自宜大兴土木，行有余力，再图扩充之。秦氏后裔，颇不乏人，当能合力筹资，鸠工集材，克底于成，旧迹重新，亦正所以恢光先业也。

（己）之字形路建筑费之概算

该路路线，为吴稚晖先生所计划，为贯通惠山前后之大道，应为登山之平坦大道无疑。自春申涧起，蜿蜒而达第一峰，为第一段，宽十呎，可就辟路所掘山石铺筑之。坡度拟定二十度，即水平长三呎高一呎之斜坡。此次工程，工费虽大，用材不多，且以开掘所得石料之较大者，可以建造路旁石台、石凳及假山、花台等，随地点缀，或用水泥胶接石料之大者，筑石亭以壮路容，而便休憩，全部工程预算，约计需洋一万元。自头茅峰经第二峰而达三峰为第二段。此段为山顶平坦之处，现在宽度已在二十呎以上，仅须兴构各项筑建物及栽植树林以点缀之。工程费等，约合洋五千元。自第三峰而下，经石门而达向云场为第三段。此段虽曲折难行，但假定上山均由春申涧起，则此段为下山之道，坡度可较大，即就现在路形，探其崎岖难行之处，加以修整或筑石坡，约须洋八千元。自白云坞折向山后通至青山为第四段，工程较大，但开筑亦不困难，工费至多二万元左右，即可完成矣。

（庚）惠山镇街道之改造

惠山镇中之街道，为惠山大公园园内之道路。其宽度不必过宽，以能栽植道旁树与通行车辆为标准。例如自惠山公园之门前直达王文正公祠一段，如宽度定为三十呎，则所拆市屋至少。自五里香塍直达忠烈祠一段，虽二傍多私祠之建筑，但大部分宽度已在二十呎以上，除少数市平屋及私祠前之围墙门须让进外，已足辟为古树苍苍之大道。其拆至春申涧一段，曲折大多，路亦狭隘，工程较难，惟长仅数丈，且一边尚非华厦，遵照内政部土地收用法征收而改造之，亦尚易进行也，计全部改造工程费，约须大洋五六千元。

（辛）石门之整理

石门峰峦奇突，悬崖峭壁，而能令人履险如夷。循序而上，道愈险峻，石尤怪奇，洵为大观。游者以其高危，每惮于登陟，仅春夏之交采药者攀登拾草而已。兹拟以人工整理之，将山路修整，并缀以亭台，使天然胜迹体，得人工而益彰，游山者可拾级而登，凭栏远眺，游自骋怀，其乐何如。

（壬）青山之整理

青山湾四面环山，抱拱平原，广可百亩，古木蔚然，风景绝佳。惟旷地尚无建设，且背惠山之青山寺，虽有寺僧主持，而纯属迷信之徒，乏高雅之致，殊可惋惜。本处对于该广地，有改建为本市公墓之议，借以辟为公用之林园，既足增进该地之风景，且为整理青山入手。盖公墓成立后，凭吊之士，观光团体，咸视为必去之途，而热心公益事业者，必捐建各项纪念物以点缀之，则于公墓外，四周山麓，必日就改造，而成为惠山之一大名胜矣。再于现今已成之山路，接通汽车道至五里街，一端折向后，过至白云坞，而接之字形大道，以贯通惠山前后，使诸胜迹贯成一气，则其价值当不亚于石门春申涧也。

（癸）其他名胜古迹之修葺

惠山胜迹，指不胜数，而湮没无闻者，实占多数，盖大半由于失修而废圮。故古迹之保存，端赖常时之修葺，与游客之爱护而已。惠山其他名胜除上述者外，凡志乘可考者，均宜大加修葺，不可任其废圮，任其湮没，经之营之，复其旧观。更宜绘列说，与游历者以指南，俾于游览之中，寓凭吊之意，而增历史之智识焉。

（六）筹款方法

以上十项，工程设施，如能逐加整理，使邦人士得于事务之暇，游散其间，以畅胸怀，则惠山之价值，当可倍蓰于今日。惟此项经费，动辄钜万，断非本处现在经济力量，所能负担。故除先拨公款，建筑一部份外，其徐则分队募捐。凡热心之士，认捐巨额者或立碑纪念，或按照江苏省人民赞助建设事业奖励条例，呈请奖励之。如此进行，期于二三年内完成之，则其成效已不为缓矣，愿邦人君子有以共图之。

《无锡市政》1930年第6期

国立太湖公园计画书（节选）[1]

绪言

国立公园四字，相缀而成名词，盖译之英语（National park）者也。国立公园发源于美国，渐及于欧洲、日本诸国，然其发达乃最近十年间事，故其名称于最近数年间始流入我国。今本部林政会议中，有以太湖建为森林公园之议，当经一致表决，部中当局，佥以发扬风景，与提倡林业有密切之关系，因派植等随伯量司长后，前往吴县东西洞庭两山，及无锡鼋头渚一带，实地勘察，以备实施，植复蒙不弃，承以设计相责，自愧浅陋，深恐弗胜，奉命之余，至惶然也。尝考太湖形势，水乡为夥，论其质量，似与仅以森林为形成因子之森林公园异趣，而与各国竞尚之国立公园相合，因稍变更原议，扩充范围，而以国立太湖公园之名称冠之；且太湖介江、浙两省间，面积号称三万六千顷，财力既非一省所能胜任，事业亦非一省所可完成，故为发扬太湖之整个胜景计，决非零碎之湖滨公

---

[1] 原文标题即为《国立太湖公园计画书》，且文中多"计画"一词，为保留原貌，故不作修改。

园,及森林公园所能完此伟业,而须有待于由国家经营之国立公园者也。惟国立公园在我国既为新兴事业之一,深恐昧者不察,误解定义,故于实际计画之先,既识其经过,并述其意义如次:

按造园学,公园之分类极繁,其为大规模之经营者为天然公园（Natural Park）。天然公园中以森林为形成因子,而面积在数百亩或数千或数万亩者,为森林公园（Forest park）；其面积在数万亩,数十万亩,或数百万亩,其形成因子繁多,不仅限于森林,而足供盛夏之避暑,隆冬之滑冰,及远足,田猎,并学术上之种种参证者,为国立公园（National park）。盖国立公园之本义,乃所以永久保在一定区域内之风景,以备公众之享用者也。国立公园事业有二,一为风景之保存,一为风景之启发,二者缺一,国立公园之本义遂失。

野外休养地之肇端,盖基于今人厌恶都市中生活,过于机械,应往郊外天然胜地,资以休养之要求,而产生者也。野外休养地云何；温泉场,海水浴场,避暑地,野营地,钓鱼地,登山地等是矣。此等地点以保存天然状况,维持原始环境为原则,盖亦保存天然胜景之本则也。论其性质,既适于公有,故其设施,应适于共享,共享之道,公园是矣。惟此种公园,以天然风景为基调,非若都市公园之全依人工构成者然,此之谓天然公园。其在都市附近者,亦可归于都市公园系统中处理之；其离都市过远,而适于多数之地方人士利用者,则可由省县经营,而以省立或县立公园之名称冠之。为便利公众利用计,乃有交通机关,及各种之设施,此盖天然公园之特征也。至天然公园中,风景为全国罕有,且具足以诱致全国国民,及国际游客之伟大价值者,仅由一地方经营,以各种关系,不足以充分发挥其本能,须进而永归国家保存而善为启发之,此盖公园国营之所由起,而国立公园名称之所由兴也。

国立公园，以具有国民的兴味为特征，以风景之保存及开发为事业，故复与性质相若之国家纪念物（National monument）及天然保存区域（Naturschutzgebiet）异趣：盖国家纪念物，以保存历史上科学上各种物件，而免除其毁损为目的，而国立公园，除上记之目的外，复有便利公众享用之完全设施。天然保存区域，以绝对保存天然固有之状态为目的，不若国立公园之于保存天然状态外，复有各种公园的设施，以便利民众者也。

故论国立公园性质，包罗极广，不惟森林公园，天然纪念物，天然保护区域，及各种野外休养地，皆当列为国立公园成因之一，即其他系统上发生关系之经济，保安，风致等，各种森林，名胜古迹，皆为重要因子之一。论者不察，误以森林公园，及其他名称，以冠风景之具有国立公园资格者，此盖不可以不明辨者也。

国立公园，为未经人工破坏之天然风景地，既如前述，然国立公园云者，不唯以保证人类的原始的享乐为必要原则，且须保存国土原始的状态，以资国民之教化上及学术上之臂助，此所谓国立公园之二重使命是也。原始风景之经破坏者，即须举行造林及砂防工事，俾树木滋茂，渐复旧观，然后如可为国立公园之营始，欧西之意大利以旧有风景，破坏已夥，对于国立公园之创建，遂不得注全力于此种工作，我国则以林政久弛，荒凉尤甚，故为开发风景计，尤不得不注全力以注意之也。

国立公园之风景，实具代表一国风景之价值，不惟足以诱致国民，且可赖以招徕国宾，故其设施，即当处处周详，以适于民众之休养享乐，既不应自为制限，而减其效率，又不当任意计画，以损其美观。惟为国立公园之障碍者，即为土地所有问题，美国与加拿大以国立公园区域内所有土地，概为国有，故不唯进行极为顺利，事业亦称发达，我国风景幽丽，不在瑞士日本之下，惜以交通不便，未经开发，故著称于世者，仅为浙江之西湖，莫干，江西之庐山，河南之鸡公等仅少数处，不知水之胜西湖，山之胜莫干，庐山及鸡公者，尚不知凡几也。瑞士以风景立国，每年国际旅客收入，占全国收入最要位置，加拿大旅客收入，亦占该国产业第三地位，日本林业发达，风光秀美，在东亚各国中，首屈一指，每年由我国及俄、美、欧洲、南洋往者，动以三四万计，消费金额，约四千万元，彼国对于国立公园事业，政府民间均注全力提倡，年来事业发展，益臻长足进步，如国立公园事业，果能依计画实施，则不惟足以增加国际旅客之数目，且可延长游人流连之日期，故于外客经济之收入，定可递增而未有已也。

尔外，若更就间接之利益言，以森林繁茂，得以实现各种保安作用，以交通频繁，得以增进地方经济，避免盗匪啸聚，以事业发达，得以提高土地价值，增加入民职业，他如农工商各种事业之发展，以环境关系，其影响且有不可胜言者：综此以观，则国立公园之设置，其目的固不仅限于享乐，对于经济，尤有无限利益，而不可茂视，宜近世各国朝野视为要图，踊跃从事，举国若狂矣。

我国太湖风景，国人艳羡久矣，终以湖匪出没，未敢轻往，犹忆江苏农政会议时，已有于东西洞庭两山，设置森朴公园之案，宁杭公路通车后，浙江当局，亦有创建湖滨公园之议，然则江浙人士，固已视开发太湖风景，为不容缓矣，今由中央本其原议，扩而充之，泯两省之畛域，宏国营之规模，则不惟湖先山色受赐已也。

国立太湖公园之形势及区域

　　太湖介江浙间，湖面相传周五百里，东西二百里，南北一百二十里，广三万六千顷，湖中岛屿棋布，湖周群山林立，风景如画，美不胜记，盖皆太湖公园计画中，所有区域也。太湖公园以太湖为公园中心，滨湖各县，若江苏之宜兴、武进、无锡、吴县、吴江五县，及浙江之长兴、吴兴二县，湖滨五里以内诸山，均拟划入，尔此外凡于历史上学术上有重要价值者，均设法联络，俾为国立太湖公园系统之一。

　　考太湖山脉，发自天目，逶迤至宜兴而入太湖，融为诸山。湖之西北为山十有四，马迹最大，又东为山十有一，西洞庭最大，又东为山十有七，东洞庭最大，马迹之北津里，夫椒为大，古夫差败越处也。西洞庭之东北渡渚，鼋山，横山，阴山，叶余，长沙山为大；长沙之西，冲山，漫山为大，东洞庭之东，武山，北则余山，西南三山厥山，泽山为大。马迹两洞庭分峙湖中，其余诸山，或远或近，若浮若沉，隐现出没于波涛之间。马迹之西北有若积钱者，曰钱堆，稍东曰大舭，小舭，与锡山若连而断，舟行其间者，曰独山，有若二凫相向者，曰东鸭，西鸭，中为三峰，稍南为大隋，小隋，与夫椒相对而差小者，为小椒，杜圻，古范蠡所尝止也。西洞庭之北，贡湖中百两山相近者，曰大贡，小贡，若五星相聚者，曰茆浮，五石浮，思夫山，有若两鸟飞且止者，曰南鸟，北鸟，其西两山南北相对而不相见者，曰大雷，小雷。横山之东，曰干山，绍山，曰瞳浮，曰东狱，西狱，世传吴王曾置男女二狱于斯。其前为粥山，乃吴王饲囚处也。其若琴者，曰琴山，若杵者，曰杵山。大竹、小竹，与衡山相迤。若物浮水面可见者，曰长浮，癞头浮，殿前浮。与鼋山相对而差小者，为龟山。有似二女娟好相对者，曰谢姑。有若立柱巉崿者，曰玉柱，金庭。其南为峨山，为历耳，中高而旁下者，曰笔格。骧首若逝者，曰石蛇，有若老人立者，曰石公；石蛇、石公石皆玲珑可爱，为造假山者惟一良材，即驰名中外之太湖石是也。与鼋山、龟山南北对峙者，曰鼍山，其旁曰小鼍，若螺者为青浮，二鼍之间，若隐若现者，曰惊篮。东洞庭之南首，锐而未歧者，曰箭浮，若屋欹者，曰王舍浮，曰苧浮，又南为白浮，在厥、泽两山间，有若浮笠者，曰箬帽，有若逸于前后，追而及之者，曰猫鼠，有若碑碣横陈者，曰石碑。是乃太湖七十二山之概观也。湖滨群山林立，岗峦起伏，据太湖备考所记，吴县境内，则有横山（一名踞湖山），胥山，香山，法华，台山，米堆，玄墓，祝山，岐龙，弹山，潭山，盘螭，西迹，安山，幽里，南山，游城，上山，虎角，杵山（一名褚山），马山，米筛诸山。无锡县境，则有庙山（一名渚沙山），竹山，康山，吴塘，羊旂，白茅，军将（一名军帐），大浮，路耿，漆塘，充山，管社，镇山，横山，华藏，杨湾，大雷（俗称大犁，）小雷（俗称小犁），白石，天井诸山。武进县境，则有下埠，虎觜，竹山，百渎诸山。宜兴县境则总号兰山。长兴县境，有香山（与宜兴之兰山相接，合称香兰山），鳌山。香山以南，长兴县湖岸六十里，皆无山，惟与小梅相近之处，有一山名独姥（又名别峰），其东麓迤吴兴县界矣。吴兴县境，则有卞山（一名弁山），凤凰，苍山，凤翅，玲珑诸山。自此而东，直入苏省吴江县境，则为野潋望，无山可记矣。以上山名，与各县志，及陆军地图所记，又复不同，以仓卒编著，莫可究诘，此稿所引，概以《太湖备考》为准，系统上似较易考据也。

综观全湖大势，山川湖沿，至为复杂，论公园大体，可分为湖沼，岛屿，平野，山阜四部。四部各具特点，故其设计亦各异致，惟他日事业进行，泰半须与省县合作，为实施上便利计，仍依县制分全园为吴江，吴县，无锡，武进，宜兴，及长兴，吴兴七大区域。

《旅行杂志》1931年第5卷第1期，
又载于《无锡县政公报》1930年第3233期。

小箕山建筑乐山园计划

吾邑地处冲要，风景秀丽，滨湖一带，尤以山明水秀第景色雄奇幽雅，著闻全国，近十年来，迭经邑中富商，各界领袖竭力经营，如梅园、鼋头渚、蠡园，先行筑成湖滨名胜，每届春秋佳日，各游人之名事名慕名来游者，踵趾相接，滨湖各村镇，向均荒凉异常者，现已渐增繁荣，统计上述各名胜，每年吸收之游人，当在数万人以上，因游湖而在锡之销费，当在二十万金以上，无形中增进锡邑之社会富力不少，邑中绅耆及各界领袖，鉴此情形，并以吾邑湖滨，加以点缀，景色之佳不让西湖，故对于整理点缀，益感无味，年来继鼋渚、蠡园、梅园而起者有中独山之陈氏别庄，蠡园对面之陈氏新园，及小箕山之湖堤荷塘等，行见更历数年，湖边将成花团锦簇之象，其中尤以荣宗敬德生昆仲，整理小箕山之风景计划，最为伟大，据闻准备投资二十万元，使小箕山成为湖滨唯一消夏胜地，该地之形势，适与鼋渚遥遥相对，如蠡园之与陈氏新园。计划告成以后，将令游人有应接不暇之势。现荣氏昆仲，对于该地各项初步建筑，均已计划完成，并绘就图样，准备克期兴工，完成之期，当不在远也，兹将所闻各项消息，列记如下：

小箕山现状

湖堤荷塘，顿改旧观。小箕山原系鼋渚对面湖中之荒山，前年中荣宗敬德生昆仲购买，拟加以整理点缀，使与鼋渚同样成为湖滨名胜，去年邑人缪丞成任苏省民政厅长时，由荣君昆仲之邀宴，曾一度往游，以该山地位既佳，四周景色尤胜，对于荣氏昆仲整理之主张，竭力赞成，并主张就该山辟为公园，即定名为小箕山公园，筑一湖堤，通至湖滨，俾汽车可以直达，嗣由孙县长商由荣君昆仲，积极进行，延至今春，湖堤大都告成，并于堤之两岸，加填泥土，辟为荷塘，遍植红白荷，延至夏间堤工全部告成，宽约二丈，长达五六里，与湖滨联接，更由湖滨辟筑车路，通至梅园工程之巨，为其他已成湖滨胜迹所未有，同时塘中荷花盛放，并发现四并蒂莲之奇花。本邑各界及外来游人，闻名乘汽车前往观赏者，络绎不绝，湖中荒山，顿觉热闹异常，最近池荷大半凋残，游人往者仍夥，惟一切工程，尚在草创期内，湖堤及车路，均铺以煤屑，山上亦无建筑，旧观虽改，尚未臻完美。

消夏新胜景

先建厅堂，本辟荷亭。荣君兄弟之经营小箕山，闻其目的，欲认在湖滨辟一消夏新胜景，盖吾邑湖滨名胜，目前虽已有多处，如鼋渚、梅园、蠡园之类，惟均宜于春秋，而不宜于冬夏，以太湖之烟波浩渺，空气清新，挤筑一消夏处所，自觉最为便易，故决定经营小箕山，即依此目的进行，去冬今春，第一步先筑湖堤暨堤旁之荷塘，植荷花，亦期符合此目的而已，此后第二步之进行计划，闻拟先就山上建筑一轩敞之厅堂，另于荷塘中建一二荷亭，通以小桥借为点缀，日前已由荣德生君亲请建筑师，估计工程，绘就图样，秋后即须雇工积极建筑云。

辟筑游泳池

事势窒碍，暂缓实行。荣君昆仲，因欲使小箕山成为完善之湖滨，消夏名胜，除筑湖隄建荷亭外，并拟于隄旁，辟一新式之游泳池，池之规模设备，悉仿沪上最新式之游泳池，池旁并拟分设更衣，休息各室，及阶级六等，池水并可按时排除秽水，换入新水，预计建筑费，约须数万金，亦已绘成图样，准备动工，嗣以近日沪上各游泳池，盛行男女同浴，小箕山浴池筑就后，此风恐亦盛行，惟锡邑系属内地，风气未开，深恐因此肇生纠纷，管理困难，出资建筑者，转受意外之非议，为慎重计，决定暂缓建筑，俟妥慎考量，获得妥善办法后，再斟酌办理云。

定名乐山园

湖堤植柳，环山四桥。小箕山辟成园林后，依缪丕成氏之主张，即定名为小箕山公园，荣君昆仲认为以地名园，不如另定名称为佳，故最近已确定该地，定名为小箕山乐山花园，其第一步整理计划，除上述之局厅堂荷亭等以外，对于湖堤，亦切实布置，大致拟于堤之两植柳树，堤之中央，植棹装置直线式一行之电灯，侃游人于盛夏晴夜，沿堤于树藏或电灯下，徐徐散步，饱览湖中美景，呼吸清新空气，此外于小箕山之四周，更拟建筑四桥，二桥联缀于湖堤之中，定名长治，及久安，已与湖隄同时完工俾往来船只，不致因湖堤障碍交通，同时亦可借以点缀风景，另二桥定名襟带及礼让，建筑于山之西南，现正计划动工云。

《无锡旅刊》1930年第144期

整理城中公园计划书

公园之设，肇自民元，其园址本为道院荒芜之地，嗣经俞仲还、秦效鲁诸先生收归公有，辟为斯园，推周君寄湄董其事，初则园之面积，仅念余亩，迄今十有八年，次第经营，收买附近民地，现全园面积共有二万六千四百方公尺。其建筑物有殿一，厅一，楼房一，洋楼三，楹轩榭五幢，自流井一，池塘三，石桥三座，长方圆亭七座建筑，所占面积，计二千八百六十五方公尺，惟创设以来，逐渐拓宽，未曾有通盘之计划。乃者，整理伊始，何者宜改造，何者宜添设，特为评拟办法，冀成为本市较为完美之公园焉。

一、公园之效用

公园者，公共娱乐之所也，在城市贸易区域之人，湫隘嚣尘，终日劳苦，精神极易倦惰，办事减少能率，故欧美日本诸邦，举办市政，首重公园之多设，俾市民得有适当之消遣，每当工作之余，散步园林，呼吸空气，偶观鱼跃时，听鸟音，百卉争妍，群兽竞舞，入其中者，有心旷神怡之乐，无车殆马烦之苦，尘襟尽涤，天机斯畅，市民平日对于职业上所感之倦怠，得此一时片刻之优游，重新鼓舞其精神，淬励其智虑，复各反于其本职，如是则人无废事无废，时有益于身心之休养，而增加其办事之效率，西哲有云，"公园者都市之心脏也"，其关系之重要，于此可以见矣。

二、整理之必要

夫城市之公园，犹人身之衣冠也，衣冠之修短合度与否，可以表人身之妍媸，公园之布置，适当与否，可以观一市之雅俗，关系市政至重且钜，吾锡地当京沪中心，湖山幽美，值此工商业发达之会，四方游客，商旅之来集者，终年络绎不绝，倘公园布置得当，花草树木修理整齐，园傍道路平坦清洁，则来游者得良好之印象，声名洋溢于远近，锡市贸易，亦可因此而日臻发展，且值此改革市政之始，尤应除旧布新，一新都人士之耳目，则整理现有之公园，诚为刻不容缓之举矣。

三、改造之概要

公园之定义，有广义狭义二种办法，广义之公园，举凡公共娱乐，如戏馆，游戏场，音乐室，运动场，均包含在内。属狭义者，如私人之花圃然，利用天然植物之美，广植花卉，兼备草地，藉便往来游人之憩息，吾锡城中公园，原系古寺改建，并无公共娱乐之设备，自属狭义范围，今后之改进计划，当斟酌地方财力，于广义狭义二者之间，取一折衷办法，就园内原有之建筑，分别改为博物馆、美术馆、阅览室、小商店、游艺场等，至其他之公共娱乐场所，在园外四周，择定地点，逐渐规划，使市民自行集资开设，民有民享，利益均沾，奖励提倡，完成较易，如是则园外狭窄之街道，顷刻可以成为康衢，园内之建筑，亦可尽量利用矣。

四、整理之概算

试一披阅吾城中公园区域全图，位置适当闹市，在其附近地面或属商店或属民居，土地价值自必昂贵，当此市款竭蹶之秋，欲图扩张，实多困难，顾若整理得法，亦属所费有限，现拟将公园区域内应当设备各种之公共娱乐事业，如戏院、游艺场、茶寮、酒舍，均于园外四周，分别规划，听市民自动兴办。至公园行政，由市民公选，与市政委员共同组织之委员会负责担任之。至公园之内部，计现有建筑物已估地四亩余，设备虽云未周，规模实已粗具，拟将原有之厅榭，如市政筹备处改为博物馆，大雄宝殿改为美术馆，第一菜场改建小公园，多寿楼改为阅览室，同庚厅改为公共礼堂，音乐亭及其他方亭、六角亭、八角亭等，仍如旧观，其余牌楼正门、便门、后门、喷水池、司命台、荷亭、双峰石塔、小圃等建筑物，另拟设备计划说明书，逐项说明于后，综计整理建筑费约估洋二万五千元，收买民有土地约估洋万元，尚经此项整理之后，公园收入定可增加，盖以附近之市面，将因此而日趋繁盛，地价屋价均逐渐增高，是今日所费有限之市款，可以获将来莫大之利益，洵属一举两得之计，俾益市政前途，良匪浅鲜！

五、公园全图之说明

综观公园面积，经通盘筹划，收买民业，除北部开辟道路，建筑小商店、运动场、动物场，南部改建花田暖房及第一菜场，不敷建筑设备，尚须略购民地外，余皆由市民自行集资改建，实在占用民地甚少，其主要目的，在使本处与市民共负整理之责，以冀推行尽利。盖以建设事业，关系久远，稍有不慎，便遗后悔，故本科对于各种计划，审度地方经济，及风俗情形，既不能因陋而就简，亦不敢粉饰而铺张，惟期以一市之财力，供一市之建设，以求市民之幸福而已。

六、整理计划图之说明

查现在城中公园，只东南二面有门可以出入，且限于马路之北，而马路南如图书馆、崇安寺、大雄宝殿等，均属公共场所，为类似公园之设备，而不属于公园以内，分离阻隔，殊为可惜，又园内运动场，时或搭盖临时剧场，亦有背提倡公共体育之道。且园中虽富有树木，但花卉甚少，动物亦不多见，殊不以悦市民之心目，导儿童之兴趣，凡兹种种，均认为该园之缺点，应积极整顿，以期粗具较为完备之规模也。整理计划中已注明，急须添办各事，其面积亦随之而扩大，前通观前街，后通县下塘，左通盛巷，右达寺后门，游人可以四面出入，熙来攘往，各乐其乐，表面上似乎收用土地极多，实则四周皆是民产，均听业主自行设法改造，为各种合于公共娱乐及消遣之备设，园之布置，既美且周，游客自随之而日增，各业主亦于不知不觉中获取莫大之利益，公私两便，何乐而不为哉？

七、整理计划图中工程概要

兹特各项工程，分别记其概要，以期逐渐扩张，而成为吾锡将来之大公园。

牌楼正门计划说明

（一）效用 公园界址，南西二面，与正街相连，特建牌楼式正门，庶觉宏伟以壮观瞻。

（二）位置 在观前街中部，图书馆之前。

（三）形式 为三连牌楼环拱式，平列三门。

（四）面积 宽五十呎。

（五）构造 地脚，柱翼，梁栋，斗拱等，均以青砖砌成，外以粗沙和水泥敷面，造成花岗石式。

（六）布置 面竖四柱，柱脚用三角式撑墙，中各以环拱之翼墙固定之，中间拱门，高十六呎，环径十呎，两旁门高十二呎，环径七呎。

（七）经费 约估洋二千元

喷水池计划说明书

（一）效用 喷水方法，既能调节空气，并能增助园中景色，细雨溅珠，足资观赏。

（二）位置 在正门之内，图书馆之前。

（三）形式 为月池形，直径六十呎，池后绕以假山石，中竖佛像，泉由瓶内涌出。

（四）面积 月池并假山，占地三百方呎。

（五）构造 池周用石叠砌，围以石栏杆，佛像用水泥洗成。

（六）布置 池周遍植花草，池中养鱼，因鱼类既能喷水，又可以资观赏也。

（七）经费 估约洋一千元。

小花圃计划说明书

（一）效用 崇安寺正门，面临大街，门内两旁，多属商肆，如改建花圃，则市民工作之暇，就近憩息可使精神焕发，身心俱适。

（二）位置 在演讲厅之后，美术馆之前。

（三）形式 采用椭圆形。

（四）面积 为一千方呎。

（五）构造 园之四周，设置围墙，材料选用红砖，又将山门口之双石塔，用水泥刷光，移置两端。

（六）布置 园内两端，设置石塔（用山门口之旧石塔），环植花草，为对等形之花坛，全用细草铺成，其花坛中之各小部份，皆成相对之形式，中设水泥桌凳，墙外留五呎宽人行路，傍值行道树。

（七）经费 约估计洋一千五百元。

华表计划说明书

（一）效用 华表又称望柱，中镌先贤格言，寓教育于娱乐之中，使人一望向发修省之念。

（二）位置 在博物馆之后，多寿楼之前。

（三）形式 采用方锥柱体形。

（四）面积 台分三级，台基三十四方呎，台身二十四方呎，高三十呎。

（五）构造 华表全体，整个用石砌成。

（六）布置 柱壁四面嵌先贤格言，四周铺设草地，荷亭在其左，梅岭在其右，均是辅助台景。

（七）经费 估计洋三千元。

荷亭计划说明书

（一）效用 公共体堂前则荷池广大，不稍点缀，殊觉索寞，故拟建一新亭，以增雅趣。

（二）位置 在园之东南部荷池中。

（三）形式 为中国古式四方亭。

（四）面积 方边念呎，回廊宽四呎。

（五）构造 桥与亭座，均用钢条三合土筑成，亭用木材结构，务期幽雅，采用古着色法，使之倒映水中，而成美景。

（六）布置 亭在水中，以折曲桥通于石山脚下，桥宽十呎，每节长廿呎，桥上两旁，夏季设几品茗，亦属纳凉胜事。

（七）经费 约估计洋二千元。

司令台计划说明书

（一）效用 有运动场，便有比赛，有比赛，不能无发号施令之地，用建斯台，所以便指挥也。

（二）位置 台在园之西北部，四周均为运动场。

（三）形式 采用环丘形，登台瞩望，视线优良。

（四）面积 台基直径四十五职，圆周回廊，宽五呎，台基高五呎。

（五）构造 台基用石建造，台柱用铁为之，取其柱小，而免妨碍视线。

（六）布置 台上为广厅，用柱八根，高十二呎，备司令动员休息之用

（七）经费 约估计洋二千元。

动物场计划说明书

（一）效用 鸟兽种类至繁，拟择要购备，藉增市民常识，并以儿童研究之兴趣也。

（二）位置 该场在园之北部，界于杏庄兰簃之间。

（三）形式 虫鱼鸟兽各有所适，山林池沼，相地而定。

（四）面积 计一千一百四十方呎。

（五）构造 棚栏舍宇，因物而施，木铁石砖，选材惟谨，总以坚固美观为主。

（六）布置 动物场内飞禽走兽鳞介不一，其类若者宜于陆栖，若者宜于水息，兹为便利管理计，区分为野兽，禽鸟，鳞介三部，筑场于杏庄土地山荷池之旁。

（七）经费 工程费约估洋二千元，设备费均二千元。

放鹤亭计划说明书

（一）效用 园内景色，春夏秋三季均已具备，惟缺乏冬景之点缀，特于园之西南部土山上，广植梅花，建亭于山脚，命名曰放鹤，取天寒有鹤守梅花之意，若令游人冒寒而至者，不致有万象寥寂之感也。

（二）位置 在美术馆之旁，花田暖房之前，为园之西南部胜景之一。

（三）形式 采中国古式六方茅亭。

（四）面积 亭之直径，计二十呎，每边十呎。

（五）构造 亭座木架厚茅栏杆等，以国产材料结构，总期美观。此种亭子用瓦不如用茅。

（六）布置 亭周广植梅树花田，在其旁，暖房居其前，出入斯地，寒香芬芳，馨入肺腑，诚冬季园林胜地也。

（七）经费 建筑工程费，约估洋一千二百元。（如改建茅亭经费数目须更改）

第一菜场计划说明书

（一）效用 菜场之设，所以集合肩挑负贩于一处，以免凌乱杂沓，散处街市，整市容，美观瞻，亦所以便利市民也。

（二）位置 在图书馆之前，观前街中部，系旧有菜场移建于此。

（三）形式 为长方形层楼厂厅。

（四）面积 长八十呎，宽六十呎。

（五）构造 四周柱脚用钢骨水泥，梁栋顶架以木材构结，楼面地面均用水泥敷设，四周通以沟道，环列自来水管。

（六）布置 场分楼上下二层，每层划分棋盘格，以便分列摊担。

（七）经费 约估洋六千元。

后门计划说明书

（一）效用 园之西北部，临推官牌楼正街，用建斯门，以便出入。

（二）位置 在园之北路，稍对于西，正对正街。

（三）形式 采中国仪门式，为三开间大门。

（四）面积 长五十呎，宽二十呎，占地一百方英尺。

（五）构造 结构方法，采中国营造法式。

（六）布置 门外略辟空地，为停车场，门内两旁，各植生篱，上盖藤棚。

（七）经费 工程费约一千五百元。

便门计划说明书

（一）效用 园之北部，密迩民居，设置斯门为开通长大下衖大王庙弄要道,借便出入。

（二）位置 在园之北部。

（三）形式 为整个环拱门,采中国古式。

（四）面积 宽二十四呎,深十六呎。

（五）构造 门上四面环列雉堞,用青砖建筑,全高二十呎。

（六）布置 拱门上不筑门楼,设置露天花圃。

（七）经费 估计约洋一千元。

《无锡市政》1930年第5期

无锡整理风景区一斑

世界各国之经济收入，或恃农产，或赖工商，或重经商，其道不同，然亦有别辟蹊径于农工商外，获得特殊之收入者，如瑞士以风景美丽，驰誉寰宇，号称世界公园。其国家之收入，大都有赖于风景，每岁吸收外国游客之消耗，举凡舟车宿事，以及种种直接间接因游览而流播于瑞士国境内之金钱，年获二千五百万元之巨。其他如法，如意，关于风景之收入，亦颇不资。无锡地居京沪中心，东有铁轨，西滨太湖，胜迹名园，鼎峙罗列，无出其右。邑人荣德生、蔡子平、高践四、薛明剑等诸君，鉴于连年工商失败，已至外强中干之境，为维持地方经济起见，特广辟风景区，点缀名胜，吸收游客，繁荣地方，发起筹筑五里湖环湖马路，官商合作。计自本年一月间筹备迄今，业已在槐树下宝界山湖面最阔处，建筑六十环洞长桥一座。需款甚巨，历时亦久，其建筑环湖马路先后情形，分述如下：

一、辟筑渔庄整理风景

无锡建设与整理风景区，突飞猛进。建设方面，如锡澄公路早已通行外。本年之锡宜公路，亦已通车。即锡沪公路，亦在积极进行建筑中。此外如拓宽三下塘街，带钩桥街，西外城脚等等马路，使狭窄之街道，变为宽敞之马路，气象一新。至整理风景方面，如荣德生君在梅园中建筑开原寺，吸收各地香客，并于前日举行龙华佛会，男女香客有七千人之多。此外如陈梅芳君将蠡园对面之渔庄整理，来年即可完竣，游人又可多一游览处所也。

二、点缀湖景环湖马路

无锡本为水乡，农田灌溉，与养鱼植菱，皆有赖乎水，而风景区之驰名，亦以水胜，即太湖与五里湖是。太湖三万六千顷，滨临江浙皖三省，风景雄伟。五里湖直径可五里许，在邑南乡，位于太湖之东，独山门之内，风景秀丽，又名漆湖，亦曰蠡湖。荣君德生等为繁华地方计，于去冬发起建筑环湖马路。先由薛明剑将计划草图拟就，由荣君与严县长接洽，决计兴筑，预计工程经费，约七八千元。拟在地方筑路亩捐下动用，其工程归县政府办理，所有大小桥梁，由荣君等私人筹募。

三、支拨经费测量路线

环湖马路决计兴筑后，即由县政府于二月一日派技术员率带民夫，出发测量。并经决定环湖马路路线，自宝界山起，沿湖向北，经充山渚，鹿顶山，越湖经中独山，东管社山，梅园，镇山，大煊口，薛家渚，五家渚等处，而接蠡园。该技术员等先测两面支路，继测水面，计环湖路全长十一公里八九公尺，鼋头渚支路长六百余公尺，小箕山支路长一百余公尺，业已测竣，准备兴工。

《京沪沪杭甬铁路日刊》1934年总第970期